認認真真講歷史

【全陸卷·四】

南北朝风云

孙峰 孙艺真·著

中国文史出版社

图书在版编目（CIP）数据

南北朝风云. 第四卷 / 孙峰, 孙艺真著. -- 北京：中国文史出版社, 2017.12
（认认真真讲历史）
ISBN 978-7-5034-9539-7

Ⅰ. ①南… Ⅱ. ①孙… ②孙… Ⅲ. ①中国历史－南北朝时代－通俗读物 Ⅳ. ①K239.09

中国版本图书馆CIP数据核字(2017)第228668号

责任编辑：刘　夏
封面设计：陈欣欣

出版发行：中国文史出版社
网　　址：www.wenshipress.com
社　　址：北京市西城区太平桥大街23号　**邮编**：100811
电　　话：010-66173572 66168268 66192736（发行部）
传　　真：010-66192703
印　　装：廊坊市海涛印刷有限公司
经　　销：全国新华书店
开　　本：1/16
印　　张：24.25　**字　数**：385千字
版　　次：2018年3月北京第1版
印　　次：2018年3月第1次印刷
定　　价：68.00元

目 录

二七〇 建康之战（一）

此时的萧衍只能抓住主要矛盾，湘州和荆州已不在他的考虑范围。

而建康城内的萧宝卷在听说萧衍占领郢州和江州以后，却并不在意，他继续像往常那样四处巡游，好像什么事都没有发生过，他对茹法珍说："我要等到他萧衍来到白门（建康西门）前后，再与他萧衍决一雌雄！"不过，他还是作出一系列的部署：八月五日，任命辅国将军申胄监豫州州事；九日，又以光禄大夫张瑰率军镇守石头城；十九日，萧宝卷任命太子左卫率李居士总督西讨诸军事，率军驻扎在新亭。九月十三日，他又任命李居士为江州刺史，以冠军将军王珍国（王广之之子）为雍州刺史，建安王萧宝寅为荆州刺史，辅国将军申胄监郢州州事，龙骧将军马仙琕监豫州州事，骁骑将军徐元称监徐州军事。

在此前几天，即九月四日，南康王萧宝融下诏指示萧衍，如果平定了建康，授予他全权负责处理建康事务的权力。这一年，对于三十六岁的萧衍来说可谓是顺风顺水，先是拉拢萧颖胄入伙，而后又将荆湘军队置于自己的统一指挥之下，再就是顺利攻破郢城，不战而降了陈伯之，到如今齐和帝又赋予自己便宜行事大权。喜上加喜的是，也就是在这一月，远在襄阳的萧衍的一个妾丁氏终于给他生下了一个儿子，这个儿子就是后来著名的昭明太子萧统，他主持编写的《昭明太子文选》为我们保留了南北朝以前大量珍贵的文学作品。萧衍的原配夫人名叫郗徽，她在萧衍起兵之前就去世了，只给萧衍生下了三个女儿：萧玉姚（后被封为永兴公主）、萧玉婉（后被封为永世公主）、萧玉嬛（后被封为永康公主），萧统的降生让一直没有儿子的萧衍自然是大喜过望了。

萧衍留下骁骑将军郑绍叔驻守浔阳，自己则与陈伯之一起率军东下，临行之际，萧衍对郑绍叔说："你就是我的萧何、寇恂。前方作战失利，我将承担责任；粮运跟不上，你就要担责。"郑绍叔哭着与萧衍作别。郑绍叔在江州尽心尽力，督促江州和湘州的粮运，一直到萧衍攻克建康，军中从未出现过断粮现象。

就在萧宝卷任命李居士等人官职的同一天，经过九天行军的西军进抵芜湖，驻守在姑熟（安徽省当涂县）的朝廷辅国将军申胄，率领两万部队不战而逃，萧衍大军趁势夺占了姑熟。九月十七日，萧宝卷又任命后军参军萧璝为司州刺史，前辅国将军鲁休烈为益州刺史。听说萧衍之军已经推进到建康以南地区，萧宝卷这才下令整顿军队，安排建康的防务，他命令从左右御库房制造厂以及东西冶炼厂中挑选囚徒分配到各军，对于那些死刑犯，他下令在朱雀门内每天都要斩杀一百多人。

萧衍开始组织对建康城的进攻，他先派遣曹景宗等人率部推进到江宁（江苏省南京市江宁区江宁镇）。九月二十五日，官军太子左卫率李居士以重兵驻扎在新亭，当他发现曹景宗前来后，当即率领一千精锐骑兵从新亭赶往江宁迎战。曹景宗所部刚刚到达，尚未修筑营垒，并且，西军经过连日的跋涉，士兵们的武器铠甲都破烂不堪，李居士看在眼里，心存蔑视，当即下令对曹景宗所部发起进攻。曹景宗披上铠甲，驰马迎战，双方短兵相接，李居士大败，部众均扔掉铠甲兵器，狼狈而逃。曹景宗所部缴获了敌人的武器装备，乘胜擂鼓而进，一直推进到皂荚桥（在江苏省南京市西南）。曹景宗初战告捷，西军王茂、邓元起、吕僧珍等各部随之而上，进至赤鼻逻（南京市西南）。新亭城主江道林（《梁书·吕僧珍传》称是李居士）引兵出战，西军各路人马齐心协力，在阵前将其生擒，大破敌军。

很快，萧衍就进抵新林（南京市西南）。在这里，他命令王茂朝越城（南京市中华门外、古长干里）发起攻击；邓元起率部进占道士墩（南京市南）；陈伯之占领篱门（宫城外西篱门）；吕僧珍所部占领了白板桥（南京市南板桥），各军互为掎角。王茂先与吕僧珍一起在白板桥修筑堡垒，等到修好工事后，王茂先所部移驻越城，吕僧珍独自率众驻守在白板桥。李居士派人偷偷侦察到白板桥守军人数少，即率领一万精锐部队径直前来攻城。吕僧珍对部下们说：“现在，我们寡不敌众，不可与其交战，也不要在远处向敌人放箭，等到敌人进入壕沟里后，再奋力发起进攻。”不一会儿，官军即涌至堡垒前面，纷纷越过壕沟，拔掉木栅拒马。吕僧珍见状，分军登上城墙，亲率三百马步混合部队从敌人的背后突然杀出。城上守军滚木礌石一齐朝下砸来，背后又有吕僧珍的奇兵，腹背受敌，顿时大乱，城上守军又趁机从城上下来，一起合击，官军大败，丢弃的武器装备数不胜数。战胜后，吕僧珍率部又推进到了越城。

李居士请求萧宝卷下令将秦淮河南岸的居民住宅全部烧毁，腾出空地作为两军厮杀的战场，顿时，从新亭以北到朱雀桥以南的村落被焚烧得荡然无存。萧衍其他留在京师的弟弟们也都从藏匿地点逃至萧衍军中。

十月十三日，萧宝卷命令征虏将军王珍国、军主胡虎牙率领十万精锐部队在朱雀桥南列阵。（按：据《南齐书·东昏侯纪》称，王珍国等人所率的部队人数只有三万，原文为："以冠军将军王珍国领三万人据大桁，莫有斗志"云云，而《梁书·武帝纪》则称是十万，《梁书·王茂传》也称官军号称二十万，《资治通鉴》采纳了《梁书·武帝纪》的记载，根据当时的情况分析，三万人当属可靠，而《梁书》将官军人数夸大、并称是"精兵"，这无疑是为了渲染梁武帝萧衍的战功。）当时，官军接连战败，士气低落，萧宝卷命令宦官王宝孙（号称王伥子）手持白虎幡亲自到阵前督战。王珍国将大车排列起来，构筑起简易的营垒，背靠秦淮河布下军阵。王宝孙又下令将朱雀吊桥升起，切断了官军的归路，以激励官军做背水一战。双方开战之后，西军阵脚稍稍松动，王茂从马上下来，手持大刀，奋勇向前，王茂的外甥韦欣庆勇猛过人，也挥舞铁丝缠柄的长矛护卫在王茂的左右，朝官军阵中杀来，一时间，挡者死，遇者亡，两人在官军阵中如入无人之境。曹景宗纵兵出击，吕僧珍纵火焚烧敌人的营垒，西军将士无不殊死搏杀，战场之上喊杀声震天动地，战况非常惨烈！

渐渐地，官军不能抵抗。王宝孙大怒，他破口大骂带兵的各位将帅，王宝孙难听的骂声激怒了官军中的一员骁将——直阁将军席豪。他怒火中烧，飞马冲入西军之中死战，结果被杀。席豪死后，官军残存的一点士气彻底丧失，顿时土崩瓦解，众人纷纷逃命，投入秦淮河被淹死的不计其数，尸体堆积起来高达朱雀桥的桥面，后面撤退下来的人就踏着尸体逃过河去。萧宝卷下令关闭建康城城门固守，将城内军务全部托付给王珍国。萧衍率领大军径直推进到宣阳门外，西军各位将领的部队又靠城墙更近。曹景宗所部的将士们都是些泼皮无赖，御道两边住的都是有钱人家，进京之后，他们公然抢掠财物，烧杀奸淫，萧衍和曹景宗也无力禁止。

西军陈伯之的防地原在篱门，后移驻西明门。建康城内每当有出城投降的人，陈伯之总要唤上前来，与他们附耳密谈。这一情况立即引起了萧衍的警惕，他担心陈伯之在阵前倒戈，就秘密对陈伯之说："我听说城内对你献出江州投降非常痛恨，打算派出刺客刺杀你，你可要小心一点啊！”但陈伯之并不相信。正巧，城内的将领郑伯伦出城投降，萧衍命其前去拜见陈伯之，对他说：“城中对你非常恼火，要派人给你送信，假装给你封官许愿，等到你投降以后，将活生生地剁了你的手足，你如果不投降的话，他们还要派来刺客刺杀你。你真的要加强戒备啊！”这下，陈伯之才信以为真，非常害怕，也不再存有二心了。

十月十七日，官军宁朔将军徐元瑜献出东府城投降。青冀二州刺史桓和率军勤王，进驻东宫。十八日，桓和谎称将要出战，趁机率部投降了西军。当天，驻守石头城的光禄大夫张瑰也弃城逃回了宫城；驻守新亭的李居士以新亭投降；琅邪城主张木也投降了西军。二十一日，萧衍进驻石头城，他下令各军对建康城发起了总攻。萧宝卷下令将建康城内的居民全部赶进宫城，焚烧城内的官府衙门和军营，紧闭宫城城门固守。萧衍命令部队在宫城外面修筑了长墙，将其团团包围。

杨公则所部从越城移驻领军将军府北的北楼，正与宫城的南掖门相对。一次，杨公则曾登楼眺望，城内看见他的伞盖，命神锋强弩朝他射来。当时，杨公则正坐在马扎之上，弩箭贯穿了马扎，左右亲兵无不面如土色。杨公则却哈哈大笑，轻松说道：“差一点射中了我的脚。”萧宝卷挑选猛士趁夜袭击杨公则的军营，军中一片惊慌，而杨公则却睡在床上，就是不起床，只是慢悠悠地命令部队反击，不久，就击退了敌军。杨公则所部大都是湘州人，而湘州人在当时被普遍认为胆小怯弱，因此，城内总是先进攻他，而实际上，湘军在杨公则的统率下已经成为一支纪律严明、秋毫无犯、作战勇敢的军队，所以，在建康之战中，杨公则所部的斩获甚多。

二七一　建康之战（二）

在萧衍兵至建康之前，萧宝卷提前命令军主左僧庆驻守京口（江苏省镇江市），常僧景驻守广陵（江苏省扬州市），李叔献驻守瓜步（江苏省南京市六合区），等到申胄从姑熟逃归之后，又命其驻扎在破墩（江苏省句容市南），作为建康外围的援军。萧衍在包围宫城的同时，派人前去劝降，四人全部归降，于是，萧衍命令弟弟辅国将军萧秀镇守京口，辅国将军萧恢镇守破墩，堂弟宁朔将军萧昺（《南史》为避唐高祖李渊的父亲李昺之讳而改为萧景）镇守广陵。其间，吴郡太守蔡寅也弃郡投奔西军。

就在萧衍与萧宝卷在建康城相持之时，北魏宣武帝元恪刚刚诛杀了叔父咸阳王元禧，逐步控制了皇权，此时，南齐境内大乱，北魏群臣也都看出这是一个取乱侮亡的良机。北魏镇南将军元英上书说："臣听说取乱侮亡，这是为国的常理；发动战争，也要把握好机会。臣以为以一个小小的萧宝卷，却不顾天道，依托山河，敢于抗拒中国。如今，他的雍州刺史萧衍东伐建康，率领雍州全部军队，顺流而下，襄阳只剩下了一座孤城，再无层层守卫。这正是上天将其交付给我们的一个千载难逢的机会，成功就像是在斜坡上滚动弹丸、低头捡拾荒草一般容易，这种机会还不用，还要等什么呢？臣请求亲率三万步骑，直插汉水，占领襄阳。南齐昏庸暴虐的君臣之间相互残杀，我占领了上游，将威震四方，然后，长驱南下，再攻克江陵。路途又非常近，不过五百多里，则三楚之地，旦夕可划入我国版图，又切断了益州与其本土的联络。再命令扬州徐州两州的军队声言一起南下，将长江北岸的村落全部焚毁，这样一来，建康就像是一条在锅里游动的鱼一样，很快就会手到擒来。"但元英的奏表递上去之后，宣武帝迟迟未予理睬。元英又上书说："臣听说趁虚讨伐弱小，关键是要迅速。如今，萧宝卷骨肉相残，国内方镇大员无所适从，义阳与其本土隔绝，却与我国接壤，外无增援的粮草，内又没有充裕的粮食，这正可谓是将要被焚烧的鸟，不能拿去柴草，已经拉去将要砍头的贼寇，岂容放下刀斧？如果这次行动成功的话，就为进一步经营江南打下了坚实的基础；如果不行，不但以后难以再举，相反，也许会带来祸患。如今，豫州刺史司马悦已经实施戒严，做好了战前准备工作，而东豫州刺史田益宗也厉兵秣马，打算攻下三关，恳请陛下派去军司，负责军事调度。”于是，宣武帝派遣直寝羊灵引为军司。

车骑大将军源怀也上奏称：“南方的贼寇在江南苟延残喘，败坏天常，昏庸无道，其贵臣重将，被杀得所剩无几，信任奸邪，宠爱宦官，国内已经离心离德，骨肉离叛。萧宝融在荆郢称帝，其雍州刺史萧衍率军东进，长江上游的部队已经进逼建康城外。广陵、京口两地首鼠两端，心存观望；钟离、淮阴也鼎足而立，作壁上之观，建康成了一座孤城，萧宝卷的命令不出城门。南齐国内百姓无不翘首北望，这的确是天赐良机。我们借着敌人内讧之机，东面占领历阳，直扑瓜步，沿着长江部署军队，设置堡垒，一直西达荆州地区。然后，南齐江西之地就手到擒来，而江南之地也将不日落入我手。一旦萧衍得手，南齐国内上下一心，不仅难以夺取，相反，还会对我扬州构成巨大的威胁。其原因何在？寿阳距离建康只有七百多里，对方对当地的地形非常熟悉，一旦其国内安定，君臣齐心，以水军进攻寿阳，寿阳将难以守住。如今，南齐已呈现出土崩瓦解的预兆，边城也没有了援军，扫清江南的良机，确确实实就在今日！”宣武帝下诏说：“君主不像君主，臣下不像臣下，这是江南的常事，上天将要灭亡他，各位藩镇又想攻取他，谁说这不是一个好机会？但是，豢养恶人，不是仁爱之人应做的，况且，十月五日，萧衍的军队已经进抵朱雀桥了，他们双方谁胜谁负，很快就会有个结果。如果上天要惩罚萧宝卷，让萧衍获胜，那么，萧衍君臣也是乱臣贼子，上天岂能长久地护佑他们？如今，让我心怀挂念的只是南方的百姓们期盼得到解放，边地将领的奏表接连送来，那些饥饿困顿的人民理应得到拯救。如果这样的话，扬州的部队已经配备不少了，只应命令任城王元澄全权负责，便宜行事。”宣武帝就任命任城王元澄为都督淮南诸军事、镇南大将军、开府仪同三司、扬州刺史，让其组织对江南的进攻，但是，不久萧衍即攻克了建康，扬州魏军并没有出击。

北魏东豫州刺史田益宗原为投降北魏的蛮人酋帅，他也上书宣武帝说：“臣听说机会来了，圣贤不会怀疑；兼并弱小、攻取昏暗之敌，过去的王者都采用过。他们都拯救苍生于涂炭之中，建立了不朽的功业。霜叶将落，没有大风也不能加速它落下；上天唾弃的罪人，如果没有借助他人，也无从将其诛灭。萧衍败坏天道，君臣争斗，江南之地一分为二，东西对峙，已经很长时间了。百姓因转运粮食而劳顿，战士因战斗而疲惫，南齐君臣已经无暇顾及边镇，而边镇也都成了一个个孤立无援的孤城。如果不趁机发兵南下，恐怕以后再出兵，再也没有今日这样的良机了。况且，寿阳虽然被我军占领，但其周边地区仍然还在南齐手中，要巩固寿阳，实在需要未雨绸缪。义阳毗邻淮河源头，是交通要道，我军南下，必须经过此地。一旦江南安定以后，如果他们出兵淮北，需要趁着淮河夏季涨水，以水军渡淮而来。南军进攻寿阳，将在义阳部署重兵，扼住我军南下增援的咽喉，这非常值得忧虑。攻克义阳，现在是最佳时机。我判断敌人在义阳的兵力不出一万两千人，但战争需要虚张声势，因此，我请求以两个荆州〔荆州（治所穰城，河南省邓州市），东荆州（治所沘阳，河南省泌阳县）〕的部队做出西击随郡（湖北省随州市）、雍州（湖北省襄阳市）的态势，扬州之兵驻扎在建安（今地不详），切断三关（河南省信阳市南）可能的援军，然后，命令两个豫州〔豫州（治所悬壶，河南省汝南县），东豫州（治所河南省新蔡县）〕的军队进抵南关（湖北省麻城市东北），对抗延头（湖北省大悟县东南）。派遣一名统帅都督各路大军，确定在冬季发兵，战斗将进行到来年春季，不出一百天，义阳肯定能落入我军之手。”

宣武帝最终同意了，派遣元英都督诸军进攻义阳。田益宗派遣他的儿子田鲁生率领八千步骑，切断了南齐军队的粮道，并焚烧了南齐均城（今地不详）的屯粮。南齐萧衍的城主赵文举率众拒战，田鲁生将其击破，生擒赵文举及其小将胡建兴、古皓、庄元仲等人，斩首五千余级，齐军淹死一千五百人，屯粮和粮船被魏军焚烧殆尽。南齐宁朔将军杨僧远率众二千，进攻蒙笼（今地不详），田益宗命田鲁生与戍主奇道显迎战，又俘斩一千余人。南齐建宁太守黄天赐与田益宗在赤亭（湖北省麻城市西南）交战，黄天赐战败。

从宣武帝的一系列反应来看，他对元英等人发兵南下的请求并不积极，毫无疑问，这对于岌岌可危的南齐来说是一件幸事，不过，就当时的北魏客观情况来说，尚不具备大举南进的条件。这是因为：一是朝局并不稳定。宣武帝刚刚即位一年多，在该年的五月也刚刚扑灭了咸阳王元禧的未遂政变，就元禧政变一事上看，禁卫军中有相当一部分将领都暗中支持元禧，这说明宣武帝的统治并不牢固；元禧被杀以后，宣武帝虽对宗室充满猜忌，但又不能表现得过于明显，因此，又不得不重用另一位叔父元详，同时，他虽然信任恩幸、外戚，但这些人还刚刚进入权力核心，根基并不牢固，影响力还非常有限，他们都在忙于拉帮结派，培植各自的势力，因此，南征呼声最高的只是边地的镇将们，至于朝廷重臣如元详，或者外戚如高肇等人并无只言片语赞同南征，在这种情况下，宣武帝还无暇顾及江南。二是北魏国力尚不具备对南齐的压倒优势。孝文帝雄才大略，曾三次倾国南伐，虽然在东线占领了寿阳，在西线占领南阳，但是，寿阳的占领并非来自魏军的强攻，而是裴叔业投降；南阳的占领招致了南齐猛烈的反击，最终由孝文帝亲征才得以巩固，孝文帝也因之病死在南征途中。三是北魏国内各种因素不利。孝文帝的改革引发的种种社会矛盾还有待于慢慢消化；孝文帝三次南征也给北魏带来了一定的不利影响；在本年四月，北魏国内的青州、齐州、徐州和兖州四州发生了大范围非常严重的饥荒，百姓饿死了上万人，在这种情况下，再组织大规模的南征显然是不现实的。

二七二　建康之战（三）

魏军没有大规模地出兵南侵，来趁火打劫，对于萧衍和萧宝卷二人来说当然是件好事，他俩可以安下心来进行一场对决。仅就这一点来看，对萧衍的好处又更大一点，这是因为：第一，萧衍的根据地在襄阳，如果魏军南下，这里是首当其冲的被攻击地，一旦襄阳陷落，将对萧衍军队的军心士气产生极大的影响，届时，受损最大的将是萧衍；第二，此时，萧衍已经包围了宫城，如果没有意外情况出现的话，胜利只是早晚的事情，魏军不插手南齐内部事务，得利最大的将是萧衍。

不仅外部环境对萧衍有利，而且联军内部也对他非常有利。首先，萧衍虽然没有直接控制南康王，但却攫取了联军在前线的最高指挥权，并由南康王授予在建康便宜行事权，这两项权力对于萧衍来讲，都至关重要，前者使他可以像控制雍州军队一样有效地控制荆州军队，后者则赋予了他在东部新占领区内培植自己势力的特权。其次，就在萧衍与萧宝卷在宫城相持之时，在遥远的荆州总部却发生了一件大事——荆州政府的首脑、尚书令萧颖胄去世了！萧颖胄是在十一月十二日去世的，史书称萧颖胄是因为自己位居政府首脑却无力击退鲁休烈的进攻，因此而忧愤成疾，一气之下病死的。萧颖胄究竟是病死的？还是气死的？还是忧愁而死的？还是被人暗害的？如果是被人害死的，谁最有可能是幕后真凶呢？如果是气死的，他气愤的是什么？如果忧愁又忧愁哪桩？仅仅是因为鲁休烈、萧璝盘踞在江陵附近吗？还是对荆州政府前景感到担忧呢？从起兵之初到如今，萧衍一直棋高一着，从一开始的单打独斗，到设计把荆州拉下水，再到取得前线的最高统治权，直到在江陵岌岌可危之时置齐和帝安危于不顾，拒不听命；荆州湘州军队由开始受杨公则指挥，到如今成了萧衍的私人武装，这哪一件不令萧颖胄气愤？如今，萧颖胄的死因已经显得不重要了，不论如何，萧颖胄的死最大的意义在于：从起兵之初就隐然存在于联军内部的雍州和荆州集团瞬间瓦解了，荆州湘州部队不再成为一支具有政治野心的力量，也让萧衍顺理成章地成了新朝名副其实的第一权臣，无疑，萧衍是最大的赢家。据《南史·梁武帝诸子传》记载，当时，萧统在雍州降生、徐元瑜投降、萧颖胄暴死，被萧衍集团并称为三件值得庆幸的喜事，可见，萧衍听到萧颖胄的死讯是多么高兴。

萧颖胄死后，荆州政府的二把手中领军夏侯详封锁了死讯，而是找了一位与萧颖胄笔迹非常相似的人冒充萧颖胄发布命令，但夏侯详头脑却非常清醒，他并没有向萧衍隐瞒这一消息，而将这一消息及时向萧衍做了汇报，萧衍也是秘而不宣。萧颖胄死后，荆州原班人马已经处于群龙无首的状态，夏侯详和席阐文等人当然要赶紧改换门庭，投靠新的主人，他们见风使舵，又请求留守襄阳的萧伟发兵增援江陵。萧伟派遣弟弟萧憺率军南下，萧憺来到江陵以后，夏侯详与之一起掌握了荆州政府的军国大权。齐和帝萧宝融还是信任夏侯详，他下诏配备给夏侯详禁卫军，但夏侯详此时已在着力讨好萧衍，岂能接受？后齐和帝任命他为使持节、抚军将军、荆州刺史，他也不敢当，坚决推辞，将荆州刺史一职让给萧憺。萧憺到来之后，决定先礼后兵，他给萧璝等人写信劝降，但并没有多少效果，于是，发兵与鲁休烈等人作战，蔡道恭率领骑兵绕到敌人背后，大破敌军，等到萧衍占领台城的消息传来以后，鲁休烈等人这才请降。

回到建康。

还是在一年前崔慧景叛乱之时，萧宝卷就拜蒋山神灵蒋子文为假黄钺、使持节、相国、太宰、大将军、录尚书事、扬州牧、钟山王，让这位神灵成了南齐朝廷最大的官，自从加封了蒋子文之后，萧宝卷竟然奇迹般地迅速灭掉了崔慧景，这让他对蒋子文的神力深信不疑。因此，等到萧衍率军进抵建康后，萧宝卷又将蒋子文的神像奉迎到了宫中，更加封其为灵帝，命令巫师们整日祈祷，乞求神灵保佑。朱雀桥大败后，张瑰的弟弟、兖州刺史张稷率军入京勤王，萧宝卷命他担任王珍国的副手，一起负责宫城的守卫。宫城刚刚被围时，萧宝卷头戴黑帽，身穿军服，身边排列仪仗，端坐在南掖门城楼上察看，不久，又命令一千人虚张声势，张弓拔刀，从东掖门出城游行，号称是蒋子文出征。

在萧衍抵京之前，萧宝卷与身边的亲信们商议对策，他认为，当初陈显达到建康后，一战而败；后来，崔慧景包围了宫城，又是很快败亡，因此，他觉得萧衍此行也必定会重蹈覆辙，一战而败，所以，命令后勤部门只储备了能供应一百天的粮食和柴草，城内将士在被围后逐渐缺少粮食，他们在西掖门内开设市场，相互贩卖牛马肉。等到朱雀桥大败之后，建康军民人心浮动，士气低落，茹法珍等人又担心军民逃散，因此闭城不战，不久，萧衍在宫城外面修好了包围宫城的长墙，官军再出城挑战已经失去了地利，因此，屡战屡败。当时在宫城之内尚有七万甲士，萧宝卷素来喜欢军事，开始的时候，他使用宦官、宫女们当战士在宫内搞军事演习，后来又与贴身侍从、刀敕们在华光殿前进行，在战斗中，萧宝卷假装受了重伤，让人用木板将自己抬走，为了化解将来可能发生的灾祸，又在阅武堂设置警卫值班人员，每夜都发布戒严命令，萧宝卷则在凤庄门和徽明门之间飞马奔驰，身边侍从随后紧紧跟随。他的马披以银莲花装饰的马铠甲，马屁股上安置的“寄生”则以孔雀毛和碧玉翡翠装饰（寄生是在古代战马屁股部位上安置的一种装备，形状像扇子，用来保护旗手的背部）。台城被围后，萧宝卷的生活丝毫没有受到影响，饮食起居还像往常一样。听到外面擂响了战鼓，他还身披耀眼的大红袍登上景阳楼上瞭望，城下的弩箭差一点射中了他。

萧宝卷还特别爱财，不肯赏赐臣下，茹法珍苦苦请求，萧宝卷始终不同意，最后，茹法珍跪下连连叩头哀求，可是，萧宝卷却说：“反贼们来到这里，难道说唯独是来取我吗？为啥独独问我要财物！”皇宫后殿内存放了数百根木板，有关官员请求拿来加强城防，萧宝卷却打算将来修建宫殿使用，竟然不给。又催促御用制造厂加快制作出三百人使用的精致仪仗，等到将来解围之后出行使用，其余需要雕刻的金银器皿，也比往常催促得更急。因此，城内将士们都牢骚满腹，变得非常懈怠，不愿为之尽力。萧宝卷招募军队出城作战，出城的官军往往走出城数十步远，就匆匆而返。

萧宝卷希望出现的局面并没有重演。这是因为，萧衍与前次的陈显达和崔慧景都不同：第一，萧衍准备充分。陈显达和崔慧景起兵都非常仓促，而萧衍则不然，萧衍与齐武帝萧赜有杀父之仇，因此，他辅佐齐明帝萧鸾上台，但他对南齐皇室并不感冒，自从当上雍州刺史那一刻起就心怀叵测，暗中准备将来发动叛乱，可以说是蓄谋已久，后来，萧宝卷又诛杀了他的哥哥萧懿，这又让其产生了为哥哥报仇的决心。第二，萧衍稳扎稳打。陈显达不用说了，由于他准备不足，在建康城外就一战被杀；而崔慧景虽然乘虚打进了建康城，但自从轻松占领建康外城以后，他就产生了轻敌思想，认为台城将不日而下，因此，几乎没有做像样的军事部署，部队在台城城外既没有构筑防御工事，也没有对台城修筑长墙围困，结果，一战而为萧懿所败。而这一次，萧衍则汲取了崔慧景的教训，在进抵宫城城下时，他并没有掉以轻心，也不急于发起总攻，而是构筑了攻守兼具的长墙。这样一来，起码保证了萧衍的军队处于“不可胜”的境况，而去等待敌人的“可胜”，随着时间的推移，胜利的天平无疑会朝萧衍一方倾斜。第三，建康外围局势对萧衍有利。萧衍大军包围台城后，南徐州的京口、南兖州的广陵以及建康周边各个军事要地都相继归顺了萧衍，唯一骚扰萧衍后方的是豫州刺史马仙琕，但马仙琕由于兵力不足，也仅仅做到在江西劫掠萧衍的运输船队而已。这就使得萧衍能够集中精力围困萧宝卷，打一场持久战，这又与崔慧景叛乱时，建康城外有成建制的萧懿兵团能够及时回援不同。

从十月二十一日萧衍开始包围台城，已经过去一个多月了，宫内将士们的厌战情绪越来越严重，大家都想着能够从城内逃脱，但又无人敢于挑头。茹法珍和梅虫儿对萧宝卷说：“大臣们不努力，致使一直无法解围，应该将他们全部杀掉。”王珍国和张稷担心被杀，王珍国暗中派遣亲信郄纂给萧衍送去了一面镜子，意思是要让萧衍看到自己的真心，台城的警备总司令都这样了，萧衍当然是喜上眉梢，赶紧回赠了一块中间切断的金子，表示两人同心。

二七三 建康之战（四）

得到萧衍送来“断金”的王珍国的心里，立刻一块石头总算是落了地。

王珍国的镜子是向萧衍表明自己将要归降的心迹，但萧衍回赠的这枚“断金”含义就相当丰富：它可以说萧衍和你同心，我明白你的意思；又可以说我们将站在同一个阵营，意味着我接纳你；还暗示着你的心思要与我相同，即诛杀萧宝卷，并且，断金的断字，有着强烈的暗示意味。看到萧衍送来的断金，王珍国立即明白了如果要保证自己投降以后，不仅性命无忧，而且继续享受荣华富贵，那就要献上萧宝卷的人头。

心领神会的王珍国立即着手实施诛杀萧宝卷的计划。兖州中兵参军张齐是侍中、卫尉、兖州刺史张稷的心腹，王珍国暗中结好张齐，将自己诛杀萧宝卷的计划透露给了张齐，让张齐劝说张稷，张稷听后，表示同意。张齐深夜引导王珍国来到张稷的住处，张稷让所有的人都退下，他亲自手持蜡烛，二人交头接耳，秘密订下了诛杀萧宝卷的计划。此后，他们又将计划告诉给了后阁舍人钱强，钱强也同意了。

十二月六日深夜，钱强暗中命令军主崔叔智打开了云龙门，王珍国与张稷率军从卫尉府出发闯入皇宫，王珍国和张稷进入大殿，分军从西上阁往后宫而来，带刀侍卫丰勇之为内应。当天夜里，萧宝卷在含德殿吹奏笙歌《女儿子》，玩得非常开心，当军队进入后宫时，萧宝卷刚刚睡下，尚未睡熟。听到军队闯了进来，他猛然从床上跃起，从北面的窗户跳了出来，打算往后面的宫殿跑，但是，通往后面的清曜阁阁门已经被关闭了。这时，贴身侍卫宦官黄泰平突然拔出佩刀，一刀朝萧宝卷砍了过来，萧宝卷素来强壮，他本能地躲闪一下，黄泰平的刀锋没有砍中他的头，却砍中了他的膝盖。膝盖被砍掉后，萧宝卷“扑通”一下子摔倒到了地上，倒地后，他回头看到是黄泰平，说道：“奴才你要谋反呀！”张齐上前一刀将其斩首，萧宝卷死时年仅十九岁。

拿到了萧宝卷的人头，王珍国和张稷命人将尚书右仆射王亮等人召来，让群臣都坐在大殿西面的钟架之下（二十四年前，南齐的建立者萧道成弑杀刘宋苍梧王刘彧之后，也是将大臣们集合在大殿的槐树下，如今的萧宝卷被弑杀后，场景何其相似！），张稷对大家说："过去夏桀无道，鼎被迁到了殷朝；商纣暴虐，鼎又迁到了周朝。现在，独夫自绝于天，四海已归圣主，如今正是微子去殷之时，项伯归汉之日，大家努力啊！"其实，《梁书·张稷传》记载的这段张稷的发言大约是伪史，因为，此时的萧宝融登基与"改朝换代"有着根本的区别，充其量是"废昏立明"而已，这时他岂能说出这话？

王珍国等人写出书信，让群臣都在上面签名，用黄油绢布包裹起萧宝卷的人头，派国子博士范云、舍人裴长穆等人前往石头城，送给萧衍。右卫将军王志叹息说："帽子虽然破旧了，岂能戴在脚上！"他偷偷取下院中的树叶吃下，假装昏迷，因而没有签名。萧衍看到书信上没有王志的签名，心中对他非常赞许。王志是王僧虔的儿子。

范云因为过去与萧衍均为竟陵八友，私交很好，萧衍就把他留在身边，充当幕僚。

宫城城门很快打开了。萧衍让张弘策带着吕僧珍、张弥所部人马先行进入皇宫，清理宫室，封上仓库、文书档案。宫中到处散落着金银珠宝，张弘策严令部队，秋毫无犯。西军还逮捕了潘贵妃以及茹法珍、梅虫儿、王咺之等四十八人（一说四十一人），全部投入大牢。萧衍下令将两千多名宫女全部赏赐给西军将士——这些可怜的女人大约是被当作营妓而不是妻子的吧。

在西军入宫的同时，宫城内的百官及将吏们也都从宫内出来，但不少人遭到城外西军将士的抢劫，有的衣服也被剥得精光。杨公则亲自率领部队在东掖门外，列队护送从城内出来的百官和军民，因此，从宫城内出来的人大多从这里出城。

十二月九日，萧衍以宣德太后王宝明的名义，按照西汉霍光废黜昌邑王刘贺追废为海昏侯的旧例，追废已被齐和帝萧宝融废为涪陵王的萧宝卷为东昏侯，废黜萧宝卷的皇后褚令璩及太子萧诵为平民百姓。任命萧衍为中书监、大司马、录尚书事、骠骑大将军、都督、扬州刺史，封建安郡公，食邑万户，给班剑四十人，假黄钺、侍中、征讨诸军事不变，并且，按照东晋末年刘裕起义时以武陵王司马遵承制的旧例，百官要向萧衍叩头行礼。萧衍任命王亮为自己的长史。十二日，改封原建安王萧宝寅为鄱阳王；十三日，改任原司徒、扬州刺史、晋安王萧宝义为太尉，兼司徒。

十二月十九日，萧衍进驻阅武堂。这一天，他接连下达了数道命令，首先是下令大赦天下，只有王咺之等四十一人除外。其次，他下令称，凡是过去的“昏制、谬赋、淫刑、滥役”全部予以废除。再次，他下令要求朝廷有关部门清理东昏侯时期各种积压的文案及久拖未决的案件，迅速办理、并上报。最后，他要求对于西军战亡以及病死的将士，要加以安葬，抚养遗孤；对于在朱雀桥之战中，东军被杀的将士遗体，允许家属自行安葬，没有亲属或者亲属穷苦无力安葬的，地方官员要组织就地掩埋；对于在建康城内战斗中东军的死亡将士，也照此办理。萧衍志得意满，剩下的就是如何处理那位国色天香、步步生莲的潘玉奴了。萧衍久闻潘玉奴的大名，一见之下果然是不虚此名，令他也是神魂颠倒。萧衍就打算留下潘玉奴做妾，他征询侍中、领军将军王茂的意见，王茂说：“让齐国灭亡的就是这东西，留下她恐怕会招致舆论的非议。”于是，萧衍就将潘玉奴送了出去。军主田安请求将潘玉奴赏赐给自己当老婆，潘玉奴哭着说：“昔者见遇时主，今岂下匹非类。死而后已，义不受辱。”于是，潘玉奴在狱中被勒死，死时洁白柔美像活着一样。潘玉奴的尸体被抬出后，监狱的狱吏、将领们都对她的尸体进行非礼。

潘玉奴死时所说的话“昔者见遇时主”，一般的解释是，过去，我已经侍奉了当代的君主，这里的君主是指萧宝卷，据此，后代很多人写下赞美潘玉奴的诗歌，比如，北宋著名诗人苏轼就有《次韵杨公济奉议梅花十首》，诗称：“月地云阶漫一樽，玉奴终不负东昏。临春结绮荒荆棘，谁信幽香是返魂。”宋无名氏填的《鹧鸪天》，也称：“雨中清泪无人见，月下幽香只自闻。长在眼，远销魂。玉奴哪忍负东昏。隅然谪堕行云去，不入春风花柳村。”说的也都是这个意思。这当然是一个令人黯然神伤的凄美故事。不过，对此也可能会有不同的解读。从史书的记载上看，当时，潘玉奴是被从狱中带到萧衍的住处的，萧衍垂涎潘玉奴的美色，与之春风一度，也不是没有可能，之后，因王茂的劝阻，萧衍考虑到政治影响，又将潘玉奴送回了狱中，而这时，军主田安又请求萧衍把潘玉奴赏赐给自己。如果真是如此的话，潘玉奴所说的“昔”可能会被翻译为刚刚不久，“时主”则不是指萧宝卷，而是指萧衍，在当时的政治条件下，潘玉奴似乎也不可能这样去称呼已经被杀且遭到万人唾弃的东昏侯萧宝卷。

然而，无论如何，潘玉奴都是一个牺牲品，她的死也给人们留下了太多的伤感。纵观史书记载，她并无多少过错，她唯一的过错就是长得太美了，至于萧宝卷与她之间在宫中开市场玩，萧宝卷让她处罚自己，这除了能说明他们夫妻二人感情深厚、平等、有生活情趣，又能说明什么呢？而且，她是自愿请求被处死的，一个无辜的年轻美貌的女人被处死，这本身就是一个悲剧。

二七四　大权独揽

实际上，齐和帝九月份是否真的授予了萧衍在东方的便宜行事权，也在两可之间。

不过，此时的萧衍已经重兵在手，即便是没有齐和帝的那一道诏书也丝毫不会影响到他的行动。他虽然没有堂而皇之地登上皇帝的宝座，但是，他的亲信们对此都已经是心照不宣了，即便是萧衍自己在与亲信们谈话时对此也毫不避讳。比如，在王茂劝说他不要收留潘玉奴的时候，王茂说的是："亡齐者即此物"云云，此时齐国在名义上并未灭亡，但在王茂眼里，齐国实际上已经灭亡了。

除了将南齐朝廷的大权掌握到了自己手上之外，萧衍不论是在朝中或者是在地方上也都大肆培植自己的势力。齐明帝萧鸾长大成人的儿子共有九个，除了齐和帝萧宝融（八子）之外，当时还有长子萧宝义、五子萧宝源、六子萧宝寅、九子萧宝攸、十子萧宝嵩、十一子萧宝贞（排行将夭折的也计算在内了）六个儿子，在萧衍得手之前，东昏侯任命给他们的官职是：萧宝义为司徒兼扬州刺史；萧宝源为安东将军、会稽太守；萧宝寅为使持节、车骑将军、都督荆益宁雍梁南北秦七州军事、荆州刺史；萧宝攸为中军将军、秘书监；萧宝嵩为南徐州刺史；萧宝贞为中护军、领石头城军事。齐和帝萧宝融任命给他们的官职分别是：萧宝义为侍中、司空，使持节、都督，扬州刺史不变；萧宝源为侍中、车骑将军、开府仪同三司、都督，会稽太守不变；萧宝寅为使持节、都督南徐兖二州军事、卫将军、南徐州刺史；萧宝攸职位不详；萧宝嵩为中书令；萧宝贞职务不详。为了掩人耳目，在萧衍把持朝廷大权后，也象征性地晋升萧宝义为太尉兼司徒，但剥夺了他扬州刺史的实权。与此同时，萧衍又对朝廷重臣进行了一系列的调整：原任尚书左仆射的王亮被萧衍任命为自己的大司马长史；尚书右仆射王莹晋升为尚书左仆射；吏部尚书王志被任命为自己的骠骑将军长史；中书令任昉被任命为萧宝义的司徒右长史；他还任命自己的亲信王茂为领军将军，取代了王莹的中领军；任命自己的六弟萧宏为护军将军，取代了萧宝贞。经过萧衍的这番调整，南齐朝廷之上就成了萧衍的天下：原来的尚书左仆射王亮和吏部尚书都成了萧衍的下属，直接对萧衍负责；朝廷中只保留了一个新任尚书左仆射王莹支撑门面；中书令任昉是萧衍的挚友，让他当司徒萧宝义的长史，又把萧宝义的司徒之权剥得精光。

在摆布旧臣的同时，萧衍还重新安排自己的亲信，他首先想到的就是自己的兄弟们。

萧衍的祖父萧道赐共有三个儿子：萧尚之、萧顺之和萧崇之。萧尚之有子萧灵钧，原为广德县令，萧衍起兵后，行会稽郡事，不久就去世了，后嗣不显；萧顺之就是萧衍的父亲；萧衍的三叔萧崇之原为东阳太守，在唐寓之之乱中为变民所杀，萧崇之的儿子为萧昺。如前所述，萧衍在尚未攻破台城之时，就任命萧昺为行南兖州事，镇守广陵。由于当时的情况尚不明朗，广陵军民都各自屯聚在坞堡里，持观望的态度，萧昺到任后，派人四处劝降，各个坞堡的头领相继出降，十几天后境内就完全被平定了。我们知道，萧衍共有兄弟十人，大哥萧懿、二哥萧敷、四弟萧畅、五弟萧融、六弟萧宏、七弟萧伟、八弟萧秀、九弟萧憺、十弟萧恢。其中，萧懿和萧融为萧宝卷所杀；萧敷和萧畅在齐明帝建武年间就去世了，如今，萧衍还有五个弟弟，即六弟萧宏、七弟萧伟、八弟萧秀、九弟萧憺、十弟萧恢，这五个弟弟中，萧伟在雍州，萧憺在荆州，剩下的萧宏、萧秀和萧恢三人跟在萧衍的身边。萧衍在将萧昺调任南兖州的同时，也将萧秀派往南徐州，让其镇守京口，与此同时，还让萧恢率军镇守破墩（破冈），这前面我们都已经说过。萧衍的上述安排，尤其是对萧秀和萧恢的安排，其目的就是防备来自三吴地区可能发起的进攻。

在攻陷建康以后，萧衍又任命萧宏为西中郎将、中护军，领石头城军事；以齐和帝的名义晋封雍州刺史萧伟为侍中、进号镇北将军；任命萧秀为使持节、都督南徐兖二州诸军事、南徐州刺史，辅国将军如故；不久，又以齐和帝的名义任命萧憺为使持节、都督荆湘益宁南北秦六州诸军事、平西将军、荆州刺史；任命萧恢为冠军将军、右卫将军。在萧衍占领建康不久，他就让自己的五个兄弟分别掌握了雍州、荆州、南徐州（名义上的刺史是萧宝嵩、但萧秀已经掌握了实际权力）以及京师的防卫大权。

在地方上，萧衍也进行了一番调整，调整后，南齐各地方镇大员分别是：荆州萧憺、郢州曹景宗、江州陈伯之、湘州杨公则、南徐州萧秀、徐州刺史陈虎牙、南兖州萧昺、豫州马仙琕、雍州萧伟、司州蔡道恭（取代王僧景）、梁州柳惔、益州刘季连（邓元起，齐和帝任命）、广州沈徽孚。在这些人当中，除了萧衍的弟弟们之外，还可分为几个层次：一是雍州湘州起义功臣。他们以郢州刺史曹景宗、湘州刺史杨公则、司州刺史蔡道恭、梁州刺史柳惔为代表。二是中途投降的半路功臣。以江州刺史陈伯之、徐州刺史陈虎牙父子为代表。三是萧宝卷时期任命的旧臣。以豫州刺史马仙琕、广州刺史沈徽孚、益州刺史刘季连为代表。在这些起义功臣中，虽然有萧衍的嫡系，也有原荆州部队的将领，但是，随着尚书令萧颖胄的突然去世，一个隐约存在的荆州集团已悄然瓦解，并且，像杨公则、邓元起等人均出身寒微，并没有太大的政治野心，因此，萧衍又放心地将他们放到了地方。

从萧衍最初的人事安排上来看，他试图在平衡各方势力，以期达到朝局的稳定。不论是雍州原班人马，或者是荆湘集团，或者是半途被迫起义的陈伯之父子，甚至是萧宝卷时期任命的马仙琕等人，只要他们不公然与自己作对，他尽量保持他们的职务，以免引起政局的动荡。比如，豫州刺史马仙琕。在萧衍率军东下时，马仙琕拥兵不服从萧衍，萧衍派马仙琕的故交姚仲宾前去劝降。马仙琕先设宴款待姚仲宾，等到姚仲宾酒足饭饱之后，马仙琕却突然变脸，将他捆绑起来，拉下去斩首示众。萧衍又派马仙琕的同族叔父马怀远前去说服，马仙琕说："大义灭亲。"又想将其叔父杀死，军中将士苦苦求情，他才放过了马怀远。萧衍大军推进到新林，马仙琕还率领豫州军队劫掠西军的粮船。萧衍包围宫城后，南齐各地的郡守县令纷纷派来使者请降，但马仙琕就是不降。建康台城陷落后，马仙琕号啕大哭了一整夜，他哭着对将士们说："我受君王托付，担任一方守将，大义不允许我投降。你们各位家中都有年迈的父母，你等出降，回家侍奉父母，我独自闭城固守，我为忠臣，也成全你们当一个孝子，这不是很好吗！"于是，他下令让城内的士兵们都出城投降，自己身边仅余数十名壮士守卫在历阳城内。不久，萧衍的部队就将历阳城层层包围了起来，马仙琕命令将士们拉满弓弦，引而不发，萧衍军队一直不敢靠近。双方一直相持到天黑下来后，马仙琕才将弓箭扔到地上，说道："你们尽管上前抓我吧，我绝不投降！"于是，他被人投入囚车，送到了建康。

拒不投降的还有吴兴太守袁昂（在元嘉末年为刘劭所杀的太尉袁淑的侄儿）。当还在围困台城之时，萧衍就让驾部郎江革以自己的名义给袁昂写信劝降，他说道："灾祸和幸福不是与生俱来的，都是人们自己造成的。兴亡自有定数，上天抛弃的人，谁还能去帮助他？机会不会再来，要尽早作出决断。独夫疯狂悖乱，闻所未闻，穷凶极恶，越来越坏。上天没有让齐国灭亡，又给我们带来了一位圣明的新君，自此万民就有了依靠，百姓重获新生。我担任先锋，奉命率部清扫京师，为的是拨乱反正，吊民伐罪，自此发兵以来，攻无不克，战无不胜。如今，我军已经将台城团团包围，军民不分远近都聚集到这里，精锐步兵和骑兵成千上万，以此攻城，什么城池不能攻克？何况建康已经成了一座孤城，城内士气低落，守军纷纷出城投降，台城很快就会陷落。范岫、申胄早已率部投降，沈法瑀、孙肸、朱端也已经平定了吴郡，而你却以一个小小的郡想抵挡大军，大树的根已经被拔掉了，你这片叶子又能依附哪里？就是不懂事的孩童也都认为你的做法是不对的。如今，你向一个昏君尽忠，这不能称作忠，因此而被灭族，这也不能说你是尽了孝道，一个人不忠不孝，又将怎么立足于人世之间呢？与其负隅顽抗，落得个身死名灭，倒不如幡然悔悟，自招多福，不仅可以保全生命，而且还能保住官位。如果执迷不悟，大军一到，将诛灭三族。到那个时候，即使后悔起来，已于事无补了。"其实，袁昂只是没有及时请降罢了，并不敢与萧衍兵戎相见，袁昂回信说："三吴不是用兵之地，况且，我身居一个偏僻的小郡，岂能有什么作为？自从大人举兵以来，各地郡守县令无不到军中请降，唯独我一人没有投降，原因仅仅在于，我自忖素来平庸无能，只是一个东方的卑贱男人罢了。即便是我愿意为你效命，也不会增加你军队的力量，就是我没有投降，也不会打击你大军的声威。幸运的是，将军宽大为怀，对我十分礼遇。我私下认为，接受别人一餐的恩惠，尚且要杀身相报，更何况我受人俸禄，岂容我立马就忘掉？这是舆论所不齿的，大人也不会接受，因此，我才踌躇再三，没有及时请降。"袁昂向武康县令傅映询问局势，傅映说："如今，萧宝卷昏庸无道，怙恶不悛，荆州和雍州一起发兵，占据上游有利位置，结果可想而知。"

等到萧衍平定建康之后，他派遣吴郡太守李元履巡抚东方。李元履临行前，萧衍特意告诫他说："袁昂家世代忠良，我们都要对他宽容一些，不可对他使用暴力。"李元履到吴兴后，传达了萧衍的意思，袁昂只是打开了城门，撤去了武备，但并没有请求投降。

萧衍同时召见袁昂和马仙琕二人，说：“我要让天下的人们看看这两位义士。”他对马仙琕说：“管仲曾射中齐桓公的衣带钩，勃鞮也曾砍断过晋文公的衣袖，后来，他们又都成为二位国君的忠臣，他们都受到前人的赞美。爱卿不要因为曾经斩杀过我的使者、切断过我军的粮道而不安。”马仙琕谢罪说：“小人就如同一条失去主人的野狗，新主人喂养它，它就会为新主人继续卖命。”萧衍不禁笑了起来，对二人都很优待。不久，马仙琕的母亲去世了，萧衍知道他家贫困，赏赐给他很多财物。马仙琕哭着对弟弟马仲艾说：“我深受再生之恩，还没有报答。如今，又受到主上特殊的恩典，唯有与你竭尽全力报答主上的大恩大德啊！”

二七五　篡齐自立（一）

公元502年注定是不平凡的一年。

去年，萧衍几乎用了一年的时间顺利推翻了萧宝卷的统治，掌握了南齐的大权，新年刚过，他又盘算着下一步该怎么走呢？

一月九日，萧衍让宣德太后入住皇宫，临朝称制，而他本人则自行解除了临朝称制之权。投桃报李，十三日，宣德太后晋封萧衍为都督中外诸军事，并授予他“剑履上殿，入朝不趋，赞拜不名”的特殊待遇。二十日，萧衍又以皇太后的名义任命大司马长史王亮为中书监，兼尚书令。

此时的萧衍与当年的刘裕和萧道成一样，虽然满心希望早日登上皇帝宝座，却又碍于脸面不好开口，而恰在这时，萧衍的老友大司马咨议参军范云、骠骑将军司马沈约和记室参军任昉三人看出了萧衍的心思。而对于他们三人来说，虽然是萧衍的老友，但是，在萧衍起兵的整个过程中，寸功未立，如今，萧衍改朝换代只是个时间问题了，只有主动提出禅代并为禅代积极工作，才能成为佐命功臣，在新朝里占据一席之地。沈约首先含蓄地对萧衍提及此事，但萧衍一开始装聋作哑，未予理睬。过了几天，沈约正式对萧衍提出这个动议，他说：“现今的社会环境与古代不同，不能指望人们像古代那样敦厚淳朴。士大夫们之所以给你尽力，都是希望能建立功业，以保全他们的荣禄。现在，即便是三岁小孩也都知道齐国的国祚已经完结，没人不说应当承受大运就是您，谶言称：‘行中水，作天子’，这在书上记载得明明白白。上天的旨意不可违背，人心也不能丧失。假设命运已经做好安排，您要谦让，也没有用。”

萧衍回答：“我也在考虑这事。”

沈约又说：“大人在襄阳开始举兵之时，才是考虑的时候；如今大业已成，还思考什么呢？过去，周武王伐纣，刚进入殷商国都，百姓们就对他称呼说：

‘我们的王。’周武王没有违背民意，也没有再三思量。如果不早定大业，迎合天意民心，一旦有一人提出质疑，便会损害大人的威信。况且，人并非一成不变的金石，世事难保总会这般平静，岂能只将建安郡王的王爵留给子孙？如果天子回到了京师，君臣之礼已定，朝廷百官各自就位，就不会再生异心，届时，明君在上，忠臣在下，还会有谁与大人一起做贼呢？”

萧衍表示同意。

沈约出宫后，萧衍又将范云召来商议，范云说的意思与沈约大体相同。

萧衍说：“智者所见，竟如此一致。明早可带着沈约一起前来。”

范云出宫后，告诉了沈约。沈约对他说：“明早你一定要等着我一起。”范云点头同意。

谁知，第二天一大早，沈约却不等范云，抢先入宫。萧衍见他先来，就让他起草禅让诏书。更绝的是，沈约不慌不忙地从衣袖中拿出了早已写好的各类文稿，甚至新朝的人事安排都已起草妥当，交给萧衍过目。萧衍大喜，看后，几乎没有做什么修改。

不一会儿，范云也来到了殿门外，却被侍卫阻拦，不能入殿。他只好焦急地徘徊在寿光阁，不停地说：“怪事！怪事！”

等到沈约走出大殿，范云赶忙询问：“给我安置个什么官？”

沈约但笑不言，只是伸出左手示意，指尚书左仆射。

范云立即心领神会，不禁笑道：“没让我失望。”

又过一会儿，萧衍召见范云，对他说：“平时与沈约相处，没有觉得他有过人之处，今天的他才气纵横，可谓是见识高明。”又说：“我起兵以来已经三年，各位功臣诸将，确实有很大功劳，但成就我的帝业的，是你们两位啊！”

决定下来后，萧衍加快了篡权的步伐。一月二十五日，他让宣德太后给自己晋封为相国、总百揆、扬州牧、梁公，以豫州的梁郡、历阳郡，南徐州的义兴郡，京畿的淮南郡、宣城郡、吴兴郡、会稽郡、东阳郡、新安郡（另一个郡不详）等十个郡为梁国，备九锡之礼，位在诸王之上。

萧衍当然又装模作样地坚决推辞一番，群臣反复劝说，他就是不接受。直到二月二日，他才勉强接受了任命。二月三日，萧衍宣布齐明帝萧鸾的侄儿、湘东王萧宝晊谋反，将他及其两个弟弟江陵公萧宝览、汝南公萧宝宏兄弟三人全部诛杀。史书给出的理由是：在东昏侯萧宝卷死后，湘东王萧宝晊希望群臣能奉戴自己，他端坐在家中等待着宫中会奉迎自己，谁知，王珍国和张稷等人却将萧宝卷的人头送到萧衍那里，这让萧宝晊大失所望。萧宝晊时任左卫将军，萧衍独揽大权后，又将他调任太常。萧衍称萧宝晊谋反，自然是污蔑之词。萧宝晊三兄弟是齐明帝萧鸾三弟萧缅的儿子，萧衍诛杀他们，就是由远及近、清除萧鸾一系南齐宗室的开始。

二月七日，宣德太后下诏梁国政府完全按照朝廷的模式设置百官，于是，萧衍任命沈约为梁国吏部尚书兼尚书右仆射，以范云为梁国侍中。萧衍把萧宝卷的余妃纳为小妾，整日与余氏尽鱼水之欢，往往妨碍了军国大事。范云曾提醒过萧衍，但萧衍不听。于是，范云与侍中、领军将军王茂一起晋见，范云说："过去，沛公刘邦进入咸阳时，并没有沉溺于女色之中，项羽的谋士范增认为他胸怀大志，这也是他畏惧刘邦的原因。如今，大人刚刚平定了建康，四海都想看到您拥有美好的名声，大人为何要重蹈覆辙，整天被一个女人拖累呢！"王茂也起身叩拜说："范云说得对，大人一定要胸怀天下，不应再留下这个女人。"萧衍听了沉默不语。范云又请求将余氏赏赐给王茂，萧衍满心舍不得，但王茂是萧衍身边的大功臣，总不能连一个女人都舍不得赏赐吧？话说到这份儿上，萧衍只好同意。第二天，他又赏赐给范云、王茂两人各一百万钱。萧衍一生共有八个儿子，其次子萧综的身世就非常可疑，萧宝卷宫中还有一位美女吴氏，容貌仅次于潘氏和余氏，萧衍临幸吴氏后七个月生下了萧综。据《洛阳伽蓝记·城东·龙华寺》记载："宝卷有美人吴景晖，时孕综经月，衍因幸景晖，及综生，认为己子，小名缘觉，封豫章王。综形貌举止甚似昏主，其母告之，令自方便。综遂归我圣阙，更改名曰缵，字德文，始为宝卷追服三年丧。"《北史》也有类似的记载，后来，萧综叛逃到北魏，并为萧宝卷服丧。

二月二十七日，宣德太后又下诏晋封梁公萧衍为梁王，并将梁国又增加了豫州的南谯郡、庐江郡，江州的浔阳郡，郢州的武昌郡、西阳郡，南徐州的南琅邪郡、南东海郡、晋陵郡，扬州的临海郡、永嘉郡十个郡，与以前的加起来共有二十个郡。萧衍照例没有同意，相国左长史王莹等人率领百官反复劝说。四天后，皇太后又下令送给梁国钱五百万，布五千匹，绢一千匹。到三月五日，萧衍才接受，赦免梁国国内以及京畿之内死刑犯以下的罪犯。第二天，又命萧衍的帽子上可以像皇帝那样悬挂十二条穗子，仪仗队打起天子专用的旗帜，出入要净街，乘坐天子车马，可以演奏有六十四人参加的集体舞。三月十三日，萧衍又下令将萧宝融的三个弟弟邵陵王萧宝攸、晋熙王萧宝嵩、桂阳王萧宝贞处死。萧衍诛杀齐明帝萧鸾的儿子们，既有为哥哥萧懿报仇的意思，更重要的是为了巩固自己的统治。在萧衍诛杀萧宝攸等人时，也派兵包围了鄱阳王萧宝寅的府邸，将要加害。萧宝寅家的宦官颜文智与侍从麻拱、黄神密谋救出萧宝寅。他们提前在长江边上准备了一条小船，趁夜从墙内挖了一个洞，让萧宝寅从府中偷偷逃了出来。萧宝寅身着黑色短袄，腰间挂了一千多钱，脚穿一双草鞋，在黑夜中摸索着逃至江边。等到他来到江边，双脚起满了水泡，没有一块完整的皮肤。等到第二天早晨，守卫部队才发现萧宝寅不见了，开始搜捕。时年十六岁的萧宝寅假扮成一名渔夫，随波逐流，上上下下来回数十里，没有引起追兵的怀疑。等追兵们散去后，他才驾船渡江到了长江对岸，投奔到一个叫华文荣的百姓家中。华文荣与侄儿华天龙、华惠连三人又将萧宝寅藏匿在山涧之中，租来一头毛驴让他骑着，昼伏夜行，朝寿春而来。萧宝寅年纪幼小，加上连日徒步奔波，面容十分憔悴，见到他的人们都认为他是被人贩子贩卖的，北魏寿春下属的东城戍主杜元伦经过盘问，确定萧宝寅确实是萧鸾之子后，对他以礼相待，并迅速向扬州刺史、任城王元澄报告，元澄派出车子前去迎接。在寿春，萧宝寅请求元澄发给丧服，自己好为死去的二哥萧宝卷服丧。元澄表示同意，并前去吊唁。萧宝寅在服丧期间，不苟言笑，不喝酒不吃肉，举止有礼。寿春城内很多人都曾是萧宝寅的旧属，这些人前来吊唁，萧宝寅也都接受了，唯独夏侯一家萧宝寅不予接待，这是因为荆州的夏侯详投靠了萧衍之故。

第二年，萧宝寅被送至洛阳，北魏宣武帝对他非常器重。来到洛阳后，萧宝寅跪在宫门之外，请求北魏出兵南伐，以雪国恨家仇。当时，天上刮起了大风，下起了瓢泼大雨，但萧宝寅还是跪在那里，一动不动，后宣武帝任命其为东扬州刺史。

二七六　篡齐自立（二）

萧衍没有诛杀萧宝卷的长兄萧宝义，并不是他突然有了恻隐之心，而是因为萧宝义一直就是一个废人，是个哑巴，不用担心他会谋反。在萧衍诛杀三王的同月，庐陵王萧宝源也去世了，死因不明，胡三省注称不是病死。至此，齐明帝萧鸾的儿子们仅剩下齐和帝萧宝融、萧宝义和侥幸逃到北魏的萧宝寅三人了。

在萧衍大肆诛杀南齐宗室诸王的同时，齐和帝萧宝融也开始从江陵东下了。临行前，他任命夏侯详为荆州刺史，但夏侯详哪敢接受？于是，萧宝融只得任命萧憺为都督荆州湘州等六州诸军事、荆州刺史。萧憺在荆州励精图治，大兴屯田，减少劳役，还经常看望救济死难将士家属，民间有打官司的，他听了双方的理由，当即就能作出裁决，荆州衙门内再无积压的事务。萧憺还非常虚心，他认识到自己年纪轻，想让属下知无不言，言无不尽，他对大家说："如果荆州政务出现什么闪失，我们大家都会感到惋惜。你们的意见建议能够采用的，我就采用了；不能采用的，对我又有什么坏处呢？我现在开诚布公，听从你们的意见，你们也不要有所隐藏。"因此，在他的治理下，荆州士大夫尽心竭力，百姓们也都非常高兴。

三月二十八日，齐和帝萧宝融一行抵达了姑熟（安徽省当涂县），在这里，他下诏向梁王萧衍禅位。

四月三日，宣德太后下令说："禅让诏书已经送到了，萧宝融指示要将皇帝宝座禅让给梁王，明天，我会登临大殿，派出使者将皇帝玉玺送给梁王，之后，我也将迁出皇宫。"四月四日，皇太后又发布诏书，派遣兼太保、尚书令王亮等人将皇帝玉玺送给了萧衍，萧衍又忸怩作态一番，南齐819名官员、梁国117名官员同时上书劝进，太史令蒋道秀又历数64条天文预兆劝说，萧衍这才最终答应。

四月八日，萧衍在建康南郊正式登基即皇帝位，大赦，改元为天监元年。至此，南齐灭亡，共存续24年，历7位皇帝。

礼毕，萧衍登上车子，对范云说："朕现在就像是用一条朽败的马缰绳在驾车啊！"范云回答："希望陛下能够一天比一天越来越谨慎小心！"萧衍素来非常敬佩大哥萧懿，因此，就在他即位的当天，就追赠萧懿为丞相，封长沙王，谥号宣武。数日后，才又追赠次兄萧敷、四弟萧畅、五弟萧融。

四月九日，梁武帝萧衍下诏拜齐和帝萧宝融为巴陵王，在姑熟就地修筑宫室；尊宣德太后为齐文帝妃，萧宝融之妻王舜华（王俭孙女）为巴陵王妃。南齐帝国的王爵、侯爵有的降一级，有的被废除，只有在刘宋灭亡时被南齐册封的汝阴王刘准除外。萧衍还追尊父亲萧顺之为文皇帝，庙号太祖；追尊母亲陈道正为德皇后。封文武功臣车骑将军夏侯详等十五人为公侯。立皇弟中护军萧宏为临川郡王；南徐州刺史萧秀为安成郡王；雍州刺史萧伟为建安郡王；左卫将军萧恢为鄱阳郡王；荆州刺史萧憺为始兴郡王；任命萧宏为扬州刺史。加领军将军为镇军将军；以中书监王亮为尚书令、加中军将军，相国左长史王莹为中书监、加抚军将军，吏部尚书沈约为尚书仆射，长兼侍中范云为散骑常侍、吏部尚书。萧衍还下诏，将皇家乐队、宫廷监狱中的妇女全部释放。

当时，萧衍本打算将南海郡（广东省广州市）划为巴陵国，让齐和帝萧宝融居住。沈约却建议道："古今情况不同了，魏武帝曹操说过：'不可图虚名而受实祸。'"萧衍听了点头表示同意。于是，派遣亲随郑伯禽前去姑熟，强迫萧宝融吃下金块。萧宝融说："要我死不用金块，只用美酒即可。"他喝得烂醉如泥，郑伯禽将其杀死了，时年十五岁。萧宝融死后，被萧衍追尊为齐和帝，安葬在恭安陵。萧衍杀害齐和帝萧宝融后，就封哑巴萧宝义为巴陵王。

萧衍诛杀了齐明帝萧鸾的儿子们，但萧道成次子萧嶷一支意外地保留了下来，并在梁朝受到重用，他们主要是指在齐明帝时期侥幸活下来的萧道成次子萧嶷的儿孙们。萧嶷共有十六个儿子，在梁朝都担任了官职，其中萧子恪、萧子范、萧子质、萧子显、萧子云、萧子晖六人以文学知名，平安度过一生。萧衍喜爱文学，曾赞赏萧子范说："你是宗室奇才！"他对萧子恪、萧子范二人说："皇帝宝座不是人力所能强夺的，假如没有福气，即使像项羽那般勇猛，最终也会败亡。宋孝武帝刘骏猜忌宗室诸王，稍微有点名望的弟弟都被他杀了，朝臣们接二连三因受到猜疑而被杀。可是，结果呢，有的人受到怀疑没有被杀，有的虽然未被怀疑，最终为患。比如，你们的祖父萧道成虽然受到宋明帝刘彧的怀疑，却拿他没有办法；齐明帝刘彧未当皇帝之前，在孝武帝刘骏看来，他平庸无能，未受到怀疑，可是，刘骏的子孙全部死于刘彧之手。我当时已经两岁了，他岂能知道我会有今天？我说这些就是为了说明一个道理：你们要知道，有天命的人不会被人加害，即使想加害也加害不了。我刚刚平定建康的时候，朝廷内外都劝我说：'时代发生了变革，应该将齐宗室全部杀死，以统一人心。'如果当时我同意的话，谁敢不从？但是，我想到我们南朝每到新旧交替之际，都要大开杀戒，伤害了上天的和气，因此，国祚都不长久，这是其一；其二，齐梁虽说是改朝换代了，却与以往不同。我与你们兄弟之间本是同族，血缘并不远，你们不要说只有兄弟之间才最亲，其实，兄弟之间也有走动的，也有相互之间老死不相往来的。齐国建立之初，我们两家也曾同甘共苦，你们兄弟年纪太小，可能对此不太清楚。我与你们兄弟情同一家，岂能不念及此处，下此毒手？其三，齐明帝萧鸾屠灭了你们家，我起义兵，不仅仅是为我们家雪耻，也是为你们家报仇。你们兄弟如果在齐明帝萧鸾、东昏侯时期能够拨乱反正，我虽然在襄阳已经起兵，岂能不会放下武器拥护你们？如今，我已经为你们兄弟报仇了，况且又改朝换代了，我希望你们兄弟要对朝廷尽忠、报恩。还有，我起兵平定暴乱，取代的是齐明帝萧鸾家的天下，并不是从你们家手里夺的。过去，刘子舆自称汉成帝刘骜的儿子，东汉光武帝刘秀说：'假设汉成帝刘骜死而复活，天下也不是他的了，更何况是刘子舆？'我登基以后，又有人劝说我杀掉你们，我还是用那句老话答复他们：'如果有天命，就不是我能杀得了的；如果没有天命，为何要做出这种事？只能显示我没有度量。'曹志是魏武帝曹操的孙子，在晋朝为官，最终成为晋室的忠臣，他就是你们的榜样。你们还是我朝的宗室，这又与曹志不同，我们更要彼此坦诚相待，稍后，你们就会明白我的苦心了。"当过萧嶷贴身宦官的赵叔祖此时是寿光省的斋帅，梁武帝萧衍对他说："近段见到萧子恪兄弟们了吗？如果见了他们，传达我的意思：'今日虽然改朝换代了，但我们还是情同一家，只是新朝刚刚建立，百废待兴，所以，尚未重用他们。这不是我做得不合适，我也是为了保全他们。他们只用闭门高枕，以后就知道我的真心了。'"赵叔祖出宫就向萧子恪等人传达了梁武帝的旨意。萧子显就是《南齐书》的作者。

即位后的梁武帝萧衍还是比较简朴的。过去的皇帝只穿新衣，而萧衍改穿洗涤过的衣服，吃饭也很简单，只吃素食。在选拔官吏的时候，他注重选拔那些廉洁的官员，对每一位新任官员，萧衍总要将他们召至宫中教育一番，勉励他们勤政廉政。他还下令要求，对于有才能的小县县令，要提拔担任大县县令；大县县令有才能的，要提拔担任郡守。建安内史到溉（到彦之曾孙）、晋安太守刘翾、长沙内史邱仲孚、宣城太守何远都以廉洁、有才能而著称，在梁武帝的倡导下，梁朝官场上逐渐形成了一股廉洁之风。梁武帝为了了解民情，他还专门下诏，在皇宫门前的谤木、肺石两边各安置了一个举报箱，百姓有什么建议意见都投到谤木旁边的举报箱内；如果有冤情的，投到肺石旁边的举报箱里。按：谤木是上古帝尧在宫门前设置的丁字形木架，让人们写下批评政府的言论；肺石，有冤情被各级官吏压制的百姓，可以站在上面，三天后，由法官审理并直接上报君主。萧衍还下令减轻刑罚，对于那些犯有鞭刑的人，允许以钱赎罪。

二七七　伯之之乱

萧衍的篡位似乎进行得异常顺利，这主要源于南齐政府早已失去了人心。

自从齐明帝萧鸾篡位以来，大肆诛杀齐高帝和齐武帝的子孙，致使南齐宗室离心离德，在萧鸾恐怖政策下，宗室及其群臣都敢怒而不敢言。萧鸾死后，萧宝卷接手的是一个危机四伏的烂摊子，人们原本弹冠相庆，总算是保全了性命，但是，萧宝卷很快就与辅政大臣集团发生了冲突，南齐朝廷再度卷入一场恐怖的杀戮之中，暂时被掩盖住的矛盾也集中爆发了出来。等到萧衍起兵之时，南齐政府已经威信全无，彻底失去了民心。

不过，建康城内还是发生了一些波折。虽然萧衍在登基之初就发布大赦命令，但是，东昏侯过去的旧臣孙文明等人仍然内心不安。五月十八日深夜，他率领数百同党，趁着运送荻草之机将武器藏在荻草之下，进入了南北掖门内发动叛乱。这伙人焚烧了神虎门、总章观，攻进了卫尉府，杀害了在此值班的卫尉张弘策。前军司马吕僧珍正在大殿值班，率领禁卫军迎战，却不能击退敌人的进攻。梁武帝萧衍一身戎装，驾临前殿，他对大家说："贼党趁夜前来，肯定是因为人少，等天亮后，他们自会散去。"于是下令值夜官提前敲五更。这时，领军将军王茂、骁骑将军张惠绍也听到发生了变故，各自率军前来救驾，孙文明等人才慌忙逃走。第二天，萧衍命人四处搜捕，将这伙人全部诛杀。

江州刺史陈伯之与豫章（江西省南昌市）人邓缮、永兴（湖北省黄梅县西北）人戴永忠是故交。陈伯之投靠萧衍以后，邓缮还曾藏匿陈伯之的儿子陈英，因此，陈伯之对邓缮非常感激。等到陈伯之回到江州以后，就起用邓缮为江州别驾，戴永忠为记室参军。陈伯之目不识丁，对于郡县上报的各类请示文件，只会在文件上画押，提出一个大致的意见，表示自己已经过目，遇到具体事务，就由典签官等下属口头传达命令，决定全部由这些人作出。建康城内有一位名叫褚緭的人，仕途一直不得意，南齐末年曾任扬州西曹。梁武帝即位后，褚缉多次拜访吏部尚书范云，希望能得到个一官半职，但范云对他一直没有好感，因此，没有满足他的要求。褚缉大怒，对朋友说："齐明帝以后，那些荒野草泽中的低贱小人们都一步登天，飞黄腾达了，我又犯了什么罪，竟被抛弃不用。如今，梁朝刚刚建立，连年闹饥荒，再次发生大乱也不一定。陈伯之在江州坐拥强兵，此人又不是皇上的嫡系，内心自然会担心自己的安全。况且，火星靠近南斗六星，显示将有军事行动，这未必不是等待我的出现。这次我前往江州一趟，如果仍然没有效果，再北投北魏，至少也能在黄河以南的郡里混个太守当当。"遂给陈伯之的秘书王思穆写信，请求引荐，陈伯之见后，对他非常宠信。陈伯之的同乡朱龙符时任长流参军，大家都利用陈伯之的昏聩，肆意贪赃枉法，江州政事被搞得一塌糊涂，梁武帝对此也有耳闻。

陈伯之的儿子陈虎牙已被转调为直阁将军。梁武帝萧衍亲笔写下朱龙符的种种罪过，由陈虎牙转交陈伯之过目。萧衍还另外委派了一个人代替邓缮担任江州别驾，但陈伯之均置若罔闻，一概不予理睬。他给萧衍复信说："朱龙符是一个骁勇的健将，邓缮处理州务非常得力，请求朝廷将委派的新任别驾（行政官）改任为治中（总务官）。"复信送出后，邓缮日夜游说陈伯之说："朝廷府库空虚，没有武器装备，粮仓也没有粮食储备，东方各郡又发生了饥荒，这是一个千载难逢的好机会，不能让它白白浪费了。"褚缉和戴永忠等人也都表示赞成。陈伯之对褚缉说："我再次上书请求留下你，如果朝廷还不同意，我们就反。"

梁武帝萧衍的答复是可以将江州境内的一个郡交给邓缮当太守，但仍然不同意他继续担任江州别驾，陈伯之决定发动叛乱。他提前命令褚缉伪造了一份逃奔北魏的南齐建安王萧宝寅的书信，然后，将江州全体官员召集起来，对大家说："我接到了建安王的亲笔信，信中，建安王已经率领十万将士南下，抵达了六和（江苏省南京市六合区），现在，他命令我率领江州军民迅速东下，给建安王送去军粮。我受齐明帝的厚恩，将以死相报，现在，我命令江州实施戒严，立即做好出发准备！"当即，他将那封伪造的书信让大家传阅，在州大堂之前立下高台，歃血为盟。

褚缉对陈伯之说："如今我们要做大事，就必须重用德高望重的人，程元冲与我们不一心，临川内史王观是王僧虔的孙子，个人素质很高，可以将他召为长史，取代程元冲。"陈伯之表示同意，又任命褚缉为浔阳太守，加讨逆将军；

戴永忠为辅义将军；朱龙符为豫州刺史，率领五百人驻守在大雷（安徽省望江县）。大雷戍主沈慧休、镇南参军李延伯又派遣乡人孙邻、李景受朱龙符的调遣。豫章太守郑伯伦率领本郡部队固守城池，拒绝执行陈伯之的命令。王观也不从命。程元冲被罢免后，在家乡聚集了数百人，暗中与陈伯之的典签吕孝通、戴元则联络，密谋袭杀陈伯之。陈伯之有个非常奇怪的习惯，那就是每天早晨总是要观看歌舞表演，一直闹腾到下午，又开始睡觉，此时，他身边的卫士们也都休息了。程元冲趁陈伯之疏于戒备，率众从衙门的北门冲了进来，一直闯入大堂前面。陈伯之从睡梦中被喊叫声惊醒，他亲自率众迎战，程元冲不敌，逃到了庐山。浔阳的张孝季是程元冲的同党，程元冲败后，陈伯之没有抓获张孝季，他抓住了张孝季的母亲郎氏，用蜡将郎氏灌死。

陈伯之暗中派人通知儿子陈虎牙兄弟，陈虎牙兄弟都从建康逃到了盱眙（江苏省盱眙县）。盱眙人徐安、庄兴绍、张显明试图杀死陈虎牙兄弟，却未能取胜，反为陈虎牙兄弟所杀。

六月二日，萧衍下诏任命领军将军王茂为征南将军、江州刺史，命其率军讨伐陈伯之。

陈伯之听说王茂率军前来，对褚缉等人说："王观、郑伯伦均拒不从命，我们眼看就要两手空空被人围困。现在，先平定了豫章，打通南方的通道，征发更多的劳力，运来更多的粮食，然后，率军北向，扑灭饥饿疲惫之师，不忧不会胜利。"六月，陈伯之留下同乡唐盖人守卫浔阳城，他亲自率军南下进攻豫章，但未能攻下。王茂的先头部队进抵江州后，陈伯之腹背受敌，遂大败而逃，从小路逃亡到长江北岸，与陈虎牙、褚缉等人一起叛逃到了北魏。北魏任命陈伯之为使持节、散骑常侍、都督淮南诸军事、平南将军、光禄大夫、曲江县侯。

萧衍顺利地平定了陈伯之之乱，他又将目光投向了益州。在萧衍起兵期间，益州刺史刘季连首鼠两端，并没有参加西军，此时，萧衍派遣亲信陈建孙将南齐益州刺史刘季连的弟弟通直郎刘子渊以及刘季连的两个儿子送到成都，并宣布诏书，召其回京。刘季连接受命令，等新任益州刺史到来之后，就动身东去。

二七八　元起定蜀

新任益州刺史邓元起还是齐和帝萧宝融任命的。

邓元起是南郡当阳人，刘季连为南郡太守的时候，对当时还是低级官吏的邓元起非常轻视，因此，二人之间心存芥蒂。邓元起的典签官朱道琛曾任刘季连府上的都录。此人是个无赖小人，过去曾因犯罪，刘季连将要杀掉他，他畏罪潜逃才免于一死。这时，他对邓元起建议说："益州战乱已久，政府和民间的资财都已经枯竭，如今，刘季连将要东归，岂能派人远来迎候？我请求你派我先行打前站，沿途提前安排大人军队的食宿，不然的话，我们就必须从万里之外转运军粮，这非常困难。"邓元起听了认为有道理，就同意了。

谁知这个朱道琛是小人得志，他到成都以后，是飞扬跋扈，立即露出一副小人嘴脸，对益州府内的官员们颐指气使，态度傲慢无礼。他拜访了益州各级官员，见到人家家里的贵重物品，就强行夺去，有人拒绝的，他就说："这东西早晚都会易主，何苦现在舍不得呢？"益州上下都非常害怕，认为邓元起到后，必定会大开杀戒，不仅会诛杀刘季连，而且还会祸及刘季连的亲属以及益州的官吏。大家纷纷向刘季连报告，刘季连想到自己昔日对邓元起十分无礼，也担心遭到报复，遂决定反叛。他查阅了户口名册后，概算能够动员十万精锐部队，叹息道："占据益州天险，拥有如此强大的军队，进可以辅佐王室，退不失当个刘备，一旦离开了此地，又将去哪里呢？"

就在江州刺史陈伯之叛逃北魏前后，刘季连召集下属，谎称接到了南齐宣德太后的密令，诛杀了朱道琛，聚众发动叛乱。刘季连给巴西太守朱士略、涪城县令李膺写信，但二人均不从命。邓元起进至巴东时，听到了刘季连叛乱的消息，他让蒋光济占卜此行的吉凶。占卜的结果是蹇卦，这让他想起二百四十年前邓艾在入蜀前占得的也是这一卦，这一卦象预示着进军将立下大功，但对主人不利，想到这里，他不禁长叹一声，说道："我岂是邓艾啊，却也占得了此卦！"

天监元年（公元502年）六月，邓元起的军队已经来到了巴西郡（四川省阆中市），朱士略开城迎接。刘季连闻讯，诛杀了朱士略的三个儿子。

在此之前，蜀地百姓纷纷逃亡，等到邓元起率领的官军来到以后，百姓们又纷纷响应，邓元起之军很快就增至三万多人。邓元起所部经过长途跋涉才来到蜀地，军粮开始缺乏。有人建议："益州政治一直都很宽纵，很多百姓假装生病，拒绝服役。如果严格审查巴西郡的户口，一旦查出有诈，从重处罚，这样一定会有很大收获。"邓元起表示同意。涪县县令李膺劝谏道："大人前有大敌，后无援兵，百姓刚刚归附，还处于观望之中。如果再施行刻薄之政，百姓肯定会受不了，一旦民心离散，后悔就来不及了！何必要用这种办法来筹措军粮？请允许我走一趟，不用担心弄不来粮食。"邓元起说："说得好！这事全交给你办理。"李膺动员富人向官军捐献粮食，很快就筹措了三万斛。

刘季连派遣部将李奉伯、齐晚盛等人迎战，双方互有胜负。到这一年年底，邓元起部将王元宗等在新巴（四川省剑阁县北）击破李奉伯，在赤水击破齐晚盛，二人逃回成都，邓元起遂率部推进到了西平（四川省成都市南）。刘季连驱赶百姓入城，闭城固守。齐晚盛又在斛石（今地不详）击破邓元起部将鲁方达，官军被杀一千多人。为了鼓舞士气，邓元起遂将辎重留在郫都区（四川省成都市郫都区），亲自率军推进至成都二十里的蒋桥。刘季连又派遣李奉伯、齐晚盛率领两千人从小路偷袭郫都区，一举将其攻下，夺取了官军的粮草。邓元起派鲁方达率军救援，却被击败。邓元起索性丢下郫都区，率部径直推进到成都城下，将成都城团团包围。邓元起在城下巡视，刘季连派壮士突袭，一直冲到邓元起跟前。邓元起下车，手持刀盾亲自击退了敌人。成都被围以后，刘季连的城局参军江希之等人密谋开城投降，阴谋败露后，为刘季连所杀。

益州已大乱了两年。成都城南原本就存粮不多，邓元起围城不久，城中粮食就吃尽了，每升米买到三千钱，即便如此，也无从买到，不少人饿死，那些没有亲戚的人，又被他人杀死吃掉。刘季连本人也只能吃点稀粥充饥，坐守穷城，无计可施。天监二年一月，萧衍派遣主书赵景悦送来诏书劝降，赦免了他的罪过，于是，走投无路的刘季连这才脱去上衣，袒露胸背，出城投降。

邓元起将他迁至城外，不久，就前去拜访，对他非常有礼。刘季连谢罪道："早知今日，哪会有前日之事啊！"听说刘季连投降后，郫都区的李奉伯和齐晚盛也投降了。邓元起诛杀了李奉伯和齐晚盛，将刘季连押回京师。刘季连到建康后，萧衍召见了他。他从东掖门入宫，走几步就要匍匐下来叩头谢罪，一直拜到萧衍跟前。萧衍笑着对他说："你想效仿刘备，可是连公孙述都赶不上，是不是没有像卧龙先生那样的大臣啊？"遂将其赦免为百姓。又过了两年，到梁武帝天监四年，刘季连在建康建阳门外为蜀地仇人蔺道恭所杀。

邓元起因功被加军号为平西将军，增封食邑八百户，合计二千户。邓元起尚未进入成都时，因担心难以成功，当时又没有什么可赏赐的，对于投靠来的士大夫们都封官许愿，等到他入城后，拥有别驾、治中头衔的人就高达两千多。邓元起以同乡庾黔娄为录事参军，又厚待原荆州刺史萧遥欣的门客蒋光济，将益州州事委托他们二人处理。庾黔娄非常清廉，蒋光济足智多谋，益州政治逐渐清明了起来。邓元起也勤于政事，从不谈及财色，他原来酒量很大，此时也戒酒了。邓元起还非常大度，过去，他在荆州时，荆州刺史随郡王打算任命他为从事，但别驾庾荜坚决不同意，邓元起当时非常气愤。等到成都被围时，庾荜就在城中，非常害怕。邓元起进城后，最先派人前去迎接庾荜，他说："如果庾别驾为乱军所杀的话，我可是有口难辩了！"邓元起的外甥梁矜孙与庾黔娄性格不合，他给邓元起进谗言说："成都城中都说这里有三个刺史，大人该怎么办呢！"邓元起听了，逐渐疏远了庾黔娄、蒋光济二人，益州政治也稍稍不如以前了。

到天监四年，魏军南下进攻汉中，萧衍命令邓元起救援，他却拖延北救，致使晋寿陷落，被逮捕下狱，在狱中自杀。邓元起与刘季连这对冤家在同一年内死去，更为巧合的是，他的结局竟然真的与三国时期的邓艾一模一样。

二七九　宋齐政治

南北朝已经走过了一半，在此有必要对这段时期南朝的政治、经济、文化、社会进行一个简要的总结。首先，列出刘宋和萧齐政权的帝系。

刘宋帝系表

宋武帝刘裕 （一任帝，420–422）	宋少帝刘义符 （二任帝，422–424）	
	宋文帝刘义隆 （三任帝，424–453）	
	太子刘劭 （四任帝，453）	
	孝武帝刘骏 （五任帝，453–464）	前废帝刘子业 （六任帝，464–465）
	宋明帝刘彧 （七任帝，465–472）	后废帝刘昱 （八任帝，472–477）
		宋顺帝刘准 （九任帝，477–479）

萧齐帝系表

齐高帝萧道成 （一任帝，479–482）	齐武帝萧赜 （二任帝，482–493）	
	文惠太子萧长懋	郁林王萧昭业 （三任帝，493–494）
		海陵王萧昭文 （四任帝，494）
始安贞王萧道生	齐明帝萧鸾 （五任帝，494–498）	东昏侯萧宝卷 （六任帝，498–501）
		齐和帝萧宝融 （七任帝，501–502）

宋齐两朝从公元420年到502年，共计83年，历16帝，每位皇帝在位时间平均只有5年多一点。在位时间最长的是宋文帝刘义隆，在位30年，其次为宋孝武帝刘骏和齐武帝萧赜均在位11年。这一时期的很多时候，政局非常动荡，皇位更迭频繁，内部残杀激烈，统治者尔虞我诈，荒淫无耻，出现了很多昏君、暴君和淫君，百姓朝不保夕，流离失所，社会矛盾十分尖锐。

与东晋前期相比，刘宋和萧齐在政治生活方面最大的区别就在于：高门士族的衰落、寒门士人的崛起以及君权的回归。

在中央官制中，最高权位是所谓的三公。在东晋时期三公由高门士族或者皇族成员把持，但是到了萧齐，三公不再是高门士族的专属物，到齐明帝萧鸾时期，寒门出身的王敬则和陈显达均被拜为三公，这在过去是不可想象的，高门士族没有一人位居三公高位。这充分说明了寒族的兴起和高门的没落。南北朝时期是从秦汉时的三公九卿制向隋唐的三省六部制之间的过渡期，在刘宋初期保留了东晋录尚书事一职，但由于录尚书事权力过大，在宋文帝刘义隆清除刘义康之后，继任的刘义恭不再贪恋权力，到孝武帝时期，废除了录尚书事一职。随着录尚书事的废除，尚书省、中书省和门下省三省的权力也有所变化。尚书省的首脑尚书令和副手尚书仆射逐渐被人公认为宰相，尚书仆射下面又设立尚书左丞和尚书右丞，尚书左丞负责宗庙祭祀、选用官吏、弹劾不法等，尚书右丞负责仓库保管等，显然，尚书左丞的位置要比右丞重要。尚书左右丞下面又有尚书都令史，职位虽低但也非常重要。刘宋时期，尚书省下设六曹（六部）：吏部、祠部、五兵、左民、度支、都官，六曹首脑是尚书，尚书下设尚书郎，负责各曹的具体事务。中书省贴近皇帝、起草诏书而在魏晋时期就掌握了实权，到了刘宋前期，中书省的首脑中书监和中书令都成了荣誉头衔，实权掌握到了他的下属中书侍郎手里；到刘宋中后期，中书侍郎进而也成了荣誉头衔，起草诏书的实权又转至更低级的中书通事舍人（七品）手里。这些人全部出身寒门，却是人主的近臣，权力非常大，出现了“寒人掌机要”这一现象。刘宋废帝时的戴法兴有“真天子”之称，萧齐时人称：“宁可拒至尊之敕，不可违舍人之命。”都说明了这一点。门下省在刘宋时期包括三个部门：侍中省、散骑省（改为集书省）和西寺，其中散骑侍郎逐渐成为清闲之职，而侍中则审查中书省起草的诏书，并负责下达。《宋书·百官志》谈到的官职有：太宰（原为太师，西晋为避司马师讳而改）、太傅、太保，这是古三公；相国（东晋末年刘裕、刘宋末年萧道成曾任）、丞相

（刘义宣曾任）、太尉、司徒、司空、大司马、大将军，上述十个官职，除去相国已经不是人臣之位、西晋初年没有设置丞相之外，其余在晋武帝司马炎时期“八公同时并置”。以下为特进、骠骑将军、车骑将军、卫将军、征东将军、征南将军、征西将军、征北将军（位次三公）；镇东将军、镇南将军、镇西将军、镇北将军、中军将军、镇军将军、抚军将军；安东将军、安南将军、安西将军、安北将军；平东将军、平南将军、平西将军、平北将军；左将军、右将军、前将军、后将军；征虏将军、冠军将军、辅国将军、龙骧将军；东中郎将、南中郎将、西中郎将、北中郎将；建威将军、振威将军、奋威将军、扬威将军、广威将军、建武将军、振武将军、奋武将军、扬武将军、广武将军；鹰扬将军、折冲将军、轻车将军、扬烈将军、宁远将军、材官将军、伏波将军；下面还有凌江、宣威、明威、骧威、厉威、威厉、威寇、威虏、威戎、威武、武烈、武毅、武奋、绥远、绥边、绥戎、讨寇、讨虏、讨难、讨夷、荡寇、荡虏、荡难、荡逆、殄寇、殄虏、殄难、扫夷、扫寇、扫虏、扫难、扫逆、厉武、厉锋、虎威、虎牙、广野、横野、偏将军、裨将军四十种军号。自左右前后将军以下，只有四中郎将各一人，其余均无定员。

以下有：太常、博士、国子祭酒、国子博士、国子助教、太庙令（领斋郎二十四人）、明堂令、太祝令、太史令、太乐令、陵令、乘黄令，均为太常属官。光禄勋、左右光禄大夫、中散大夫。卫尉（掌宫门屯兵）、廷尉（审理案件）、大司农、太仓令、导官令、籍田令、少府、左右尚方令、东冶令、平准令、将作大匠、大鸿胪、太仆。太后三卿、大长秋（皇后属官）。

尚书令、尚书左仆射领殿中、主客二曹；吏部尚书领吏部、删定、三公、比部四曹；如有右仆射，则不置祠部尚书，祠部尚书领祠部、仪曹二曹；度支尚书领度支、金部、仓部、起部四曹。左民尚书领左民、驾部二曹；都官尚书领都官、水部、库部、功论四曹；五兵尚书领中兵、外兵二曹。五尚书、二仆射、一令，被称之为“八坐”。

侍中（四名，“掌奏事，直侍左右，应对献替”）、给事黄门侍郎（四名）、公车令、太医令、骅骝厩丞，自公车令至此，为侍中属官。散骑常侍（四名）、通直散骑常侍（四名）、散骑侍郎（四名）、给事中、奉朝请。

中书令、中书监、中书侍郎（四名）、中书通事舍人（四名）、秘书监、秘书丞、秘书郎（四名）。

领军将军（掌内军）、护军将军（掌外军）、左卫将军、右卫将军、骁骑将军、游击将军、左军将军、右军将军、前军将军、后军将军、左中郎将、右中郎将、屯骑校尉、步兵校尉、越骑校尉、长水校尉、射声校尉、虎贲中郎将、冗从仆射、羽林监、积射将军、强弩将军、殿中将军、殿中司马督、武卫将军、武骑常侍，此为中央禁卫军职位。

御史丞、治书侍御史、侍御史，掌察举非法。又有谒者仆射，负责重臣的拜官和百官班次；都水使者，负责航运。

在地方上，都督兼任刺史已经成为常态。假黄钺为最高，但非人臣之职；依次为都督诸军、监诸军、督诸军；使持节最高，其次为持节、假节。州下面有郡（王国）、县、乡、亭、里，其中，郡的长官为太守，王国内为内史；大县为县令，小县为县长；五家为伍，二伍为什，十什为里，十里为亭，十亭为乡。在少数民族地区，还设置了平越中郎将、南蛮校尉、西戎校尉、宁蛮校尉、南夷校尉，等等。在地方权力的控制上，刘宋和南齐都施行了行事和典签制度，他们多以皇帝的亲信充任，掌握了地方的实际统治权，并充当皇帝的耳目，平时对刺史管理很严。

在用人上，州所举的秀才大多还是士族，但郡举的孝廉寒门人士逐渐增多，并且，刘宋皇帝开始重视所举秀才、孝廉的真才实学，宋武帝刘裕曾亲自组织对策考试，宋明帝更是明确规定，对于五个问题都回答正确的为上等；答对三四个的为中；答对两个的为下，均可任官；答对一个或者一个都没有答对的，要遣返回家。

二八〇 宋齐经济

农业是古代中国经济的基础，宋齐皇帝也都对农业生产比较重视，奖励垦荒，招集流民，兴修水利，促进农业发展。尤其是在元嘉时期，宋文帝多次下诏鼓励农业生产，亲自到籍田里耕作，并命皇后在宫中养蚕，为天下作出表率。南朝自东晋以来，不少豪强抢占无主土地，这种圈占土地的行为虽然减少了中央政府的收入，但是，对于江南的开发也起到了积极的作用。为了限制占田，刘宋和萧齐政府曾多次颁发命令，规定根据官品确定官员的占田限额。比如，在刘宋孝武帝时期，尚书左丞羊希曾上书，要求对于一品官和二品官可以占山三顷；三品和四品官可以占山两顷五十亩；五品六品可以占山两顷；七品八品可以占山一顷五十亩；九品和百姓可以占山一顷。这就是所谓的占山格。又如，齐高祖萧道成曾下诏严格限制诸王和两宫以下占山封泽，等等。江南农业最盛的地区当属江浙之间的太湖流域，正如《宋书·孔靖传论》说的那样："荆城跨南楚之富，扬部有全吴之沃，鱼盐杞梓之利，充仞八方；丝绵布帛之饶，覆衣天下。"

由于豪强圈占了大量土地，客观上需要占用与之相适应的人户。西晋时期，一般民户的户口叫作黄籍，作为官府征收税赋的依据，到了东晋，由于中原人户大量南下，这些人的户籍叫作白籍，他们是东晋政府为了吸引中原人南下而设立的不用交税的户口。为了增加财政收入，到了东晋中期以后，中央政府多次进行土断，将白籍纳入黄籍。经过历次严格的土断，白籍问题基本上得到了解决，但是，到了宋齐时期，由于内乱频仍，又出现了大量黄籍人户逃亡、假装生病、托名入道等现象，人们通过这种做法来达到逃避官府劳役的目的。刘宋和萧齐政府为此深感头疼，又多次进行检籍，但由于措施过于严苛，从而引发了唐寓之之乱，检籍工作无果而终。

宋齐的赋税劳役制度大致包括：田租、户调、杂税和劳役四种。田租按口征收，每人每年要交纳五石税米，后来，又可以让百姓以杂物折抵租米；户调，从宋孝武帝开始，改过去交纳绢为每户每年要交纳四匹布；在征收租和调的同时，政府还向百姓征收各种临时性的税赋；政府还规定百姓必须服劳役，全丁每年要服二十天劳役。

当时的农作物种类相当多，北方的一些旱地作物比如小麦、粟等农作物开始在南方种植，这使得南方农作物品种从单一的水田作物向水旱田作物兼有转变，促进了江南经济的发展。

在农业发展的同时，宋齐的手工业也得到了一定程度的发展。当时的手工业门类大致有以下七种：造船、冶铁、制盐、纺织、造纸、制陶、制茶。

南方的商业也得到了发展。随着观念的转变，社会各个阶层都开始踊跃经商牟利。如刘宋的沈庆之、萧齐的柳世隆，甚至豫章王萧嶷也曾要求朝廷允许自己学习经商以养活自己。商业的发展，让建康、京口、江陵、成都等地成为当时著名的商业城市，商业发达，三吴之地甚至是“人竞商贩，不为田业”。

商业的发展对钱币提出了要求，但是，在刘宋时期出现了钱荒，为了解决这一问题，宋文帝元嘉七年，曾下诏铸造四铢钱，到孝武帝孝建时期又下令铸造比元嘉四铢钱更薄小的四铢钱。由于钱币薄小，盗铸行为屡禁不止，致使物价大幅上涨。永光元年，又改铸形制更小的两铢钱，盗铸之风更加猖獗，有的钱入水不沉，随手破碎，根本不能使用。到宋明帝时期只得废止了这些钱，专用古钱币。经过这一番折腾，这个问题又回到了原点，钱荒问题依然没有得到解决。萧齐建立以后，高帝萧道成曾打算整顿币制，还未来得及实施，他就去世了。齐武帝萧赜永明八年，又打算在南广郡城西汉邓通铸钱的旧矿铸钱，但终因费用太大而作罢。因此，整个宋齐时期钱荒的问题一直没有得到很好的解决。北方的情况也大致相同。《魏书·食货志》记载，北魏孝文帝太和十九年，孝文帝下令铸钱，其文为太和五铢，并允许百姓私铸，但由于有的州镇铸钱，有的不铸，阻碍了商业的发展。

二八一　宋齐文化

儒学：宋齐儒学是一种玄学化的儒学。这种儒学继承了东晋清谈的学术风尚，不看重儒家经典的章句，而注重对儒学精神言简意赅的阐发。刘宋元嘉时期是学术发展的一个重要时期，在元嘉十五年，宋文帝征召雷次宗到京师鸡笼山设立儒学馆，次年，又以丹阳尹何尚之设立玄学馆，太子率更令何承天设立天文馆，司徒参军谢元设立文学馆，这是中国历史上第一次将国学分为专科教育。到宋明帝泰始六年，宋明帝又下诏设立总明观，配备东观祭酒一人、访举一人，举士二十人，分为儒、道、文、史、阴阳五部。《南齐书·礼志》记载，“建元四年正月，诏立国学，置学生百五十人。其有位乐入者五十人。生年十五以上，二十以还，取王公已下至三将、著作郎、廷尉正、太子舍人、领护诸府司马咨议经除敕者、诸州别驾治中等见居官及罢散者子孙。悉取家去都二千里为限。太祖崩，乃止。”齐武帝永明三年曾下诏“省总明观”，以尚书令王俭宅开设学士馆，建武四年，齐明帝下诏重新设立国子学。南北儒学所学大抵相同，《颜氏家训·勉学篇》称：“士大夫子弟，数岁已上，莫不被教。多者或至《礼》（指《礼经》）、《传》（指《左传》），少者不失《诗》（指《诗经》）、《论》（指《论语》）。”

文学：南北朝时期，是文字靡丽的时代，“以诸葛亮之综事经物，而人或怪其文采不艳”。在刘宋时期的文学成就主要体现在：一是笔记小说；二是山水诗歌，笔记小说的代表性作品是临川王刘义庆主持撰写的名著《世说新语》，山水诗歌的代表作家是谢灵运。《世说新语》用极其精练生动的语言刻画出一个又一个鲜活的人物形象，后来经过南梁刘孝标作注，引书多达四百多种，更增添了全书的魅力。继东晋陶渊明的田园诗之后，到了刘宋谢灵运将山水诗推到了一个高峰，他的诗歌虽事雕琢却不失清丽，佳句迭出，耐人寻味。这一时期，还有颜延之和鲍照两位著名的诗人，他们与谢灵运被并称为“元嘉三大家”，颜延之的诗歌稍显雕琢，鲍照的诗歌则题材广泛，风格豪放俊逸，独具特色，另外，鲍照的《芜城赋》也在文学史上占有一席之地。萧齐时期，骈文得到了一定的发展，代表作品是江淹的《恨赋》和《别赋》，江淹的这两篇作品，辞藻华丽，音韵铿锵，读起来朗朗上口，极具艺术感染力。诗歌上则出现了新体诗，即永明体，对诗歌每个字的四声都有一定的要求，避免出现八种声病，这为后来律诗的出现奠定了基础，永明体的代表人物是沈约和谢朓。

史学：刘宋时期史学的最大成就是范晔所作的九十卷《后汉书》和裴松之给陈寿《三国志》所作的注。范晔的《后汉书》语言简洁、准确，叙事详尽，尤其是传论写得十分精到，抒发了自己对历史事件的看法，起到了提纲挈领的作用。裴松之为《三国志》所作的注，引用了大量史料，补充了很多历史事件，我们通过注能够全面了解很多事件的原委，他的注本身就是一部内容丰富、价值很高的史书。萧齐时期，史学最突出的成就就是沈约完成的一百卷的《宋书》。由于沈约历经宋齐梁三代，以当代人写当代史自然会受到这样那样的影响，正如他在《自序》中透露的那样“事属当时，多非实录，又立传之方，取舍乖衷，进由时旨，退傍世情，垂之方来，难以取信”。但却为我们保存了大量珍贵的史料。另外，与史学相关联的学科，比如家谱学、目录学也得到了一定程度的发展，比较著名的是王俭的《百家谱集》具有比较高的史料价值，他的《七志》是目录学的代表作。

佛学：宋齐时期，南方佛教得到了进一步的发展，僧侣人数和寺院数量都有所增加，宋孝武帝时期，朝廷最终确定了僧侣见到皇帝要跪拜的制度，解决了沙门见到王者敬不敬的问题。从宋武帝刘裕开始就对僧人十分尊重，据《高僧传》的记载，刘裕西征长安时就带着智严、慧严等法师随军。此后的宋齐诸帝也都对佛教比较尊崇，热衷于建造寺庙、塑造佛像、举办法会等，《宋书·袁粲传》就曾记载，在宋孝武帝举行的八关斋期间，袁粲、张淹二人因中午吃了鱼肉而被尚书令何尚之弹劾，因之被免去了官职。除了帝王之外，两朝的大臣们也大多信奉佛教，齐竟陵王萧子良还经常召集名僧讲经说法，谢灵运、何尚之、吴郡张氏等等都笃信佛教。在刘宋初年，慧远的弟子竺道生一改渐悟说，倡导顿悟成佛的学说，这一学说到了隋唐经过慧能的发展，形成了在中国具有很大影响的禅宗流派。

艺术：在书法艺术方面，刘宋时期羊欣的真书，孔琳之的草书，范晔的篆书，萧思话的行书都为一时之冠，其中羊欣的真书深得王献之书法之意，当时就有“买王得羊，不失所望”的说法。《宋书·谢灵运传》称：“灵运诗书，皆兼独绝，每文竟，手自书写之，文帝称为二宝。”南朝士大夫们还十分重视书信上的书法艺术，《颜氏家训·杂艺》称：“尺牍书疏，千里面目。”这自然受到希望能够展现自己俊逸风貌的南朝士大夫们的重视。在绘画方面，这一时期主要是人物画，山水画也有所发展。宗炳、谢庄、王微、陆探微都是当时的绘画大师，宗炳写有《画山水序》、王微写有《画叙》，均为我国最早的山水画论。到南齐时期，谢赫又写了系统总结过去绘画成就的理论著作《古画品录》，把魏晋到南齐的二十七名画家分成六品，逐一评说，并提出了六法绘画理论，在我国绘画史上有很大的影响。这一时期，又是外国音乐传入中国的一个重要时期，同时，贵族子弟也都对音乐有所了解，《颜氏家训·杂艺篇》称：“礼曰：‘君子无故不撤琴瑟。’古来名士，多所爱好。至于梁初，衣冠子弟，不知琴者，号有所缺。”

在刘宋之前，比较著名的文人聚会活动主要有：曹魏邺宫“三曹”等人的西园之会、西晋贾谧“二十四友”的金谷之会、东晋王羲之等人的兰亭之会，到了东晋末年和刘宋初年谢氏家族的乌衣之会，萧齐时期还有萧子良主持的鸡笼山西邸之会。西邸之会中产生了竟陵八友。他们在中国文学史上都留下了浓墨重彩的一笔。

二八二　社会生活

在饮食方面，宋齐时期江南的主食除了传统的稻米，兼有原产于北方的旱地作物；菜肴还是以水产品为主，主要有鱼、蟹等。由于这一时期，“人独为贵”的呼声很高，有人将这一现象称为中国古代人的主体意识的觉醒。因此，上流社会的人们对于饮食也提出了更高的要求。《南齐书·虞悰传》记载：“悰善为滋味，和齐皆有方法。豫章王嶷盛馔享宾，谓悰曰：‘今日肴羞，宁有所遗不？’悰曰：‘恨无黄颔，何曾《食疏》所载也。’”《南齐书·刘休传》也说，“帝（宋明帝刘彧）颇有好尚，尤嗜饮食。休多艺能，爰及鼎味，问无不解”。南朝常见的饼是蒸饼、胡饼等，也有直接将麦粒下锅煮成麦饭的，但由于南方人习惯吃米饭，因此，以吃麦饭为廉洁。果品主要有橘、瓜、荔枝、槟榔等。

在服饰方面，追求着装的舒适和优雅，宽衣博带，长袖高冠，脚踏木屐，为当时的风尚。《晋书·五行志》称：“晋末皆冠小而衣裳博大”，即是指此。在正式场合，比如祭祀、朝会等要穿冕服。冕服是中国古代服饰中的一大类，主要包括冠、上衣、下裳和鞋。帝王和朝官的冠外黑里红，盖在顶上有一块前圆后方的冕板，冕板的两端垂下穗子，叫冕旒，皇帝的有十二旒，以红绿彩线贯穿玉珠构成，前垂四寸，后垂三寸。刘宋将冕板放在通天冠上，又称作平顶冠，宋齐时期因美玉难得，改用珊瑚珠、翡翠等。冕服的上衣是黑色，下裳为红色，其上装饰有日、月、星、龙、山、华虫等。在宋齐时期，除了正式场合的冠之外，还有不少便帽，皇帝的便帽以白纱帽为典型。《隋书·礼仪七》称：“宋齐之间，天子宴私，著白纱帽。”南朝皇帝以头戴白纱帽、身穿白色衣服、手持如意为雅致。士大夫们在平时又以带帻为时尚。帻原本是武士们为了防止在战斗中头发盖住眼睛而在前额缠的布，到汉代样式逐渐增多，成了头巾的一种。古人在帻上又加头巾，再加冠。裤褶原为胡服，上身着褶（类似腰间束带的短大衣），下身着裤，因其轻便而受到南朝人们的青睐。中国古代穿衣习惯是上衣下裳，即上面是衣服，下面是裙子（裳原为两片布，围于下身，一前一后，后将前后缝起来，就成了裙子），经过改造后的裤褶，衣袖和裤腿加宽，也成了南朝人们常服。宋齐时期的外衣，长的叫袍，短的叫襦，袍内穿各种的衫；还有一种短袖衫叫半袖。据学者考证，至迟到东晋，裤子已经有了裆，但裤子外面要另外穿裙或者袍，这才符合礼仪。木屐在当时也非常流行。《宋书·武帝纪》称宋武帝刘裕“性尤简易，常著连齿木屐，好出神武门”。

宋齐时期的坐卧用具主要有床、榻、胡床、小床、几等。榻是比床短的一种坐卧用具，既可以坐，又可以卧，类似躺椅。胡床，为折叠椅或马扎，来自西域，因其携带方便而受到广泛使用。小床，是仅供一人坐卧的用具。

宋齐继承了东晋乘坐牛车的习惯。一方面是因为南方缺马；另一方面是宋齐恐怖的政治氛围，让士大夫们不愿练习骑马，以免引来杀身之祸。在这一时期，人们还喜欢坐肩舆（轿子），轿子最初是在两个长竿中间放置一把椅子，没有遮盖，由两人抬着，隋唐以后逐渐演变成后来的轿子。

在婚丧嫁娶方面，宋齐时期对于原来严格的士庶不婚有所突破。这是因为，宋齐皇室都是出身庶族，他们的很多功臣也是如此，与此同时，在东晋中期以前一直炙手可热的门阀士族逐渐失去了昔日的辉煌，他们中间的少数人也开始攀附权贵，谢朓与王敬则之女之间的婚姻就是如此，但是，社会主流还是恪守门第传统的。在丧葬方面，刘宋开国以后，宋武帝刘裕即提倡节俭，齐高帝和齐武帝也都主张薄葬，与薄葬并行不悖的是，当时的人们都重视相墓，以求死者死后灵魂的安宁和对后代的护佑。

二八三　梁武初年

乱久必治。

梁武帝萧衍建立南梁以后，南朝社会逐渐趋于安定，在较长时间内结束了南朝长期以来不断内讧的局面，经济也得到了发展。萧衍共在位48年，他是南北朝时期在位时间最长的皇帝，也是中国历史上在位时间较长的一位皇帝。在统治前期，他励精图治，在一定程度上缓和了国内矛盾，促进了社会经济的发展。因此，《梁书·武帝纪赞》中称："治定功成，远安迩肃……三四十年，斯为盛矣，自魏晋以降，未或有焉。"

在梁武帝萧衍即位的最初两年里，他除了平定了陈伯之、刘季连的叛乱之外，还非常关心制定和修改过去不合时宜的法律。天监元年（公元502年）八月，他就下诏命令中书监王莹等八人负责制定法律。经过寻访，他们找到一位济阳人蔡法度，南齐时任郎官，家传律学，藏有齐武帝时删定郎王植之的《集注张杜旧律》，共计一千五百三十条，在此基础上进行修订，到第二年四月，新律终于制定完成，由尚书删定郎蔡法度上呈梁武帝御览，其中包括《梁律》二十卷、《令》三十卷、《科》四十卷。与此同时，梁武帝还非常重视法律的实施，天监二年正月初一，他就颁布诏书，称："三讯五听，这一制度在古代经典著作中记载得非常明确，这都是为了防止出现冤案，要想治理好国家，这是基础。朕过去担任地方官的时候，就经常亲自审理案件，在审理中务必做到全面了解案情，挖掘出案件的真实情况。南齐末年，政治混乱，百姓之冤得不到伸张。朕顺天应人，君临天下，虽然也亲自处理案件，但是，国家之大，不可能做到每件案件都能经过我的审理。因此，我深恐天下会再度出现冤狱。命令：各地刺史必须每月亲自审理一次案件，务求公正。"

萧衍即位的前两年，南朝境内自然灾害频发。天监元年（公元502年），江南出现大旱，粮食短缺，每斗米售价五千钱，很多百姓因饥饿而死；天监二年六月，东阳、信安、丰安三县暴发洪水，当年夏天，江南各地又出现了严重的传染病。梁武帝萧衍非常关心百姓生产生活，他及时组织人力对灾民进行救济。与此同时，他还十分关心农业生产，曾下诏称："广辟良畴，公私畎亩，务尽地利，若欲附农而良种有乏，亦加贷恤"。将已经充公的荒田，除了官府自己耕种的之外，都交给穷苦百姓耕种；严禁豪强占用公田，霸占山川；他还鼓励在边境地区实现屯田，巩固边防；在税赋方面，他多次减轻农民的田赋，对于流亡返乡的百姓，给予一定的优惠政策，鼓励流民返乡从事生产；他在位期间，还多次实行"土断"，核查户口，增加政府收入。

梁武帝还非常重视吏治，这在前面已做叙述，不再赘述。天监二年四月，梁武帝下诏废止了过去郡县的供奉，只允许各州的州政府向中央进贡，但进贡物品仅限于当地的土特产。值得一提的是，梁武帝即位以后，就开始对如何平衡使用士族和寒门进行深入的思索和总结。东晋依靠门阀士族维系了近百年的统治，而刘宋和萧齐政权则重用寒门，却内乱频仍，矛盾重重，因此，如何调和门阀士族与寒门庶族之间的矛盾就成了维护统治的关键。梁武帝采取了拉拢门阀士族、改革选官制度等办法，试图解决这一矛盾。他即位后，保留了琅邪王氏王亮、王莹等人的职位，不久，又下令吏部尚书徐勉，依据东晋贾弼之所作《士族谱》、宋刘湛所作《百姓谱》，设立谱局，谱定《百家谱》，以甄别士族，便于他们参加到政权里来。但是，门阀士族已非常腐败，他们"出则车舆，入则扶持……肤脆骨柔，不堪步行，体羸气喘，不耐寒暑"，到了"治官则不了，营家则不办"的地步，因此，只有不拘于门第选拔人才，才能选拔出对国家有用的人才。据《文献通考·选举考》记载："梁初无中正制，年二十五方得入仕。天监中（四年），又制九流常选，年未满三十，不通一经者，不得为官。若有才同甘、颜，勿限年次。至七年，州置州重（州望）、郡置郡崇（郡宗）、乡置乡豪各一人，专典搜荐，无复膏梁、寒素之隔。"梁武帝在位期间，曾多次下诏要求以考试的办法选拔人才，通过"射策"，来考查学生是否"通晓经书"（"明经"），如果明经，即可为官。

梁武帝萧衍是中国历史上难得的一位勤于政事而又生活俭朴的皇帝。冬天的时候，四更过去，他就爬起床来秉烛批阅公文，手因拿笔而皴裂，对于地方上报的案件，他总是反复推敲，直到证据确实充分以后，才哀怜流涕，批准执行刑罚。每天，梁武帝萧衍只吃一顿饭，饭菜非常简单，只有粗米饭和豆羹而已，遇到公务繁忙的时候，就漱漱口，连那顿饭也省掉了。他穿的是粗布衣，床上的蚊帐是木棉做的黑帐子，一顶帽子戴了三年，一床被褥盖了两年。梁武帝萧衍五十过后就断了房事，后宫嫔妃都衣着朴素。萧衍从不喝酒，除了参加大型典礼之外，平时也不听音乐；他举止庄重，非常注重仪表，即使单独处于偏殿私室，也是衣帽端正，炎炎盛夏也从未打过赤膊。他还是一位孝子。他的母亲在他六岁的时候就去世了，服丧期间，他哭了三天三夜，其间没有吃一点东西；等到父亲萧顺之去世时，当时他在荆州任职，听到噩耗，当即乘船回京奔丧，到京后已形销骨立，每次痛哭，总要吐血数升；即位后，他在钟山建大爱敬寺，青溪边立智度寺，又在皇宫内立至敬等殿、七庙堂，每月要拜祭两次，每次拜祭父母，总是涕泗横流，让身边的人都非常感动。

他还是一位难得的多才多艺的皇帝。萧衍从小就非常喜欢学习，登基后，仍然手不释卷，经常看书一直到深夜才休息。在位期间，他亲自撰写了《制旨孝经义》《周易讲疏》《毛诗答问》《春秋答问》《尚书大义》《中庸讲疏》《孔子正言》《老子讲疏》，共二百余卷。在史学方面，他不满《汉书》等断代史的写法，认为这种做法割断了历史，因而主持编撰了《通史》六百卷，可惜，这部书到宋朝时就失传了。他即位后，即恢复国子监，设立五经博士；天监初年，他还命令何佟之、贺蒨、严植之、明山宾等人制定吉凶军宾嘉五种礼仪规范，共一千余卷。萧衍不仅对古代经典著作有深入的理解，而且，他还下笔成章，诗词歌赋，骑马射箭，围棋占卜，样样精通。梁武帝酷爱下棋，棋艺高超，经常与臣下弈棋，大臣朱异、韦黯、到溉、陈庆之等人都是他的棋友。萧衍的诗歌现存八十多首，大致分为四类：言情诗、谈禅诗、赠答诗和咏物诗，诗风清丽。因此，《梁书》盛赞道："历观古昔帝王人君，恭俭庄敬，艺能博学，罕或有焉。"

在梁武帝的精心治理下，南朝逐渐出现了蒸蒸日上的局面。就在南朝改朝换代的时候，北魏宣武帝元恪也逐渐巩固了自己的统治地位。梁武帝即位的天监元年是北魏宣武帝元恪的景明三年，此时的元恪已经即位三年多了。在萧衍与萧宝卷在建康鏖战的去年，宣武帝元恪顺利剥夺了辅政大臣们的权力，实现了亲政，并在数月之后，废杀了叔父咸阳王元禧，到了今年，洛阳宫室全部建成，宣武帝正式入住洛阳皇宫，这也标志着其父孝文帝迁都至此画上了圆满的句号。在此期间，也是北魏宗室势力逐渐下降、外戚高肇力量逐渐上升的时期。宣武帝废杀了元禧之后，其弟北海王元详在短期内受到宣武帝的青睐，被任命为太傅、领司徒。史称："世宗礼敬尚隆，凭寄无替，军国大事，总而裁决，每所敷奏，事皆协允。"元详经常居住在华林园的西边，与皇宫相近，宣武帝经常偷偷来到他家中喝酒，一待就是一整天。有时，还去后堂与元详的母亲高太妃相见，称呼她为阿母，像家人一样匍匐在地上给高太妃敬酒。临别时，高太妃总要拜别，举杯祝愿道："愿皇帝长寿千万年，年年能驾临妾母子家中。"不过，元详此人毛病却很多，他贪得无厌，招权纳贿，极意声色，盘剥远近。为了修建府邸，他指示奴仆在东掖门外路南霸占他人房宅，有的房主正遇到丧事，灵柩停在堂上，请求将死者安葬后再腾房，但元详蛮横地拒绝，他的母亲高太妃也助纣为虐，亲自下令奴仆出手打人，弄得怨声载道。将作大臣王遇听命于元详，经常把公家的财物偷偷送给他，司空长史于忠在元详面前斥责王遇道："殿下是国家的周公，家中有什么需要，自当禀明皇上，为何你要趋炎附势、损公肥私呢！"说得元详、王遇二人都是满面通红，无地自容。于忠个性耿直，总是弄得元详下不来台，一次，元详大怒，骂道："我担心我会看到你死，不担心你会见到我死的时候！"于忠反唇相讥："人死生由命，如果我应死在大王的手里，也无从躲避；如果不应死在你手，你也杀不了我！"于忠因为讨伐咸阳王元禧的功劳，被晋升为魏郡公、散骑常侍兼武卫将军，元详趁着于忠上书推让之机，暗中劝说宣武帝解除于忠的近臣之职，改任他为朝廷大臣，于是，宣武帝下诏暂停了于忠的封爵，改任其为地位相对次要的太府卿（掌管库藏）。元详的妻子是宋王刘昶的女儿，他却不喜欢，偏偏与安定王元燮（拓跋休之子）的王妃高氏私通。元燮与元详之父献文帝是同辈，高氏应为元详的同族婶母，这个高氏又是宣武帝的近臣茹皓的妻姐，有了这层关系，元详与茹皓关系甚密，而正是由于这层关系，也最终导致了元详的被杀。

二八四　高肇专权（一）

梁朝建立初年，北魏朝局也发生了微妙的变化，最为突出的是：高肇的崛起。

高肇的五世祖高顾，在西晋永嘉年间避乱来到高丽，到其父高飏时，归附北魏。高肇自称是渤海高氏，但高飏入魏以后，并没有在渤海安家，应该说高肇这样自称也是出于提高其社会地位的考虑，实际上应该与渤海高氏没有任何联系。宣武帝亲政后，将高肇任命为冀州大中正，其目的也是提高高氏家族的社会地位。景明四年（公元503年），宣武帝又娶了高肇之兄高偃的女儿为贵嫔。不仅如此，宣武帝还将自己的姑姑平阳公主嫁给了高肇，不久，平阳公主去世，宣武帝又把姑姑高平公主嫁给了高肇。高肇的侄儿高猛也娶了宣武帝的同母妹妹长乐公主。显然，宣武帝重用高肇，其目的就是限制宗室诸王的权力，由于高肇没有多少根基，在宣武帝的默许下，高肇开始大肆培植自己的势力。史称："肇既无亲族，颇结朋党，附之者旬月超升，背之者陷以大罪。"在宣武帝亲政之初短短数年里，高肇即将矛头对准了阻碍其专权的北魏诸王、恩幸集团以及于皇后家族，逐渐把持了北魏朝廷中的核心权力。

最先倒台的是光禄卿赵修。赵修身为宣武帝东宫旧人，在宣武帝即位之初受到宠信，历任员外通直散骑常侍、镇东将军、光禄卿。光禄卿主要负责皇帝的饮食起居等，是皇帝身边的近臣。但赵修的毛病却非常突出，此人可以说是一个毫无头脑的粗人，他从一名默默无闻的低贱东宫宦官，突然登上权力的核心，一时间不知该怎么炫耀自己了，连宗室诸王他都看不到眼里，弄得北魏群臣对他恨得咬牙切齿，但是，由于赵修凭借在皇帝身边的便利条件，众人虽然怀恨在心，又对他无可奈何。在赵修最受宣武帝宠爱的时候，宣武帝曾下令给他修建府邸，建筑标准与宗室诸王的王府一样，他的邻居侯天盛兄弟将自家宅院献给赵修，二人很快就被破格提拔为大郡的太守、长史。

景明三年（公元502年），赵修的父亲去世了。北魏朝野倾巢出动，前去吊唁，送来的祭奠之物充斥街巷。在洛阳雕刻碑铭，坟墓边树立的石兽、石柱都由官府征发百姓的牛车从洛阳运回赵修的老家赵郡（河北省高邑县西南），费用全由朝廷负担。赵修请求回乡安葬其父，上百辆车子浩浩荡荡离京而去，途中的费用也全部由朝廷负担。一路上，赵修与身边的数十名随从嬉戏无度，毫无悲哀之情，喧哗吵闹，举动无礼，甚至一起将在路上抢掠的妇女剥得精光，奸淫围观。

得意忘形的赵修怎么也没有料到，在他离京期间，一场阴谋已经酝酿成熟。王显原来依附于赵修，后来，二人因为小事反目，王显开始暗中调查赵修的罪过，希望有朝一日能将他置于死地。等赵修离京之后，几乎所有的人都看出这是一个除掉赵修的良机，王显也不例外。他秘密将赵修过去的罪过一一写出，并称其在葬父途中淫乱不法，还与长安人赵僧标阴谋藏匿皇帝玉玺。如果幕后没有人指使，王显是不敢动赵修的，而这个幕后的指使者就是高肇。对于高肇来说，要想达到自己大权独揽的目的，就必须清除赵修，这是因为，赵修与于氏家族关系甚密，于氏家族在禁卫军中拥有很大的影响力，两者的势力足以与自己抗衡。要想削弱于氏家族的影响力，就必须先易后难，从赵修入手。

高肇秘密联络侍中、领御史中丞甄琛、黄门郎李凭、廷尉卿王显，罗织了赵修的各种罪状，密报给了宣武帝。甄琛等人过去都是赵修一党，对赵修是曲意逢迎，无所不至，但这些人都是一些毫无道德底线的势利小人，当他们看到赵修行将失势，担心自己受到牵连，均见风使舵，改换门庭，无不争相协助高肇告发赵修。当赵修从家中返回洛阳以后，宣武帝就开始疏远他了。不久宣武帝就下诏揭露其罪恶，命令将其鞭打一百，流放到敦煌当兵，指令尚书右丞元绍负责执行。元绍是常山王拓跋素的孙子，拓跋素的父亲拓跋遵与道武帝拓跋珪为堂兄弟关系，他虽为北魏宗室疏属，但辈分很高，为宣武帝元恪五世祖一辈。

当天，赵修还在领军将军于劲的府邸里赌博，对此毫不知情，突然，数名羽林军士兵进入，称皇帝召其入宫。惊恐之间，赵修从座位上站了起来，顺从地随着这些士兵出了于劲家。途中，士兵们并没有将他带入皇宫，而是送到了领军将军府。甄琛、王显负责监督处罚，他们已提前挑选了五名壮汉，轮番鞭打赵修，想要当场将其打死。谁知，赵修这家伙十分壮硕，他虎背熊腰，非常耐打，行刑中毫不躲避，竟然没被打死。无奈，甄琛等人只好召来驿马让赵修立即上路，到敦煌报到。毕竟是血肉之躯，遍体鳞伤的赵修被放于马上，行至洛阳西门，已实在是疼痛难忍，无法前行。押解人员用绳索将他的脚固定在马鞍上，赶着马匹飞驰而去。赵修的母亲，妻子闻讯急急忙忙前来话别，却未能见上一面。离开洛阳八十多里后，赵修即死掉了——毫无疑问，他是被政敌杀死的。

赵修死后，宣武帝才知道消息，他责问元绍为何不重新请示就迳行裁决。元绍回答："赵修是一佞幸小人，为国家的大害。臣不因此将其除掉，恐怕后世之人会非议陛下的。"宣武帝自然很不高兴，但他也知道赵修得罪的人太多了，如今赵修已死，木已成舟，也就只好这样了。元绍出宫后，广平王元怀（宣武帝元恪的同母弟）向他拜谢，说道："您老人家就像汉代的汲黯一样正直。"元绍回答："唯一的恨事是杀他太晚了，对此，深感惭愧啊。"第二天，甄琛、李凭也因为过去曾是赵修一党而被免官，宣武帝身边的近臣因赵修一案而受到牵连被罢免或被处死的，就有二三十人。散骑常侍高聪也是赵修一党，但他与高肇同姓，攀上亲戚后又对高肇极尽巴结之能事，因此而免受处罚。甄琛虽原为赵修一党，但已投靠了高肇，他的被免出自宗室诸王的意见，而并非来自高肇的意思。

赵修一案，领军将军于劲当然知道谁是幕后黑手，同样，他也非常清楚矛头对准的还有自己。赵修死后，于劲尚念及与赵修两人之间的旧情，还经常照顾赵修的家人，至于过去曾对自己溜须拍马的朝臣，他一概与他们断绝了来往，向人表明自己已经失宠了。于劲的判断不是没有道理，高贵嫔刚刚入宫，就发生了赵修一案，这其中是否有某种联系？

赵修死后，宣武帝将被赵修排挤在外的茹皓征召回来，让其担任骁骑将军，主持华林园内园林修造。茹皓心灵手巧，在建筑设计方面颇有独到之处，他命人将汝河、颍河之间的竹木移栽过来，又在园中种树种草，让华林园焕然一新，宣武帝非常高兴。茹皓也因此受到宣武帝的极度宠信，被升为冠军将军，逐渐取代了赵修过去的位置。《魏书·恩幸传·茹皓传》称："是时，世宗虽亲万务，皓率常居内，留宿不还，传可门下奏事。"宣武帝还曾命他与宦官刘腾一起到徐州、兖州一带挑选民女。在茹皓最受宣武帝宠幸的日子里，即便是太傅北海王元详、外戚高肇等人也都对他深为忌惮，争相与之结交。茹皓的弟弟年方二十，就被破格提拔为员外郎，他又替弟弟向安丰王元延明的妹妹求婚。安丰王元延明的父亲是献文帝的弟弟、安丰王拓跋猛，也就是说，元延明与孝文帝是堂兄弟关系，是宣武帝元恪的堂叔。元延明此人博览群书，家中藏书万卷，与中山王元熙、临淮王元彧均以才学闻名于世，临淮王元彧的曾祖是太武帝拓跋焘的儿子临淮王拓跋谭，按辈分是宣武帝的族叔；中山王元熙是太武帝的儿子景穆太子之子南安王拓跋桢的孙子、元英的儿子，对宣武帝来说，他是比元彧更近一层的堂叔。元延明瞧不起茹皓的出身，起初并不愿意这门亲事，但元详劝他："你想混个一官半职的，怎能不与茹皓联姻呢？"听了元详的劝告，元延明这才答应。茹皓本人也娶了高肇的堂妹，从辈分上说，茹皓还是宣武帝的姨夫；茹皓头脑灵活，为人低调，善于暗中收受贿赂，聚敛钱财，他在皇宫的西面建造华丽的宅院，朝廷重臣也无人能及。

二八五 高肇专权（二）

茹皓很快在自己身边形成了一个恩幸集团，主要成员是：直阁将军刘胄，殿中将军、司药丞常季贤，还有陈扫静和徐义恭。

刘胄在六辅时期，被元详推荐担任老家河间的太守，后回到洛阳，一直未受重用，又因元详的推荐而被拜为直阁将军；常季贤原来主管内廷马匹，宣武帝喜欢骑马，因此受到宣武帝的青睐，与茹皓一起处理朝廷的日常事务，常季贤将自己的哥哥引荐为奉朝请、直寝将军，并娶了武昌王元鉴的妹妹为妻；陈扫静和徐义恭二人分别负责宣武帝的梳妆、衣着。陈扫静是徐义恭的姐夫，但两人的关系却并不和睦。徐义恭经常在宣武帝面前抱怨自己受到姐夫陈扫静的欺负，而宣武帝因其两人都是自己身边的近臣，也总是为他们调解。这两人都巴结茹皓，但茹皓对陈扫静更亲密一些，两人经常在宫中值班，掌握着朝廷机密。

太傅、领司徒、录尚书事、北海王元详自从登上高位以来，骄奢淫逸，纵情声色，贪得无厌，任用亲信，多所请托，弄得内外都有怨言。在宣武帝不信任宗室的情况下，元详却“礼敬尚隆，凭寄无替，军国大事，总而裁决”。此时的元详可谓是北魏的第一重臣，已经被晋升为尚书令的高肇只有将元详搬倒，才能最终掌握北魏帝国的朝权。茹皓虽然是高肇的堂妹夫，但因为茹皓妻子高氏的姐姐与元详二人一段风流债，让茹皓与元详二人之间反而更亲近了，事情是这样的：茹皓妻子高氏的姐姐嫁给了安定王元燮，从辈分上说，安定王妃是元详的婶母。元详的正妻是宋王刘昶的女儿，但元详对刘氏并不喜欢，只迷恋爱妾范氏，范氏死后，不甘寂寞的元详又与安定王王妃高氏私通。由于元详素来就与茹皓关系很好，再加上这一层关系，二人更是往来密切。

高肇对此非常警觉，本来他就对宗室诸王非常猜忌，如今，帝国第一权臣元详又与帝国第一宠臣茹皓结为朋党，更让高肇深感不安，于是，他就诬陷元详与茹皓、刘胄、常季贤、陈扫静密谋发动政变。正始元年（南朝梁武帝天监三年，公元504年）四月，宣武帝深夜将中尉崔亮召入宫中，命令他弹劾元详贪婪荒淫以及茹皓、刘胄、常季贤、陈扫静专权跋扈之罪，当晚，即将茹皓等人关押在南台（总检察署），又派遣一百名禁卫军武士包围了元详的府邸。宣武帝担心元详惊骇逃逸，特意派遣侍从郭翼打开金墉城门前去宣布旨意，并将崔亮的奏章让元详过目。元详的母亲高氏见到郭翼后，不断叩头，悲不自胜。元详看后，说道："假如真如中尉的弹劾那样，我还有什么可担心的呢？只怕还有更大的灾祸将要临头。别人送给我的财物，我确实接受了。"第二天清晨，有关部门即上奏称茹皓等人确实有罪，宣武帝下诏将四人全部赐死。

宣武帝命令高阳王元雍等五位王爷来讨论元详的处罚问题。元详被安置在单人乘坐的小车上，由士兵们护送至华林园内，他的母亲高氏与妻子刘氏也随之入园，数名年幼的家奴和婢女也被允许带入园中。元详一家被暂时关押在华林园期间，宣武帝下令对华林园严密防守，切断了内外的联系，他本人也因此有十几天不再到园内游玩。元详入园之后，向母亲坦白了自己与元燮之妻私通的丑事，高氏闻听不禁大怒，对元详破口大骂："你自己的妻妾婢女，都年少貌美，为何突然与那个高丽的下贱婢女私通，犯下这等罪过？我见到这个贱人，将吃了她的肉！"元详母亲高氏素来对元详要求很严，元详稍有过失，经常被母亲杖打，不过，过去母亲总用棉絮包裹着木棒，这一次，高氏真的是气急了，她将棉絮去掉，亲自杖打元详一百多下，打累了，又让奴才继续打，只打得元详皮开肉绽，体无完肤，十几天才能站立。高氏盛怒之下，又打了刘氏数十杖，说："新媳妇你是大家的闺女，我们两家门当户对，对你的丈夫又有什么可害怕的？却不监督你的丈夫！女人们都嫉妒，你为何不嫉妒？"刘氏听了婆婆的话，什么话都不说，只是笑着承受责罚。五月一日，宣武帝下诏免除了元详的死罪，将其废为百姓，另行给元详修筑房屋，禁锢终身。不久，又将他转移至太府寺看管，他的母亲和妻子则返回了私宅，允许她们每五日探望元详一次。在此期间，宣武帝下令在洛阳县的东北方给元详修建居所，二十天就完工了，准备将他安置到那里。

可是，就在这时，事情发生了逆转。一天，给元详送饭的婢女来到太府寺，从身上拿出一张写满名字的纸，交到了元详的手上。就在这时，负责看管元详的官员突然冲了进来，在元详手中将那张元详还未来得及看的纸夺了下来，向朝廷报告。据称，是元详的数名家奴结交同党密谋要将元详劫出，抄下姓名，向元详透信。当夜，守卫告知了事情的原委，元详情知遭人陷害，又无以自明，恸哭数声而“暴死”。显然，所谓的奴仆将要劫出元详不过是高肇欲将其置于死地而精心设计的一条毒计罢了，而元详当晚暴死也是宣武帝下令将其诛杀的委婉说法而已。第二天，北魏朝廷向元详家报告了元详死去的消息，宣武帝专门下诏要求宗室诸王全部到元详家中吊唁，并赏赐东园秘器。元详虽然有贪淫之过，但罪不至死，在元详被杀时，宣武帝并没有给出一个令人信服的罪名，这让人们尤其是元详的亲戚们久久无法释怀。此时的元详已经被废为百姓，可是，宣武帝又给他赏赐了东园秘器，那么，究竟以什么礼仪安葬元详呢？当然要以百姓之礼安葬，可是，一个百姓岂能使用东园秘器？如果不用东园秘器，又是抗旨。不知是元详家人心存不满，还是为了避祸全身，元详的灵柩一直停了五年也未下葬。

元详死后，宣武帝的叔叔们仅剩下了高阳王元雍和彭城王元勰两人了，诸位叔父对皇位的威胁已经基本上被消除了，但是，除了诸位叔父之外，让宣武帝一直放心不下的还有自己的亲弟弟们。

宣武帝元恪共有兄弟六人：哥哥废太子元恂，下面是宣武帝的同母弟广平王元怀、京兆王元愉、清河王元怿、汝南王元悦。元恪虽然登基即位，但他并非嫡长子，因此，对诸位弟弟并不放心。在宣武帝即位之初，他的诸位弟弟经常出入皇宫，像家人一样随便，但随着时间的推移，宣武帝与弟弟们的关系逐渐发生了微妙的变化。

首先是三弟京兆王元愉。宣武帝把于皇后的妹妹嫁给元愉，可是，元愉不领情，对于氏并不感冒。原来，在元愉担任徐州刺史期间，遇到了一位杨姓歌女，两人感情很深。宣武帝即位后，元愉被改任为护军将军，回到了洛阳。他假托杨氏是右中郎将赵郡李恃显的养女，改姓李氏，从李家将她迎娶回来，生下儿子元宝月。于皇后得知后，不禁大怒，将李氏召入宫中，一顿乱打，强令李氏在宫内出家为尼，把她的儿子交给宫中嫔妃抚养。一年以后，在于皇后父亲于劲的劝说下，于皇后才让李氏回到了元愉的身边。元愉喜欢舞文弄墨，与文士宋世景、李神俊、祖莹、邢晏、王遵业、张始均等人经常聚会，又召来严怀真等数十名来自各地的学士，设立学馆，这都让宣武帝心中不快，不久，他就借口元愉与弟弟元怀“竞慕奢丽，贪纵不法”，将元愉召入宫中，杖打五十，把他贬为冀州刺史。

清河王元怿，从小就非常聪慧，容貌俊美，深得其父孝文帝的宠爱。宣武帝即位后，元怿小心谨慎，被任命为尚书仆射。

广平王元怀，被宣武帝召入华林园，逼令他在那里读书，直到宣武帝死后，才得以出来。

汝南王元悦，虽然好读佛经，但性格乖戾，此时年龄尚小。

高肇看准了宣武帝的心思，他建议宣武帝命令禁卫军将领率领禁卫军负责看护宗室诸王的王府，名义上是看护，实际上是将诸王软禁了起来。彭城王元勰上书恳切劝阻，但宣武帝不从。元勰志向高远，不慕荣利，整日将自己关在家中，出门不爱游山玩水，居家没有知心朋友，每天就是孤单地与妻子儿女们相对，总是闷闷不乐。

到正始元年（公元504年）年底，北魏朝廷上的重臣分别为：太师元勰、司空骠骑大将军元雍、司徒广阳王元嘉、尚书令高肇、尚书仆射元怿、侍中崔光等人、领军将军于劲、护军将军高显。至此，高氏势力在北魏朝廷已经成为一支举足轻重的力量。

二八六　梁魏交兵（一）

北魏朝廷内部高氏逐渐崛起的同时，在对外关系上，最引人注目的便是梁魏之间的战争。

从孝文帝末年占领南阳盆地，直接威胁南朝雍州襄阳，到南齐末年豫州刺史裴叔业叛降北魏、寿春落入北魏之手、北魏开始染指淮南，北魏在齐梁交替之际不论是在东线还是西线都已占据了良好的进攻位置，唯一前突至魏国国境的是南朝方面的义阳。义阳将北魏西线的南阳与东线的寿阳分割开来，使得北魏军队无论是东线或是西线都不敢大胆南下，因此，在齐和帝中兴元年萧衍与东昏侯鏖战之际，北魏源怀、元英、田益宗等人都纷纷建议宣武帝发兵南下。由于当时北魏国内矛盾重重，宣武帝没有采纳大举南侵的建议，仅仅同意了田益宗等人在义阳周边地区的军事行动。

当北魏朝廷还在犹豫之际，萧衍即迅速完成了占领建康、改朝换代、稳定政局几项常人需要几年才能完成的事业，机会已失，北魏大规模南侵的行动也暂时停了下来。不过，在双方边境地区并不安定，相继发生了一系列局部战斗：作为报复，齐和帝中兴元年（公元500年）三月，依附于南朝的鲁山山蛮鲁北燕等人起兵进攻北魏的颍州（河南省许昌市）。四月，又围困北魏占领的湖阳（河南省南阳市唐河县湖阳镇），北魏抚军将军李崇率军将其击破，斩杀了鲁北燕，而后，将该地近万户山蛮北迁到幽州、并州以及北边六镇，不久，这些人又纷纷叛逃，各地魏军四处追杀，等逃到黄河北岸，这些人已经被魏军诛杀殆尽。同年六月，北魏扬州（治所寿春）下辖的小岘（安徽省寿县东南）戍主党法宗趁着南梁江州刺史陈伯之反叛之际，率军南下偷袭南梁大岘戍（安徽省含山县东北），俘虏了南梁龙骧将军朱菩萨。十二月，在迅速平定江州陈伯之叛乱之后，梁武帝萧衍命令将军张嚣之率军入侵北魏淮南地区，攻下了木陵戍（又称穆陵关，在今河南省信阳市光山县南一百二十里木陵山上，至湖北省麻城市八十里）；北魏任城王元澄派遣辅国将军成兴率军反击，又将张嚣之部击退，重新收复了木陵戍。梁武帝天监二年（北魏宣武帝景明四年，公元503年）一月，北魏所属的梁州氐族首领杨会发动叛乱，北魏行梁州事杨椿等人发兵讨伐；三月，北魏扬州刺史元澄派遣长风（湖北省麻城市西北）戍主奇道显率军进攻南梁，夺占了南梁阴山（湖北省麻城市东北六十里），斩杀南梁戍主龙骧将军、都亭侯梅兴祖；接着，魏军又攻克了白藁（一说为今河南省信阳市潢川县西南；一说为今湖北省麻城市南白果镇），斩杀南梁戍主宁朔将军、关内侯吴道爽。由此可见，在梁武帝即位之初，北魏尚未下决心对南梁发起大规模的进攻，但从这些零星发生的战斗来看，北魏是将着眼点放在中路的义阳，他们采取蚕食的办法逐一敲掉义阳周边的梁军据点，以进一步孤立义阳，为在不久的将来拔掉义阳做足功课。

而就在这时，深怀国恨家仇的南齐鄱阳王萧宝寅来到了洛阳，他恳请宣武帝发兵南下讨伐刚刚建立的梁国，与此同时，战败北逃的陈伯之也请求率军南下。在这种情况下，宣武帝召开了由八座、门下高级官员参加的会议讨论南伐事宜，最终定下大举南讨的决议。四月一日，宣武帝任命萧宝寅为都督东扬州等三州诸军事、镇东将军、扬州刺史、丹阳公、齐王，交给他了一万军队，令其驻扎在东城（安徽省定远县东南大桥乡三官集）；任命陈伯之为都督淮南诸军事、平南将军、江州刺史，驻扎在阳石（安徽省霍邱县南），两军均受扬州刺史任城王元澄的统一指挥，等到秋冬季再大举南侵。宣武帝又允许萧宝寅自行招募各地豪杰，得到了数千壮士，以颜文智、华文荣等六人为将军、军主。六月，北魏扬州刺史元澄上书宣武帝称："萧衍派出军队屡次封锁东关（安徽省含山县西南濡须坞），其目的是想让巢湖上涨，引起洪水泛滥。巢湖方圆四百多里，东关狭窄之处仅有数十步，如果敌人的计划得逞，湖水泛滥而下，那么，我淮南各个堡垒必定会被淹没。况且，南方人水性很好，他们一方面决堤浇灌我军的营垒；另一方面发兵进攻，这样一来，淮南之地将会易手。寿阳距离长江五百多里，这里的百姓均人心惶惶，担心遭水淹。如果顺应民心，进攻敌人的薄弱之处，提前整顿各州的军马，到秋季来临时大举南下，那么，南渎（今地不详）将成为我们饮马的河口，霍岭（今地不详）也将成为我们南望的楼台。事情贵在把握好时机，要趁早筹划，即便是无法完成统一大业，江西之地可保无忧。如果犹豫迟缓，等到敌人修好了防御工事，后悔都来不及了。"于是，北魏朝廷下诏征发冀、定、瀛、相、并、济六州二万人，马一千五百匹，命令仲秋之时全部集结在淮南，加上寿阳原有的三万部队以及萧宝寅和陈伯之的人马，均受元澄的指挥。

准备工作就绪之后，北魏朝廷又任命镇南将军元英为都督征讨义阳诸军事，率先从中路对南梁发起了进攻，梁魏之间的第一次较大规模的战争随之爆发。南梁司州刺史蔡道恭听说魏军将至，赶紧派遣骁骑将军杨由率领城外三千多家居民逃往贤首山（河南省信阳市西南），建立了三座营寨。十月，元英率军包围了贤首山的营寨，营寨内的百姓任马驹斩杀了杨由，率众投降。与此同时，为了配合中线作战，东线魏军也发起了攻势。北魏扬州刺史元澄认为，东关（安徽省含山县西南六十里东关镇西北、裕溪河东岸濡须山上）水道要冲，大岘（安徽省含山县东北）地势险要，一旦梁军在东关泄洪，那么，北魏占领的阳石、合肥就非常危急了；如果不占领大岘，那么，梁军就可以得到来自历阳的增援；另外，淮陵（江苏省盱眙县西）是陆路要道，九山（江苏省盱眙县西北）是水路要冲，这几个要点均纳入魏军夺取的目标，任城王元澄命令统军党法宗、傅竖眼（傅灵越之子）、王神念等将为先锋，分兵进攻东关、大岘、淮陵、九山；以高祖珍率领三千骑兵担任游击部队，元澄则亲率大军随后进发。魏军王神念所部很快攻陷了南梁边境关要（今地不详）、颍川（安徽省巢湖市东南），斩杀了南梁军主费尼，而南梁宁朔将军韦惠、龙骧将军李伯由仍固守大岘。元澄即命统军党法宗、傅竖眼等军一起进攻，一举将大岘也拿下了，遂将白塔（安徽省来安县东北）、牵城（今地不详）包围，数日之间，两座堡垒即行溃散，青溪（今地不详）要塞守军闻讯，也是望风崩溃。徐州刺史司马明素率领三千人马前去救援九山，徐州长史潘伯邻固守淮陵（安徽省盱眙县西），宁朔将军王燮退保焦城（安徽省明光市东北）。党法宗率领魏军攻克了焦城、淮陵，十一月四日，生擒司马明素，斩杀了潘伯邻。南梁济阴太守王厚强、庐江太守裴邃相继败退。在魏军发起进攻之前，新上任的南梁太守冯道根率部驻扎在阜陵（安徽省全椒县东），他初来乍到，就下令整修城池，派出侦察兵深入敌境侦察，如临大敌，众人都对此感到好笑。冯道根却说："防守要像自己很胆怯那样处处小心，进攻时要奋勇杀敌，势不可当，正是现在的情况。"城墙还未修缮完毕，魏军党法宗等将即率领两万多人突然进至城下，众人都大惊失色。冯道根下令大开城门，身着便服登上城墙，挑选两百精锐部队主动出城，与魏军先头部队作战，将其击破。等到魏军大队人马到来后，看到这里的守军毫不惊慌，遂撤离而去。冯道根又率领一百骑兵追击魏军高祖珍所部，将其击败。南下各路魏军粮运不继，只好撤离。战后，冯道根被任命为豫州刺史。从东线魏军的行动路线来看，魏军以萧宝寅所部占领东城，抵挡来自寿阳东南方向梁军的进攻；以陈伯之之军从西面南下，协助主力部队进攻东关；寿阳主力一部先行南下直指东关、大岘等据点，切断江南从历阳对淮南各个梁军据点的增援，在拿下上述据点以后，魏军主力向东北方向移动，朝白塔等地扑来，其目的就是切断钟离与东面之间的联络，完成对钟离的大包围。因此，这次战役，魏军的着力点有二：一是东关；二是钟离。

东线魏军暂时北撤以后，中路魏军还在义阳周边地区与梁军缠斗。十一月，南梁将军吴子阳与魏军元英所部在白沙（河南省光山县西南）交战，梁军战败，被杀上千人。为了牵制魏军，梁朝鼓动北魏东荆州（治所为今河南省驻马店市泌阳县）境内的山蛮樊素安作乱，北魏朝廷以左卫将军李崇为镇南将军、都督征蛮诸军事，率军前去讨伐。

二八七　梁魏交兵（二）

虽然魏军从长江沿岸北撤了，但魏军的攻势似乎并没有停歇的迹象。

转眼到了第二年，即梁武帝天监三年（公元504年），这一年的年初，北魏宣武帝将年号改为正始元年。一月三日，南梁征虏将军赵祖悦与北魏江州刺史陈伯之所部在东关交战，梁军战败。九日，西线魏军东荆州刺史杨大眼率军进击山蛮，大破樊素安弟弟樊季安所部。

据《文馆词林》收录的天监三年梁武帝北伐诏书称："今遣中领军云杜县开国侯庆远等济自牛渚，卷甲风驱，径趣长濑；宁朔将军王僧炳等熊罴三万，步出横塘；左将军珍国虎旅五万，相系电发，北向钟离，直出肥口；冠军将军绍叔等餮兕四万，飞帆巢湖，席卷合肥，直指淮汭；征南将军茂先等水步六万，同出庐江，风扫寿春，反我侵地；辅国将军叡等泛舟清泗，北取下邳，云彻飚举，吞荡彭汴；后军将军和海艓凌波，迳出长广，营丘旧国，一麾以定；左将军景宗等总樊邓锐师，底定伊洛；征虏将军丘黑勒华阳之众，斜趣长安，缘边牧守，各据要害，绝其归径，匆使能返；侍中颖达等出镇瓜步，枕威江涘……"云云，两国大战将全面展开。

萧宝寅的南征大军行至汝阴（当在安徽省境内，今地不详）时，东城（安徽省定远县东南）又被梁军占领，于是，就在寿阳的栖贤寺驻扎了下来。二月十一日，南梁将军姜庆真趁着魏军倾巢出动、后方空虚之机，率军奔袭寿阳，攻下了寿阳外城。显然，这一着是梁武帝精心策划的避亢捣虚之计，梁军为此也做了充分的准备。梁军到来后，当地百姓纷纷响应，声势浩大，北魏扬州长史韦缵惊慌失措，无计可施，任城王元澄的母亲孟太妃亲自下令整顿军队，登上内城城墙，占据有利位置，激励文武将吏，安抚新旧百姓，她还冒着箭雨，亲自察看城防。在孟太妃的激励下，寿阳守军士气高昂，恰在这时，萧宝寅也率部赶来，与城内的魏军一起对梁军发起进攻。两军从凌晨三点一直苦斗了一整天，直打到日落西山，梁军非常勇猛，战斗异常激烈。萧宝寅所部众寡不敌，退至金城（内城）苦战，稍事休息，他又率军出城迎战，姜庆真见无法取胜，只得退去。韦缵因此被免官。

此时的魏军主力在取得了东关等地战斗胜利后，已移师东进，试图拿下寿春东面的重镇钟离（安徽省凤阳县东北临淮关镇东面）。梁武帝萧衍命令冠军将军张惠绍、彭瓮、张豹子等将率领一万人马向钟离送粮，元澄命令平远将军刘思祖等将截击梁军。刘思祖是刘芳的侄儿，有将略。二月二十日，他率领数千部队在邵阳（安徽省凤阳县临淮关镇西北淮河小岛）截击梁军，另派遣长史元少率领一千骑兵在钟离北面阻挡梁军先头部队，录事参军缪琰率军掩袭梁军背后。刘思祖亲自率领精锐部队横冲梁军阵营，魏军三路合击，大破梁军，生擒梁将张惠绍、骁骑将军赵景悦及其弟弟宁远将军赵景修、宁远将军梅世和、屯骑校尉任景攸、长水校尉边欣、越骑校尉贾庆真、龙骧将军徐敞、屯骑校尉史文渊等二十七名将领，俘虏斩杀了数千人。战后，尚书省在评定刘思祖的战功时认为当封千户侯，但侍中、领右卫将军元晖是宣武帝的亲信，他曾向刘思祖索要两名貌美的婢女，但刘思祖没有答应，因此，元晖怀恨在心，将论功之事压了下来。

此时，驻守在钟离的是南梁北徐州刺史昌义之。昌义之为萧衍旧将，梁朝建立后，被任命为盱眙太守，天监二年被晋升为假节、督北徐州诸军事、辅国将军、北徐州刺史，镇守钟离。魏军虽然击退了梁军的援军，但迟迟无法拿下钟离。四月，宣武帝下诏："如果钟离城内粮尽，三月之前肯定能够拿下，如果推迟到四月，淮河将要上涨，船行畅通无阻，对此要有充分的思想准备。前段胜利，确实是将军努力的结果，如果淮河上涨，难以攻下钟离，就要思量万全之计，不应贪图冒进，否则就后悔无及了。"

果然，天降大雨，淮水暴涨，元澄只好率军撤退。由于匆忙撤离，迷失道路，失散逃亡了四千多人。中书侍郎贾思伯为元澄的军司，负责殿后，元澄认为他是个儒生，肯定会被杀，等到见到贾思伯安全回来后，元澄大喜说道："'仁者必有勇。'在军司的身上验证这句话了！"由于先胜后败，元澄屡次上书要求辞职，但宣武帝没有答应。有关部门要求追究元澄的责任，最终剥夺了他开府仪同三司，又贬降了三级。梁武帝萧衍请求以魏军俘虏交换张惠绍，元澄上书要求北魏拒绝，宣武帝下诏命令交付"八座"会议研究。尚书令、广阳王元嘉等人上书称应该同意，北魏遂释放了张惠绍。

东线魏军的进攻暂告一段落，而西线战事依然没有停止。梁武帝派遣平西将军曹景宗、后军将军王僧炳等人率领三万步骑北上解救义阳。王僧炳率领两万部队进驻凿岘（河南省信阳市南曹店），曹景宗率领一万人马为后援。元英命令冠军将军元逞等人率军固守樊城（今地不详，疑为楚城之误，在今河南省信阳市西北苏楼村西）抵御，三月二十五日，魏军大破南梁军队，俘虏斩杀了四千多人。

此时的义阳已经被魏军包围了数月之久，城中守军不满五千人，存粮只够吃半年。魏军不分昼夜连续对义阳发起猛攻，魏军用大车满载泥土，从四面八方蜂拥向城下扑来，想填埋城外的壕沟，南梁司州刺史蔡道恭在壕沟内布满蒙着牛皮的战舰，魏军无法接近壕沟。一计不成，魏军又暗中开挖暗道，意欲将义阳壕沟内的水泄掉。这又被蔡道恭及时发现，运土填埋。梁军与敌人相持一百多天，杀伤魏军不计其数。魏军无奈，索性又建造了大量冲车、云梯，对义阳实施强攻。蔡道恭命令部队在城墙上布置四石的乌漆大弓，弩箭所到之处能洞穿敌人甲胄，有时竟能贯穿两人身体，魏军远远望见无不魂飞魄散，四散躲避。蔡道恭还在城内堆积了很多土山，让壮士站在土山之上，手持两丈五尺那么长的长矛，矛尖捆绑利刃猛刺敌人，魏军非常害怕，将要撤退。恰在这时，蔡道恭的病情突然加重，他将侄儿尚书郎蔡僧勰、堂弟骁骑将军蔡灵恩以及诸位将领们召到自己的病榻前，嘱咐大家说："我受朝廷厚恩，却未能摧破强敌，如今，我自知将不久于人世，你们要以死固守臣节，不要让我留下遗憾！"他又将自己的符节交给蔡僧勰，说道："我受命出征，既然无法拿着符节回朝，就带着它一起离去，可将符节与我同葬。"听了蔡道恭的临终嘱托，众人无不掩面而泣。天监三年（公元504年）五月，蔡道恭病逝。众将推举蔡灵恩代行司州刺史，继续坚守。

魏军听说蔡道恭去世的消息，又打消了撤退的想法，转而开始对义阳发起更为猛烈的进攻，魏军肉搏攻城，攻守双方短兵相接，战斗异常惨烈。面对岌岌可危的义阳城，梁朝增援部队曹景宗所部却顿军凿岘，迟迟不进，只敢派兵打猎、阅兵而已。曹景宗虽在萧衍夺取建康之战中立下战功，但此人利欲熏心，自从担任郢州刺史以后，只懂得聚敛财货，手下的士兵们也是非常骄横。

见曹景宗毫无作为，梁武帝萧衍心急如焚，又派遣豫州刺史、宁朔将军马仙琕率军北上，解救义阳之围。马仙琕率领一万人马转斗而前，兵锋甚盛。北魏统军傅永对主将元英说："梁军远来，意在与我决战，士雅山（河南省信阳市南）

地势险要，应当提前占领。”元英犹豫不决，傅永又说：“机不可失，今日不去，等敌人占领后，后悔就来不及了。”于是，元英连夜在士雅山构筑堡垒，并派遣统军张怀等人在山下列阵防守，并命令众将在周围的山中埋伏，示弱于敌。第二天拂晓，马仙琕所部果然进抵山下，一战即击败了张怀等人，在士雅山上筑城的魏军也都狼狈而逃。

马仙琕乘胜率领一万余众直扑魏军围困义阳的长墙之下，掩袭元英大营，义阳城内也派军出城挑战。元英假装不敌，率军撤往平地，引诱梁军进入了伏击圈。傅永将一部兵力留给长史贾思祖率领，令其防守营垒，他则亲自率领一千多人南下迎战。等到梁军进入平地后，魏军傅永等三支伏兵突然杀出，时年七十的老将傅永身披铠甲，手持长矛，单人匹马，杀入梁军军中，只有军主蔡三虎紧随其后，横扫梁军军阵。梁军张弓搭箭，一箭洞穿傅永左腿，傅永拔出羽箭，再次返身杀入梁军，遂大破梁军。梁军被斩首两千三百级，梁羽林监军邓终年及马仙琕的一个儿子被杀。元英对傅永说：“大人受伤了，暂时回营养伤。”傅永却说：“昔日汉高祖刘邦在战斗中受伤，握着脚谎称被敌人射中了脚，是不想让敌人知道自己受了重伤。在下虽然官位低微，但毕竟是帝国的一员战将，为何要让敌人得到射伤了我国战将的美名！”与众将一起继续率军追杀梁军，一直杀到夜幕降临，才回到大营。马仙琕又率领一万人前来挑战，元英又将其击破，阵斩梁将陈秀之。魏统军王买奴又击破梁军东岭之军，斩杀了五百余人。曹景宗、马仙琕知道义阳行将陷落，集中全军的精锐对魏军发起了猛攻，一天之内大战了三次，但梁军均大败而还。义阳城内的蔡灵恩势穷力竭，自知已无力回天，八月十一日，他放弃抵抗，下令打开城门投降了。义阳南面三关守将听说义阳陷落的消息，也都弃城而逃。义阳三关即义阳西南的平靖关（河南省信阳市西南）、黄岘关（河南省罗山县西南）、武阳关（河南省与湖北省交界处的武胜关）。

魏军占领义阳及义阳三关后，元英命司马陆希道撰写公开报捷的文书，文书写成后，元英嫌其写得太啰唆了，又命傅永修改。傅永仅仅将文书中的华丽文辞删掉，只留下作战部署、战役经过的内容，元英看了，非常赞赏，他说道：“看了这些部署，即使是金城汤池，也难以守住。”当初，元英的父亲元贞参与了穆泰平城阴谋而被削去了南安王的封爵，义阳大捷后，宣武帝大喜，改封元英为中山王，食邑一千户。元英回京后，宣武帝亲自接见，又给其增封食邑一千户。

顾祖禹在《读史方舆纪要》中谈及义阳及其三关的重要性时说道：“六朝保

淮南，常争义阳者，义阳，淮西屏蔽也。义阳不守，则寿春、合肥不得安枕。魏高闾言：'寿春、盱眙、淮阴，淮南本原'者，就淮南言也。由上流言，则重在义阳。"所以说，义阳之战对于梁魏双方意义都非常重大。魏军得到义阳之后，就将淮河下游与南阳盆地连为一体，整个北魏国境整体南移到淮南，而对于梁国而言，失去了义阳，等于彻底失去了淮河防线。

战后，御史中丞任昉弹劾曹景宗逗留不进，梁武帝以其是功臣，没有追究。卫尉郑绍叔对梁武帝非常忠心，在宫外听到的消息，总是和盘托出，向梁武帝汇报，梁武帝对他非常信任，义阳陷落后，梁武帝下诏在鹿城关（湖北省孝感市）设立南义阳郡，又在关南（三关之南）设立司州，任命郑绍叔担任司州刺史。郑绍叔到任后，修缮城墙，打造兵器，鼓励屯田，招抚流民，百姓慢慢安定了下来。

二八八　汉中之战

就在魏梁两国在淮河流域争夺的时候，汉中地区的局势也变得异常复杂起来。

说到汉中局势，就不得不提到武兴国。武兴，就是今天的陕西省略阳县，由于仇池被北魏占领，这里就成了氐族的核心聚居区。刘宋时期杨难当自立为秦王，宋文帝派遣裴方明发兵进攻仇池，杨难当投奔北魏，被拜为营州刺史、外都大官。宋魏围绕仇池展开一番争夺，最后以北魏占领仇池台地而告终，后杨难当的侄儿杨文德驻军葭芦（甘肃省陇南市武都区东南七十里），北魏又发起进攻，杨文德逃奔汉中，他的堂弟杨僧嗣又在葭芦自立，宋明帝泰始二年（公元466年），封杨僧嗣为北秦州刺史、武都王，次年四月，又晋封为征北将军。杨僧嗣死后没有儿子，从弟杨文度遂自立为武兴王，武兴国由此建立。武兴国东至梁州、南接益州、西连宕昌国、北与北魏略阳郡接壤，人口四千余户，从公元472年立国至公元552年灭亡，共存续了81年。

杨文度自立后，表示归顺北魏，被北魏封为武兴镇将，不久，又叛魏归顺南朝。宋明帝泰豫元年（公元472年），他被刘宋朝廷封为龙骧将军、略阳太守、武都王，后为宁朔将军，他以弟弟杨文弘（又名杨鼠）为白水（四川省青川县东北）太守，驻守在武兴。宋顺帝升明元年（公元477年）杨文度发兵夺回了仇池，但很快遭到魏军的反击，不仅丢掉了仇池，而且老巢葭芦也被攻陷，杨文度被杀，族人杨广香自立为阴平王、葭芦镇主，杨文弘逃奔武兴，由此，武兴国一分为二：杨广香的阴平国和杨文弘的武兴国。杨文弘表示归顺北魏，被北魏封为南秦州刺史、征西将军、西戎校尉、武都王，同时，刘宋也封其为辅国将军、北秦州刺史、武都王、仇池公。宋齐易代之际，梁州刺史范柏年得罪齐高帝萧道成，杨文弘接纳了范柏年的部将李乌奴，由此，南齐朝廷对杨文弘开始心存猜忌，封杨难当的孙子杨后起为武都王。不久，阴平王杨广香病死，一半部众归顺杨文弘，杨文弘实力大增，后杨文弘病死，诸子尚幼，就以侄儿杨后起为继承人，而杨文弘的儿子杨集始为白水太守。自此，武兴国向北魏和南齐都称臣。杨后起死后，杨集始被立为武都王，继续与北魏和南齐保持友好关系。齐武帝永明十年（公元492年），杨集始突然发兵进攻南齐汉中，兵败后归顺北魏。公元495年，魏孝文帝迁都洛阳，北魏梁州刺史元英进攻汉中，氐族杨馥之率众进攻杨集始，杨集始败退到下辨（甘肃省成县西），南齐以杨馥之为北秦州刺史；后北魏南梁州刺史杨灵珍投降南齐，攻陷了武兴，南齐以其为北梁州刺史，杨集始则逃至南齐境内，归顺了南齐，被南齐封为北秦州刺史。南齐东昏侯永元二年（公元500年），杨集始率众从汉中北上试图夺回失地，北魏梁州刺史杨椿率领五千人驻守在下辨，对杨集始晓以利害，杨集始表示归顺，北魏将其遣还武兴，恢复其原有的爵位。梁武帝萧衍即位后，大封各个藩国，虽然此时杨集始已经投降了北魏，但仍然被南梁封为使持节、都督秦雍二州诸军事、辅国将军、平羌校尉、北秦州刺史、武都王，同时，南梁又封杨灵珍为冠军将军，封阴平国国主杨孟孙（杨广香重孙）为假节、督沙州刺史、阴平王。

南梁天监二年（北魏宣武帝景明四年，公元503年），杨集始去世，其子杨绍先即位，被北魏封为都督、南秦州刺史、征虏将军、汉中郡公、武兴王，因杨绍先年幼，武兴国事委托给两个叔叔杨集起和杨集义处理。南梁方面虽然也让杨绍先继承了杨集始的爵位，但又在同年封杨灵珍为持节、督陇右诸军事、左将军、北梁州刺史、仇池王。

梁朝建立初年魏梁之间的作战也波及了梁州地区。夏侯道迁，原为南齐豫州刺史裴叔业手下的南谯（治所今安徽省巢湖市）太守，两家有姻亲关系，他的长子夏侯夬之妻就是裴叔业的侄孙女，裴叔业的嫂子又是夏侯道迁的姐姐，尽管如此，但二人关系却不睦，在裴叔业尚未投降北魏之前，夏侯道迁就已单人匹马北逃，投降了北魏，被拜为骁骑将军，后随王肃南下寿春，镇守合肥，等到王肃在公元501年死后，夏侯道迁又南逃南朝。梁武帝即位后，任命夏侯道迁为梁秦二州（治所南郑，陕西省南郑县）刺史庄丘黑的长史，领汉中太守。庄丘黑不久病死，梁武帝又任命都官尚书王珍国为刺史，王珍国尚未到任，夏侯道迁暗中与军主江悦之（《资治通鉴》记作江忱之，误，江忱之是西晋《徙戎论》作者江统的七世孙）、李忻荣、张元亮、士孙天与等人密谋再度投降北魏，但是，让夏侯道迁担心的是征虏将军杨灵珍。杨灵珍自从叛逃南朝后，就死心塌地地忠于南朝，夏侯道迁知道杨灵珍不可能随自己一起投降北魏。杨灵珍有部众六百多人协防汉中，这让夏侯道迁非常忌惮。

没有不透风的墙。远在建康的梁武帝萧衍似乎也风闻了夏侯道迁的阴谋，天监四年（公元505年）一月，梁武帝派遣亲信吴公之等十余人出使南郑，与府司马严思、臧恭，典签吴宗肃、王胜等人合谋打算除掉夏侯道迁，但是，不幸的是夏侯道迁觉察了吴公之等人的意图，他借招待使者，假意邀请杨灵珍父子也参加宴会，但杨灵珍怀疑有诈，没有前去赴宴。夏侯道迁遂诛杀了吴公之等五人，起兵进攻杨灵珍父子，将杨灵珍父子斩杀，并把二人以及吴公之等人的人头送给了北魏。南梁白马（陕西省勉县西北）守将尹天宝闻讯，率军东下进攻南郑，夏侯道迁命令江悦之与庞树、李忻荣率众出战，被尹天宝击败。夏侯道迁向武兴的杨绍先、杨集起和杨集义等人求救，但三人均不愿介入这场冲突，只有杨集义的弟弟杨集朗独自率部前来救援。与此同时，北魏朝廷接到夏侯道迁的求救后，即任命尚书邢峦为镇西将军、都督征梁汉诸军事，率军入援，而尹天宝也派人前往益州，请求益州刺史邓元起发兵救援。

此时的邓元起已经担任益州刺史两年了，他以母亲年老请求辞去刺史一职，毕竟邓元起并非梁武帝的嫡系，邓元起此举大约只是为了试探梁武帝的心思，但梁武帝顺水推舟，征召其为右卫将军，而任命亡兄萧懿的儿子萧渊藻接任益州刺史，对梁武帝满腹狐疑的邓元起接到尹天宝的求援后，并不积极，迟迟没有行动。尹天宝将南郑团团包围了四天，南郑城内人心离散，江悦之见状将家财散去，全部用于赏赐将士们，他自己则不分昼夜，亲自登城督战。在万分危急之时，杨集朗率部进至南郑城下，尹天宝寡不敌众，战败被杀。夏侯道迁被江悦之等人推举为持节、冠军将军、梁秦二州刺史。他派遣军主杜法先回到洵阳（陕西省旬阳县），招诱百姓，又派遣晋寿（四川省广元市）当地豪强王僧承、王文粲等人回到阳平关附近，鼓动当地民众投降北魏。不久，魏将邢峦也率军来到了汉中，汉中正式落入北魏之手。北魏宣武帝晋封夏侯道迁为持节、散骑常侍、平南将军、豫州刺史、丰县开国侯，食邑一千户。夏侯道迁接受了平南将军、散骑常侍，却推辞豫州刺史和丰县侯，还引用裴叔业入魏后被封为公爵的先例，请求北魏朝廷能够加封自己为公爵，但宣武帝没有答应。

邢峦来到汉中以后，白马以西的各个坞堡都尚未归附，邢峦派遣宁远将军杨举、统军杨众爱、汜洪雅等人率领六千人马前去讨伐。魏军兵锋所至，各个堡垒均望风投降，唯独补谷（今地不详）戍主何法静据城拒守。杨举等人进军讨伐，何法静溃逃，魏军乘胜追击，一直推进到关城（疑为阳平关关城）之下，萧衍龙骧将军关城戍主李侍叔投降。南梁辅国将军任僧幼等三十余将，率领南安（四川省剑阁县）、广长（陕西省略阳县西北）、东洛（四川省广元市西北）、大寒（四川省广元市东北）、武始（今地不详）、除口（陕西省宁强县西北）、平溪（疑为陕西省岚皋县，一说为四川省仪陇县东北）、桶谷（陕西省宁强县西北）诸郡七千余户百姓，相继投降了北魏。南梁平西将军李天赐、晋寿太守王景胤等人率领七千人马驻守在石亭（四川省广元市北）。北魏统军韩多宝等人率众发起攻击，击破李天赐前军将军赵猪，斩杀俘获了一千三百人；邢峦又派遣统军李义珍进讨晋寿，王景胤深夜弃城而逃，魏军遂占领了晋寿城。北魏宣武帝拜邢峦为使持节、安西将军、梁秦二州刺史。南梁巴西（四川省阆中市）太守庞景民不降，郡民严玄思聚众自称巴州刺史，投降北魏，杀害了庞景民，巴西郡也落入北魏之手。梁武帝萧衍派遣冠军将军孔陵等人率领两万人马，驻守在深坑（四川省剑阁县北），冠军将军曾方达驻扎在南安（四川省剑阁县），冠军将军任僧褒、辅国将军李畎驻扎在石同（今地不详）。邢峦派遣统军王足进击，斩杀了南梁辅国将军乐保明、宁朔将军李伯度、龙骧将军李思贤，梁军退保回车栅（今地不详）。王足又进击南梁辅国将军范峻，前后斩杀了近万梁军。孔陵等人收集残兵败将，退保梓潼（四川省梓潼县），王足再次击败梁军，斩杀了梁朝辅国将军符伯度，杀伤军民一万多人，至此，梁州十四个郡，东西七百多里，南北一千多里，全部落入北魏之手。此时，武兴的杨集起和杨集义看到魏军完全占领了汉中，不禁担心自己的独立王国不日将会遭到灭顶之灾，于是，就在魏军连连得手之时，闰二月，他们率领氐族部众发动叛乱，切断魏军汉中粮道，邢峦派军征讨，屡屡击败氐族军队。

二八九　争夺益州

汉中失陷，一半责任在于益州刺史邓元起。

前有尹天宝，后有王景胤、孔陵求救，益州将佐均劝说他要火速发兵北上救援，邓元起却说："朝廷远隔万里之遥，朝廷军队无法立刻到达，如果敌人扩大战争，需要大兵进剿，那么，都督之职，舍我其谁？为啥要匆匆忙忙去救援呢！"邓元起的此番言语完全是一副地方军阀的嘴脸，没有一点捐躯报国的正气。益州将士眼睁睁看着战火在北面燃烧，个个心急如焚，苦苦劝谏，但邓元起就是不从。当时，梁武帝的确也给了邓元起符节，任命他为都督征讨诸军事，命令他统率益州军队前去救援汉中，可是，等到他发兵北上之时，战机已经失去，魏军不仅已经占领了汉中，而且还攻陷了东西晋寿，深入益州北部，直接威胁到了整个益州。

当魏军在汉中、益州北部连连发起攻势的时候，益州刺史邓元起却做着回京的打算。他将益州的粮食、武器扫地无遗，全部带走，等新任刺史萧渊藻入城发现后，内心非常不满。萧渊藻又向邓元起索要良马，邓元起不给，还说："年幼小孩，要马有什么用！"萧渊藻听了，不禁大怒，趁邓元起酒醉，将他逮捕下狱，在狱中逼迫其自杀。邓元起的部下将成都城团团围住，高声大哭，并询问邓元起被杀的原因，萧渊藻回答："我奉皇帝诏书。"众人才散去。萧渊藻上书梁武帝称邓元起逗留不进，不以军事为意，将要谋反。梁武帝见到萧渊藻的奏表，心生疑窦，邓元起的旧吏罗研前往皇宫替邓元起鸣冤，梁武帝说："果然不出所料。"向益州派出使者责备萧渊藻说："邓元起替你报了杀父之仇，你却为仇人报仇，你的忠孝之道体现在何处？"贬其军号为冠军将军，追赠邓元起为征西将军，谥号忠侯。

萧渊藻抵达成都后，益州局势已变得非常危急。北面有虎视眈眈的魏军，而与此同时，益州内部也发生了大规模的民变。当地百姓焦僧护聚集数万之众，占据郫（四川省成都市郫都区）、繁（四川省成都市新都区）起兵造反，萧渊藻召集部下商议对策，有人建议发兵进攻，有人却提出反对意见。萧渊藻大怒，立即下令将反对的人斩杀在台阶一边，然后，他乘坐两人抬的滑竿，巡视敌人城外的营垒。变民军万箭齐发，箭如雨下，萧渊藻的侍从们手持盾牌替萧渊藻掩护，但他却命令撤去盾牌，这下，人们开始对这位年少的刺史刮目相看了，人心也逐渐安定了下来。变民军趁夜撤退，萧渊藻命令骑兵部队组织追击，斩首了数千人，遂平定了这次民变，安定了益州内部。萧渊藻也因此被朝廷进号为信威将军。

萧渊藻刚刚解除了成都之围，魏军就南下包围了涪城（四川省绵阳市）。益州百姓再次惶恐不安起来，益州各地有十之二三的堡垒都投降了魏军，有五万多家百姓给魏军送上户口簿，表示归顺。在这种情况下，魏军统帅邢峦上书宣武帝请求增发军队，一举夺取益州，他在奏表上说："扬州与成都相隔万里之遥，陆路不通，只能从水路前来。萧衍的侄儿萧渊藻去年四月十三日从扬州出发，今年四月四日才到达成都。敌人水军西上，要走一年之久才能抵达，益州外无援军，这是第一点能夺取的条件。益州不久前经过了刘季连的反叛，又遭受邓元起的进攻，成都城内府库空虚，并且，军民早已闻风丧胆，再无继续坚守的决心，这是其二。其三，萧渊藻不过是一个不谙世事的少年，并无治理地方的经验，刚到益州就诛杀了邓元超和曹亮宗，临阵杀将，就说明了他的无能；因津渠战败，范国惠也被关押在大牢。如今，他所任用的均非过去的名将，都是身边一些亲信少年而已，不仅如此，他还不能满足百姓的愿望，致使民心瓦解；蜀地所依靠的天险就是剑门关，如今，我军已经攻克了南安，抢夺了天险，益州之地，我军已经占据三分之一，从南安到涪城，我军长驱直入，敌人屡屡被击败，已魂飞魄散，士气低落，这是其四。过去，刘禅占据蜀地，以姜维为辅佐，邓艾从绵竹杀入后，敌人就投降了；等到了前秦时期，杨安、朱彤三月占领了汉中，四月就进抵涪城，秦军尚未抵达成都城下，东晋益州刺史周仲孙就仓皇逃命了；桓温西征也是不出一个多月，蜀地就被平定，因此说，蜀地历来难以固守。何况萧渊藻是萧衍的侄儿，骨肉至亲，即使丧师失地，也不可能被处死，假如我军攻克了涪城，萧渊藻岂能固守成都做困兽之斗？即便是他率军出战，蜀地之兵只擅长用刀枪近战，弓箭很少，我军远远射箭，他们也无能为力，这是第五个理由。"说了这五点理由之后，他又说："如今我们只是部队人数太少，军粮不继，因此，未敢长驱南下，如果丧失了战机，恐怕会失去民心，况且益州户口十万，比寿春、义阳的三倍还多，得到了益州对于朝廷而言实在是巨大的利益；如果朝廷只想保境安民，不想攻取，那么，臣在此地，就没有太大的用处了，我请求允许我回到朝廷，奉养父母。”宣武帝给邢峦的指示是：“如果敌人胆敢主动发起进攻，那么，你就根据实际情况予以反击；否则，你就率军保境安民，让边境的百姓们安心。关于你建议的取蜀大计，随后会再给你具体的指示。朝廷将经营西南，你岂能中途辞职，请求回家奉养父母？！”

邢峦又上书称：“昔日邓艾、钟会率领十八万之众，带上全中国的物资装备，才勉强平定了蜀国，这是因为两国交战，斗的是实力。臣的才能与古人相比差很远，岂能仅凭两万之众就妄想平定蜀地？之所以我敢于提出这个动议，是我军已经占据了险要，当地百姓也纷纷归附，我军南下发起进攻非常容易，而敌人北上则十分困难，我们以现有的兵力发起进攻，按道理说一定会取得胜利。如今，王足已经进逼到涪城近郊，我军一旦占领了涪城，成都就成了囊中之物，拿下只是早晚的问题。再者说，梓潼已经归附，这里有数万百姓，朝廷岂能弃之不守？如果要守住梓潼，仅常规的边防军就需要一万，臣现在向朝廷请求也仅有两万五千军队，比起一万来说并没有增加多少；剑门关自古以来就是天险，现在我军已经占领了这里，如果再丢掉的话，实在是非常可惜的。臣确实知道发动战争是一件非常危险的事情，不能草率行动，自从我军南出剑门关之后，我的头发已有一半都变白了，日夜惊恐不安，然而，我之所以还勉强坚持下来，就在于既然已经夺占了此地，如果再自行退去，恐怕辜负先帝对我的恩遇，也对不起陛下给予我的俸禄爵位。我的计划是：先夺取涪城，再慢慢向前推进，如果占领了涪城，就将益州拦腰斩断，一分为二，切断了敌人的水路交通枢纽。敌人外无援军，困守孤城，岂能长期坚持？我现在已命令各军驻扎的营地相距很近，能够相互支援，目的就是先确保自己立于不败之地，然后再对敌人发起进攻，胜利了，就会有大的收获，就算有个闪失，也不至于有什么损失。巴西与南郑相距一千四百里，这里总是发生骚乱，过去，这里属于南朝的时候，因其难于治理，南朝政府专门在此设立了巴州，以镇抚当地的山蛮和獠人，只因梁州为了自己的利益才请求中央撤销了巴州建制。这里的豪强有严、蒲、何、杨四姓，部落居住在深山老林，却有不少知名的知识分子，只是因为距离州治路途遥远，没有机会被任命个一官半职，更没有机会充任梁州的高级佐吏，这让巴西的豪强高门士人心生怨恨。夏侯道迁起义之初，这里的百姓严玄思自称巴州刺史，我军占领巴西后，仍然让其负责当地事务。巴西方圆一千多里，有四万多民户，如果在这里设立巴州，镇抚当地汉民獠人，这将符合当地民心。垫江（重庆市合川区）以东，将不用征讨，自然会成为我国的领土。”但是，宣武帝并没有接受。

就益州局部战场来说，宣武帝没有同意邢峦的建议实在有些可惜，这是因为，当时益州的局势的确岌岌可危，而益州作为荆州的上游又具有非常重要的战略地位。不过，就宣武帝而言，这一决策也有他自己的道理：一是宣武帝本人的才略。北魏立国以来，武略最盛的帝王当属道武帝拓跋珪和太武帝拓跋焘，其次为明元帝拓跋嗣和孝文帝元宏，但只有元宏有统一中国的远大抱负。宣武帝不论从文治或是武功上，与他的父亲孝文帝相比都要逊色许多，他似乎并没有吞并南朝、统一中国的雄心壮志，在这种心态驱使下，偏远的益州的重要性自然要大打折扣。二是当时的两国局势。就在邢峦反复上书请求调兵前后，南朝梁武帝萧衍已经发布了大举北伐的命令，梁军在淮河中下游全线向魏军发起了收复失地的战争，这将北魏朝廷的视线吸引到了淮河中下游地区，不可能在益州方向再出动更多的军队。三是梁益地区的形势。魏军迅速占领汉中后，进展顺利，很快拿下了益州北部地区，但是，就在魏军取得重大进展之际，氐人却突然反叛，在魏军的背后切断了魏军的粮道，到这一年的十月，杨集起和杨集义索性拥立杨绍先为皇帝，公开与北魏和南梁脱离。魏军如果不解决后方反叛的氐族，就无法放心大胆地南下；梁益地区民族成分复杂，新近归附的各族民众是否真心拥护魏军，这也很成问题；魏军长于野战而短于攻城，这里地形险恶，如果萧渊藻固守成都，魏军很难一举拿下，届时，如果当地百姓发生反复，后果将不堪设想。

开始，宣武帝任命王足为代理益州刺史，梁武帝派遣天门太守张齐率军解救益州，张齐的援军尚未到达涪城的时候，宣武帝又改任梁州军司羊祉为益州刺史，这让王足大为恼火，擅自率军从涪城北撤，后来，王足又从北魏叛逃到了梁朝。邢峦派遣军主李仲迁驻守在巴西，李仲迁得到了梁将张法的养女，此女非常美丽，李仲迁是沉溺于酒色之中，把军用物资浪费得精光，下属因公事请求拜见，没人能见到李仲迁的人影。邢峦知道后非常恼火，李仲迁得知后非常害怕，开始密谋向梁朝投降，巴西百姓趁机将其诛杀，又归顺了梁朝。

二九〇　萧衍北伐（一）

北魏朝廷对武兴氐族杨绍先的反叛非常重视。

杨绍先称帝后，北魏朝廷即派遣骠骑大将军源怀为使持节、侍中、都督平氐诸军事发兵征讨，邢峦、李焕等军均受源怀的统一指挥。天监五年一月，杨集义率军包围了北魏关城（陕西省阳平关镇），北魏梁州刺史邢峦派遣建武将军傅竖眼率军讨伐，杨集义领军迎战，屡屡被傅竖眼击破。魏军乘胜追击，一直打到氐族的老巢武兴（陕西省勉县）。一月六日，魏军攻陷武兴，俘虏了杨绍先，将其送到洛阳；杨集起和杨集义逃亡。氐族人建立的武兴国暂时灭亡，北魏将武兴改为武兴镇，后又改为东益州。

就在北魏在西线与梁军、氐人作战的同时，东线魏军也正与大举北伐的梁军鏖战。在天监四年年初，梁武帝萧衍就在筹划北伐，他将湘州刺史杨公则调回中央，担任中护军，又晋升为卫尉卿、散骑常侍。杨公则素有威名，天监二年二月，梁武帝命其率领禁卫军先行驻扎在洛口（安徽省淮南市东北青洛河与高塘湖入淮河口），为大军大举北伐做准备。杨公则接到命令时，已身染疾病，他对亲戚们说："过去，廉颇和马援都因年老而被朝廷弃之不用，他们尚且自请领兵出征。如今，朝廷不认为我已经老朽，以我为先锋，这与古人相比，已经对我很看重了，岂能因病推辞？马革裹尸，这是我的愿望啊！"遂打起精神，登船出发。到洛口以后，近在咫尺的寿春百姓纷纷归降，多达数千户。此时，北魏原扬州刺史元澄已调任定州刺史，新任刺史为薛真度。薛真度是薛安都的侄儿，在北魏献文帝时期与薛安都一起降魏，历任荆州刺史、豫州刺史、华州刺史、大司农卿等职，是一位对淮河地区非常熟悉的老将。

杨公则到来后，两位老将即展开了一场对决。薛真度派遣长史石荣与梁军交战，杨公则率部迎战，临阵将石荣斩杀，魏军大败，梁军乘胜追击，一直追到距离寿春数十里的地方，得胜而还。同年六月，南梁豫州刺史王超宗率军包围了北魏的小岘（安徽省含山县北），薛真度派遣统军李叔仁等人率军反击，王超宗大败，八月十六日，北魏扬州军队又在羊石（安徽省霍邱县东南）击破南梁姜庆真所部，战后，北魏朝廷即将薛真度免职，另外任命元嵩（元澄的弟弟）为扬州刺史。

北魏新任扬州刺史元嵩上任之时，梁军对寿春周边魏军镇戍的进攻还在继续。当时，梁湘州刺史杨公则率众二万，驻扎在洛口，梁将姜庆真率领五千梁军，驻扎在首陂（今地不详），梁军左军将军骞小眼、军主何天祚、张俊兴等人率领七千人马，包围了魏军的陆城（今地不详）。元嵩派遣统军封迈、王会等人率领步骑八千前去救援。北魏援军进抵陆城后，梁军即趁夜撤围而去，魏军追击，斩杀了数千梁军，杨公则、姜庆真退还马头（安徽省怀远县南淮河南岸马头城）。南梁徐州刺史昌义之率军驻扎在高皇（今地不详），派遣三支部队偷袭阴陵（安徽省定远县西北），由于淮河水浅，无法通行大型战船，这支梁军也驻扎在马头。此时，梁将田道龙、何景先等人率领三千人马已经进抵衡山（安徽省天柱山），兵锋也直指陆城。元嵩派遣兼统军李叔仁等人增援合肥、小岘、杨石，屡屡击败梁军。梁征虏将军赵草率军驻扎在黄口（安徽省寿县西南淮河中），元嵩派遣军司赵炽等人前往讨伐。魏军先派遣统军安伯丑趁夜偷偷渡过淮河，在下蔡（安徽省凤台县）设伏。赵草率领四千梁军前来迎战，魏军安伯丑所部与下蔡戍主王虎等人前后夹击，大败梁军，梁军几乎全军覆没。北魏统军李叔仁等人又夜袭硖石（硖石山，今安徽省凤台县与寿县之间淮河南岸）的梁军，又将梁军击破。梁将姜庆真进据肥汭（淝水入淮河处），冠军将军曹天宝屯于鸡口（安徽省凤台县鸡水入淝水之口），军主尹明世屯兵东硖石。元嵩命令偏将羊引（羊灵引）率军屯在淮西，与梁军大营相距十里，魏军司马赵炽率领一万部队遥为声援。魏军集结后，开始分头向寿春周围的梁军军营发起进攻，连遭挫败的梁军再度大败，被魏军斩杀了数千人，投河淹死了上万人。魏统军牛敬宾乘胜进攻东硖石，尹明世趁夜逃遁。败退的姜庆真率领残兵败将顺流而下，魏军下蔡戍主王略又在半道截击，梁军又被斩杀了很多人。战后，杨公则即死于军中，时年六十一岁。

北魏寿春像一把尖刀一样插入淮南，将南朝江淮防线搅得支离破碎，萧衍决定从收复寿春入手，恢复淮河防线，这是他发起这次北伐的目的。杨公则等人在寿春周边地区与魏军发生的这一系列战斗，只是梁武帝大举北伐的前哨战，但梁军的进攻却遭到了魏军顽强的抵抗，梁军的战斗遭到了挫败。同年十月五日，梁武帝正式发布大举北伐的命令，他任命扬州刺史临川王萧宏为都督北讨诸军事，以尚书右仆射柳惔为副将。梁朝王公贵族以下官员都向朝廷上缴租税、稻米，支援大军。萧宏将大本营设在洛口。

萧衍对这次北伐非常重视，对萧宏寄予了厚望，给萧宏之军配备了大量先进的武器装备，北魏人认为近百年南方军队的武器、军容从未有如此之精、之盛。在后方，梁朝的统治机器全部围绕着这次北伐而高速运转着。时任左卫将军的梁武帝亲信吕僧珍白天在中书省里值班，夜里又到秘书省值班；侍中徐勉在宫中负责起草军国文书，日夜操劳，往往数十天才回家一次。

天监五年（公元506年），梁魏之间的战事进一步扩大。梁城（安徽省淮南市田家庵附近）、洛口、合肥，分别位于寿春的西北、东北和东南方向，这三座镇戍与寿春互为表里，梁军要想拿下寿春，就必须先占领外围的这三座镇戍，而梁城和洛口距离寿春较近，梁军占领这两座堡垒后，不仅可以确保援军源源不断地沿淮河而来，而且可以切断魏军对寿春的增援，对寿春形成巨大的压力。

此时驻守梁城的正是投降北魏的南朝名将陈伯之。一月，南梁徐州刺史昌义之率军朝梁城发起进攻。与此同时，为了牵制魏军，萧衍还下令冀州刺史桓和率部进击魏国南青州（治所在今山东省沂水县），但无法取胜。二月，昌义之所部与陈伯之的魏军发生战斗，昌义之战败。与此同时，西线梁军也遭到了失败。南梁江州刺史王茂率领数万大军对北魏荆州（河南省南阳市邓州市境）发起进攻，招诱魏国边民以及山蛮，另行设立了宛州，派遣宛州刺史雷豹狼、军主曹仲宗等人率众两万袭取了北魏的河南城（河南省新野县东北）。北魏宣武帝任命杨大眼为武卫将军、假平南将军、持节，都督统军曹敬、邴虬、樊鲁等各军南下进攻梁军。四月二十七日，魏军大破梁军，南梁辅国将军王花、龙骧将军申天化被杀，梁军损失了两千多人（《魏书·杨大眼传》称“俘馘七千有余”）。杨大眼乘胜进攻河南城，王茂逃回梁境，魏军一直追到汉水北岸，攻拔了梁国的五座城池，凯旋。北魏征虏将军宇文福侵掠南梁司州，俘获了一千余百姓而还。

随着战事的扩大，北魏政府也采取了一系列的因应措施。二月，北魏宣武帝下诏向王公大臣征求意见建议。治书侍御史阳固上书称：“当务之急是要亲近宗室，勤于政务，重视农桑，贬低工人和商人的地位，根绝谈玄之风，减少花在宗庙上的费用，以拯救百姓饥寒之苦。”当时，宣武帝信任高肇，疏远宗室，又喜好佛法，不问政事，因此，阳固才特意指出。三月，元恪又下诏以“戎旅大兴，诏罢诸作”。四月十六日，北魏政府任命中山王元英为征南将军、都督扬州徐州二州诸军事，率领十万魏军抵御梁军，宣武帝授权元英可以全权指挥所属各州郡的军队。

在寿阳前线，临川王萧宏的记室参军丘迟给魏将陈伯之写下了著名的《与陈伯之书》：“迟顿首陈将军足下：无恙，幸甚幸甚。将军勇冠三军，才为世出，弃燕雀之小志，慕鸿鹄以高翔。昔因机变化，遭遇明主；立功立事，开国称孤。朱轮华毂，拥旄万里，何其壮也！如何一旦为奔亡之虏，闻鸣镝而股战，对穹庐以屈膝，又何劣邪！寻君去就之际，非有他故，直以不能内审诸己，外受流言，沈迷猖獗，以至于此。圣朝赦罪责功，弃瑕录用，推赤心于天下，安反侧于万物。将军之所知，不假仆一二谈也。朱鲔涉血于友于，张绣剚刃于爱子；汉主不以为疑，魏君待之若旧。况将军无昔人之罪，而勋重于当世。夫迷途知反（返），往哲是与；不远而复，先典攸高。主上屈法申恩，吞舟是漏。将军松柏不翦（剪），亲戚安居；高台未倾，爱妾尚在。悠悠尔心，亦何可言。今功臣名将，雁行有序。佩紫怀黄，赞帷幄之谋；乘轺建节，奉疆埸之任。并刑马作誓，传之子孙。将军独靦（觍）颜借命，驱驰毡裘之长，宁不哀哉！夫以慕容超之强，身送东市；姚泓之盛，面缚西都。故知霜露所均，不育异类；姬汉旧邦，无取杂种。北虏潜盗中原，多历年所；恶积祸盈，理至焦烂。况伪孽昏狡，自相夷戮；部落携离，酋豪猜贰。方当系颈蛮邸，悬首藁街，而将军鱼游于沸鼎之中，燕巢于飞幕之上，不亦惑乎？暮春三月，江南草长，杂花生树，群莺乱飞。见故国之旗鼓，感生平于畴日，抚弦登陴，岂不怆悢！所以廉公之思赵将，吴子之泣西河，人之情也，将军独无情哉？想早励良规，自求多福。当今皇帝盛明，天下安乐。白环西献，楛矢东来。夜郎滇池，解辫请职；朝鲜昌海，蹶角受化。唯北狄野心，倔强沙塞之间，欲延岁月之命耳！中军临川殿下，明德茂亲，总兹戎重。吊民洛汭，伐罪秦中。若遂不改，方思仆言。聊布往怀，君其详之。丘迟顿首。”丘迟的这封劝降书，晓之以理，动之以情，陈伯之接到这封书信以后，即于三月二十五日率领寿阳和梁城的本部八千余众投降了梁军。魏国政府诛杀了陈伯之的儿子陈虎牙。梁武帝下诏任命陈伯之为西豫州（治所边城，今湖北省黄冈市境）刺史，还未上任，又改任为通直散骑常侍，后来，陈伯之死于家中。

二九一　萧衍北伐（二）

陈伯之的投降让江淮战场的战局发生了有利于梁军的巨大变化。

五月，梁军即全线对魏军发起了攻势：梁将、萧衍堂弟萧昺率军进攻北魏徐州，包围了淮阳（江苏省淮安市淮阴区）；萧衍的舅舅、太子右卫率张惠绍率领十万大军进攻北魏宿豫（江苏省泗阳县西北）；萧宏率领大军进攻梁城；韦叡进攻合肥。按：萧昺又记作萧昞，史书为避唐讳而改作萧景，萧衍的祖父萧道赐共有三个儿子，长子萧尚之，生子萧灵钧，在萧衍起兵后不久就去世了，有子萧謇；萧衍的父亲萧顺之是老二；萧衍的小叔是萧崇之，在唐寓之之乱中被杀，萧昺就是他的儿子。

战役之初，梁军进展顺利。宿豫方向，张惠绍任命宋黑为徐州刺史，率领两万梁军，于五月七日占领宿豫，生擒北魏戍主马成龙，并包围了高冢戍。张惠绍之军号令严明，一直挺进到下邳，下邳百姓大多想投降梁军。张惠绍对大家说："我如果攻陷了城池，大家自然就变成了国家的百姓；如果进展不利，将让你们白白离开故乡，这不是朝廷吊民伐罪的本意。如今，你们不必抛妻别子前来投靠，只用像往常一样生活就行。"当地百姓都非常感激。梁城方向，梁军北徐州刺史昌义之率军一举攻克梁城，斩杀了魏将濆清。南路进攻合肥的韦叡之军也取得了进展，《梁书·韦叡传》对此有一段详细而又生动的记载：

韦叡派遣长史王超宗、梁郡太守冯道根进攻北魏的小岘城（安徽省含山县北十五里），未能攻拔。韦叡正在阵前巡视，魏城中突然出来了数百人，在城门外列阵。韦叡打算迎战，诸将纷纷劝阻说："刚才我们轻装前来，没有做好充分的战备，应该回营穿上铠甲后，才可进战。"韦叡却说："不对。魏城内只有两千多人，他们如果闭门固守，完全能够自保。现在无故出城，向我们示威，这肯定是魏军中的精锐。如果能够将这些人打败，小岘城将自行崩溃。"诸将还在狐疑，韦叡指着自己拿的符节说道：“朝廷将符节授予我，可不是为了好看，韦叡我的命令，不能不听从。”遂率领梁军朝魏军杀来。

梁军将士个个殊死搏杀，魏军不敌，果然败退入城。韦叡指挥梁军趁势向城池发起猛攻，攻至半夜，即将小岘城攻了下来，遂进抵合肥城下。

韦叡在主力部队进抵合肥之前，已经先期派遣右军司马胡略等人率部包围了合肥，但一直未能拿下。韦叡到来后，查看了合肥的周边环境后，对大家说：“我听说古人说过‘汾水可以灌平阳，绛水可以灌安邑’的话，这话能够用到今天。”韦叡的计划是将要水淹合肥。

夜里，韦叡亲自率领梁军在淝水之上修筑围堰，很快，围堰就修好了，水位上涨，梁军战舰陆续抵达。魏军原来在合肥东西分别修筑了两座卫星小城，以夹辅合肥。韦叡决定先进攻这两座小城。就在梁军攻城过程中，魏将杨灵胤（羊灵引）率领五万援军突然来到合肥城下，诸将担心众寡不敌，纷纷请求上书朝廷增派援军。韦叡听了，却笑了起来，说道：“敌人已经来到城下，现在我们才去请求朝廷增援，怎么来得及！况且，我们能请求增援，敌人同样也能增兵，这就像蜀国在白帝城增兵，吴国在巴丘增兵一样。‘师克在和不在众’，这是自古以来作战的原则。”遂率军进击杨灵胤，将其击破，梁军军心这才稍微安定了下来。

修好淝水堤坝后，韦叡命令军主王怀静在淝水岸边又修筑了一座小城，率领一千多人驻守在那里。魏军集中兵力攻克了这座小城，梁军一千余名将士全部战死，攻陷小城后，魏军乘胜攻到堤坝下面，声势浩大。军监潘灵祐劝韦叡率军退回到巢湖，诸将又请求退守三叉（巢湖水流三分处）。韦叡听了大怒，说道：“哪有这种道理！将军将战死沙场，只能有进无退！”当即下令将自己的伞盖、仪仗竖立在大堤之上，表示绝不退却。韦叡素来身体瘦弱，从未骑过马，每次交战，他常常乘坐两人抬的小轿，亲临前线激励将士们。魏军前来破坏大堤，韦叡亲自率军迎战，将魏军击退。等到魏军稍稍后退后，韦叡又下令在堤坝上修筑堡垒固守。守好堤坝后，韦叡调派舰桥与合肥城墙一样高的斗舰前来，将合肥城四面包围了起来。梁军的攻城器具已经造好，围堰的河水也满了，魏军城外的援军无用武之地，城内魏军也无计可施，一片悲哭之声，合肥守将杜元伦登上城墙督战，又被梁军弩箭射杀。五月十七日，合肥城遂瓦解。梁军俘获、斩杀了近万名敌人，缴获上万牛马、绢堆满了十间房屋，梁武帝下令全部赏赐给参战的将士们。五月二十三日，南梁庐江太守裴邃所部攻克北魏羊石城（安徽省霍邱县南），二十六日，又攻占了霍邱。在青州战场上，六月七日，青冀二州刺史桓和率部攻克了北魏朐山城（江苏省东海县）。七月三日，又占领了固城（山东省临沂市西南）。

韦叡虽然身体瘦弱，但战斗中却勇气百倍，每天白天接待宾客，深夜处理军务，经常是通宵达旦，对待部下非常关心体贴，唯恐照顾不周，因此，深得属下的爱戴，不少人前来投奔。

梁军攻克合肥后，梁武帝即下诏命令南路各军向东陵（今地不详）进发。东陵距离魏军另外一个据点甓城（今地不详）仅有二十里，一场大战又将爆发，然而，就在南线梁军捷报频传之时，北线梁军却遭到了魏军顽强的抵抗，战况再次出现了逆转。

在陈伯之投降梁军二十天后，北魏朝廷即派遣元英南征，在萧宏攻克梁城七天后、合肥陷落的当天，北魏朝廷又增派尚书元遥率军南下。宣武帝对淮南战局非常焦急，他下诏元英说："敌人声势很大，包围梁城合肥，边将处置失当，局面竟然到了这种地步。这就是我派你南下的原因，可是你却进军迟缓，以致梁城合肥陷落。听到这个消息，我非常郁闷气愤。如今，我军十五万大军云集淮河两岸，进攻的方略，都有什么？消灭敌人的日期，能有多久？你过几天才能到达战场？克敌的计划又是怎样？我现在派遣步兵校尉、领中书舍人王云前往你那里询问！"七月二十六日，宣武帝又下诏征发定州、冀州、瀛洲、相州、并州、肆州六州十万人作为南征的后援部队。八月十七日，他命令平南将军安乐王元诠率领这十万部队南下淮南。当时，北魏名将奚康生正在家中为亡母服丧，宣武帝下诏任命他为持节、假平南将军，命令其率领南青州的部队抵御梁军。显然，宣武帝决心不惜一切代价保住在淮南的军事存在。

北魏中山王元英首先在宿豫方向取得突破。七月二十五日，南梁徐州刺史王伯敖与北魏中山王元英所部在阴陵（安徽省定远县西北）交战，王伯敖大败，梁将二十五人被杀，战死五千多人。北魏宣武帝下诏任命奚康生为武卫将军、持节、假平南将军，率领三千羽林军，一战击败了宋黑。

梁武帝派遣将军角念率领一万部队驻扎在蒙山（山东省蒙阴县南），招诱北魏兖州地区的居民，归降的百姓数量很多。当时，辅国将军萧及率领两万部队驻扎在固城，桓和以及冠军将军鲁显文、骁骑将军相文玉等率众一万驻扎在孤山。青冀及徐兖北部战场直接关系到淮河战场的后方，对此，北魏朝廷非常担心，北魏朝廷即将曾在汉中、现任度支尚书的邢峦调任使持节、都督东讨诸军事、安东将军，在临别之际，宣武帝在东堂上对邢峦说："萧衍入侵，沿边镇戍沦陷，各军相继失利，宋鲁之地的百姓遭受涂炭。我也知道将军刚刚回京不久，但是，东南地区的安危系于将军一人。自古以来，忠孝就不能两全。"邢峦回答："敌人虽然前来送死，军势甚盛，但臣凭借着陛下的威名，定能将其消灭，请陛下不要为东南之事担心。"宣武帝听了非常满意。

邢峦到任后，即派遣统军樊鲁讨伐相文玉，别将元恒进攻固城，统军毕祖朽进讨角念。八月十日，魏将樊鲁大破桓和、相文玉等人，追赶了八十余里，斩首四千余级。元恒、毕祖朽也分别击败了梁军，北魏兖州全境被平定。接着，邢峦又率领魏军在睢口（安徽省泗水县境）击破梁将蓝怀恭，乘胜包围了宿豫。蓝怀恭等人又在淮南筑城，企图切断水陆之路。邢峦亲自率领魏军从河水南岸进击，另外派遣平南将军杨大眼从北岸夹击，统军刘思祖等人在河水两岸制造木筏，纵火焚烧梁军的战舰。魏军齐头并进，拔掉梁军的木栅，填埋城外的壕沟，从四面八方朝宿豫城发起了猛攻，一时间火光冲天，喊杀声震天动地，九月十一日，魏军遂攻陷了清水南城，阵斩梁将蓝怀恭，活捉梁列侯、列将、直阁、直后三十余人，俘斩一万余人。张惠绍放弃宿豫，萧昺放弃淮阳南逃，魏军缴获大米四十余万石。

梁军在青冀徐兖四州发起的攻势，其实只是开辟的第二战场，目的并非要夺取这里的土地，而是为了牵制魏军主力，以策应主力大军拿下寿阳。虽然梁武帝对此作出精心的部署，前线梁军也是旗开得胜，很快就拿下了合肥、梁城、洛口等要地，完成了对寿春的远距离包围，但是，由于统帅临川王萧宏素来性格就非常懦弱，当梁军前锋顺利拿下梁城之后，诸将纷纷请求乘胜深入，抓紧时间攻下寿阳，可是，萧宏却一再贻误了战机。不久，魏军即取得了阴陵、宿豫之战的胜利，北魏宣武帝下诏命令元英、邢峦率领魏军渡过淮河，准备发起对梁城的反攻。

二九二　萧衍北伐（三）

梁武帝计划中的寿春大战并没有爆发，不仅如此，而且，得胜后的魏军已经消除了淮北地区的威胁，可以全力发起对寿春周边地区梁军的反包围了，整个战局发生了逆转。

听到北魏大军渡过淮河的消息，萧宏吓得魂不附体，慌忙召集众将商议退军。此时，吕僧珍也率领羽林军加入了战斗序列，他首先表示同意，说道："知难而退，这不是很好吗！"吕僧珍话音刚落，萧宏就表态说："我也是这个意见。"但他们二人的意见遭到副将柳惔的反对，柳惔说："我大军所到之处，还有什么城池没有归顺？难，从何说起？"裴邃也说："这次出征，就是为了寻找敌人决战，还躲避什么困难呢！"马仙琕说："大王怎么说出亡国之言？天子将全国的军队都交给了你，只能向前一尺，也绝不能退后一寸！"昌义之大怒，头发胡须全都倒竖起来，说："应该杀了吕僧珍！哪有百万之师出征还没有遇到敌人，就望风而退的道理！你们还有什么脸面去见到皇上！"朱僧勇、胡辛生二将拔出宝剑，愤然而去，说道："想撤的，你自己撤，下官将前斗去死！"

会后，吕僧珍向众将谢罪说："殿下昨天晚上头疼，不能料理军务，他担心乱了军心，所以才打算保全实力撤退。"然后，他私下对裴邃说："临川王不只是没有谋略，更要命的是他还平庸胆怯得太狠了，我和他谈论军事，根本都不着边际，以我看来，岂能胜利？"魏军明知萧宏胆怯，给其送来妇女佩戴的首饰羞辱他，还编出歌谣在梁军营外高唱："不畏萧娘（指萧宏）和吕姥（指吕僧珍），但畏合肥有韦虎（指韦叡）。"吕僧珍叹息道："假如让始兴王萧憺或者是吴平侯萧昺担任主帅，我当他们的辅佐，岂能受到敌人这样的侮辱！"他建议分出一部分军队交给裴邃前去进攻寿阳，大队人马继续驻扎在洛口，抵御南下的魏军，但萧宏不从，他下令："军中胆敢擅自前行的，斩！"听到萧宏的这个命令，全军将士无不怒火万丈，但又无可奈何。

此时，荆州方面的战斗已经结束，北魏朝廷得以将荆州方面的军队调往淮河战场。魏武卫将军奚康生派遣杨大眼对中山王元英说：“梁军自从攻克梁城以后，一直逗留不进，由此可见，敌人是害怕我军抄他的后路。大王如果率军推进到洛水，敌人肯定就会溃散。”元英却说：“临川王萧宏虽然胆怯，但其手下有韦叡、裴邃等良将，不可轻视。暂时驻军观望，不要与梁军交锋。”

九月二十七日深夜，洛口天气突变，一夜狂风暴雨，梁军军中无故发生夜惊。临川王萧宏吓得六神无主，与身边的数名骑兵抛弃大营，狂奔而逃。将士们到处寻找不到主帅萧宏，也都四散逃命而去，地上堆满了梁军丢弃的铠甲兵器，军中的老弱病残全都遗弃在营中。看到梁军自行溃败，魏军乘胜追杀，杀死了梁军近五万人，魏军缴获梁军遗弃的三十万石大米。萧宏乘坐小船与柳惔等五人沿着淮河顺流而下，渡过长江，深夜来到白石垒（白下，江苏省南京市西北），请求入城。临汝侯萧渊猷是萧衍大哥萧懿的第三子〔萧懿长子萧业、次子萧渊藻（现为益州刺史）、三子萧渊猷、四子萧渊朗、五子萧渊明〕，他登上城楼对叔叔萧宏说：“百万之师，一旦奔散，国家存亡，还未可知。恐怕奸诈之人会借机发动叛乱，深夜不可打开城门。”萧宏无言以对，萧渊猷命人用绳索从城上将食物缒下，给萧宏等人果腹。当时，昌义之之军驻扎在梁城，张惠绍之军在下邳，韦叡之军在东陵，听说萧宏在洛口惨败的消息后，各路梁军均开始后撤。在撤退中，韦叡命令辎重先行，自己乘坐小轿亲自断后，魏军素来畏服他的威名，只敢远远望着，不敢追击，就这样，韦叡之军毫发无损地回到了合肥，梁朝遂以合肥为豫州的州治。

得知洛口大捷后，宣武帝下令中山王元英乘胜荡平南梁，于是，魏军继续胜追击，一举攻克了马头城，南梁冠军将军、马头戍主朱思远弃城逃走。十月，魏军将城内的粮草全部转移到了淮河以北。南梁听到这个消息，众臣都说：“魏军将粮草都转移到了淮河以北，估计不会继续南下了。”梁武帝萧衍却说：“不对。这肯定是想继续南下故意放的烟幕弹而已。”遂下令整修钟离城，让昌义之做好战前的准备工作。

梁武帝的这次北伐以惨败而告终。尽管梁武帝为这次北伐做了大量的准备工作，但由于主帅萧宏的无能，致使梁军不仅没有取得应有的战果，相反，淮南之地也面临岌岌可危的境地。实事求是地讲，梁武帝在选择北伐的时机上是适当的：一是，魏军已经占领了梁州，并试图一举吞并益州，如果魏军集中兵力进攻益州的话，梁军将很难守住。一旦益州易手，西晋统一中国的一幕将会重演。此时，在淮泗方向对北魏发起进攻，调动敌人按照我方的步调行动，无疑是一步变被动为主动的妙棋。二是，在北伐之初，北魏其实已经面临了数面作战的窘境。首先是仇池氐族的叛乱，其次，在秦州的屠各也发动了叛乱。就在天监五年年初，秦州屠各王法智等人聚集了两千部众，推举秦州主簿吕苟儿为主，改元建明，设置百官；泾州百姓陈瞻也起兵称王，秦陇百姓的起义人数很快增至十余万之众，声势浩大。北魏只得派遣右卫将军元丽（拓跋小新成的儿子），随着关中地区局势的发展，北魏朝廷又任命征西将军于劲节制诸军，秦陇百姓的起义有力地支援了梁朝的北伐行动，直到天监五年六七月间，魏军才艰难平定了王法智、吕苟儿等人的起义。三是，北魏统治阶层内部矛盾重重。宣武帝为了巩固自己的统治，采取了重用外戚高肇、疏远宗室的策略，这固然有其个人的原因，但是，由于高肇出身门第不高，他大肆培植自己的势力，顺我者昌，逆我者亡，凡是与其作对的，高肇总是千方百计加以陷害。王肃死后，陈留公主再度寡居，高肇和秦州刺史张彝都想娶她，陈留公主答应了张彝的求婚却拒绝了高肇。这令高肇非常恼火，他向宣武帝说张彝的坏话，致使张彝被免官，在家闲居多年。侍中卢昶与侍中、领右卫将军元晖为宣武帝所宠爱，两人都非常贪婪，被人称为“饿虎将军”“饥鹰侍中”。元晖后被任命为吏部尚书，他公然卖官鬻爵，明码标价，大郡太守要两千匹布帛，次郡、下郡依次递减一半，其他官职也都有价钱，北魏朝廷风气大坏。咸阳王元禧的儿子元翼在大赦以后请求埋葬自己的父亲，但宣武帝不同意，元翼与他的弟弟元昌、元晔叛逃到南梁，这都说明了当时北魏的统治也很脆弱。按：元禧共有八个儿子：元通（被杀）、元翼、元显和、元昌、元树、元晔、元坦、元昶，元翼、元昌、元晔先南逃江南，不久，元显和、元树也逃到了江南。

然而，在梁军初战告捷后，最终大败，究其原因，大致有以下两点。

一是梁武帝用人失当。这一点显而易见，梁朝刚刚建立，百废待兴，不少将领都曾经是南齐的臣子，梁武帝重用宗室也是出于无奈，原无可厚非。但是，战争绝非儿戏，尤其在使用统帅时更要慎之又慎。梁武帝以毫无帅才的临川王萧宏担任主帅显然是一着臭棋。

二是战略部署不当。梁武帝着眼全局，在北伐时，虽然主要以夺取寿春为目标，但在荆州雍州、青州冀州、徐州兖州等方向也都向魏国境内发起了进攻，牵制了魏军，使得一时之间魏军分辨不清梁军的主攻目标，这都是正确的。徐兖方向梁军一度进抵徐州城下，青冀方向梁军进抵固城等山东腹地，也都有力地支援了正面战场的战斗，但是，梁武帝用于次要战场上的兵力尤其是徐兖方向的兵力过多，这也在一定程度上削弱了寿春方向的兵力。次要方向其实不是以占领敌人土地为目的，主要是为了迷惑和牵制敌人，然而，从次要方向梁军的人数、表现上以及张惠绍对徐州百姓的话语中，我们似乎可以看出，梁武帝在次要方向的用兵也是以夺取魏国城池为目标的，这样一来，原本属于牵制作用的这几支梁军的任务就变成了与主力部队一样，而整个战线也随之变成了多路平推，没有重点了，这也给魏军各个击破创造了条件。

二九三　钟离大战（一）

洛口大捷让宣武帝顿生饮马长江的欲望，他下诏命令中山王元英乘胜南下，十月，元英即率领本部人马包围了钟离。

他又下诏命令邢峦率军与元英会合，一起进攻钟离，但是，邢峦提出了不同意见，他上书说道："接到陛下的诏书命令臣率军与征南将军的部队会合，互为掎角，乘胜长驱直入，但臣认为，征伐敌国需要粮草，用兵要先计算好这些。不可侥幸对手无能，自以为能够全胜。如果我军的目的在于掳掠敌国百姓，那肯定能成功；如果我们的目的在于占领敌人的城池，则不一定能够得手。即便是攻下了钟离，对于我们也没有多少好处，而攻不下的话，我们的损失就大了。今年，萧衍发动倾国之兵大举北伐，结果却是大败而还，贻笑于天下。梁军在野外作战虽不是我们的对手，却有丰富的守城经验，如今我军发起进攻，不易攻克敌城。况且，广陵距离遥远，与长江相距四十里，钟离、淮阴在淮河以南，即便是两座城池前来归顺，我们还担心没有充足的粮食，难以固守，何况要杀伤士卒强攻呢！另外，征南将军的部队已经从夏天到秋天连续作战了两季，减员严重。我们虽然有得胜之威，但实际上没有进攻的实力了。因此，依臣愚见，不如整修过去的镇戍，巩固原有的边防，休兵安民，以待后举。不必担心再没有了进攻南朝的机会，只用积聚实力等待时机，这才是上策。"但箭在弦上不得不发，宣武帝下诏斥责道："你率军渡过淮河，一切都按上次的诏书办！现在哪容你逗留不进，还上书讨论这事！要迅速出发，一切听从征南将军的指挥！"

但这个邢峦就是个死脑筋，他认准的理，谁也说服不了，他再次上书说："萧衍入侵，让我军疲劳了很久，我军之所以奔走劳顿，全都是为了消除边患。幸赖上天眷顾我大魏，消灭了敌寇，这不是臣等之功。以臣愚见，现在正应修复边镇，静待时机。萧衍本人还活着，他的螳螂之志，岂能自行消除？只应加强战备，等待他再次前来送死，实在是不宜劳师远征，自取疲惫。命令中山王进攻钟离，实在让我百思不得其解。如果不计得失，采取冒险行动，径直南下，袭取广陵，出其不意，攻其不备，说不定还能成功。如果只用八十天的粮草就想攻下钟离，这我从未听说过。如今我军前去，敌人闭城固守，不与我军交战，护城河又宽又深，无法填平，我们在城下一直消耗到明年春天，士兵们全都疲惫了。派臣率军去那里，从哪筹集军粮？夏天征发的士兵们都没有携带冬装，假如遇到冰雪天气，将如何应对？臣宁可受到胆怯不进的责备，也不愿承受败军杀将的罪责。钟离是一座天险，这是朝廷贵臣们都知道的，如果城内有内应，则结果另当别论；如果没有内应，肯定不能攻克。如果相信臣的话，请求下诏停止我部进军；如果说臣惧怕战争，那么，就请求把臣统领的部队全部交给中山王统领，任由他指挥，臣只求单人匹马追随中山王左右。俗话说得好，耕田要问农夫，织布要问奴婢。臣虽然没有太大的能力，但也是帝国的将军，深知什么事可以做，什么事不可以做。臣既然认为进军有这么多困难，岂能强行让臣出征？”宣武帝下诏说：“安东将军多次请求撤军，一直逗留不进，拒不执行进军的命令，实在让朕非常失望。军队已经云集淮河地区，正应迅速行动，东西并进，抓住战机，乘胜扫清敌人。”但邢峦依然不从，屡屡上书请求换人，宣武帝最终同意了他的请求，任命镇东将军萧宝寅率领邢峦之军与中山王元英一起围攻钟离。

侍中卢昶过去与邢峦有过节，御史中尉崔亮是卢昶一党。卢昶与元晖让崔亮弹劾邢峦，并许诺事成之后，让崔亮当侍中。崔亮就上书弹劾邢峦，称其在汉中的时候曾经抢掠民女做奴婢。邢峦担心被卢昶等人陷害，就将在汉中抢掠的巴西太守庞景民的女儿庞化生等二十多个美女私下送给了元晖。庞化生等是世间绝无仅有的绝色美女，元晖见了不禁非常高兴，就背着卢昶在宣武帝面前替邢峦求情：“邢峦刚刚立下了大功，这事都是经过大赦了的，不宜再追究了。”宣武帝同意了。高肇与卢昶有矛盾，也帮助邢峦说好话，邢峦这才没有被追究。

为了牵制魏军，十月，梁武帝命令征虏将军马仙琕率领三万梁军进攻义阳，郢州刺史娄悦率领州军将其赶走。十一月四日，梁武帝大赦天下，下诏命令右卫将军曹景宗都督二十万大军前去解救钟离之围。梁武帝特意叮嘱曹景宗驻扎在道人洲（钟离东北淮河上的小岛），等到各路大军到齐后再一起进发。曹景宗执意请求率领本部人马先行占领邵阳洲（钟离西北淮河上的小岛），但梁武帝担心梁军新败之后，又被魏军各个击破，因此没有同意。曹景宗此人缺点很多，在义阳三关沦陷之前，他担任救援任务却畏首畏尾，不敢出战；在郢州担任刺史期间，贪财好色，令百姓生厌。他为人争强好胜，想单独立下大功，擅自违抗诏书，率领部队径直前进。正巧，遇上了暴风雨，部队被淹死了很多人，只好退回到原来的防地。梁武帝听到后，说道："这也许就是击破敌人的开始！曹景宗不能单独前进，这是天意啊！如果他孤军前往，堡垒无法及时修好，肯定会出现意外。如今，他能够与其他部队一起前进，肯定能够击破敌人了。"

天监六年一月，北魏中山王元英与平东将军杨大眼等将率领数十万大军开始向钟离发起了进攻，就此也拉开了钟离大战的序幕。在1491年后的1998年，日本作家田中芳树写的那篇中篇小说《奔流》艺术地重现了这场惊心动魄的战役。《奔流》的主角是陈庆之，但显然陈庆之并没有参加钟离之战，此时的他还是梁武帝身边非常年轻的侍从（主书），主要工作是处理文件、陪梁武帝下棋。即便是这部历史小说存在这样那样的硬伤，但是，瑕不掩瑜，也足以让我们对一千多年前这场影响深远的大战感到震撼。那么，就让我们的思绪回到一千多年前的钟离吧。

钟离，北临淮河，它是南梁北徐州的治所，也是南梁在淮河防线上的重镇，在它的西边就是刚刚陷落的马头城。魏军夺取马头城以后，下一个目标就是钟离！然而，钟离是一根难啃的骨头。数年前，元澄也曾想乘胜夺取钟离，结果是遇上暴雨，损兵折将，大败而回。如今，中山王元英也想乘胜一举拿下钟离，在他看来，此时的魏军已经今非昔比，起码有几个有利条件：一是占有天时。此时为冬季，南方尚未进入雨季，利于魏军骑兵野战、攻城。二是地利。魏军驱赶寿春附近的梁军，并占领马头城之后，淮河天险已经与梁军共有。三是人和。魏军取得大胜之后，士气高昂，且人数在数十万之众，相比之下，钟离城中昌义之仅有三千守军，双方人数对比极为悬殊。魏军夺取钟离似乎只是时间的问题了！

显然，北魏方面对于此战也存在不同的意见，反对意见以邢峦的意见为代表，邢峦指出了魏军存在的弱点，那就是：一是大胜之后，兵疲将骄；二是后勤补给问题；三是钟离城高池深，易守难攻。从去年十月魏军攻克马头城之后到今年的一月正式发起进攻，中山王元英一直在与朝廷方面交涉，在这期间，魏军可能也在做战前的准备工作，比如解决冬季士兵的棉衣、攻城器具的修造、粮草的囤积等问题。

魏军在发起进攻前，以邵阳洲西岸为依托，在淮河上架起了一座贯通淮河南北的大桥。元英率领主力大军在淮河南岸攻城，杨大眼等将在淮河北岸又修筑了一座城池，确保粮运的畅通。南梁北徐州刺史昌义之抱着必死的决心，率领城中仅有的三千勇士殊死搏斗，奋勇抗击魏军的进攻。怎奈魏军人多势众，他们用大车载满泥土，又命令士兵们背着泥土跟在车后，骑兵督战队在身后驱赶，就这样，数十万魏军像漫山遍野的蚂蚁一样朝钟离城下蜂拥而来！士兵们来到钟离城下的壕沟前将土包扔到壕沟里，有的还来不及转身，后面的人又蜂拥而上，遂将前面的人活埋在土里，就这样，魏军依靠人海战术很快就将钟离城下的壕沟填平！填平了壕沟后，元英与杨大眼亲自督战，不分昼夜对钟离城发起了猛烈的进攻！《梁书·昌义之传》在写到这里的时候，创造了一个非常形象的词——苦攻！由此可以看出当时战况的惨烈程度。魏军在主帅的严令下，轮番向城墙扑来，从云梯上掉下来，再从地上爬起来继续向城墙上攀爬，没有一人敢退。昌义之本人就是一位神射手，他率领少数亲兵，哪里危急，他就飞马来到哪里，弯弓搭箭，莫不应弦而倒。魏军又修筑了飞楼（一种改良后的云梯）和冲车，用冲车猛撞城墙，城墙上的泥土纷纷剥落，昌义之及时命人在剥落之处填上泥巴，冲车虽能冲入凹陷之处，却无法进一步破坏城墙。双方一天之内能连续作战数十个回合，梁军杀伤了上万魏军，魏军的尸体堆积如山，几乎与钟离城墙一样高！

二九四　钟离大战（二）

经过将近一个月的猛攻，钟离城仍然在梁军之手，而此时二十万梁军援军已经逼近！

远在洛阳的宣武帝焦灼地关注着钟离战场，在魏军屡屡受挫的情况下，北魏朝廷决定见好就收，命令元英从钟离城下撤军，宣武帝下诏说："部队作战已久，士马疲惫，敌城险固，终难攻陷。冬春之交，已不是最佳的战机，十万之众，每天的花费甚巨。我决定等到将来再进攻钟离，不必非要在现在。你要命令部队秘密戒严，做好撤军的准备工作，下一步的任务是要巩固边防，展示我国威军威。边境的山蛮时叛时降，那些纠集党羽图谋不轨、需要及时讨伐的，可趁势讨灭，以稳定边境。至于那些力量强大，盘踞深山，一时难以讨灭的，也不必纠缠不已。"宣武帝的态度从一开始的支持进攻钟离，到现在的决定撤军，说明了在前线一直无法取得进展、梁朝援军已经到来的情况下，北魏朝廷中反对进攻钟离一派的意见逐渐占据了上风。

作为前线总指挥的中山王元英却不这么看，在他看来，魏军占尽天时地利人和的基本态势并没有因为钟离守军的顽强抵抗和梁军援军的到来而改变。他上书朝廷解释魏军一直没有取得进展的原因，并一再声称请求朝廷宽限些时日，他保证一定能够拿下钟离，他在奏表上称："臣奉严正之词，率军讨伐罪人，我的志向就是要消灭敌人，我判断在二月末到三月初即可攻破钟离城。但是，从二月初一以来，一直下起了连阴雨，可谓是天违人愿。尽管如此，国家兴师动众，不是一件轻易的事，不能因为稍微遇到一点不如意，就横生异议。臣也仔细思量过：如果进入三月后，天气转晴，部队就持续发起进攻。如果继续下雨，无法攻城的话，臣已经下令将邵阳洲上的大桥加高，以防淮河泛滥，冲毁了桥梁。臣还命令部队提前造船，又在钟离城外淮河的狭窄处另外修造一座浮桥，到三月中旬，加修的浮桥肯定能够建好。天晴就进攻，下雨就包围，必以克城为目标。真心希望朝廷能够宽限些时日，千万不要半途而废，前功尽弃。”

宣武帝又下诏说：“大军一直驻扎在野外，早已劳顿，攻守的前景，已能预见。过去你一直说到春末肯定能攻下钟离，现在又将日期推迟到了初夏。南方土地潮湿，我军不可长期待在那里。将军称从情理上肯定能够成功，但朝廷也对我军已经疲惫这一情况深感忧虑。因此，我特意派遣主书曹道前去军中察看军心士气，等曹道回来后，会将那里的实际情况如实上报。”等曹道回朝的时候，元英还上报坚称肯定能够拿下钟离。宣武帝又派遣步兵校尉范绍前去军中，面见元英讨论面临的形势，范绍看到钟离城墙坚固，也劝说元英撤军，但元英不从。在元英看来，以二三十万大军却无法攻破区区三千人驻守的钟离城，这也太不像话了。

梁武帝除了派遣曹景宗为援军主帅外，还派遣了豫州刺史韦叡率领豫州之军加入援军行列，受曹景宗的统一指挥。韦叡接到命令后，立即率领本部人马弃守合肥，全军向东北径直向钟离而来，他们穿越合肥东北的阴陵大泽，遇到山涧或者深谷，就在两山间架设吊桥越过。很多人担心魏军强盛，纷纷劝说韦叡不必如此匆忙行军，韦叡却说：“如今钟离岌岌可危，城内的军民居住在挖掘的洞穴里，背着门板去打水，我们飞马奔驰还唯恐赶不上，岂能故意放慢进军速度！敌人已经在我的掌握之中了，你们就不用担心了。”韦叡率领豫州主力星夜奔驰，十天之内即进抵钟离城下，与曹景宗先期到达的部队会师了。在韦叡到达之前，梁武帝深知曹景宗的脾气，他担心两位名将会发生矛盾，曾提前对曹景宗告诫说：“韦叡是你们家乡雍州的望族，你要好好对待人家！”因此，当韦叡到来后，曹景宗对韦叡非常尊重。梁武帝听说后，不禁大喜，说道：“两位将领之间关系和睦，我军必定能够取得胜利！”

韦叡到来之前，曹景宗在道人洲构筑堡垒防守，等到韦叡到来后，两将率领梁军开始西进，进据邵阳洲。韦叡又率军趁着月黑风高，深夜在曹景宗的大营前二十里、仅距魏城一百多步开挖长长的壕沟，将邵阳洲一分为二，构建木栅拒马，抢修了一座城垒。南梁太守冯道根能够骑在马上，根据马蹄声准确测出长度，并根据一个人的工作量算出经过之地具体需要多少人力，就这样，梁军一夜之间在魏军的眼皮底下有条不紊地先挖好了壕沟，设置了路障，又神速地修好了一座堡垒。第二天拂晓，魏军向中山王元英报告说梁军在魏军城池之前建起了一座营垒，得报后，元英大惊失色，用木杖敲击地面说道："这也太神奇了！"当即亲自率领魏军向梁军发起攻击。韦叡乘坐小轿，手持洁白的如意指挥梁军迎战，一天之内双方交战了数次，魏军均被击退。魏军又趁夜前来偷袭，箭如雨下，韦叡的儿子韦黯劝说老父从城墙上下来躲避，但韦叡不从。军中无故自惊，韦叡站在城墙上大声呼喊制止，士兵们才重新镇定了下来，终于击退了魏军。魏将杨大眼勇冠三军，率领一万多骑兵来战，所向披靡。韦叡将车辆连接为营阵，杨大眼将梁军团团包围，韦叡下令军中的两千多张强弩一齐发射，顿时杀伤力惊人的弩箭从梁军军营中飞出，洞穿魏军身上的铠甲，杀死了很多魏军。弩箭也射中了杨大眼的右臂，杨大眼只好退去。魏军连战连败，被杀伤了十之二三，从此魏军不敢再向梁军挑战。曹景宗担心城内人心浮动，招募言文达等数名壮士携带书信从水底潜行，避开了魏军，进入城内，城中军民才知道援军已到，顿时士气大振。

曹景宗等将率领的梁军武器装备精良，军容雄壮，战斗力很强，魏军感到非常害怕。魏将杨大眼原在淮河北岸修筑了一座城池，以确保魏军的粮道，梁军到淮河北岸放牧、收割青草的军士都被魏军抓获。曹景宗招募了一千多名敢死队员，他亲率这支小分队径直渡过淮河，在距离杨大眼城池数里之外也构筑了一座堡垒，曹景宗亲自举杵夯土，参加修城。杨大眼率军来战，又被曹景宗击退，梁军终于将堡垒建成。堡垒建成后，曹景宗命令部将赵草率军驻扎在城里，因此，这座城又被称作赵草城，从此以后，梁军可以随意在淮北放牧。杨大眼不时也派出魏军前来骚扰，却反被赵草率领的梁军抓获。

梁武帝在战前就下令曹景宗预先将战舰的甲板改造成与魏军淮河大桥高度大致相同，目的是便于采取火攻的办法焚烧魏军淮河大桥，切断魏军的退路，实施"关门打狗"，全歼淮南钟离城下的魏军。梁武帝命令曹景宗负责进攻魏军北面的大桥（连接邵阳洲与淮河北岸），由韦叡负责进攻南桥（连接邵阳洲与淮河南岸）。

三月，春汛到来，淮河水位暴涨了六七尺，随着水位上涨，魏军桥面下降。韦叡见时机成熟，立即命令部将梁郡太守冯道根、秦郡太守李文钊、庐江太守裴邃等人率军登上改装后的"斗舰"，一时间梁军战舰一齐出发，朝魏军阵地扑来。梁军在战舰上居高临下，魏军邵阳洲沿河营垒全部被摧毁。梁军又用小船满载干草，灌满了膏油，焚烧魏军淮河大桥。当时，天上刮起了狂风，霎时烟焰张天，天地变色。梁军还嫌火烧得不快，又召集了一群敢死队员，朝邵阳洲桥头堡扑来。这支部队拔掉桥头外围的木栅，与魏军短兵相接，猛砍桥梁，转眼之间，桥梁即被砍断，随着湍急的河水顺流而下，不一会儿，魏军的淮河大桥就消失得无影无踪了。梁将冯道根所部攻断魏军淮河大桥数百丈，各位将领均身先士卒，冲到最前面。曹景宗趁乱命令各路梁军一齐向魏军各个营垒发起进攻，梁军将士个个奋勇争先，无不以一当百，喊杀声惊天动地，魏军大败。元英见到淮河大桥被破坏，知道大势已去，弃城脱身逃命，杨大眼也放弃淮北城池北逃。魏军各个堡垒相继土崩瓦解，士兵们丢盔卸甲，争相跳入湍急的淮河逃命，被河水淹死的魏军就高达十万之众，淮水为之不流，被梁军斩杀的人数也大致与此相当，剩余跪地投降甘愿为奴活命的又有数十万之众（此据《梁书·韦叡传》）。曹景宗命令军主马广追击杨大眼残部，一直追至涉水，沿途四十余里，被杀的魏军尸体一个接着一个。梁军裴邃所部又乘胜攻克了羊石（安徽省霍邱县东南），斩杀北魏城主元康，继而攻克霍邱，斩杀城主宁永仁，又重新收复了小岘和合肥。韦叡派人入城向昌义之通报，死里逃生的昌义之悲喜交加，忘记了回话，只是一个劲地喃喃自语："又活了！又活了！"中山王元英单人匹马逃入梁城，淮河两岸一百里之内，到处都是魏军的尸体，梁军又生擒了五万魏军，缴获的物资、兵器堆积如山，牛、马、骡、驴不计其数。曹景宗又将士兵们俘虏的一万多人，缴获的一千匹战马送给朝廷报捷，梁武帝下诏还给本军。

二九五　钟离大战（三）

昌义之对曹景宗、韦叡二人非常感激。

他请二人前来喝酒，并筹措了二十万钱，公开在州政府设赌，让二人开心。曹景宗一掷掷得一个雉，韦叡后掷，却掷得了一个卢，但他赶紧拨动一子，口中还说："怪事！怪事！"遂大输。曹景宗与诸将争先恐后地向梁武帝报捷，只有韦叡落在最后，当时的人们都认为他是个品德高尚的贤人。梁武帝派遣中书郎周舍前去慰问，韦叡将自己的部队缴获的物资全部堆积在军营门前，周舍看后说："大人缴获的这些物资像熊耳山一样高。"梁武帝下诏增封曹景宗四百户食邑，与以前的合为两千户，晋爵为公，拜为侍中、领军将军；增封韦叡七百户食邑，晋爵为侯，晋升为通直散骑常侍、右卫将军；增封昌义之二百户，晋升为持节、督青冀二州诸军事、征虏将军、青冀二州刺史，又改督南兖、兖、徐、青、冀五州诸军，辅国将军、南兖州刺史。

战后，北魏朝廷也对中山王元英等人进行了惩处。有关部门弹劾道："中山王元英计划不周，齐王萧宝寅等人未能守住淮河大桥，都应处以死刑。"宣武帝网开一面，下诏将中山王元英、齐王萧宝寅削职为民，将杨大眼发配到营州（治所今辽宁省朝阳市）为兵。改任中护军李崇为征南将军、扬州刺史。李崇就是在兖州发明悬鼓楼、施行各村联保的那位，他是献文帝的生身母亲顿丘李氏的侄儿，按辈分上论是宣武帝的舅爷。李崇到任以后，过分注重经营产业，征南长史辛琛屡屡劝说未果，遂向朝廷告发，但宣武帝对李崇非常信任，不予追究。一次，李崇设宴款待辛琛，席间对辛琛说："长史你以后肯定也能当上刺史，却不知道将来你的长史会是什么样的人。"辛琛回答："如果万一我能走到那一步，我愿意有一个正直的长史，我也能够朝夕听到自己的过错。"李崇听了，面露羞愧之色。虽然如此，李崇却有将才，而且为人宽厚，善于统领下属。他到任后，挑选了数千名壮士组成精锐突击部队，战无不胜，号称“卧虎军”。李崇临危上任，担任十年扬州刺史，稳定了钟离战后北魏淮南的局势。

钟离之战尘埃落定，但由于史书记载相互矛盾，我们对于两军的参战人数、梁军的实际战果还存有疑问。第一，双方各自投入了多少兵力？北魏淮南地区原有驻军大约在十万以下，中山王元英和元诠各率领十万大军，萧宝寅接管邢峦之军也在数万人，元遥率领的部队人数不详，但应该也有数万，除了驻守淮南各地、战斗减员外，进攻钟离的魏军当有二三十万。梁军兵力二十万，史料有明确记载。第二，梁军的实际战果如何？《梁书·昌义之传》记载，钟离守军杀伤近万魏军；《韦叡传》称，淹死十万，斩杀十万，俘虏数十万；《梁武帝本纪》记载，在邵阳洲梁军斩杀一万魏军；《曹景宗传》称，在邵阳洲杀死魏军十之二三，在随后的决战中杀伤敌人不计其数，生擒五万人。对比各传，《韦叡传》的记载似乎水分最大，尤其是俘虏数十万难以令人信服。但总体来说，曹景宗给梁武帝献俘的一万名，应该不是被俘魏军的总数，这是因为，虽然曹景宗是梁军的主将，但似乎他并没有权力将其他军队俘获的俘虏当作自己的战功献给皇帝，因为史书上明确记载诸将争着向梁武帝表功。因此，大致可以认定曹景宗的本部人马俘获的敌人在一万人左右，而参战的梁军其他将领如韦叡等人当不在这个数字之下，所以，《曹景宗传》和《资治通鉴》认定的梁军俘获五万敌人大约是可信的。在钟离城下昌义之斩杀的魏军大致在一万以下，邵阳洲上魏军进攻战中，梁军斩杀的魏军在两三万，在总决战中，魏军总的损失在十万人以上。《魏书·天象志四》也称：“明年，中山王英败绩于淮南，士卒死者十八九。”因此，不论怎么说，钟离之战魏军几乎被梁军全歼，这应该是不争的事实。

钟离大战对于南朝方面的作用无疑与东晋时期著名的淝水之战有过之而无不及，虽然钟离大战对北方政权的影响没有淝水之战那么直接，但是，其作用绝不可小觑。钟离之战是在南梁遭受洛口惨败后取得的一次大捷，从梁武帝在洛口惨败仅仅数月之后又能筹集到训练有素的二十万兵力这一点分析，洛口惨败梁军实际的兵员损失并不太大，这是因为，梁军是在主帅萧宏深夜逃离后自行溃散的，当时魏军对此并无思想准备，因此，似乎并没有组织出有效的打击。而钟离之战就不同了，梁军有计划地切断了魏军的退路，等于来了一个瓮中捉鳖，仅有淮河北岸的少数魏军如杨大眼部得以侥幸逃脱，魏军几乎被全歼，前不久夺得的寿春周边的部分据点也在战后被梁军收复，梁军在淮南的不利态势被彻底扭转。钟离之战发生在洛口之战之后，假设魏军取得了这次会战的胜利，梁军残存的主力部队将被悉数消灭，南梁不仅将完全失去淮河的控制权，而且，能否继续存在也在未定之天，所以说，钟离之战对于南梁政权是关乎国祚的。同样，对于北魏而言，钟离之战的失败抵消了前不久的洛口大捷，给予北魏沉重的打击，也使得北魏在短时期内无力与南梁争锋，双方在淮河流域重新回到了以前的军事均势，边境地区大规模的战争就此告一段落。

钟离之战后，南北双方的朝局都发生了相应的变化。临川王萧宏于四月被拜为骠骑将军、开府仪同三司，建安王萧伟为扬州刺史，右光禄大夫沈约被拜为尚书左仆射，尚书左仆射王莹晋升为中军将军。到了十月，临川王萧宏又晋升为司徒，行太子太傅，尚书左仆射沈约晋升为尚书令、行太子少傅，吏部尚书袁昂晋升为尚书右仆射。截至天监六年年底，南梁朝廷的重臣分别为：司徒、行太子太傅萧宏，尚书令、侍中、行太子少傅沈约，尚书左仆射夏侯详（年底去世），尚书右仆射袁昂，吏部尚书徐勉，领军将军曹景宗（四月兼徐州刺史），护军将军萧渊业（萧懿长子、萧渊藻之兄），扬州刺史萧伟。北魏方面，朝廷重臣为太师元勰、太尉元雍、司空广阳王元嘉、车骑大将军高肇兼尚书令、尚书右仆射元怿、侍中兼中书令崔光。在这一年，北魏朝局最引人注目的是高肇权力的进一步扩张。高肇原为尚书右仆射，钟离之战后，到了这一年的九月，宣武帝将其直接晋升为尚书令，并加车骑大将军军号。随着高肇权势的上升，高贵嫔在后宫的势力也与日俱增。高贵嫔恃宠而骄，对于皇后之位早已觊觎多日，同年闰十月十二日，于皇后因病去世，当时的人们都怀疑是高氏下的毒手，但是，宫闱事密，外人无从知道内情。于氏家族在宣武帝夺权亲政过程中可谓是立下了大功，因此，在宣武帝亲政后，一直信任并依靠于氏，不仅册立于忠的女儿于氏为皇后，而且还在于皇后的伯父、领军将军于烈去世后，让其父亲于劲接任领军将军。于劲当时的权势很大，史书称其“势倾朝野”，因此，在高肇夺权的进程中，于氏家族是他不可逾越的绊脚石。他首先从于烈的次子于忠入手，建议宣武帝将于忠调离中央，担任定州刺史。对于忠的排挤是高肇打击于氏家族的开始，他的最终目的是以高贵嫔取代于皇后，为高氏家族攫取更大的权势。于忠被调离中央后，就发生了于皇后暴病而死的事件，由于高肇势力很大，于氏家族对此并没有强烈的反应。第二年，即梁武帝天监七年，北魏宣武帝正始五年三月，于皇后生下的年仅两岁零三个月的皇子元昌也因病夭折，当时，后宫御医王显怠于医治，这是元昌死去的主要原因，当时的人们都说是王显在高肇的授意下故意为之。《魏书·天象志四》称：“后数年，高氏又鸩于后，而以贵嫔代之。由是小人道长，谗乱之风作矣。”“明年，高肇欲其家擅宠，乃鸩杀于后及皇子昌，而立高嫔为后。”又称：“是岁，高肇鸩后及皇子，明年谮杀诸王，天下冤之。肇故东夷之俘，而骤更先帝之法，累构不测之祸，干明孰其焉，魏氏之悖乱自此始也。”高肇谋害了于皇后和皇子元昌，等于割裂了于氏家族与北魏皇室之间的联系，在元昌死后四月，到了这一年的七月十三日，宣武帝不顾大臣们的反对，册立了高贵嫔为皇后，至此，高肇终于达到了目的。

二九六　元愉之乱

天监六年钟离之战后，北魏朝局除了高肇权势的加强外，另外一个引人注目的事件就是元愉被赶出了朝廷。

元愉是宣武帝元恪的次弟，原来担任中书监，钟离之战后的八月，他被调任冀州刺史。为什么宣武帝突然将元愉调出朝廷呢？分析起来，原因大致有以下几点：1．宣武帝对诸弟心有猜忌。由于宣武帝并非孝文帝的嫡长子，他的母亲高氏又不是出身名门，在后宫中地位并不高，且在宣武帝即位之前就已经死去，因此，宣武帝即位后，一直担心皇位会受到威胁，在疏远宗室的同时，对自己的几个弟弟也都心存猜忌，"防卫诸王，殆同囚禁"。还是在一年前，他还专门在式乾殿给京兆王元愉、清河王元怿、广平王元怀、汝南王元悦宣讲《孝经》，其目的相当明确，那就是让自己的这几个弟弟要按照儒家经典的要求，服从自己的领导，不可对皇位产生觊觎之心。2．宣武帝与元愉之间的关系并不和睦。元愉个性鲜明，还是在于皇后在世的时候，宣武帝给元愉娶了于皇后的妹妹为妻，但元愉宠爱小妾李氏，对于氏没有什么好感，这多少也让宣武帝有些不快。3．元愉喜欢舞文弄墨，从全国召来很多文士，又信奉佛教，因此，经常入不敷出，不仅如此，他还与弟弟元悦"颇相夸尚，竞慕奢丽，贪纵不法"。宣武帝将他召入宫中，下令把他打了五十大棒，赶出了朝廷。

过去元愉就一直心怀不满，他的弟弟清河王元怿已经是尚书仆射了，而自己虽然是中书监，实际权力却没有弟弟大，这让他又愧又恨，况且，自己心爱的小妾李氏长期被于皇后关在宫中，自己封国的官员又在前年被宣武帝下诏彻查，诛杀了三十多人，没有被杀的也都削职为民。高肇多次陷害元愉兄弟，这也让元愉非常恼火，八月十二日，等到元愉来到信都之后，即诛杀了长史羊灵引、司马李遵，对外谎称得到了清河王元怿的密信，称："高肇已将皇帝暗杀了。"于是，元愉在信都南郊筑坛，即皇帝位，大赦，改元建平，立李氏为皇后，显然，元愉反叛的目的就是与宣武帝争夺皇位。冀州法曹参军崔伯骥不从，元愉又将他杀害了。北魏北方各州镇都担心中央一定出了乱子，定州刺史安乐王元诠将实际情况一一向各州镇予以说明，人心这才安定了下来。

八月十四日，宣武帝下诏命令尚书李平为都督北讨诸军事、行冀州事，率军前去讨伐元愉。李平是扬州刺史李崇的堂弟。八月十六日，宣武帝下诏改元为永平，因此，正始五年又被称为永平元年。

在元愉被任命为冀州刺史时，太师元勰曾请求宣武帝任命自己的舅舅潘僧固担任元愉下属的乐陵太守，元愉谋反后，潘僧固参与了元愉的叛乱，这不能不让宣武帝和高肇怀疑元勰与元愉叛乱有着某种联系。高贵嫔被晋升为皇后时，元勰曾坚决表示反对，这让高肇一直怀恨在心，必欲将元勰置之死地而后快，如今，元愉叛乱让高肇感到除去元勰的机会来了。他诬陷元勰与元愉同谋，里通外国，阴谋招引梁军推翻政权。高肇开始是让元晖向宣武帝揭发，但元晖不从。高肇只好又授意左卫将军元珍揭发。元珍为宗室疏属，“曲事高肇”，是高肇的亲信，并为宣武帝所信任。

元珍的揭发让宣武帝疑虑重重。从宣武帝即位之初强大的宗室诸王，到咸阳王元禧之变，到废杀元详，再到今天的元愉叛乱，这让宣武帝对宗室更加猜忌，作为宗室翘楚的元勰自然不可能得到宣武帝的真正信任，而且，元勰让自己的舅舅潘僧固担任元愉的下属，且潘僧固又参与了元愉的叛乱，这都不能不让宣武帝对元勰产生强烈的怀疑。他召见元晖询问，元晖坚称元勰不可能参与元愉的叛乱，满腹狐疑的宣武帝又询问高肇，高肇对此早有准备，他将元勰的彭城国郎中令魏偃、前防阁高祖珍二人拉出来做证。这两个人都是势利小人，他们希望能够得到高肇的提拔，就主动站出来证明元勰的确与元愉有联系。魏偃、高祖珍都是元勰的家人，不容宣武帝不相信两人的证词，于是，他决定对元勰痛下杀手。

九月十八日，宣武帝设宴邀请彭城王元勰、高阳王元雍、广阳王元嘉、清河王元怿、广平王元怀、高肇等人入宫饮宴。当天，元勰的妃子李氏刚刚生下孩子，元勰一再推辞，但皇宫来的使者接二连三前来催促，元勰感到不同寻常，心里非常不安，不得已，只好与李氏告别，登车赶往皇宫。进入东掖门后，经过一座小桥的时候，无论怎么鞭打，驾车的牛却也不愿往前走了，过了很久，从宫内又出来一名使者，责备元勰迟到了，并下令将牛换下，用人力拉着车子入宫。

宴会一直持续到深夜，众人都喝得酩酊大醉，各自被安排到宫内的房间里休息。不一会儿，元珍就率领一群武士携带一瓶毒酒，来到了元勰下榻的房间。元勰说："我忠于朝廷，犯了什么罪要杀我？请求能让我与皇上再见一面，死而无憾！"元珍回答："你岂能再见到皇上！大王只用喝下这杯酒。"元勰说："皇上圣明，不会无缘无故地杀我，请求与那些诬告陷害我的人当面对质。"元珍见元勰不肯就范，就命武士用刀柄狠狠地打了元勰两下。元勰大呼道："苍天啊！我元勰忠心耿耿，却被人冤杀。"武士们又用刀柄猛击元勰，元勰这才喝下了那杯毒酒。元勰喝下毒酒后，武士们又乱刀将其杀死。第二天黎明，宣武帝命人用被褥将元勰的尸体包裹起来，用车子载着尸体从皇宫的边门送回王府，声称元勰酒醉而死。元勰的妃子是前司空李冲的女儿，她大哭着说："高肇丧尽天良，令大王含冤而死，天道有灵，你高肇也不得好死！"

元勰死时年仅三十六岁。元勰口碑很好，无罪被杀，百姓们都哭着说："高肇枉杀贤王！"宣武帝在东堂举行追悼会，追赠元勰为假黄钺、使持节、都督中外诸军事、司徒公、侍中、太师，谥号为武宣王。元勰的第三子元子攸就是北魏第九任皇帝孝庄帝，孝庄帝即位后，追谥元勰为文穆皇帝，称肃祖。

京兆王元愉派人前去劝说平原太守房亮，房亮斩杀了使者。元愉派遣部将张灵和率军进攻平原，被房亮击败。李平的讨逆大军抵达经县（河北省广宗县东），各路人马全部到齐。深夜，一支数千人的山蛮部队偷袭李平的大营，流矢射进李平居住的大帐之内，但李平镇定自若，躺在床上，纹丝不动，不一会儿，混乱就平息了下来，讨逆军遂进至信都城南十六里的地方安营扎寨。九月一日，元愉率军在城南的草桥（河北省冀州市境）与李平所部交战，元愉军集中兵力进攻济州军队的大营，拔去木栅，填埋壕沟，仅有数尺就填平了壕沟。讨逆军各路人马纷纷前来救援，但均被击退，诸将都不愿再进。李平亲自到各部中间说服，并答应事成之后将重赏将士们，于是，各部这才继续朝元愉军发起猛攻，遂大破元愉军，激战中，元愉从马上掉了下来，身旁一人下马将自己的坐骑交给元愉，元愉仓皇逃回城内，李平率部乘胜一直追到信都城下，杀伤了数万叛军，并将信都团团围住。九月十二日，安乐王元诠又在城北将元愉军击败。元愉无法守住信都，九月二十三日，他纵火焚烧了信都城门，带着妻子李氏和四个儿子及一百多名骑兵弃城突围。李平率部进入信都城内，斩杀了元愉任命的冀州牧韦超、右卫将军睦雅、尚书仆射刘子直、吏部尚书崔朏等人，派遣统军叔孙头率部追击元愉一行。叔孙头很快就在距离信都八十里的地方抓获了元愉等人，李平将他们关押在信都，然后向宣武帝请示该如何处置。北魏群臣都建议诛杀元愉，但宣武帝不愿背负杀弟之名，下令将其用铁锁锁住，押送洛阳，将要用家法教训教训他。元愉被送至野王（河南省沁阳市）时，高肇暗中命人将其杀害了。元愉的四个儿子被送到洛阳后，宣武帝下令赦免了他们。《魏书·元愉传》记载，元愉在押送途中，饮食自若，毫无惧色，到野王时，他对人说："虽然皇上慈爱，不忍杀我，但我又有什么脸面再见皇上！"遂气绝而死，时年二十一岁。显然，《魏书》的说法难以令人信服。《资治通鉴》称元愉是被高肇派人暗害的，但即使如此，高肇此举肯定是得到了宣武帝同意的。

宣武帝打算以剖腹酷刑处死李氏，中书令崔光劝谏说："李氏怀有身孕，如对她施行剖腹取胎，这是夏桀、商纣曾干过的勾当，残暴异常。请求等她生下孩子后，再行斩首。"宣武帝同意了。李平在信都逮捕了一千多名元愉的余党，将要全部杀死他们。录事参军高颢劝说道："这些人都是胁从犯，过去都已经答应赦免他们了，应该向朝廷请示该如何处理。"李平同意了，这些人遂都被免死。高颢是高祐的孙子。高肇的儿子高植担任济州刺史，在讨伐元愉之战中有战功，当被封赏，高植却拒绝接受，他说："我们高家受到朝廷厚恩，为国家出力，这很正常，岂能接受赏赐！"

平定元愉之乱后，主帅李平被加封为散骑常侍。高肇和中尉王显素来讨厌李平，王显就弹劾李平在冀州时隐瞒、截留俘虏人数，高肇上书要求将李平免官。定州刺史元诠因功被晋升为侍中，不久又升为尚书左仆射。

过去，在北魏献文帝拓跋弘时期，有一万多户柔然人投降了北魏，被安置在高平（宁夏回族自治区固原市）和薄骨律（宁夏回族自治区灵武县）二镇，孝文帝太和末年，这些柔然人大都叛逃了，只剩下了一千多户。太中大夫王通建议将他们迁徙到淮河以北，孝文帝命令太仆卿杨椿持节负责这项工作。杨椿当时劝谏道："过去，我们将这些人安置在边地，目的就是要让那些异族前来归附，并且，也让他们与我们不相混杂。现在新归附的民众很多，如果把过去归附的民众迁徙走，那么，新归附的人都会不安，这是在促使他们背叛。况且，这些人习惯北方生活，南方土地湿热，迁到那里必定会全部死亡。既会让归附的民众失望，又失去了让其捍卫边疆的意义。把他们安置到中原，可能还会产生其他危害。"但孝文帝没有同意。遂将这些人迁徙到济州，沿着黄河两岸安置。等到元愉谋反时，这些对北魏朝廷不满的柔然人纷纷渡河北上响应元愉，所到之处，烧杀抢掠，正如过去杨椿预计的那样。

二九七　三关之战

钟离大战后，受魏军失败的影响，天监六年年底到天监七年年初，北魏淮阳镇（江苏省睢宁县）都军主常邕和与颍川（河南省许昌市东）太守王神念相继投降梁朝。王神念降梁后，成为梁朝中后期比较重要的将领之一，其子王僧辩还在梁陈之际发挥了重要作用。

就在天监七年九月二十日，李平还在忙着平定元愉之乱时，北魏郢州（治所在义阳，今河南省信阳市）司马彭珍、治中督荣祖等人背叛魏国，偷偷联络梁军向义阳杀来，北魏郢州刺史娄悦将梁军击退。义阳以南三关的城主侯登、阳凤省等人又献出城池投降了梁军，娄悦固守义阳不战。宣武帝下诏命令将军胡季智、屈祖等人率军南下救援，又任命中山王元英为都督南征诸军事，率领三万步骑从汝南出发，火速南下。十月二十六日，梁武帝下诏再次北伐，以护军将军始兴王萧憺率军进入清水，车骑将军王茂率军朝宿豫进发。十月二十七日，北魏悬瓠军主白早生杀死魏豫州刺史司马悦（司马楚之之孙），自称平北将军，向梁朝司州（治所鹿开关，湖北省孝感市北）刺史马仙琕求救。司马悦的儿子娶妻华阳公主（宣武帝之妹），也同时被白早生劫持。当时梁荆州刺史安成王萧秀为都督，马仙琕请求萧秀允许自己发兵相救。荆州参佐均称需要等候朝廷的命令，萧秀回答："白早生需要我军的帮助才能自存，增援越快越好，等候朝廷命令虽是旧规，却不是应急之策。"马仙琕率领梁军进驻楚王城（河南省汝南县南），派遣副将齐苟儿率领两千梁军帮助白早生防守悬瓠。梁武帝萧衍任命白早生为司州刺史，另派直阁将军武会超、马广率军增援。魏梁两国在淮河上游一场新的争夺就此又展开了。

得知悬瓠不守的消息，宣武帝采取了文武并用的策略，他首先派遣中书舍人董绍前去安抚豫州百姓，董绍行至上蔡时，被白早生派人逮捕，押送到了江南；

与此同时，宣武帝又下诏以邢峦持节，率领精锐羽林军前去讨伐白早生，并加封邢峦为平舒县开国伯，食邑五百户，以赏赐他在宿豫的战功。宣武帝在东堂召见邢峦，问道："司马悦没有戒备，不仅自己丧命，而且也让帝国之威受损。悬瓠城距离京畿甚近，是京师东南方向的重镇，白早生不能自存，肯定会招来梁军。爱卿是国家的良将，因此命令你火速前去，出其不意。你判断白早生会逃走？还是会固守？需要多久才能将其平定？"邢峦回答："白早生并无深谋远虑，之所以发动叛乱，就是司马悦残暴，他乘着司马悦犯了众怒才举事，百姓受其控制，不得已暂时依附于他。即使萧衍的援军到来，水路不通，粮运不继，入城的梁军照样会被我们生擒。白早生得到了梁军的救援，利欲熏心，必定会坚守悬瓠。如今，我军大举前去，悬瓠百姓必定会幡然悔悟。我军包围一座走投无路的孤城，不过今年，肯定会将白早生的人头送到京师。陛下不必担心。"宣武帝笑道："爱卿之言何等壮哉！你深知朕派遣你前去的本意。我也知道爱卿的父母年事已高，但忠孝不能两全，人的才能就是用于拯救当世的，爱卿不要推辞。"

送走了邢峦，宣武帝又召见中山王元英，他对元英说："娄悦统御无方，遂使郢州百姓招致梁军，三关落入敌手，义阳有倒悬之危。大王是帝国的虎将，威名震宇，因此，委屈你都督诸军，扫清敌人，大王不要推辞。"中山王元英说："臣才能低劣，只因身为宗室，才被委以重任。丧师失地，应被陛下斩杀以谢天下。陛下慈悲为怀，让我得以在明世重生，臣将像昔日的孟明视那样发誓报仇雪恨。三关的敌人不足挂齿，消灭敌人的计划，臣早已谙熟于心，愿陛下勿虑。"宣武帝说："大王屡立战功，钟离小败不足以损害大王的威名。如今大王总统三军，朕不必担心了。"中山王元英遂率领大军随后进发。郢州、豫州叛乱，让宣武帝对紧邻郢州的东豫州刺史田益宗也非常担心。山蛮田益宗自太和十七年（公元493年）由南齐归附北魏后，被孝文帝任命为东豫州刺史，治所在新蔡。山蛮在当地势力很大，田益宗的叛魏让南北两方在这一地区的力量对比发生了巨大变化，不过，此地的山蛮在北魏境内也是时叛时降，如果此时田益宗也发动骚乱的话，后果将不堪设想。在白早生之乱不久，宣武帝就专门派遣中书舍人赵文相携带诏书前往东豫州，对田益宗恩威并用，防止其趁机而动，宣武帝在诏书中称："悬瓠要地，紧邻京畿，地位重要，而一帮小人杀害主帅，发动叛乱，绝不能坐视！朕已经派遣邢峦率领精骑五万，中山王元英率领马步七万前去镇压，我料定会很快剿灭他们。将军忠义可嘉，我特意派去赵文相到你那里，交代具体方略，根据具体情况发兵堵截这帮贼人，不要让其逃逸。”当时，梁武帝也在极力拉拢田益宗，他加封其为车骑大将军、开府仪同三司、五千户郡公，引诱田益宗背叛北魏，但田益宗不从。

邢峦率领八百精骑，倍道兼行，仅仅五天就进抵鲍口（今地不详）。十月二十六日，白早生派遣部将胡孝智率领七千人马，出城二百里迎战，邢峦率军奋击，大破胡孝智军。接着，邢峦乘胜长驱直入，一直进抵悬瓠城下。白早生出城迎战，邢峦再次将其击败。邢峦率军渡过汝水，不久，中山王元英率领的北魏十万大军相继而来，遂将悬瓠城包围了起来。宣武帝加封邢峦为使持节、假镇南将军、都督南讨诸军事。

十月二十七日，北魏镇东参军成景俊杀死宿豫（江苏省宿迁市）城主严仲贤，以城投降梁军。当时，北魏郢州和豫州地区，从悬瓠城以南到安陆（湖北省安陆市）之间的各座城池，全都被梁军占领，只有义阳一座城池还为北魏坚守。成景俊的投降，让这场在义阳周边地区的战斗又蔓延到了淮河下游。十一月十一日，北魏派遣安东将军杨椿率领四万大军南下进攻宿豫。

北魏宣武帝听说邢峦屡战屡胜，就下诏命令中山王元英率领本部人马继续南下，以解义阳之围。元英认为魏军兵力不足分军，屡屡上书请求增兵，但宣武帝不同意。中山王元英进抵悬瓠城以后，即与邢峦一起对悬瓠城发起猛攻。十二月十日，梁将齐苟儿等人开城投降，魏军入城后，即斩杀了白早生及其数十名同党。攻克悬瓠以后，元英即率领人马继续南下。梁宁朔将军张道凝驻扎在楚王城，听说魏军大军南下后，十二月十四日即弃城而逃，元英率军追击，将其斩杀。

北魏义阳太守辛祥与司州刺史娄悦共守义阳。梁将胡武成、陶平虏围攻义阳，辛祥趁夜出城偷袭梁军，一举生擒了陶平虏，斩杀了胡武成，梁军败散，义阳由此安定了下来。论功行赏，但娄悦认为辛祥作为自己的下属，竟然立下如此大功，遂向朝廷隐瞒了辛祥等人功劳，立功将士都没被封赏。

很快，中山王元英的部队就来到了义阳，魏军开始部署对三关的反攻。元英说：“三关相互依托，就仿佛人的左右手一般，如果攻克其中一座关隘，其他两座将不战而走。进攻难的不如先进攻容易的，东关（武阳关）比较容易进攻，应当率先进攻它，这就是黄石公兵法上所说的‘战如风发，攻如河决’之意。”决定首先进攻东关之后，元英担心其他两关的梁军会全力增援，又命令长史李华率领五位统军兵向西关（平靖关），以牵制梁军，他则亲自率领魏军主力朝东关扑来。

当初，司州刺史马仙琕命令云骑将军马广驻守在三关以北的据点长薄，军主胡文超驻屯在松岘（河南省罗山县西南九里关北，为三关以北据点）。天监八年（公元509年）一月十八日，元英率领的魏军进抵长薄之后，马广自知不敌，趁夜率部弃城逃归东关。魏军遂包围了东关。

梁武帝萧衍命令冠军将军彭瓮生、骠骑将军徐元季率军增援东关。元英听说后，就暂时停止了进攻，故意放梁军援军入关，他对部将们说："我已提前察看了这里的形势，我攻下它就像是俯身捡拾东西一般容易。"众将都不相信。彭瓮生等人进入东关之后，元英下令魏军对东关发起了猛烈的进攻，经过六天的激战，魏军终于攻克了城池，俘虏马广、彭瓮生、徐元季三将及七千多名梁军。接着，元英指挥大军由东向西进攻中关广岘关，驻守此地的太子左卫率李元履不战弃城而逃；又进攻西关，马仙琕也是弃城退去。此战魏军共生擒梁将六人，偏将二十人，士兵七千人，缴获大米四十万石。

梁武帝派遣南郡太守韦叡率军增援马仙琕，韦叡率部进至安陆后，下令增修城墙两丈多高，又命令士兵们开挖壕沟，修筑高楼。众将都嘲讽他胆怯，韦叡却说："不然。身为一名将领，应该有胆怯的时候，不应一味逞强。"当时，元英率军猛追马仙琕，想要洗刷钟离惨败之耻，听说韦叡前来的消息后，元英即下令撤军。梁武帝也下诏罢兵。

双方在中线的战事告一段落。宣武帝下诏在齐苟儿等四位被俘的梁将中挑选两人，以扬州刺史的名义与梁朝方面接洽，交换被梁朝扣押的中书舍人董绍和司马悦的人头。北魏扬州的公文还未送到梁朝，南梁领军将军吕僧珍与董绍交往后，对其文采和见识非常赞赏，就告诉了梁武帝。梁武帝听说后，派遣主书霍灵超对董绍说："现在主上想让你归国，盼望你能让两国重归于好，彼此罢兵休民，这不是一件很好的事情吗！"随后，梁武帝又召见了董绍，赏赐衣服等物，令中书通事舍人周舍慰问他说："我们两国多年战争，生灵涂炭，我因此不认为与魏国通好是一种耻辱，前不久，我也曾给魏国写信表达了这个意思，但没有收到你们的回复，爱卿回去以后，可说明此意。现在派霍灵秀将你送到边境，等候你能早传佳音。"又对董绍说："你知道没有被处死的原因吗？我们得到你，这是天意。上天设置君主是为了人民，身处人民之上的官员们，能不深思这一点吗？如果想要和好，我方愿意将宿豫交还给你们，但你们应当将汉中还给我们。"董绍回到魏国后，对宣武帝表达了梁武帝的这个意思，但宣武帝没有答应。

二九八　魏梁政局（一）

北魏顺利收复悬瓠、三关之后，东线和西线的战事仍在进行。

据《魏书·杨椿传》记载："永平初，徐州城人成景俊以宿豫叛，诏椿率众四万讨之，不克而返。"由此说明，北魏企图收复宿豫的战斗是以失败而告终的。

在北魏荆州地区，荆州刺史元志也于天监八年三月发兵南犯。元志是河间公拓跋齐的孙子，为宗室疏属，在孝文帝南伐时，以自己的身体保护孝文帝，被流箭射瞎了一只眼睛，后被任命为代理恒州刺史，宣武帝即位后，被任命为荆州刺史。为了配合中线作战，元志率领七万魏军进攻漅沟（湖北省襄阳市境）。魏军所到之处驱赶当地山蛮，山蛮纷纷南渡汉水，来到梁国雍州境内避难。雍州将佐认为山蛮屡屡骚扰边境，不如因此将他们全部杀死。雍州刺史萧昺却说："山蛮走投无路，前来投奔，这种情况下杀死他们不吉利。况且，魏军入侵，山蛮总能作为我们的屏障，如果将他们全部诛杀，那么，魏军南下进攻将会长驱直入，这不是好计策。"萧昺下令打开樊城城门，将山蛮接入城中。他又命令司马朱思远、宁蛮长史曹义宗、中兵参军孟惠俊领兵迎击魏军，在漅沟大破魏军，生擒元志的长史杜景，斩首上万级，魏军的尸体布满汉水（今汉江）。萧昺又派中兵参军崔缋率众打捞尸体，予以掩埋。

从梁武帝即位后到如今，魏梁双方一直战事不断。北魏趁着齐梁易代之际，中线夺取了义阳三关，西线则占领了汉中，在东线，北魏企图以寿阳为依托，夺取钟离，但在元澄和元英发起的两次钟离之战中，魏军均以惨败而告终。梁武帝即位以后，则企图通过北伐夺回寿春失地，改变不利的战略态势，但也在寿春之战中惨败，不过，通过第二次钟离之战，韦叡、曹景宗所部大破魏军，接着，就发生了刚刚过去的悬瓠、义阳之战，北魏收复了两地，而梁军则在淮河下游得到了淮北的宿豫。可以说，经过梁初的一系列战争，两国之间是两败俱伤，但是，从总体上看，梁朝显然处于劣势，北魏占领了义阳和汉中地区，当然比梁军占领宿豫一座孤城意义要大很多，这是梁武帝主动请求和解的根本原因，而宣武帝不会用汉中与宿豫交换，自然也在情理之中了。两国之间在随后的两年里，还将在东线进行一番小规模的争夺，但大规模的战争暂时就告一段落了。

在这一间隙，我们来看一看两国在这几年里又发生了一些什么大事。如前所述，梁武帝即位后，非常注重争取世家大族的支持，在徐勉制定《百家谱》后，到天监七年一月，他又下令由徐勉定下百官为九品十八班，班多者为贵。二月，又增加镇、卫将军以下为十品，共二十四班；不到十品级别的，另外又制定了八班。还设置外国将军二十四班，共计一百零九个位号。梁武帝还下诏在地方上设置州望、郡宗、乡豪三人，专门向朝廷推荐人士。梁武帝增设了这么多官职，就是为了极力拉拢士人，满足求官者的需求。到天监十一年，梁朝地方上共有23个州、350班、1022个县，梁朝地方官员的数量也随之极度膨胀。这都是在梁武帝这一指导思想下产生的。虽然梁武帝注重拉拢世家大族，但是，他对于东晋以来以门阀选人用人制度的弊端有深刻的认识，在他看来，九品中正制度下的乡举里选根本选拔不出优秀人才，选人用人要唯才是务。天监四年一月一日，他下诏要求："今九流常选，年未三十，不通一经，不得解褐（入仕）。若有才同甘、颜，勿限年次。"据《文献通考·选举考》记载："梁初无中正制，年二十五方得入仕。天监中，又制九流常选，年未满三十，不通一经者，不得为官。若有才同甘、颜，勿限年次。至七年，州置州重（州望）、郡置郡崇（郡宗）、乡置乡豪各一人，专典搜荐，无复膏粱、寒素之隔。"虽然有所夸张，但毕竟确立了唯才是举的指导思想。与此同时，梁武帝在天监四年下诏开设国子学，招收的学生没有门第的限制，同时又下诏在各地建立学校。《隋书·百官制》称："旧国子学生限以贵贱，帝欲招来后进，五馆生皆引寒门俊才，不限人数。天监八年，梁武帝又下诏重申不拘门第、考试取才的原则，他在诏书中称：'其有能诵一经，始末无倦者，策实之后，选可量加叙录。虽复牛监、羊肆、寒门、后品……并随才试吏，勿有遗隔。'"

梁武帝本人多才多艺，除了熟知儒家经典之外，他对佛学也有深入的研究，写有数百卷佛学著作。天监三年四月八日，梁武帝下了一道《舍事道法诏》，宣布自己皈依佛门。南北朝是佛教与儒家、道教发生激烈碰撞的时期，梁武帝在分析比较三者的同异之后，提出了三教同源的理论，他认为，三教各有各的长处，将孔子、老子和释迦牟尼并称为三圣，一方面，他对儒、道都很重视，天监七年（508年）正月，他发布诏书说："建国君民，立教（儒学）为首……"对于道教领袖陶弘景也非常尊重，陶弘景也因之被称为"山中宰相"。另一方面尽管如此，他又认为，佛教则更高一筹。在梁武帝的大力倡导下，南梁佛寺、僧尼数量都大大增加，据史书记载，东晋佛寺1768所，刘宋佛寺1913所，南齐佛寺2015所，到了萧梁就增加到2846所，仅建康就有500多所，僧尼10余万人。

天监九年，魏梁之间没有战事。这一年，南梁朝廷的重臣分别是：司徒萧伟领护军将军、司空萧宏、车骑将军王茂、左光禄大夫沈约、尚书令王莹、尚书左仆射张稷、尚书右仆射袁昂、吏部尚书徐勉、中书监王亮、领军将军吕僧珍、扬州刺史萧宏。梁武帝与这些重臣之间的关系是非常微妙的。萧伟、萧宏分别是萧衍的八弟和六弟，萧宏不提。萧衍在襄阳举兵后，因军中用度不足，萧伟将襄阳佛寺内的铜像毁坏制成铜钱，又残害了很多富人，后来，他突然得了一种怪病，导致失明，成了一个废人。萧伟从小好学，在建康招揽了很多文士，萧衍以其为司徒，其实等于将他供养了起来。王茂作为开国元勋，并无多少文采，史称："时天下无事，高祖方信仗文雅，茂心颇怏怏，侍宴醉后，每见言色，高祖常宥而不之责也。"沈约不仅文采很高，而且又是梁武帝的老朋友，在梁武帝登基时又有佐命之功，按理说，沈约应当受到梁武帝的重用，但梁武帝对沈约也是有看法的。齐永明年间，沈约为文惠太子萧长懋的太子家令，又与萧衍同为竟陵王萧子良的竟陵八友。在齐末到齐梁易代之间，沈约目睹了萧衍是如何一步步登上皇帝宝座的，他知道的内幕也太多了。归根结底，萧衍建立梁朝是长期以来处心积虑的篡位过程，在沈约面前，萧衍无论如何正当不起来。《梁书·沈约传》记载：（沈约）"尝侍宴，有妓师是齐文惠宫人。帝问识座中客不？曰：'惟识沈家令。'约伏座流涕，帝亦悲焉，为之罢酒。"况且，沈约文采很好，又喜欢玩一些小心计，这都让梁武帝不可能对他非常信任。梁朝建立之后，沈约一直担任尚书仆射、尚书令，但是，到天监九年年初，梁武帝下诏免去了沈约的尚书令一职，只给其一个左光禄大夫的虚衔。沈约长期担任尚书省的首脑，他一直盼望着能被晋升为三公，结果却只是个从三公，这让他于心不甘，他请求出外任职，梁武帝也不同意。沈约与吏部尚书徐勉私交很好，请他向梁武帝建议给自己一个退休前的荣誉官职，徐勉向梁武帝求情能否给沈约开府仪同三司，但梁武帝没有答应，只给加了一部鼓吹。尚书令王莹和中书监王亮是堂兄弟，均为琅邪王氏，居官谨慎而已。领军将军吕僧珍谦恭谨慎，在宫中值班时，即使是盛夏也不敢解衣，每次在宫中侍宴，总是弓着身体，大气都不敢出，从来不敢拿起筷子夹菜，一次，醉后曾取了一颗柑橘吃下，梁武帝见状笑道："这可是大有长进了。"因此，他深得梁武帝的信任。成语千金买邻的故事也与他有关。一个叫宋季雅的人罢官以后，在吕僧珍家旁边买了一座宅院，吕僧珍问多少钱，宋季雅回答："一千一百万。"吕僧珍感到这是个天文数字，宋季雅却说："买宅用了一百万，一千万是买邻居。"等到吕僧珍妻子生孩子的时候，宋季雅前去祝贺，礼单上写着一千钱。看门人嫌少，不愿通禀，宋季雅坚持让其送入。吕僧珍感到很奇怪，就亲自打开，才发现是一千金子做成的钱。后来，吕僧珍就向梁武帝推荐宋季雅，宋季雅也由此担任了衡州刺史。

二九九 魏梁政局（二）

尚书左仆射张稷，出自吴郡张氏，父亲张永，从小与族兄张充、张融、张卷齐名，被称为“四张”。在萧衍包围宫城时，是王珍国和张稷二人打开了城门，迎接萧衍入城，但萧衍对其并不十分信任，入梁以后，张稷的官位一直不高。天监七年张稷才被任命为尚书左仆射，他仍然不满足，自以为功劳很大，赏赐却太薄。一次，他在宫中饮宴，醉酒之后，怒形于色，梁武帝很不耐烦地说：“你的哥哥张瑰杀死了自己的郡长刘遐（公元477年萧道成发动政变时，指使张瑰袭杀了吴郡太守刘遐），你这个当弟弟的又杀害了自己的君主（公元501年张稷杀死东昏侯萧宝卷，迎立萧衍），你又有什么名气可言？”张稷回答：“臣自然没有什么美名，但是，对于陛下您，不能说我没有功劳！”张稷一句话说中了梁武帝的痛处，他用手拉拉张稷的胡须，说道：“张公你可是个让人害怕的人啊！”这场非常不愉快的交谈令张稷既害怕又恼火，也让梁武帝怀恨在心。不久，张稷就请求出外任职，梁武帝很快就答应了，天监十年一月十六日，梁武帝即任命其为青冀二州刺史。与张稷一体的王珍国也对梁武帝非常不满，梁朝建立后，王珍国自认为功劳很大，想当政府首脑，却被任命为梁秦二州刺史。从刺史任上回来后，在酒宴上对梁武帝说：“我最近去梁山（萧氏祖坟）总要痛哭一场。”梁武帝闻言大惊，说道：“你如果是去哭东昏侯，不免哭得太晚；如果是哭我，我还没死。”王珍国起身拜谢，也不往下说，就告辞而退。从此，他也被梁武帝疏远了，很久以后才被任命为都官尚书。

尚书右仆射袁昂，就是与马仙琕一样在萧衍进攻建康时拒不投降的那位吴兴太守。袁昂善书画，后来，萧衍曾命其对古今书法家的书法进行品评，他写下了著名的《古今书评》，对二十五位古代书法家的书法进行生动的评价。天监七年，萧衍任命其为尚书仆射时，曾对他说：“齐明帝的时候曾任命你为黑头尚书，我却任命你为白头尚书，很惭愧啊。”他回答：“我今年已经四十七岁了，四十岁以前，我的身体是我自己的，这七年都属于陛下，七岁的尚书也不算晚啊！”梁武帝听了非常高兴。

吏部尚书徐勉，原与萧衍的哥哥萧懿为友，萧衍对其也非常器重。徐勉名如其人，他非常勤奋好学，清慎奉公，不营产业，亲朋好友曾劝他，他却说：“别人给子孙留下财产，我留给子孙的却是清白。子孙有才能，自然会衣食无忧；如果不成器，留下的钱财终归会为别人所有。”

除了上述几人外，梁初的一些功臣如夏侯详、范云、张弘策、萧颖达、任昉等人都已经去世了，钟离大战中的主帅曹景宗在战后不久的天监七年就去世了，死时为领军将军。说到曹景宗，此人的性格很有特点，他为人争强好胜，写信的时候，遇到不会写的字，从不问人，而是根据自己的理解造字。据《南史·曹景宗传》记载，钟离大战后，曹景宗班师回朝，梁武帝在华光殿设宴，令尚书左仆射沈约给群臣分配韵脚。曹景宗没有给韵，他非常不高兴，直接请求梁武帝允许自己赋诗一首。梁武帝说：“爱卿的技能很多，乃英雄豪杰，何必在乎一首诗呢？”曹景宗已经喝醉了，苦苦相求。梁武帝无奈，只好让沈约给他分配一个韵。当时的韵脚都用完了，只剩下竞、病二字。曹景宗得到这两个字，当即拿起笔来，不一会儿就写成了一首诗：“去时儿女悲，归来笳鼓竞。借问行路人，何如霍去病？”梁武帝看后，惊叹不已，沈约以及群臣更是啧啧称奇。曹景宗好色，有数百姬妾，到京师当上领军将军后，他对亲近的人说：“我过去在家乡的时候，骑着快马飞驰如龙，与数十个少年，开弓如霹雳，箭叫如饿鹰。在大泽里追赶野鹿，渴了喝鹿血，饿了吃鹿肉，当时的感觉就像耳后生风，鼻头出火，那种快乐简直让人忘掉了死亡，不知道老之将至。现如今到这里当贵人，一下都动弹不得，出门坐车打开车幔，就有人告诫不行。被关在车子里，就像是结婚三天的新娘子，真是郁闷啊！”梁武帝多次设宴款待功臣，一起回忆过去，曹景宗往往酒后失忆，说得颠三倒四，有时候还自称下官，常常引得梁武帝哈哈大笑。钟离大战的另一位名将韦叡的经历却十分曲折。梁朝初年，韦叡已经是豫州刺史了，钟离大战后被升为右卫将军，不久又晋升为左卫将军，但是，没过多久，被贬为安西长史、南郡太守，然而，就是在此时，他率军吓退了穷追马仙琕的元英。到天监九年，才又被任命为员外散骑侍郎、右卫将军。史书称：“叡自以信受素薄”，说明了梁武帝对韦叡一直以来并不亲近，各种原因已无从得知。

但是，史书又称，“叡雅有旷世之度，莅人以爱惠为本，所居必有政绩。将兵仁爱，士卒营幕未立，终不肯舍，井灶未成，亦不先食。被服必于儒者，虽临阵交锋，常缓服乘舆，执竹如意以麾进止，与裴邃俱为梁世名将，余人莫及。”另据《梁书·沈约传》的记载，沈约就曾说过梁武帝此人嫉贤妒能，不愿看到别人比自己强。也许韦叡的军事才能让梁武帝感到压抑吧。

回过头来，再说说北魏。

宣武帝即位之初，北魏刚刚迁都洛阳不久，据《魏书·李平传》的记载，这些从代北迁移过来的百姓经过长途跋涉，“资产罄于迁移，牛畜毙于辇运”，“富者犹损太半，贫者可以意知”，承受了巨大的经济损失。他们来到洛阳之后，紧接着，又投入了洛阳的建设当中，“事农者未积二年之储，筑室者裁有数间之屋”。宣武帝即位后，又展开了对南梁的作战，连年不断的战争，加重了农民的负担，造成百姓土地荒芜，饥寒交迫。针对这一情况，宣武帝即位后，即颁布诏书要求对于“正调”之外的杂税一律停止；并连续下诏鼓励农业生产，减免百姓赋税。正始元年（公元504年）六月，他下诏要求各部门要做好七件事：“囹圄冤滞，平处决之；庶尹废职，量加修举；鳏寡困穷，在所存恤；役赋殷烦，咸加蠲省；贤良谠直，以礼进之；贪残佞谀，时加屏黜；男女怨旷，务令媾会。”九月，为了因应即将与南梁的战争，他又下诏命令淮北各个镇戍施行屯田，并禁止对各州暂停征发临时性的徭役。正始三年三月，又因为南方的战争，暂停各种供应宫廷及贵族的手工业制作。在这一时期，宣武帝还多次下诏赈济灾民，宣武帝一朝十六年间，是北魏历史上自然灾害最为严重的时期，水旱、蝗虫、地震、风雹频发，宣武帝多次下罪己诏，减免罪犯刑罚，赈济受灾民众。

在礼教方面，宣武帝也采取了一些措施，据《魏书·乐志》记载，永平三年，在刘芳的建议下，宣武帝下令让刘芳、崔光、郭祚、游肇、孙惠蔚五人确定皇家舞曲，还令刘芳与常景制定朝仪。正始元年十一月，他下诏称：“古之哲王，创业垂统，安民立化，莫不崇建胶序，开训国胄，昭宣《三礼》，崇明四术，使道畅群邦，风流万宇。自皇基徙构，光宅中区，军国务殷，未遑经建。靖言思之，有惭古烈。可敕有司依汉魏旧章，营缮国学。”另据《魏书·儒林传序》称：“世宗时，复诏营国学，树小学于四门，大选儒生，以为小学博士，员四十人。虽黉宇未立，而经术弥显。时天下承平，学业大盛。故燕齐赵魏之间，横经著录，不可胜数。大者千余人，小者犹数百。州举茂异，郡贡孝廉，对扬王庭，每年逾众。”同年十二月，宣武帝又下诏命令“议定律令”，这是北魏历史上最后一次大规模地修订法律，修订后的法律被称为《正始律》，也成为隋唐法律的渊源之一。《洛阳伽蓝记·城内·永宁寺》记载：“正始初，诏刊律令，永作通式，敕景共治书侍御史高僧裕、羽林监王元龟、尚书郎祖莹、员外散骑侍郎李琰之等，撰集其事。又诏太师彭城王勰、青州刺史刘芳，入预其议。景讨正科条，商榷古今，甚有伦序，见行于世，今律二十篇是也”。宣武帝喜欢文史，他在位期间，崔光的侄儿崔鸿完成了《十六国春秋》一书，这部书是第一部全面记载十六国历史的著作，但可惜的是，这部书大部分篇幅都亡佚了。与南朝的梁武帝一样，北魏宣武帝也笃信佛法，对佛教教义非常精通，“每至讲论，连夜忘疲”。如永平三年（公元510年）十一月，他还在式乾殿给僧众、朝臣讲解《维摩诘经》等等。《洛阳伽蓝记》也称，洛阳城内的瑶光寺和城西的永明寺都是宣武帝下诏修建的，宣武帝在位期间，他还下令开始开凿洛阳龙门石窟。

三〇〇　朐山之战

北魏永平三年是梁武帝的天监九年，即公元510年。

去年三关之战后，双方边境在这一年里又恢复了和平。到了这一年三月十四日，时年二十八岁的宣武帝就迎来了一个令他非常高兴的大喜事——他的一名姓胡的充华（地位较低的嫔妃）给他生下了一个男孩！

胡充华是安定临泾（甘肃省镇原县）人，《北史演义》称其名字叫胡仙真。临泾胡氏在南北朝时期是北方豪族，始祖为曹魏车骑将军胡遵，第二代为镇南大将军胡奋，其女为晋武帝司马炎的胡贵嫔，胡充华的曾祖胡略当属第四代胡氏，为后秦渤海公；祖父胡渊担任赫连夏的给事黄门侍郎，入魏后，被封为武始侯，后拜为河州刺史；其父胡国珍袭爵，按例被降为武始伯。胡充华的母亲皇甫氏生下胡氏后，胡国珍询问一位善相者，善相者说："您的女儿有大贵之相，将为天地之母，生下天地之主。千万不要让第三个人知道了。"胡氏的姑姑是个尼姑，会讲经说法，宣武帝初年经常进入后宫讲经。数年之后，她暗示宣武帝身边的人在宣武帝面前称道胡氏的姿色。宣武帝听说后，就把胡氏召入宫中，拜为承华世妇（低级别的嫔妃）。由于北魏有着子贵母死的传统，因此，后宫的嫔妃们怀孕之后，都祈祷上天保佑能够生下诸王或者公主，都不愿意生下太子。只有胡氏与其他嫔妃们说："天子岂能没有儿子？仅仅害怕一死就让皇室断子绝孙了吗？"等到胡氏怀孕之后，其他嫔妃又劝胡氏早作打算，但胡氏毫不动摇，独自在深夜对天发誓说："但愿怀着的孩子是个男孩，按照年龄当为长子，孩子生下时，即使我死了，也在所不惜。"在此之前，宣武帝后宫中生下的男孩频频莫名其妙地夭折，眼看着自己年龄已大，可是膝下无子，这让宣武帝非常烦恼。因此，当胡氏生下男孩后，宣武帝非常疼爱，取名元诩，大赦天下，还特意挑选人品很好人家的妇女入宫担任乳娘，住在宫中另外的宅院内，任何人不得探视，即使是高皇后和胡氏本人也不例外。

对魏梁两国来说都顺风顺水的510年很快就过去了，到了第二年，即梁天监十年，双方之间的局势又陡然紧张了起来。

天监十年三月二十四日深夜，朐山（江苏省东海县）居民王万寿率领变民杀死了琅邪、东莞两郡（治所同在朐山）太守刘晣及四十多名将士，占领了朐山城，并向北魏徐州刺史卢昶请求救援。据《魏书·卢昶传》的记载，王万寿叛乱之前，已暗中与卢昶进行了联络，趁着朐山梁军换防之际，企图里应外合夺占梁朝这一飞地。得到王万寿等人得手的消息后，卢昶当即派遣郯城（山东省郯城县）副将张天惠率领二百魏军火速赶往朐山，琅邪（山东省临沂市）戍主傅文骥随后出发。与此同时，南梁新任青冀二州刺史（治所郁州，在今江苏省连云港市，当时是海岛）张稷也派出了两支部队朝朐山方向赶来。魏军与王万寿等人内外夹击，斩杀了数百梁军后，朐山遂落入魏军之手。

朐山险要，长期以来就是南朝牵制北魏的一个重要据点，北魏多次想要拿下它，但一直没有得手。当宣武帝得知卢昶已拿下了朐山之后，他给卢昶作出了详尽的具体指示，他下诏说："朐山险塞，是梁军防御的要点，是敌人联络本土与郁州的要道，敌人经常从这里骚扰我青州、光州、齐州、兖州。我军占领朐山之后，就扼住了敌人的咽喉，敌人必定会前来争夺的。如今春雨来临，要谨慎防守。你要深思防御之策，由使者带回。"

四月，梁武帝下诏命令振远将军马仙琕率部进攻朐山。北魏宣武帝也命令假安南将军萧宝寅、假平东将军赵遐领军救援朐山，并受卢昶的指挥。卢昶再次上书北魏朝廷，请求增兵。他在奏表中称："梁将张稷、马仙琕、阴虔和等各领精兵，分屯各个围堰；昌义之、张惠绍、王神念、王茂光也陆续从建康出发。我判断此战将演变成一场大战，朐山形势危急。这里的部队只有九千，而敌人则高达四万，名将精兵，从各地都调集此地，趁着进入雨季，要与我决一死战。他们之所以倾国而来，不仅仅是为了一个朐山，而是担心我军会顺势夺取六里，占领湖口要地，切断淮河航运，这样一来，将使他们失去鱼盐之利，因此，敌人有必争之心。假如朝廷下决心要夺下此地，就必须再增兵，等到秋天来临，对于我军南下就有利了。请求增兵六千、调发十万石大米。"不久，卢昶又上书称："敌人已经大举而来，全都是精锐部队，在朐山设置围栅，驻守在天门（今地不详），又包围了固城（今地不详），双方不分昼夜连续血战。我打算命令将军赵遐率领现有部队与敌人决战，但赵遐担心敌众我寡，一旦失利，将影响士气，请求等大军全部到来之后，再与敌决战。”宣武帝下诏命令选拔冀、定、瀛、相四州中品羽林、虎贲四千人赶赴前线。

梁将马仙琕率部包围了朐山，青冀二州刺史张稷率部驻扎在六里（今地不详）督运粮草。除了马仙琕之外，梁武帝又增派昌义之、张惠绍等部前来增援。魏将赵遐与刘思祖等人一起救援朐山，进抵鲍口（今地不详），距离朐山城五十里，此时已是四月初夏，雨水增多。梁将马仙琕得知魏军尚未修好营垒，即率领大军直扑魏军，刘思祖望风而逃。赵遐独自率领本部人马击破了梁军，斩杀梁直阁将军、军主李鲁生，直后军主葛景羽等人。马仙琕先在朐山城西依托河流构筑木栅，牢牢地围困住固城（今地不详）。赵遐亲自前往察看河水的深浅及周围的地形，命令魏军制成木筏，趁夜偷袭梁军，攻破了梁军六座营垒，解了固城之围，遂与卢昶大军一起继续推进，前去救援朐山城。

此时梁军各路援军也都相继抵达朐山战场，这场边境的偶发事件逐渐演变成了一场大战。随着战事的扩大，北魏宣武帝又下诏征发了五万大军赶赴前线，到了这一年的冬季，双方兵力总数已高达二十余万。

卢昶本是书生，且性格懦弱，却是宣武帝的亲信，且与元晖互为朋党，为当时的舆论所鄙视。此人从未担任过武将，并无将略，而恰在此时又生病了。羊祉之子羊燮为卢昶的司马，全权负责战事，卢昶对前线战事一无所知，魏军将士都非常不满。而梁军主将马仙琕则多年守边，能与士卒同甘共苦，他衣着、饮食均与最低级的士卒没有什么两样。在边境为将期间，马仙琕还多次只身深入敌境，侦察地形地貌，因此，士兵们都乐意为其效命，也总能打胜仗。

看到朐山战事一直打不开局面，宣武帝非常焦虑，十一月三日，他下诏命令扬州刺史李崇等人在寿阳集结军队，企图牵制一部分梁军，以减轻朐山的压力。到了十二月，朐山城内粮食全部吃完，出城砍柴的道路也全部被梁军堵死，而城外的魏军却无法向前推进一步，走投无路的魏将傅文骥只好投降。梁军收复朐山后，士气大振，并转兵全力对付卢昶的十余万援军。

卢昶见状，自知不敌，十二月十九日，他率领部队先行逃离战场。见主帅逃走后，各路魏军相继退去，然而，进时容易，退时难。当时，天降大雪，魏军的撤退顿时变成了一场大溃败，被冻死或者冻掉手脚的有三分之二。梁军乘势追击，大破魏军，二百里之内，魏军的尸体一个接着一个，仅有十之一二的人侥幸逃脱。梁军缴获的粮食辎重武器骡马，不可胜数。卢昶在逃跑途中各种仪仗全部失落，逃至郯城后问当地政府借来仪仗来充充威风，其他魏军将领的情况也都差不多，只有赵遐一人手持符节逃了回来，另有萧宝寅所部没有损失，由此可见，当时魏军的狼狈之状。

朐山之战是魏军继钟离之战之后的另一次最为惨重的失败，此战魏军不仅没有守住朐山，而且损失高达十万之众。宣武帝大怒，下令黄门侍郎甄琛驰赴郯城，用铁锁将卢昶押至洛阳问罪，宣武帝下诏："朐山之败，伤亡实在非常惨重，究其原因，完全在于统帅。即使经过了大赦，但毕竟有轻有重，卢昶一人免去官职论罪，其余将领全部赦免复职。"战后，因三关之败被降职的马仙琕被晋升为太子左卫率，进爵为侯，增封食邑六百户。

卢昶在朐山与梁军相持之时，御史中尉游肇（游明根之子）对宣武帝说："朐山不过是一个弹丸之地，又处于偏僻的海滨，地势低洼潮湿，对于我们来说并不是一个必须攻取的城池，而对于梁国而言却是个要地。因此，梁国必定会全力去争夺，对于我们是不得已而战。以不得已而战之军去对付全力争夺之师，战事恐怕会一直拖延下去，军费将会很大。如果得到朐山后又无法守住，白白进行一场战争，这正如古人说过的这里将是无用的石田。听说梁军多次想以宿豫请求与朐山交换，如果真是如此，我们占着这块无用之地，倒不如换得旧有的土地，双方又停止了战争，这最有利。"还没等宣武帝采纳这个意见，卢昶就败了。

三〇一　魏立太子

朐山战后的第二年（公元512年）四月二十五日，北魏宣武帝将年号改为延昌元年。

在此前后，北魏朝廷以甄琛为河南尹，甄琛上书称："首都设在平城时，为了应对日益增多的抢劫和盗窃行为，世祖拓跋焘下令设立了很多里长，只有那些有才干的退休县令和世袭男爵才有资格担任；又为里长们配备了很多衙役，对里长们给予较高的政治地位，这样社会治安才得以好转。迁都洛阳以来，国家的版图日益扩大，各地前来京师的人员猛增，洛阳的治安状况恶化，里长一职地位低下，充任的人大多是些凡庸下才，得过且过，怠于履行督察之责。我建议：挑选八品将军以下清廉有才干的人，领取本官的工资和津贴，由他们管理基层治安工作；品级高的可以担任六部尉（北魏政府将洛阳分为六个区为六部），其次充任经途尉（街道巡察队长），最低的可以担任里长。如果办不到，我建议适当提高里长的级别，让那些应该升迁的低级官吏担任，这样就能够切实起到督察的作用，社会治安就会好转起来。"宣武帝同意了他的请求，下诏："以后，里长正式纳入帝国文官序列，经途尉确定为从九品，六部尉确定为正九品，从各个部门中选拔适当的人选，不局限于武官。"甄琛还建议右禁卫军充任京师治安的机动部队，随时到各个街坊里捉拿盗贼，从此以后，洛阳社会治安好转了起来，后来担任河南尹的人也大多采用这个办法。

刚刚进入这一年的新年，宣武帝就对朝廷重臣进行了一次影响深远的调整，一月二十五日，他晋升车骑大将军、尚书令高肇为司徒，以清河王元怿为司空，广平王元怀进号为骠骑大将军、开府仪同三司。此时北魏朝廷的重臣分别是：太尉元雍、司徒高肇、司空元怿、骠骑大将军兼司州牧元怀、尚书右仆射郭祚、中书监兼侍中崔光、中书令李平、侍中游肇、领军将军兼侍中于忠。高肇从宣武帝刚刚即位的景明二年（公元501年）破格被提拔为尚书右仆射兼吏部尚书，中经同年咸阳王元禧被杀，正始元年（公元504年）北海王元详被杀，正始四年（公元507年）原尚书令广阳王元嘉被拜为司空、高肇继任尚书令，同年于皇后去世，第二年高贵嫔被立为皇后，高肇的权势达到了顶峰。但是，好景不长，仅仅过去两年多，到了永平三年（公元510年）三月，胡充华即生下了皇子元诩。元诩的诞生，不得不让宣武帝为自己身后朝廷权力格局提前做一个安排。显然，中宫皇后仍然是高氏，而外廷高肇势力的膨胀势必威胁到未来皇帝元诩的统治，这就是宣武帝将高肇明升暗降的原因。显然，宣武帝这一次调整，将尚书省的主官几乎是一网打尽：尚书令高肇和尚书左仆射元怿都被调离了尚书省，尚书右仆射元诠病死，新任尚书右仆射郭祚是由侍中晋升的。把高肇和元怿同时调离尚书省，大约是因为二人矛盾很深。《洛阳伽蓝记·城西·冲觉寺》称："怿，亲王之中，最有名行，世宗爱之，特隆诸弟。"但元怿作为宣武帝的弟弟，对高肇专权十分不满，而高肇也多次在宣武帝面前说元愉、元怿的坏话，两人水火不容。元愉之乱中，元怿虽然没有受到追究，但不可能不受到影响。一次，元怿趁着在宫中饮宴之机，怒斥高肇道："天子剩下的兄弟还有几个？几乎被你杀完了！过去，王莽是个秃子，利用皇舅的地位最终夺取了西汉天下，你这家伙是个驼背，恐怕你终究会给皇室造成灾祸。"当时，天下大旱，高肇为了收买人心，擅自重新审理人犯。元怿又对宣武帝说："过去，鲁国大夫季氏祭祀泰山，就受到了孔子的斥责。这是因为，君臣之间的名分，要防微杜渐，不可亵渎。遇到灾祸，减少膳食，重审案件，这都是陛下应做之事，可是，司徒高肇这样做，岂是为臣子的道理！贤明的君主身在高位有了失误，奸臣在下面弄权，这是国家出现灾难的根本原因。"宣武帝听了，禁不住笑了起来，但没有回答。元怿与高肇之间的纷争只是宗室诸王与高肇矛盾的一个方面，其他宗室诸王如元匡对高肇也非常不满，史书称："时世宗委政于肇，朝廷倾惮，唯匡与肇抗衡。"王显曾上书要求判处元匡死刑，宣武帝没有答应，只将元匡降为光禄大夫。彭城王元勰被高肇陷害死后，社会舆论对他更是非常痛恨，而高肇本无学术，担任尚书令期间又得罪了不少人，致使怨声载道。

宣武帝之所以听了元怿的话只是笑笑，是他自己深知高肇集团只是他为了巩固自己的统治地位与宗室诸王势力相抗衡的工具。与宗室诸王相比，高肇集团对皇权的威胁要小很多。这是因为，高肇出身寒微，原本并无太大的势力，在其在任期间很多依附于他的人物大多还是基于他受到宣武帝的宠信，一旦宣武帝剥夺了他的权位，高肇集团会很快瓦解。高肇对此也是心知肚明，虽然被晋升为三公，但高肇在接到任命后却认为被调离了实权单位，面露不快之色。尚书右丞高绰本来是高肇的党羽，其人与国子博士封轨都以正直自勉，等到高肇被任命为司徒后，高绰送往迎来，前去老上级高肇家里拜贺，可是，封轨一直不现身。高绰没有见到封轨，也赶紧从高肇家里回来，叹息道："我自认为生平做事中规中矩，今日所为实在是与封轨相比差远了。"据《魏书·高聪传》的记载，高肇死后，中尉元匡曾弹劾王世义、高聪、高绰、李宪、崔楷、兰氛之为高肇一党，灵太后胡氏赦免了这些人。灵太后之所以赦免了他们，除了稳定政局之外，主要还在于这些人虽然都曾党附于高肇，但也都是贪图个人富贵使然，并非高肇的死党，且这些人大多出身文士，并无太多的实权，因此，高肇集团其实是非常脆弱的。

在剥夺了高肇尚书令职务的同时，宣武帝也剥夺了弟弟元怿的尚书左仆射的职务，这当然同样是一种平衡。在把尚书省大换血后，宣武帝并没有着急任命一个尚书令或者尚书左仆射，而是让郭祚担任尚书右仆射主持尚书省的工作。郭祚在孝文帝时期就担任尚书左丞，对尚书省的工作十分熟悉，与崔光同为孝文帝所赏识。宣武帝即位后，郭祚历任吏部尚书、瀛洲刺史、青州刺史。从这次调整上看，宣武帝开始架空宗室诸王和外戚势力，而重用的是对皇位没有威胁的汉族士大夫，其目的就是保证将来皇权能够顺利交接。

在做完这一切后，宣武帝就实施了改元，并于本年十月十八日封两岁零七个月的皇子元诩为皇太子，以尚书右仆射郭祚兼任太子少傅，并废除了北魏"子贵母死"的制度，从此开始不再杀死太子之母。宣武帝废除了这一残忍的继承制度，自有其原因。拓跋部早期的继承中，母系部落对拓跋部首领的继承起到举足轻重的作用，道武帝拓跋珪即位后，为了防止母后干政，创立了这一制度，但是，随着汉化的逐步加深，尤其是孝文帝迁都之后，这一残忍的继承制度越来越显得与儒家传统相左。更重要的是，宣武帝本人由于母亲去世，不得不在即位之后大力培植高肇势力，而且，实践证明，在皇室力量很强的时候，外戚势力对于皇位的巩固能够起到很大的作用。现在的皇后还是高氏，如果此时诛杀了太子元诩的生母胡氏，将来太子的地位势必受到威胁，所以，宣武帝废除这一制度还有着现实的意义。

新任的太子少傅郭祚曾跟随宣武帝前往东宫探望太子元诩，太子元诩还是个幼儿，郭祚怀揣一个黄扁瓜交给太子玩。宣武帝身边的亲随赵桃弓与御史中尉王显互为唇齿，深为宣武帝所宠信，郭祚对他倾身巴结。当时的人们嘲笑郭祚是“桃弓宰相”“黄扁瓜少师”。

三〇二 延昌年间

延昌元年北魏宣武帝册立了太子，南朝的梁武帝在随后的两年里则整顿着朝纲。

梁武帝萧衍汲取了刘宋、萧齐两朝骨肉相残的教训，他对于皇族非常优待，对朝廷群臣也非常宽厚，犯罪的皇族和群臣以及子弟，梁武帝总是想方设法网开一面，可是，百姓们犯罪了，从未宽贷。梁朝的法律严厉，一人犯法，全家老幼都被连坐；一人逃亡，全家也都被逮捕，罚作苦役。这样一来，百姓们走投无路，作奸犯科的手段就更加高明。一次，梁武帝前去建康郊外举行祭祀，秣陵县的一位老人挡住车驾，他对梁武帝说："陛下制定法律，对百姓严厉，对权贵却宽缓，这不是治国的长久之道。假如真的能与此相反，那么，天下人都有福气了。"听了老人的话，梁武帝开始思考补救措施。

第二年（天监十一年，公元512年，北魏延昌元年）一月一日，梁武帝下诏称："从今往后，逃犯家属以及有罪应当被罚做苦工的，如果家中有年纪大的老人或者年幼的孩子，可不再追究。"但对权贵们仍然没有约束措施。过去，萧齐时期，太子步兵校尉伏曼容曾上书请求制定当代的礼仪和皇家音乐，齐武帝萧赜下诏遴选了十名学士修订《五礼》（吉、凶、军、宾、嘉五种礼仪），由丹阳尹王俭作为总裁。王俭死后，又将此事交给国子祭酒何胤负责。何胤隐居后，齐明帝萧鸾又让尚书令徐孝嗣负责。徐孝嗣被杀后，资料大部分都散佚了，东昏侯萧宝卷又让骠骑将军何佟之负责。经过齐末兵灾，残存的资料已寥寥无几了。梁武帝即位后，何佟之上书询问这件事情是否还继续做下去，梁武帝要求外廷群臣审议。当时，朝廷群臣称，梁朝刚刚建立，百废待兴，应当等到天下太平之后，再制定礼仪雅乐，请求将礼仪局裁撤，未完成的工作交给尚书仪曹。梁武帝下诏说："礼仪破坏、雅乐缺失，应当及时修订。只是过去委任的人不合格，才使得这项工作迟迟不能完成，礼仪局也是有名无实。这既然是帝国政治的基础，就应该立即着手进行。”于是，尚书仆射沈约等人上奏：“请求五礼各设置一名学士负责，让其自行举荐一名通晓古代礼仪的人协助，遇到疑问的话，请按照两汉时期‘石渠阁’‘白虎观’的先例，由陛下亲自裁决。”梁武帝就任命右军记室参军明山宾等五人具体负责制定五礼，何佟之负总责。何佟之死后，又以镇北咨议参军伏暅代替。伏暅是伏曼容的儿子。到天监十一年，《五礼》终于全部完成，共计8019条，梁武帝御览后，下诏施行。

一次，沈约在宫中侍宴，正巧豫州献上颗粒直径达三寸的大粟粒，梁武帝非常惊奇，就对沈约说：“关于粟子的掌故有多少？”两人各自写下有关粟子的典故，沈约故意比梁武帝少写了三件。出宫之后，沈约对别人说：“这位爷总爱护短，如果我不让他三条，他会惭愧死了。”谁知此言传到了梁武帝的耳中，梁武帝恼羞成怒，打算给沈约治罪，幸赖徐勉在旁劝阻才罢。梁武帝对张稷一直耿耿于怀，曾经很温和地与沈约谈及张稷的事情，沈约说：“张稷以尚书左仆射之尊却被任命为边境地方官，过去之事就让它过去吧，还旧话重提干什么呢？”梁武帝认为沈约与张稷是亲家，所以才相互庇护，大怒说：“你说的这些话，难道是忠臣之言吗？”说完，拂袖而去。沈约吓得魂不附体，怅然若失，一下子愣在了那里，梁武帝起身入宫他都没有觉察出来，一直呆呆地坐着原地。等到回到家中，还没到床前就一脚踏空，一头栽倒在地，由此得病。病中，沈约梦见齐和帝萧宝融手持宝剑将其舌头砍断，于是，沈约召来道士在红纸上写下给天神的奏章，称：“齐梁禅代之事，并非自己的主意。”梁武帝派遣主书黄穆之前往沈约家中探病，晚上，黄穆之才回到宫中，没有及时向梁武帝汇报沈约的病情。黄穆之担心自己受到处罚，就向梁武帝揭发沈约向天神上表的事情。梁武帝闻讯不禁大怒，接连从宫中派出使者前往沈约家中反复责问。沈约更是害怕，天监十二年闰四月十一日，沈约去世，终年七十三岁。有关单位给沈约的谥号为“文”，但梁武帝说：“情怀不尽称隐”，改谥为隐侯。

就在沈约病死前不久，他的亲家青冀二州刺史张稷也为属下所杀。事情是这样的：张稷镇守的郁州（江苏省连云港市附近云台山）与北魏边境很近，当地百姓经常暗中与魏国人之间做走私贸易。朐山之战中，不少人暗中与魏国联络，等到梁军取胜以后，这些人担心受到追究，内心十分不安。青冀二州刺史张稷个性刚烈、直率，被贬为刺史后，一直郁郁不得志，也无心政事，因此，政令宽缓，下属经常鱼肉百姓，百姓投诉无门。本年二月二十五日，郁州百姓徐道角（《魏书》记作徐玄明）等人趁夜偷袭州城，混乱中，张稷的女儿张楚瑗用自己的身体挡住父亲，变民先杀死了张楚瑗，接着又杀死了张稷，将张稷的人头送到北魏，北魏朝廷派遣前南兖州刺史樊鲁领军接应。当时，北魏国内发生了大范围的饥荒，大批百姓被饿死。侍中游肇劝阻说："朐山濒临大海，地势低洼，难以居住，郁州又处于大海之中，即使得到其地，对于我们也没有用处。其地对于敌人来说很重要，对于我们来说却距离遥远且没有用，以长途跋涉的部队前去与距离很近的梁军争锋，难以匹敌。况且，今年发生灾荒，更应与民休息，不可再兴兵革。"但宣武帝不从，又派遣平西将军奚康生率军接应。奚康生的魏军还未出发，梁北兖州刺史康绚就派遣司马霍奉伯将变民讨平了。

到了这一年五月，北魏寿阳一直下着瓢泼大雨，淮河干支流全部泛滥，洪水冲入寿春城内，城内的房屋全部被大水淹没。北魏扬州刺史李崇下令部队进入戒备状态，全部登上城墙之上。然而，水位却不断上涨，于是，李崇下令部队又从城墙上转移到战舰上，紧靠女墙停泊，水位仅有两块木板的厚度就淹没了寿阳城墙。扬州将佐纷纷劝说李崇放弃寿阳，将战舰转移到八公山停泊。李崇却说："我身为一方诸侯，由于我无才无德，致使天降灾祸，淮南地区的安危全靠我一人，我一旦动身，淮南就会土崩瓦解，扬州之地恐怕会落入敌手。我岂能爱惜自己的生命，愧对王尊？只是当地百姓遭此大灾，无辜而死，让人怜悯。可以让大家制作木筏，向地势较高的地方逃命，我必与此城共存亡，大家不要再说了。"

北魏扬州治中裴绚是裴叔业的侄孙，他率领寿阳城南数千家居民乘坐船只向南避难，在地势较高的地方驻扎。裴绚认为李崇肯定会放弃寿阳北逃，于是自称豫州刺史，与别驾郑祖起等人向梁朝送去人质请降。南梁马仙琕派兵前去接应。

李崇听说裴绚叛逃的消息后，不知真假，派遣国侍郎韩方兴乘坐一只小船前去查看。裴绚得知李崇并未北逃，不禁大吃一惊，又羞又愧，说道："因为大水凶猛，狼狈逃难，被众人推举为主。如今，既然已经如此了，已无法挽回。人民已不再是你的人民，官吏也不再是你的官吏了，还是请大人早早北去，不要冒犯了将士们。"李崇派遣堂弟李神等人率领水军前去讨伐，裴绚战败，李神一直追到裴绚的营寨，又攻下了裴绚大营。裴绚狼狈逃窜，被村民活捉，途中，裴绚说："我还有什么脸面再见到李大人！"投水自杀。郑祖起等人均被杀死。

李崇在寿春担任了十年的扬州刺史，把寿春治理得井井有条，梁武帝对他非常忌惮，多次向北魏派出间谍散布李崇里通梁朝的虚假情报，设下反间计，企图让宣武帝对李崇产生怀疑，梁武帝还对外宣布授予李崇车骑大将军、开府仪同三司、万户郡公，但是，宣武帝深知李崇忠心耿耿，对其丝毫也不怀疑。

宣武帝对李崇深信不疑，但对另外一名边将、东豫州刺史田益宗不是这样。三关之战时，宣武帝就对田益宗不甚放心，时隔数年，田益宗年事已高，他与几个儿子又都贪得无厌，东豫州境内百姓苦不堪言，纷纷声言想要叛逃。延昌三年（梁武帝天监十三年，公元514年）年初，宣武帝听说后，派遣中书舍人刘桃符前去东豫州慰问田益宗，刘桃符回京后，向宣武帝汇报了田益宗父子的种种不法行为。宣武帝担心田益宗会生出二心，就下诏说："刘桃符听说你的儿子田鲁生在淮南地区贪婪残暴，屡教不改，损害了爱卿你的名声。可以让田鲁生前来京师，我将加以委任。"宣武帝召田鲁生进京，显然是想把其当作人质，但是，田鲁生迟迟不肯从命。宣武帝见状，干脆下令调田益宗为镇东将军、济州刺史；调田益宗的长子田随兴为冠军将军、平原太守。宣武帝将田氏父子调离边境，一方面是为了安定边境；另一方面是将田氏父子与他们的部民分隔开来，让东豫州成为北魏真正意义上的一个州。田益宗父子当然是不情愿的，虽然宣武帝都晋升了他们的官职，但一旦脱离了部众，田益宗父子将再也不能像过去那样为所欲为了。宣武帝担心田益宗父子会抗命，又派遣后将军李世哲与新任东豫州刺史刘桃符率军出其不意，迅速进入广陵城内（此广陵在河南省息县，非梁朝广陵）。田鲁生与其弟弟田鲁贤、田超秀都逃往关南（三关以南），引诱梁军，攻陷了光城（河南省光山县）以南北魏的各个堡垒。梁武帝任命田鲁生为北司州刺史、田鲁贤为北豫州刺史、田超秀为定州刺史。三月，魏将李世哲发兵进攻田鲁生等人，将其击败，又收复了原有堡垒，并将田益宗押回洛阳。田益宗来到洛阳后，被宣武帝任命为征南将军、金紫光禄大夫。田益宗上书称自己被刘桃符诬陷，请求让自己与刘桃符对质，宣武帝没有同意。

《魏书·岛夷萧衍传》记载：（延昌）"三年六月，衍遣众寇九山（江苏省淮安市盱眙县西北），荆州刺史桓叔兴大破之，斩其虎旅将军蔡令孙、冠军将军席世兴、贞义将军蓝次孙。"也就是说，在此期间，梁武帝曾命令梁军北上骚扰魏境，但遭到了失败。

三〇三　宣武之死

处理了田益宗后不久，宣武帝就计划着发兵进攻梁朝的益州。

十年前的正始二年（公元505年），邢峦率军攻克汉中之后就上书建议趁机南下拿下益州，但当时宣武帝没有答应。那次魏军进攻川北之时，梁武帝命令宁州刺史李略率军北上抵御，当时，梁武帝承诺李略击退魏军后，即任命其为益州刺史。然而，魏军退去之后，梁武帝并没有兑现诺言，这让李略非常恼火，他阴谋发动叛乱，事情败露后，梁武帝将其诛杀。他的侄儿李苗逃奔北魏，步兵校尉淳于诞曾任益州主簿，也从汉中叛逃北魏。

李苗和淳于诞二人一起给宣武帝献上夺取益州之策，二人对宣武帝上书的详情已不可考，但是，从稍后不久，李苗对魏孝明帝的上书中，我们大致可见一斑。他在那次上书中说："巴蜀孤悬，距离建业路途遥远，守军孤弱，郡守不良，货贿公行，政治黑暗，百姓延颈北望，日日思念王师。如果命一偏将吊民伐罪，将有征无战，传檄而定。平定益州之后，扼守白帝险要，占据上流之利，再一举荡平江南。"虽然李苗的这篇奏疏是写在魏孝明帝初年，但此次他给宣武帝献上的取蜀之策大抵也不出这一思路。

宣武帝认为可行，即于延昌三年十月六日，下诏任命司徒高肇为大将军、平蜀大都督，率领步骑十五万大举入侵益州；另外命令益州（北魏益州治所晋寿，四川省广元市）刺史傅竖眼进攻巴北（四川省阆中市）、梁州（北魏梁州治所汉中，今陕西省南郑县）刺史羊祉领兵三万直扑涪城（四川省绵阳市东涪江东岸），安西将军奚康生领兵三万从小路向绵竹（四川省德阳市北）方向进击；抚军将军甄琛为前锋都督，领兵四万进攻剑阁（四川省剑阁县北剑门关）；并任命中护军元遥为征南将军，都督各军防止荆州方向梁军可能发起的牵制性反攻。宣武帝在东堂给高肇、甄琛等二十余名将帅壮行，并亲自对伐蜀之战作出具体的部署。

游肇劝谏说："臣听说：'远处的人民不臣服，就提高自身的德行以招徕他们；战争是一件凶险的事情，只有不得已的情况下才使用。'当今虽说天下太平，但说到征伐之事时机尚不成熟。原因何在呢？山东、关右地区，战争的疮痍还未平复，又连年遭遇水旱灾害，百姓空虚，应当与民休息，不应再让百姓劳苦。过去，我们在淮南等地开疆拓土都是因为对方城主归附，所以是有征无战。如今归附我们的李苗和淳于诞虽说在梁朝也有官位，但真假难辨，有的是对梁朝有私怨，因此他们的话不可全信。况且，蜀地崇山峻岭，自古以来号称天险，岂能仅仅听从两人的话而轻率出动大军？开始的时候不慎重，将来后悔就来不及了！讨伐益州之事，希望放一放再说。"但宣武帝不从。宣武帝还任命淳于诞为骁骑将军、假冠军将军，以李苗为假龙骧将军，均为乡（向）导统军。

宣武帝的伐蜀决策，是在东线和中线无法取得实质性突破的前提下作出的。可以说，在宣武帝在位的十六年间，他继承了其父孝文帝南伐的政策，几乎每年都与南朝进行着大大小小的战争，南北战争是贯穿宣武帝一朝的主题，据统计，在此期间，东线共有十二年都在战争，中线和西线各有九年也都出现了战事。他即位后不久，东线就因为裴叔业的归降而令魏军轻松跨过淮河，占领了寿阳；其后，魏军又在中线的义阳获得突破，不过，魏军试图在东线继续扩大战果的时候却遭到了南梁的顽强抵抗，魏军相继遭遇了两次钟离惨败以及朐山大败，东线直指建康的计划化为泡影。在这种情况下，宣武帝知难而退，不得不重拾西晋统一南方的老路，那就是先夺取益州上游，稳扎稳打，再顺流而下。这当属高肇伐蜀的直接原因。

可以说宣武帝对这次伐蜀之战是经过了精心准备的，为了防止南梁军队趁机在中路和东线发起反攻，宣武帝提前将东豫州刺史田益宗调离防地，以防止其引发骚乱。与此同时，宣武帝一改对柔然不理不睬的态度，还派遣骁骑将军马义舒出使柔然，进行安抚。孝文帝和宣武帝时期，柔然已经衰落，曾主动派人前来北魏请求和解，但宣武帝拒绝答复，此时，他派遣使者主动北上，也是为魏军大举南下的行动服务的。

魏军大军伐蜀，让蜀地百姓惊恐不已，然而，这次高肇伐蜀因为一件事而中途夭折了——宣武帝突然驾崩了！

各路魏军出征之后，相继进抵预定的攻击位置，时光也进入了公元515年，即北魏延昌四年。在这一年的元旦，南朝的梁武帝萧衍在太极殿给时年十六岁的皇太子萧统举行盛大的冠礼，然后宣布大赦天下。而十天之后，北魏的宣武帝却得了病，一月十三日夜，宣武帝就在洛阳的式乾殿驾崩，终年三十三岁，在他的身后留下了虚岁刚刚六岁的皇太子元诩（实际年龄仅四岁零九个月）。

宣武帝究竟是得了什么病史无明文，已不可考，但据《魏书》和《北史》称，在延昌二年秋，御医王显因为诊疗之功而被封伯，由此可知，宣武帝的病由来已久，这次发病可能属旧病复发。

宣武帝患病之时并未预料到自己将很快死去，因此，并没有对后事作出安排，当他突然去世后，北魏朝廷立刻陷入一场混乱之中。当时北魏朝廷的重臣分别是：太保、领太尉、侍中元雍，大将军、司徒高肇，司空元怿，骠骑大将军元怀，尚书左仆射郭祚，侍中、中书监、太子少傅崔光，领军将军于忠，护军将军元遥。由于事发仓促，崔光、于忠、太子詹事王显、右卫将军兼太子中庶子侯刚四人将太子元诩从东宫经万岁门迎接入宫，进入显阳殿。侯刚出身寒微，因善于烹饪而出入宫中，逐渐受到重用，宣武帝以其质朴改名刚，历任武卫将军、城门校尉等职。

王显认为应当等到天明以后再进行即位典礼，崔光却说："皇帝之位一刻也不能虚旷，何必要等到天亮！"王显又说："必须禀报高皇后而后再说。"崔光说："皇帝驾崩，太子即位，这是国家的常规，何必要由皇后下令！"显然，王显的计划是想让高皇后出面，一旦高皇后出面，那么极有可能会出现高皇后临朝称制的局面，但王显的计划遭到了崔光等人反对。崔光与于忠命令宦官们向众人宣布崔光等人的临时兼职，于是，崔光临时兼任太尉，黄门郎元昭（拓跋遵的曾孙）兼任侍中，王显兼任吏部尚书，中庶子裴儁兼任吏部郎，中书舍人穆弼兼任谒者仆射。安排停当后，崔光等人让太子元诩止住了哭泣，站在东厢房。于忠与黄门郎元昭扶着元诩面西哭了十几声，就停了下来。这时，崔光手持登基文告及皇帝玉玺交给了元诩，元诩跪下接受，穿上了皇帝的龙袍，登上了太极前殿，正式即皇帝位。崔光等人与当夜的值班官员站在大殿当中，向北跪下叩头山呼万岁。

宣武帝驾崩的消息很快就传到了高皇后的耳中，她第一时间的反应就是要赶紧杀死胡贵嫔。她把这个计划告诉了中给事（宦官）刘腾，刘腾又转告给了侯刚，侯刚征求于忠的建议。于氏与高氏有着深仇大恨，高皇后就是在暗害了于皇后及其儿子元昌之后才登上皇后宝座的，于忠当然不愿保留高氏，但是，面对复杂的政局，稍有不慎就会全盘皆输，于忠当时也没有了主意，他又向崔光问计。是纵容高皇后杀死胡贵嫔，还是保护胡贵嫔，这是掌握朝权的崔光等人必须面临的选择。显然，崔光等人宁可保护一个羽翼未丰的胡氏，也不愿面对一个力量庞大的高氏集团，但此时高肇还领兵在外，下一步北魏朝局将如何发展，还无法预料。在看不清前途的情况下，还是暂时留下胡氏为好，于是，崔光说："应把胡贵嫔转移到别的地方，严加保护，务必让其安然无恙，这是上策。"因此，胡氏对崔光等四人非常感激。

第二天，即一月十四日，北魏朝廷宣布大赦，十五日，北魏朝廷下诏召回西线征讨以及东线防御的部队。高肇西征之军也随之被召回。

摆在崔光等人面前的问题是：一是皇太子能否顺利即位？这一问题已经解决。二是皇太子即位后朝廷由谁主导？崔光等人尚没有直接与高皇后发生冲突，但从他们保护胡贵嫔这一举动上已经透露出不愿高皇后临朝称制的态度。三是高皇后的叔叔高肇率领十余万西征大军，该如何应对？宣武帝一朝一直猜忌宗室诸王，崔光等人要想与高肇抗衡，就必须一改宣武帝疏忌宗室诸王的做法，让诸王参与到朝廷的决策层里来。宣武帝去世的第三天，也就是一月十五日这一天，宣武帝弟弟、骠骑大将军、广平王元怀带病入宫悼念，他径直进入太极殿的西厢房，痛哭流涕，对侍中、黄门郎、领军将军、左右卫将军们说，自己要亲自登上太极殿在宣武帝的灵柩前哀悼，还要求入宫拜见皇上。众人听了无不面面相觑，无言以对。崔光身披丧服，手持哭丧棒，引用东汉光武帝刘秀驾崩时赵熹命令诸王下殿的典故，声色俱厉，听到的人们莫不暗自叫好。元怀止住哭声，说道："侍中以古义教训我，我敢不听从？"遂出宫而去，回去后，还连连派人前来谢罪。

三〇四　高氏覆灭

元怀的一番表演是在提醒崔光等人不要忘了长期以来受到压制的宗室诸王。

对于于忠和崔光等人而言，要想与拥兵在外的高肇抗衡也需要利用宗室诸王的力量，崔光、于忠等人很快就在宗室中选定了人选：太保、高阳王元雍和太子太保、任城王元澄二人。

高阳王元雍是宣武帝硕果仅存的叔父，在孝文帝的六个弟弟中，赵郡王元干死于孝文帝末年，广陵王元羽因与他人之妻通奸而在宣武帝初年被杀，咸阳王元禧、北海王元详和彭城王元勰均在政治斗争中被杀，由于高阳王元雍并未被孝文帝选为辅政大臣，所以，在宣武帝与宗室诸王的较量中并未受波及，相反，宣武帝对其还非常尊重，经常“引雍共论时务”。在宗室近亲中，高阳王元雍辈分最高，为孝明帝叔祖。任城王元澄虽在孝文帝时期就发生过很大影响，孝文帝驾崩时曾被任命为辅政大臣之一，但在宣武帝时期，他一直受到压制，长期担任地方长官。为了保全性命，他曾经终日喝得烂醉，对国家事务不管不问，行为怪诞，像个疯子。他的血缘关系虽然较元雍疏远一点，但辈分更高，为孝明帝曾叔祖。显然，从官位上来讲，北魏朝廷中只有太保高阳王元雍比高肇高一点，不把元雍抬出来，就无法镇住高肇；而任城王元澄素来深得人心，由其主持朝政可以让人心服口服，总之，用这两位辈分很高的宗室将足以与高氏集团抗衡。

于忠与门下省的官员们讨论，因孝明帝年幼，应当以太保、高阳王元雍为录尚书事，入居西柏堂，主持处理朝廷大政；以任城王元澄为尚书令，统领百官，由门下省上奏高皇后以后，由高皇后写下手诏即行任命。王显为高氏一党，素来排挤宗室，他担心等到元澄等人得势后自己不为所容，就与中常侍孙伏连等人密谋将门下省的奏章压下，另外以高皇后的名义下令任命高肇为录尚书事，以王显与渤海公高猛为侍中。高猛为高肇的侄儿、高皇后堂兄，娶宣武帝同母妹长乐公主为妻，因此，又是孝明帝的姑父。于忠等人听说后，即借口王显治疗宣武帝无效，将其拘禁在宫中，下诏剥夺了他的爵位。王显被逮捕时高呼冤枉，卫士用刀柄猛击他的腋下，当即口吐鲜血，送到右卫将军府后，经过一夜就死掉了。史称，王显“前后历职，所在著称，纠折庶狱，究其奸回，出内惜慎，忧国如家。及领宪台，多所弹劾，百僚肃然”。可见，王显是位忠臣，但是，王显等人在实力强大的宗室面前还是无力回天的。

王显死的当天即一月十六日，北魏朝廷即下诏同意了门下省的奏表，文武百官都接受高阳王元雍和任城王元澄的领导，史称，“内外悦服”。二月七日，孝明帝尊嫡母高皇后为皇太后。

领兵在外的司徒、大将军高肇对京师发生的巨变知道得最晚。等到二月，也就是宣武帝去世二十余天之后，孝明帝才以本人的名义给高肇写了一封私人信件，向高肇报告了宣武帝已经驾崩的消息，并请高肇回京。这时，留守京师的大臣们已经将北魏朝局安排妥当，等待高肇的又将是什么样的命运呢?

听到宣武帝已经驾崩的消息，高肇极为震惊。他没有利用手中的兵权去主导朝局，而是日夜忧惧，早晚不停地哭泣，以致神色突然憔悴了下来。行至瀍涧（流经今河南省新安县境），高氏家人前去探望，高肇拒不相见。

二月八日，高肇来到了宫门之外，而此时，一张大网早已布好，只等他自投罗网。

他身着孝服进入太极殿，在宣武帝的灵柩前放声痛哭。高阳王元雍与领军将军于忠早已安排好直寝邢豹等十余名壮士埋伏在舍人省，等到高肇哭完后，他们将其簇拥到西厢房下，清河王元怿等人都看着高肇，私下交头接耳。高肇进入房内，即被邢豹等人绞死，北魏朝廷遂下诏揭露其罪恶，对外宣称高肇是畏罪自杀，其余同党、亲属一概不予追究，剥夺高肇的官职和爵位，允许以士人的礼仪安葬。天黑以后，才从侧门将高肇的尸体送给高家。史书对高肇大多是负面的评价，但也称其“及在位居要，留心百揆，孜孜无倦，世咸谓之为能”。实际上，在宣武帝前期，如果没有高肇尽心竭力地支持宣武帝、帮助其打击宗室诸王的话，宣武帝能否牢固地掌握皇权还是一个问号。只是到了宣武帝后期，由于高皇后一直没有生下嫡子，元诩的出生让宣武帝对高肇逐渐疏远了一点，但仍然对其是信任和重用的，由其担任伐蜀统帅就证明了这一点。

二月十日，北魏朝廷以高阳王元雍为太傅、领太尉，清河王元怿为司徒，广平王元怀为司空。同月二十一日，将宣武帝安葬在景陵（河南省洛阳市东北），庙号世宗。二十六日，尊胡贵嫔为皇太妃。三月一日，北魏朝廷命令皇太后高氏出家为尼，居住在瑶光寺，除非大的节日不得入宫。高氏生下的唯一的女儿建德公主年仅五六岁，由灵太后胡氏抚养。四年后，到北魏神龟元年（公元518年），因出现了怪异的天象，胡太后想以高太后担当这场灾祸，九月二十六日，高太后出寺看望母亲，当夜被害，尸体被送归瑶光寺，十月十五日以尼姑之礼下葬，追谥为顺皇后。朝廷百官身着素服，头戴便帽，将灵柩送至墓地，下葬后即行脱去。这位强悍的高皇后暗害了于皇后和皇子元昌，但螳螂捕蝉，黄雀在后，她如何能够想到自己会落得个如此悲惨的下场呢？史称："世宗暮年，高后悍忌，夫人嫔御有至帝崩不蒙侍接者。由是在洛二世，二十余年，皇子全育者，惟肃宗而已。"由于孝明帝是宣武帝的独子，北魏王室已经现出衰亡的征兆了。

高氏集团的覆灭，意味着宣武帝一朝的彻底终结。宣武帝一直锐意开疆拓土，北魏领土空前扩大，正如《读史方舆纪要》中说的那样："于时北魏北逾大碛，西至流沙，东接高丽，南临江汉。"在淮河流域，北魏占领南朝豫州治所寿春后，设立了扬州，在占领南朝司州治所义阳后设立了郢州；在西南，北魏在占领汉中以及益州北部后，随即设立了益州和梁州，北魏国运也进入了极盛时期。然而，盛极而衰，在表面繁荣的背后，北魏帝国固有的矛盾也逐渐凸显。首先就是统治者内部日益激烈的政治斗争。宣武帝一朝是在不断打压宗室势力、与宗室势力暗中抗争中度过的，其间，外戚高肇借助皇权逐渐掌握了朝廷大权，但到了宣武帝后期，由于太子元诩特殊的出身让高氏的权势受到了一定程度的削弱，也让宣武帝打压宗室诸王的步伐停顿了下来。随着宣武帝的突然死亡，高氏集团瞬间覆灭，而孝明帝的生母胡太后在激烈政治斗争的夹缝中奇迹般存活了下来。宗室诸王、当权贵族、胡太后等人之间还将上演一幕幕激烈的争斗，而这一场场争斗也将极大地削弱北魏的统治基础。其次是社会矛盾逐步激化。孝文帝迁都洛阳后，北方六镇的作用逐渐淡化，六镇戍卒几乎等同于被贬谪，社会地位急剧下降，这引发了普遍的不满。宣武帝时期，北方六镇发生了两次十分严重的自然灾害，一次是在正始元年（公元504年）；另一次是在永平二年（公元509年），在第一次发生霜灾、雨雪之后，宣武帝即派遣车骑大将军源怀前往六镇，在源怀的奏表中称，六镇"甲兵十分阙八"云云。除此之外，宣武帝时期也是北魏自然灾害频发的时期，加之连年战争，百姓的负担十分沉重，宣武帝时期北魏国内几乎年年都发生民变就是一个例证。最后是统治者骄奢淫逸的生活。宣武帝时期，北海王元详、咸阳王元禧等人生活就非常腐化，到孝明帝时期，这种腐化之风不但没有被制止，相反，还愈演愈烈。宣武帝本人就笃信佛教，到了孝明帝时期，灵太后更是笃信佛教，统治者们竞相修建寺庙，耗费了大量的资财。

那么，随着高肇的覆灭，北魏朝廷上还将继续上演一场什么样的话剧呢？

三〇五　于忠专权

高肇覆灭后，虽然高阳王元雍和任城王元澄是名义上的政府首脑，但是，北魏的实权实际上控制在侍中、领军将军于忠的手上。

于忠既是侍中，可以通过门下省直接操纵着诏令的下达，同时，他又是领军将军，掌握着禁卫军，对异己势力构成强大的威慑。本来，崔光、于忠将元雍和元澄推到前台是为了与高肇抗衡，但是，等到二人被推上前台之后，开始与于忠和崔光离心离德。过去，崔光曾主持过修史，永平四年，宣武帝以黄门郎孙惠蔚代替崔光负责修史工作，但一直没有修成。就在高肇被杀后不久，三月，刚刚担任尚书令的元澄就建议崔光应该继续去主持修史，于是，崔光即被解除了中书监的职务，四月，又加封其为特进。在崔光、于忠、王显、侯刚四位孝明帝的佐命大臣中，王显已被于忠杀死，于忠和侯刚都是武人，只有崔光足智多谋，元澄将其调离中书省，显然是要不动声色地除去于忠的羽翼。

史书称，此时的于忠"既居门下，又总宿卫，遂专朝政，权倾一时"。为了安抚众人、巩固自己的地位，于忠采取了以下措施：

一是给百官加官晋爵。孝文帝时期，由于北魏连年征战、国库空虚，孝文帝曾下令将百官的工资减少四分之一，于忠命令把减少的工资全部给补上。三月二十三日，北魏朝廷又下诏将百官全部晋升一级。二是减轻人民负担。过去北魏政府规定：百姓交纳一匹绢，还需要另外再交纳八两绵，交纳一匹布，还需另行交纳十五斤麻，于忠下令把另外交纳的部分全部免除。三是提高自己的地位。据《魏书·于忠传》记载："忠白高阳王雍，自云世宗本许优转。雍惮忠威权，便顺其意，加忠车骑大将军。忠自谓新故之际，有安社稷之功，讽动百僚，令加己赏。于是太尉雍、清河王怿、广平王怀难违其意，议封忠常山郡开国公，食邑二千户。百僚咸以为然。"四是培植自己的势力。于忠被封后，又暗示朝廷将同在门下省的有功官员都一并加封，元雍等人不得已只好加封崔光为博平县公；中山王元熙，也因为是于忠女婿的缘故，从将作大匠骤升为太常少卿、给事黄门侍郎、光禄勋等要职；郢州刺史邓羡因“纳贿于忠”而被征召为给事黄门侍郎，很快就又被晋升为后将军、河南尹；临淮王元彧与安丰王元延明、中山王元熙年少齐名，为宗室风流之冠，被任命为长兼御史中尉。元彧自认为这是论资排辈轮到自己头上了，因此没有去于忠那里拜谢，于忠大怒，对元雍等人说：“临淮王虽然风流倜傥，却没有骨鲠的节操，我恐怕御史中尉一职，他干不了。”于是，就收回了成命，元彧尴尬而回。

在广树亲信的同时，于忠又将矛头对准了昔日的旧臣。在宣武帝后期，宣武帝对郭祚非常宠信，让其独自一人主导尚书省的工作，把他的职务也从右仆射晋升为左仆射。宣武帝还曾多次让郭祚陪同自己驾临东宫，私下赏赐给他上百万的财物。《魏书·郭祚传》称：（当时）“应诏左右赵桃弓与御史中尉王显迭相唇齿，深为世宗所信，祚私事之”。而王显又是高肇一党，因此，郭祚是有高肇集团背景的人。郭祚过去与崔光齐名，而崔光却对于忠“曲躬承奉”，两人立场不同，所以，郭祚对崔光也非常厌恶。在于忠诛杀了王显之后，他就将下一个目标对准了郭祚。

开始的时候，于忠只是想把郭祚赶出尚书省，因此，任命他为都督雍州、岐州、华州三州诸军事，征西将军，雍州刺史。

郭祚出身太原郭氏，他的两个姑姑都嫁给了司徒崔浩，一个姑姑嫁给了崔浩之弟，在崔浩之狱中，其父郭洪之牵连被杀，郭祚得以幸免于难。孝文帝之前，北魏对群臣的刑罚非常严厉，而郭祚家曾身遭灭门惨祸，因此，他一直以来都非常谨慎小心，后被李冲推荐担任了尚书左丞，兼黄门侍郎，已经心满意足。二十多年后，他的官职也越做越大，却忘记了昔日的教训，反而希望被封侯、开府，尚书令元澄提议郭祚担任雍州刺史后，郭祚虽然对自己被任命为征西将军、雍州刺史还算满意，但对自己没有被拜为开府仪同三司深感失望，对于忠、崔光非常不满。

裴叔业的侄儿裴植（在寿春企图南叛的裴绚堂弟）入魏后曾担任瀛洲刺史、大鸿胪卿，他认为自己家的门第与王肃不相上下，官职却与王肃相去甚远，一直心怀不满。后来，他被宣武帝晋升为度支尚书，任职以后，裴植立即志得意满，经常对人夸耀说：“不是我需要这个尚书，而是这个尚书需要我！”每次入朝讨论事务，总是当面嘲讽群官，弄得大家都很不高兴。裴植还曾上书称征南将军田益宗是山蛮，华人与蛮夷不同类，不应将其安排在士大夫之上。虽然北魏已经迁都洛阳二十余年，鲜卑贵族汉化程度加深，但像于忠等鲜卑武士家族的人汉化程度还不高，因此，于忠、元昭等人看了裴植的奏表都非常恼火。

郭祚暗中派遣儿子、太尉从事中郎郭景尚劝说太尉、高阳王元雍把于忠赶出京师。于忠听说后，不禁大怒，命令有关部门污蔑郭祚等人有罪。裴植的堂妹夫韦伯昕一直与裴植不和，裴植疾恶如仇，这时，韦伯昕就告发裴植密谋作乱。尚书上奏称："羊祉告发裴植的表弟皇甫仲达，说是受到裴植的指派，对外谎称接到了诏书，纠集部属，将要诛杀领军将军于忠。臣等严加审讯，但其拒不承认，不过，证据确凿，按照法律规定，在边境地区私自聚集一百人以下部众的，就应当被处死，何况皇甫仲达竟敢在京师诈称接到诏书聚众，其用心非常险恶，又根据《诈伪律》：'矫诏者处死。'因此应判处皇甫仲达死刑。裴植身居高位，皇甫仲达又借其之名，招募部众，人证虽然都说没有见到裴植，但都说皇甫仲达是裴植指使的，裴植召来皇甫仲达责问，却不给同僚们说；虽然皇甫仲达拒不承认，但依理推断，裴植没有不参与的道理。此案不能与一般案件相提并论，不应对裴植做减刑处理，也应当对其判处死刑。只是裴植过去亲自率领部曲归顺我国，是否减免处罚，请求陛下决断。"于忠以皇帝的名义下诏说："如此凶险的阴谋，十恶不赦，虽然过去此人曾有率部归顺的功劳，但也无须再做讨论，也无须等待秋后处斩。"

本月二十九日，北魏朝廷将裴植、郭祚以及郭祚的亲家韦儁赐死。临终之时，裴植神色自若，对子弟们交代自己死后，剪去自己的头发，披上袈裟，以和尚之礼将自己安葬在嵩山山北。史称，郭祚、裴植死后，北魏朝野无不惋惜，对于忠的专横跋扈非常怨恨。

于忠在杀害郭祚等人后，又想加害高阳王元雍，崔光苦苦相劝，于忠这才作罢，于是，罢免了元雍的太傅、领太尉之职，仅保留高阳王的爵位，回到王府闲居。于忠此举更是将自己推到了宗室的对立面上，也打乱了崔光最初拉拢宗室诸王的设计，一时间，北魏朝野对于忠是切齿痛恨。原本崔光将宗室诸王推到前台，是为了打击高氏集团，但是，在高氏集团被消灭后，佐命功臣集团即于忠、崔光等人发现，自己一手扶植上台的宗室诸王绝不甘心只做顺从的傀儡，他们离开权力核心太久了，一旦有机会再次抓住权柄，一刻都不想放手……显然，于忠试图诛杀高阳王元雍并非毫无根据，这是因为，当郭景尚劝说元雍的时候，元雍并没有向于忠告发，而皇甫仲达聚众说是接到了诏书，那么，诏书又来自何方？深究下去的话，幕后黑手也许就出自元雍、元澄等人。但是，宗室诸王已经今非昔比，过去有宣武帝在，又有高肇等人掣肘，宗室一直不敢兴风作浪，而现如今呢？宣武帝已经驾崩，孝明帝还是个小孩，虽然于氏家族在禁卫军中势力很大，但是，一旦宗室诸王与方镇大员联手，指责于忠、崔光等人阴谋动摇社稷，后果将不堪设想。这也是崔光苦劝于忠不杀高阳王元雍的直接原因。

但情况紧急，该如何才能平复来自朝野的巨大压力呢？崔光等人想到了孝明帝的生母胡太妃。于忠等人在三月一日高太后出家为尼后，并没有立即尊奉胡氏为皇太后，那个时候，他们的意图是构建一个没有先帝遗命的自封的辅政大臣集团，这个集团由宗室诸王代表王室牵头，而由佐命功臣于忠、崔光等人掌握实权，然而，事与愿违，随着时间的推移，两个来自不同阵营、有着不同背景的集团势必发生火并，在将宗室诸王又打压下去的同时，必须抬出一个代表皇权的人选，而孝明帝的生母胡太妃正是这样一个合适的人选。

就在于忠诛杀郭祚三人的第二天，北魏朝廷就下令尊胡太妃为皇太后，移居崇训宫。于忠自任侍中、领军将军、崇训宫卫尉；任命刘腾为崇训宫太仆，加侍中；侯刚为侍中、抚军将军；又以胡太后的父亲胡国珍为光禄大夫。

三〇六 灵后临朝

面对复杂的朝局，如何平衡各方势力成为胡太后需要解决的首要问题。

八月十八日，北魏朝廷举行典礼，由孝明帝在宣光殿拜见胡太后，并实施大赦。这是胡太后（因其死后谥号为灵，又称灵太后）正式走上前台的标志。

次日，北魏朝廷即任命清河王元怿为太傅、领太尉，让其接替了元雍的职务；任命广平王元怀为太保，领司徒；又以任城王元澄为司空，加侍中。清河王元怿原就为侍中、尚书仆射，后为司空，接着拜为太尉，现以皇叔之尊接替了元雍之位，成为帝国第一重臣；而任城王元澄虽然被免去了尚书令一职，但在晋封司空的同时，又加侍中，这让其得以参与门下省，胡太后一上台，就开始在由于忠主导的门下省掺进了沙子，同时，胡太后此举也是为了安抚忧心忡忡的宗室贵族们。

八月二十日，北魏朝廷又任命车骑大将军于忠为尚书令，特进崔光为车骑大将军，两人都加授开府仪同三司。从感情上讲，胡太后是感激于忠和崔光的，如果没有两人，不仅自己早已死于高皇后之手，更不要说能有今天了。崔光一介儒者，不必多说，但是，于忠如日中天，如今的他不仅是侍中，又是崇训宫卫尉，还是领军将军、尚书令。于忠把胡太后推出后，亲自担任崇训宫卫尉，其目的就是要更好地控制胡太后，对此，胡太后心知肚明，不过，此时的胡太后刚刚染指朝权，还不能操之过急，只能尽量满足于忠的要求。从表面上看，于忠此时既掌握着禁卫军权（领军将军），又控制着议政权（侍中），还控制着胡太后（崇训宫卫尉），又担任政令的执行工作（尚书令）。但是，尚书令一职政务缠身，绝非于忠所能担当，其在其他三省的工作也将难以兼顾。为了进一步拉拢于忠的智囊崔光，胡太后还下令允许崔光入宫时用人力车拉着从云龙门入宫，以示尊重。

八月二十二日，北魏朝廷又下诏恢复了江阳王元继的王爵。江阳王元继是拓跋熙（道武帝拓跋珪之子）的曾孙。拓跋珪的第七子广阳王拓跋连死后无子，太武帝拓跋焘以三叔阳平王拓跋熙的次子拓跋浑过继给他为子，封为南平王，拓跋浑生子拓跋飞龙，后改名为拓跋霄；元继就是拓跋霄的次子，拓跋连的弟弟京兆王拓跋黎有子拓跋根，拓跋根死后，又没有留下子嗣，献文帝拓跋弘又以元继过继给其为子，封为江阳王。元继曾任青州刺史，任上曾因掠夺良家妇女为婢女而被朝廷剥夺爵位，元继的儿子元叉是胡太后的妹夫（当然，从北魏皇室的角度计算，元叉又是胡太后的祖父辈，元大德本《北史》记作元叉，《资治通鉴》《魏书》也记作元叉，但据出土的《元乂墓志》及他本则为元乂），因此，胡太后下诏恢复了元继的王位，又任命元叉为通直散骑侍郎，又以元叉的妻子为新平郡君，拜为女侍中。与此同时，还恢复了济南王元彧原来的临淮王封号。显然，胡太后恢复元继的王爵，并任命自己的妹妹为女侍中、妹夫元叉为通直散骑侍郎，与加封自己的父亲胡国珍为光禄大夫一样，都是在逐步培植一个属于自己的亲信集团。

九月五日，北魏群臣请求皇太后临朝称制，胡太后遂临朝听政，正式开始她临朝听政时期。可以说，于忠在安排胡太后临朝听政之前是做足了功夫的，他几乎想抓住北魏朝廷的全部大权，然而，聪明的胡太后在安抚宗室诸王、尽量满足于忠私欲的同时，又不显山不露水地不断巩固自己的阵营。胡太后刚刚临朝听政的时候，还非常谦虚，让群臣对自己上书时称殿下，对下发布命令也不称诏书，仅称令，直到地位巩固以后，才将令改称诏，群臣上书改称陛下，她自己才敢称朕。史称，胡太后聪明异常，领悟力非常高，能文能武，不仅喜欢读书写文章，而且骑马射箭，能射中针眼。听政之后，帝国的政务全部由她亲自处理，又加授其父胡国珍为侍中，并封为安定公。

郭祚死后，于忠的权势达到了顶峰，诏令发布、生杀予夺全部出自于忠一人之手，令北魏群臣对其侧目而视，然而，当他终于如愿以偿地得到了尚书令之职后，其对禁卫军和门下省的控制就相对减弱了。这也让胡太后和宗室诸王有机可乘，在削弱于忠权势方面，虽然胡太后和宗室诸王出于不同的目的，但双方有着共同的利益，因此，在胡太后听政前后，她就在门下省安插了不少于忠的异己势力，并利用宦官刘腾等人逐步控制了崇训宫乃至皇宫的禁卫军，这一点似乎可以从《魏书・灵征志上》记载的刘腾后来的官职是崇训宫卫尉这一点上找出答案。在逐步控制朝局之后，胡太后就宣布解除了于忠侍中、领军将军、崇训宫卫尉之职，只保留了他尚书令、开府仪同三司职务，又给其加授侍中一职，而任命江阳王元继为领军将军，以刘腾为崇训宫卫尉。此时的于忠已经无力回天，但为了平复宗室诸王的愤怒，在十几天后，胡太后又将门下省的官员们叫到自己身边，问道："于忠担任尚书令，名声如何？"大家纷纷表示："他不称职。"于是，胡太后下诏任命其为都督冀州、定州、瀛州三州诸军事，征北大将军，冀州刺史，重新任命任城王元澄为尚书令。投桃报李，元澄上书称："安定公胡国珍应该出入宫中，一同参与军国事务的处理。"胡太后当即表示同意，十月十六日，北魏朝廷任命侍中胡国珍为中书监、开府仪同三司。

于忠虽然没有察觉朝廷的动向，但敏锐的崔光在胡太后听政之后就感到事情不妙了。胡太后听政后，他接连上书要求辞去车骑大将军、开府仪同三司职务，还恳切请求送还爵位，胡太后一再下诏安慰，一直没有同意。与崔光的敏锐不同的是于忠的另外一个亲信元昭，元昭原来也是侍中，于忠专权时暗示在自己封爵时原来门下省的侍中也应一并加封，当时元雍等人不得已另外加封了崔光，这让元昭感到很不公平，所以，一直上诉不已。胡太后听政后，她召集群臣商议，太傅元怿等人说："先帝驾崩，奉迎太子，守卫宫廷，这是为臣的本职所在，不能以此为功。臣等过去授予于忠爵位，只是畏惧他的威权，免得惹祸杀身而已。如果功过相抵的话，于忠、崔光二人均不应赏赐，请求将他们的爵位都予以剥夺。"于是，胡太后同意剥夺了于忠和崔光二人的封爵。

于忠被逐出朝廷之后，宗室诸王掀起了一场清算于氏的狂潮。从清河王元怿请求剥夺于忠爵位开始，接着，赋闲在家的高阳王元雍又站了出来，他以自我批评的面目以期达到诋毁于忠的目的，他上书弹劾自己说："臣刚入主西柏堂处理政务时，发现皇帝的诏书全都没有经过皇帝过目，由门下省直接发布，臣下的意见却以君主的名义发布，他们毫不介意，我每次看到都为之侧目，深知这是不行的，却无力制止，这是臣的第一个罪过；臣身居高位，又任太傅之职，理应常在皇帝身边，起到保护之责，但是，于忠身居领军将军之职，隔绝宫内宫外，致使皇上身在何处我都不知道，社稷的安危存亡也不曾参与，我出入于西柏堂完全是尸位素餐，这是臣的第二大罪；于忠打算杀掉臣，幸赖有人阻止，而且，于忠任意提拔贬谪公卿大臣，斥退忠良，专任心腹，权倾朝野，臣见其如此，打算将其外调为雍州刺史，还未施行，反而被于忠废黜，我真是辜负了皇恩，这是臣的第三个大罪；先帝驾崩，太子即位，这是国家的常典，从来没有因之封赏的事情，于忠既然身为大臣，受到先帝厚恩，理应奉迎陛下，如果他不如此，难道他还想干什么？可是，于忠以此索要封爵，当时，我如果拒绝，恐怕会立刻大祸临头。臣不敢违背他的意思，召集公卿商议，清河王元怿见识高明，当众倡议同意了于忠的要求，臣心知不可，但也同意了，这是臣的第四条大罪；于忠专权门下省，又身居宰相，还统领禁卫军、崇训宫卫尉，这是臣的第五条罪过；古代遇到重罪，必须由三公会审，审理期限可达十余日，先帝登基十七年来，百姓犯罪还予以宽大处理，朝廷重臣从未杀死一人，如今陛下登基后，不出半年，就杀死了尚书仆射、尚书各一，如同拔掉一根稻草，这全是因为于忠专权跋扈所致，臣心知却不能救他们，这是臣的第六条罪过。臣身居高位，却有六条大罪，我还有什么脸面再活着？”元雍的上书措辞非常巧妙，虽是在弹劾自己，其实都是在指斥于忠，是在代表宗室试探胡太后的底线，即是否要彻底清算于忠。

胡太后并不傻。她希望的只是平稳的权力交接，而不是非要清算某个人，只有政局的平稳，才能让她这个因机缘巧合而登上权力顶峰的女人保持住自己的荣华富贵，更何况于忠对于自己是有恩的呢。如果对于忠彻底清算，不仅会引起政局的混乱，即便是成功了，自己也势必成为宗室势力的傀儡，胡太后当然不会这么做。但是，为了安抚元雍，她不仅没有让这位弹劾自己的在野王爷受到追究，反而增封给他食邑一千户，十二月三日，又任命其为侍中、太师、使持节，领司州牧，不久，又重新任命其为录尚书事，与太傅元怿、太保元怀、侍中胡国珍一起进入门下省，处理军国大事。胡太后做得很到位，她不仅给这位贪婪奢侈的元雍以现实的经济利益，而且还把他重新提拔到高位，不容元雍再有异议。

三〇七　浮山之堰（一）

然而，树欲静而风不止。

转眼过了新年，北魏朝廷改元为熙平。就在这一年的年初，御史中尉元匡又弹劾于忠说："国家出现大的变故，于忠却幸灾乐祸，专权跋扈，无人臣之心；裴植、郭祚被其冤杀，宰相也受到罢黜；于忠还假传圣旨自封为开府仪同三司、尚书令，领崇训宫卫尉，探究此人的本心，就是以君王自居。于忠所为都发生在大赦之后，因此，应当公开将其处决，请求派遣一名御史前去冀州执行。从去年一月十三日世宗皇帝驾崩以后到八月一日皇太后听政之前，所有未经合法程序或者仅凭门下省下发诏书，或者由中书省擅自任命的官员，虽经赦免，但只能免去罪行，至于所担任的官职，应当一律免去。"胡太后下令说："于忠已经受到特赦，不应再行追究，至于其他请求，全部批准。"元匡又弹劾侍中侯刚用酷刑杀死了禁卫军军官。侯刚也是佐命功臣，现任左卫将军，也是胡太后的亲信，江阳王元继、尚书长孙余都将自己的女儿嫁给侯刚之子为妻。侯刚出身寒微，汉化程度已深的鲜卑贵族从内心对其非常鄙视，元匡弹劾侯刚之后，廷尉判决应对其处以死刑。尚书令元澄见风使舵，主动对胡太后建议赦免侯刚，于是，胡太后在宣光殿召见了廷尉卿裴延俊、少卿袁翻，问道："侯刚因公事拷打他人，过失致人死亡，根据法律规定不应处罚，你们却判处他死刑，有什么理由？"袁翻回答："拷打致死犯人，不受追究的情形是指，犯人的犯罪情节已经证据确凿，可是，犯人仍然抵赖，在这种情况下，必须进行拷打，以取得口供。而侯刚在处理此事的时候，犯人已经如实招供了，只用按理结案即可，不可再行拷打，况且，侯刚在下令拷打之时，高喊要将犯人打死，这已经不是合法的拷打了，说明他本来就有杀人之心，因此，将其处以死刑，并无不当。"胡太后说："你们暂且回去，我将另行改判。"于是下令："廷尉对侯刚的判决过于严厉了。侯刚本意是为公，不该这样判决。可是，侯刚草菅人命，自然不可免于处罚，故削去三百户食邑，免去尝食典御一职。”尝食典御，是一日三餐侍奉皇帝身边，先行品尝食物之人。

胡太后深知没有于忠、崔光等人在仓促之中拥戴其子孝明帝，也就没有她胡太后的今天；当初宣武帝驾崩之时，如果于忠等人不挺身而出，宗室诸王未必不会觊觎皇位。在于忠与宗室诸王之间的争斗中，胡太后本人是最大的得益者，况且，胡氏家族素无根基，其父胡国珍此前一直也没有担任过什么官职，胡太后还需要于氏家族来与宗室诸王抗衡。将于忠暂时赶出京师，一方面是为了平复众人的积怨，尽量减少朝廷的内讧；另一方面则是于忠的权力过于集中，且对禁卫军有很大的影响力，将其调离中央以免其对政局造成不良影响。因此，胡太后并没有顺着宗室诸王的愿望，对于忠及其同党进行彻底的清算。相反，不久以后，她又下诏说：“去年，于忠在国家遭遇大丧之际，却私自给自己加封爵位，实属不该，被有关部门剥夺。但是，我岂能因为他曾犯了一个错误，就忘掉他其他功劳呢？于忠担任禁卫军高级将领期间，忠心耿耿，应当对他予以封爵，宜封其为灵寿县公，食邑五百户。”又加封崔光为平恩县侯。胡太后在剥夺于忠、崔光二人自封的爵位后不久，又将二人加封，其目的不仅仅是安抚二人，更重要的是向群臣表明了自己的态度，那就是要大家实现和解，不要再纠缠过去的恩恩怨怨了。

通过一番努力，胡太后巧妙地化解了宗室诸王与于忠等人之间日趋激烈的政争，让宗室诸王和于忠都对其比较感激，这也保证了北魏朝局的稳定，不久以后，她又将于忠召回京师，任命其为尚书右仆射，加侍中。

同样，胡太后对宗室诸王的一些看似合理的建议也没有采纳。任城王元澄被重新任命为尚书令后，很会巴结胡太后，他不仅主动建议胡太后的父亲胡国珍参与军政，而且还向胡太后奉上了《皇诰宗制》《训诂》各一卷，又上书提出十条利国利民的建议：一是统一度量衡；二是设立学校；三是兴灭继绝；四是减少赋税；五是考核地方官；六是安置流民；七是核实逃兵；八是免去工商业者的田赋；九是规范三长的权限；十是边境常备驻军不必用禁卫军。当时，京师四中郎将所领之兵人数较少，元澄又请求以东中郎将兼领荥阳郡太守，以西中郎将兼领恒农郡太守，南中郎将兼领鲁阳郡太守，北中郎将兼领河内郡太守，选拔二品、三品近臣充任。开始的时候，胡太后打算接受这个建议，但思考再三，胡太后还是拒绝了。元澄又上书称：“中郎将不仅带兵，而且还管理地方，这样可以裁减官员，节省俸禄。”但胡太后始终没有同意。胡太后没有接受元澄的建议，是有理由的：一是元澄虽然说得天花乱坠，但是，让禁卫军将领兼任京师周边地方大员，这无疑加重了禁卫军将领的权力，凭空树立了四个军阀，这对朝廷有百害而无一利；二是元澄所云以“亲贤”者充任四中郎将，如今，胡太后的至亲并不多，元澄所谓的亲贤者无非是宗室贵族，宗室贵族一旦掌握了禁卫军权，无疑会如虎添翼，胡太后只能成为宗室的傀儡。这当然引起了胡太后的高度警觉。

如今，只有平衡各方、分而治之才最符合胡太后的利益，而正是由于胡太后成功地运用了这一策略，才让她这个原本无足轻重的女人成了此时最大的赢家，也确保了北魏朝局的稳定。

就在宣武帝驾崩、胡太后听政之初这一两年间里，不仅北魏朝局风云变幻，而且魏梁边境上两国之间的争斗也是此起彼伏。

就在高肇伐蜀前后，梁武帝萧衍也在淮河下游酝酿着一个大的计划，其目的就是要夺取他梦寐以求的寿阳。邢峦进攻汉中时，北魏统军王足后来投降了梁朝，受到梁武帝的重用，他上书梁武帝说：“寿阳乃是北魏的屏障，关乎周围五十二座城池的安危。得到寿阳，我军就可以直捣洛阳，但寿阳城高池深，攻取甚难。臣以为，攻取寿阳当用水攻之计，可在寿阳下游八十里的钟离实施，这里淮河两岸南有浮山，北有巉石山，只要在浮山与巉石山之间筑起长堰，拦住淮水，待水位增高以后，便可倒灌寿阳。北方有童谣曰：‘荆山为上格，浮山为下格，潼沱为激沟，并灌巨野泽’，便是说的此事。”堰就是今天说的大坝，王足设计的浮山堰位于今江苏泗洪县、安徽五河县、明光市三地交界处。淮河有三峡，自上至下依次为峡山口、荆山峡、浮山峡。浮山原称临淮山，据《太平寰宇记》记载，“山下有水穴，淮水泛滥，其穴即高；水减，其穴还低。有似山浮，亦号浮山”。

梁武帝看了王足的奏折，即命令水工陈承伯、材官将军祖暅前去考察地形。祖暅，是祖冲之的儿子，是南梁著名的数学家、天文学家，他提出的祖暅定理比欧洲要早一千一百年。二人考察后向梁武帝报告说：“淮河河水含沙量太大，河床不稳固，构筑堤坝难以成功。”但梁武帝不从，天监十三年十月，就在北魏高肇率军进攻益州的同时，梁武帝却下令征发扬州、徐州百姓前去钟离修筑堤坝，两州每二十户居民中抽调五名壮丁，以太子右卫率康绚为都督淮上诸军事，负责兴修大坝。投入的士兵和劳力共计二十余万人，南岸起自浮山，北岸从巉石山开始，从淮河两岸同时填土，在淮河中心合龙。

经过近半年的紧张施工，到天监十四年四月，浮山堰终于建成了，但是，由于浮山堰的基础是颗粒很细的粉沙滩地，很不牢固，刚刚建成的浮山堰很快就溃堤了。有人对康绚说，大坝溃堤是因为水中有蛟龙，而蛟龙害怕生铁，只有用铁器才能镇住蛟龙，于是，梁武帝又下令将建康东西冶炼厂内数千万斤铁器都沉入淮河内，但结果可想而知，仍然无法堵住决口。康绚下令砍伐周围树木，用树枝制成井状的木笼，里面盛上大石头，将木笼推入激流中，堵住溃口后，再用填满土的沙袋将缝隙堵住。这一方法还十分奏效，不过，耗费巨大，淮河两岸数百里之内，大小树木被砍伐殆尽，大石头全部被用光，士卒民夫肩挑背负，搬运树木、巨石，肩膀全被磨破，加上夏天又爆发了传染病，病死了无数人，尸体遍地皆是，蚊蝇成群，不分昼夜，一片怪响。

三〇八　浮山之堰（二）

在钟离构筑浮山堰的同时，天监十四年九月，梁武帝又命令左游击将军赵祖悦率军偷袭北魏的西硖石（安徽省凤台县西南），威胁寿阳。

占领西硖石后，赵祖悦命令在原有城墙外面又构筑了外城，以加强防御力量，他还把淮河两岸的居民都迁入内城，军民数量达到数万之众，与此同时，南梁将军田道龙等人也率军清扫寿阳周边地区的北魏堡垒，北魏扬州刺史李崇派遣诸将与梁军展开了激烈的争夺，北魏朝廷也迅速作出反应，胡太后下诏任命定州刺史崔亮为代理镇南将军、齐王萧宝寅为镇东将军、章武王元融为安南将军，均持节、都督诸军南下寿阳。九月二十三日，北魏派遣假镇南将军崔亮进攻西硖石，命令杨大眼驻扎在荆山峡，又派遣齐王萧宝寅率军试图破坏浮山堰。这一年的冬天，气候特别寒冷，淮河、泗水全部结冰，修筑浮山堰的士兵和农夫被冻死的就有十之七八。

天监十五年，也就是北魏的熙平元年，通过上一年的成功运作，胡太后逐渐稳定了政局，这让她有精力来关注寿阳的问题。对于梁朝修建浮山堰、让淮水倒灌寿阳的企图，北魏朝廷非常重视，还在于忠当权、时任尚书左仆射的郭祚尚未被于忠杀害时，郭祚就曾上书朝廷称："萧衍狂悖，擅断川渎，役苦民劳，危亡已兆。然古谚有之，'敌不可纵'。应当派遣一员名将，率领三十名统军、一万五千名禁卫军，并选拔京师以东七个州的九万部队，前去破坏。对于战利品，仍然按照过去的做法，全部归士兵们所有。另外，命令扬州也挑选一名猛将率领本州之兵，内外夹击。"当时，北魏朝廷同意了郭祚的意见，即派遣魏军名将杨大眼都督各路魏军驻扎在荆山（钟离西八十里处）。杨大眼因钟离大败而被流放到营州后不久，宣武帝追思他的功劳，又将其起用为中山内史，高肇伐蜀时，他隶属于元遥，被派往淮河流域，镇守荆山以防御南梁可能发起的反攻。

此时，他也率部与齐王萧宝寅一起进攻浮山堰。魏代理镇南将军崔亮进抵硖石之后，梁将赵祖悦率军出城迎战，魏军大破梁军。赵祖悦命令部队在外城之外又构筑了两层栅栏，崔亮率军全部将其焚毁，并斩杀了三千多梁军。魏军连连得胜，却一直未能攻下硖石。崔亮与李崇约定水路并进，合力进攻梁军，可在约定之日李崇的部队却未按期抵达。

胡太后认为，诸将之间各行其是，无法协同作战，于是，她任命吏部尚书李平为使持节、镇军大将军兼尚书右仆射，率领两千步骑前往寿阳，由其代表朝廷在寿阳设立临时指挥所，统一指挥各路魏军，如果有人胆敢违反调度，将军法从事。李平来到寿阳后，即亲临硖石前线察看地形，寻找出梁军防御的薄弱之处，严令崔亮、李崇二人率领各自人马，一起向硖石发起了猛攻。崔亮和李崇都害怕李平，不敢不从，连日与梁军交战，屡屡取胜。与此同时，齐王萧宝寅也派遣轻车将军刘智文等人渡过淮河，攻破了梁军的三个据点，天监十五年二月八日，又在淮北击破了梁军垣孟孙等部。在此前后，魏军杨大眼扬言要破坏浮山堰，康绚命令各军离开大营，在露天宿营等待着魏军，并派遣儿子康悦率军挑战，斩杀了魏将徐方兴；不久，康绚听说李平又将前来，康绚与徐州刺史刘思祖等人也率部做好了战斗准备。

为了保卫浮山堰，梁武帝下诏命令左卫将军昌义之率领太仆卿鱼弘文、直阁将军曹世宗、徐元和等人北上增援康绚，昌义之率领的梁军尚未到达钟离，康绚已经率军将魏军击退，于是，梁武帝又命令昌义之与直阁将军王神念一起沿着淮河逆流而上，前去解救硖石的赵祖悦。魏军镇南将军崔亮命令安南将军崔延伯驻守在下蔡（安徽省凤台县），阻挡梁军增援部队。崔延伯也是一员猛将，他原为梁将，在孝文帝时期投降了北魏，后为后将军、幽州刺史，这次，胡太后也命其率军南下，隶属崔亮指挥。崔延伯与伊甕生在淮河两岸扎下大营，他还下令将军中的车轮去掉框子，把车辐削尖，两两相对，又将竹条揉搓成绳索，相互贯穿，在淮河之上拉了十余条这样的绳索，两岸各建一个巨大的人工辘轳，可以随时拉起绳索，让削尖的轮辐浮出水面，阻挡往来战舰，又可以将绳索沉入水中，避免被人为破坏，既切断了赵祖悦所部的逃路，又阻挡住了下游昌义之、王神念的援军。

昌义之和王神念的梁军被阻挡在梁城（寿阳东南），无法突破魏军的封锁。而李平则加紧了对硖石的进攻，他命令崔亮指挥步兵进攻硖石城西，他自己则率领水军进攻城东，然后，一起从南北方向蜂拥而上。在魏军的猛烈进攻下，硖石外城被突破，二月二十八日，赵祖悦出城投降，后被魏军斩杀，硖石梁军全部被俘虏。

魏军取得硖石之战的胜利后，胡太后即命令乘胜进攻浮山堰，李平即部署各路魏军，准备水陆并进，直扑钟离，但是，崔亮拒不服从李平的指挥，他自称得了重病，请求回朝，送上奏表之后，即擅自离开大军回朝。李平上书胡太后说："臣因为梁将湛僧珍、田道龙所部尚在寿阳附近，昌义之和王神念也在梁城，因此，我命令崔亮暂时驻扎在下蔡，伊瓫生就驻扎在淮河东岸，与崔亮相互呼应，防御那里的浮桥。臣将率军向浮山堰进发，中书舍人曹道来后，传达了圣旨，此时崔亮已经擅自离去。崔亮率军南下，刚至汝阴就停军不进；抵达战场，又盘桓八十多天；他采用的以土山进攻之法，全然没有奏效；大军即将攻下硖石北门，可崔亮却迟疑不上，是在臣的严令之下，他才发起了总攻。攻克硖石后，他反而肆意妄为，擅自脱离军队回朝。根据法律：'临军征讨而故留不赴者死''军还先归者流'。因此，请求将其处以死刑。"胡太后下令说："崔亮为臣不忠，去留自专，既令帝国丧失国威，又违反了我的命令。虽然在硖石之战中有功，但岂能免罪！但是，我自从临朝称制以来，不愿杀人，暂时命其将功补过。"崔亮这一搅和，魏军试图对浮山堰发起的第二次进攻行动也夭折了。北魏朝廷以硖石之功，晋封李崇为骠骑将军、开府仪同三司，以李平为尚书右仆射，崔亮进号为镇北将军。崔亮与李平在大殿之上争功，胡太后任命其为殿中尚书，不久又晋升为吏部尚书。

天监十五年四月，经过一年多的紧张施工，浮山堰终于竣工了。建成后的浮山堰，长九里，大坝基座宽一百四十丈，上面宽四十五丈，高二十丈，非常雄伟壮观。大坝两侧种植杨柳，大坝之上驻扎着军队。按魏晋南北朝时期1里约合今0.4158千米、1丈约合今2.412米推算，该坝长约3742.2米，下宽约337.7米，上宽约108.5米，高约48.2米。潘家铮的《千秋功罪话水坝》中这样写道：（浮山堰）"是我国古代最大的一座大坝，蓄水量可超过100亿立方米，淹没面积达数千平方公里，堪称大观……在堰顶上游两侧各筑了一道子堤，子堤上还种了杞柳，对于特别长的子堤来说，设子堤可以节省大量土方，栽杞柳可以防护堤岸，上游子堤还有防浪作用。这是我国坝工建设中关于防浪墙的最早记载"。

随着浮山堰内水位的不断上升，向西而去的大水逐渐淹没了淮河两岸数百里的土地，但是，修筑大坝本身就是一把“双刃剑”：要想倒灌寿阳，必须有足够多的蓄水量，而太多的蓄水又对大坝带来巨大的压力，时刻有溃坝的危险，一旦溃坝，不仅淹不了敌人，反而会淹没了处于下游的自己。有人对康绚说：“长江、黄河、淮河、济水这四条大河，是上天用来宣泄天地之气的通道，不能长久堵塞。如果能在大坝的上游再开挖一条泄洪道，就可以减少对大坝的压力，水流抵达大坝时就变得平缓，大坝就不容易决口。”康绚听了就下令又在上游开挖了一条泄洪道，让淮河一部分水从泄洪道里流走。并在魏国散布谣言说：“梁国人最怕在上游开挖泄洪道，他们并不害怕与魏军野战。”齐王萧宝寅信以为真，命令魏军也开挖了一条泄洪道，将淮河水引向北面，浮山堰内的积水从北面（魏军的泄洪道）和东面（梁军的泄洪道）分流，但水位仍然没有下降，魏军只好退去。

寿阳逐渐感到了威胁。北魏扬州刺史李崇命令在硖石附近修建了一座浮桥以备不时之需，另外，他还下令在八公山上另行修筑了一座城池，一旦寿阳被淹没后，就转移到新城固守。随着淮河大水泛滥，寿阳居民纷纷移居到高地，河水清澈见底，移居高处的居民俯视水中，昔日的住宅历历在目。

在梁武帝决定修筑浮山堰时，徐州刺史张豹子以为肯定会让自己负责此事，然而，梁武帝让康绚在自己的地盘上负责，这让张豹子非常羞愧。不久，梁武帝又命令张豹子受康绚的指挥，这更是让他深感不满，于是，就制造康绚与北魏勾结的谣言，梁武帝虽然没有相信，但还是将康绚召回了。康绚离任后，张豹子却一直没有再整修过浮山堰。九月十三日，淮河水位暴涨，浮山堰经受不住巨大的水压，终于在建成四个月后第二次溃坝了！这次溃坝是非常可怕的，史称：“其声如雷，闻三百里，缘淮城戍村落十余万皆漂入海。”随着浮山堰的溃坝，梁武帝异想天开的倒灌寿阳的计划也付之东流，成为一桩千载的笑柄。梁朝军民为梁武帝的这次异想天开付出了惨重的代价：使用二十万军民，耗时一年七个月，冻死、累死约十五万人，淮河下游十余万人又被水冲入大海！对于这样一件大事、惨事，善于粉饰太平的《南梁书》却只字未提，因此，我们也无法想见一向自以为是的梁武帝萧衍得知以后是一种什么样的反应，我们只知道，他却将修筑浮山堰之前就提出反对意见的祖暅下狱，并在十五天之后，实施了大赦……

北魏郦道元在《水经注》中这样评价此事：“梁天监中，立堰于二山之间，逆天地之心，乖民神之望，自然水溃坏矣。”梁武帝修筑浮山堰也一直为后人所诟骂。王夫之在《读通鉴论》中把他与春秋时企图水淹晋阳的智伯并论，他说："壅水以灌人之国邑，未闻其能胜者也。幸而自败，不幸而即以自亡。自亡者智伯，败者梁武也。智伯曰：'吾今而知水可以亡人之国。'前乎智伯者，未之有也，而赵卒不亡，智自亡耳；后乎智伯（指梁武帝）者，梁人十余万，漂入于海，寿阳如故。"

三〇九 梁益争夺

北魏胡太后原本已经任命任城王元澄为使持节、大将军、大都督南讨诸军事，率领十万大军准备南下徐州，破坏浮山堰。新任尚书右仆射李平认为："无须发兵，浮山堰终将自行溃坝。"等到听说浮山堰真的自溃后，胡太后大喜过望，遍请群臣入宫饮宴，在宴会上，胡太后特意命令乐师在李平座前演奏，时年七岁（虚岁）的孝明帝元诩亲手赏赐给李平一百匹丝织品。不过可惜的是，在当年冬天，李平就去世了。

就在梁魏两国围绕淮河下游浮山堰斗智斗勇之时，两国在汉中周边地区也在进行着你死我活的争夺。梁武帝的心中之痛有两个：一个是淮河下游的寿阳；另一个就是从自己手中丢掉的汉中。为了夺回寿阳，在北魏宣武帝时期，魏梁之间引发了数次大规模的战斗，但梁朝始终未能夺回寿阳，浮山堰的溃坝，让梁武帝感到夺回寿阳更是遥遥无期，同样，在此期间，魏梁双方在益州北部的交手，也让梁武帝试图夺回汉中的企图化为了泡影。

还是在北魏高肇伐蜀之时，作为高肇伐蜀的一路，益州（北魏益州治所晋寿，四川省广元市）刺史傅竖眼率领三万步兵负责进攻南梁的巴北（四川省阆中市）。梁武帝一方面命令益州部队在正面固守城池；另一方面，他派遣宁州（治所在同乐，云南省陆良县）刺史任太洪从阴平（四川省江油市东北）小路北上，进入魏国益州境内，号召当地的氐族和汉族民众起义，切断魏军的后方运输线。任太洪的部队进入魏国国境之后，恰巧魏军因宣武帝驾崩而班师，任太洪即率部攻陷了北魏东洛（四川省广元市西北）、除口（陕西省宁强县西北）两座堡垒，扬言梁军将大举前来，当地百姓纷纷响应。任太洪随即率领数千当地军民包围了关城（陕西省宁强县西北阳平关）。北魏益州刺史傅竖眼派宁朔将军成兴孙率军讨伐，魏军驻扎在白护（今地不详），任太洪派遣辅国将军任硕北等人率领一千梁军，在虎径南山上设下三座大营，依托险要抵挡魏军。成兴孙率领魏军逐一击破了梁军大营，任太洪又派遣军主边昭等人率领三千人马反攻，成兴孙在激战中被杀。傅竖眼又派遣统军姜喜、季元度从东崾偷偷潜入，迂回到梁军背后，内外夹击，遂大破梁军，斩杀了梁将边昭、王隆护。任太洪军遂从关城下逃散。

任太洪退去后，北魏梁州刺史薛怀吉又在沮水（陕西省西南汉江北源黑河）击破了叛乱的氐人；南秦州刺史崔暹也击破叛乱的氐人，解除了武兴（陕西省勉县）之围，稳定了边境局势。魏军之所以能够顺利平定氐族的叛乱，就在于益州刺史傅竖眼。史称，傅竖眼此人非常廉洁，俸禄除了用于自己的衣食之外，余下的全都用于赏赐给氐族头领和困顿的士卒，同时，对梁朝的蜀人也十分讲究信义，不允许魏军因蝇头小利随意骚扰梁境百姓，对于一些被掳掠入境的梁国百姓，傅竖眼总是严令将他们全部放归，因此，他在当地很有威信。孝明帝即位后，傅竖眼多次上书北魏朝廷请求回朝，魏军击退任太洪后，北魏朝廷终于同意了他的请求，拜其为征虏将军、太中大夫，而以元法僧为益州刺史。梁将赵祖悦袭占硖石后，北魏朝廷又任命傅竖眼为镇南将军崔亮的军司，与崔亮一起率军南下寿春。

傅竖眼离开益州之时，益州百姓依依不舍，扶老携幼相送数百里。与深得民心的前任刺史截然相反，新任益州刺史元法僧却不得民心。元法僧是北魏宗室疏属，他的曾祖父是北魏道武帝拓跋珪的三儿子阳平王拓跋熙，祖父系拓跋熙的次子拓跋他，父亲是拓跋他的次子拓跋钟葵，他是拓跋钟葵的次子。元法僧素来没有治理地方的经验，还非常贪婪残暴，喜怒无常，他到任以后，就下令将当地的王姓、贾姓等大族子弟以及本州的士人都征召为兵，同时，益州又是獠人的聚居区，元法僧改变了傅竖眼与獠人建立互信关系的办法，对獠人采取高压政策，立即引起民怨沸腾，人心思乱。终于，在梁武帝天监十四年（公元515年）的冬季，也就是魏军击退任太洪半年之后，葭萌县百姓任令宗借着民怨，杀死了北魏晋寿太守，举城向梁朝投降，当地各族民众纷纷响应。南梁益州刺史鄱阳王萧恢派遣巴西、梓潼太守张齐率兵三万，都督南梁州长史席宗范等部梁军北上接应。在梁武帝萧衍领兵包围宫城之时，张齐曾与王珍国、张稷密谋发动政变，投靠萧衍，并亲手杀死了东昏侯萧宝卷。南梁建立后，张齐被梁武帝任命为历阳太守，他虽然目不识丁，但在任期间还比较称职，后改任天门太守。天监四年，北魏王足进攻益州时，梁武帝曾派他率军救援，随后，张齐一直在益州任职。

天监十五年年初，当魏军在东线取得硖石大捷之时，在西线，北魏益州刺史元法僧也派遣他的儿子元景隆率领魏军迎击梁军，在葭萌关，南梁南安太守皇甫谌及席宗范大破魏军，接连攻陷了北魏十几座城池，魏将丘突、王穆等人纷纷投降，梁军遂包围了武兴。

元法僧困守穷城，北魏益州全境全部归顺了梁朝。元法僧吓得魂不附体，派人偷偷出城向北魏朝廷请求火速发兵援救。得到元法僧的求救后，北魏朝廷下诏说："已经命令尚在东线的傅竖眼倍道兼行，火速赶往益州，但还未到达，已经又派一名能干的尚书郎前去催促。"如今的傅竖眼就仿佛是北魏朝廷稳定西南的一棵救命稻草，他赶到洛阳后，北魏朝廷即任命他为右将军、益州刺史，不久，又加封为散骑常侍、平西将军、假安西将军、西征都督，率领三千步骑火速赶往益州，北魏朝廷还让傅竖眼随军带上一千多颗官印，授权他可以随意任命六品以下的官员。

傅竖眼率领的魏军出了梁州后，南梁冠军将军勾道侍、梁州刺史任太洪等人十余将率军沿途阻击。魏军三日之内转战二百多里，与梁军交战了九次，全部获胜，天监十五年五月，魏军斩杀了南梁梁州刺史任太洪、征虏将军杨伏锡等人。当地百姓听说傅竖眼又被任命为益州刺史后，个个喜出望外，每天沿途都有上百人前来迎接魏军。梁将张齐见无法攻克武兴，遂率部西撤，逃往葭萌。傅竖眼来到武兴后，白水以东的百姓又全部归附了北魏。为了收复失地，北魏朝廷对西线战事高度重视，除了派遣傅竖眼之外，胡太后还效法在东线建立行台的做法，也在西线建立了行台，任命亲信通直散骑常侍薛和兼任尚书左丞，统一指挥西线各路魏军。据《南梁书·张齐传》称："齐兵少不利"，由此可见，随着东线战事结束，北魏朝廷又从各地调派了很多军队用于西线，其数量远远超出了三万梁军，傅竖眼率领的三千步骑仅仅是前锋。

此时，在白水关，南梁信义将军、都统白水诸军事杨兴起，征虏将军李光宗已率部袭占了白水旧城，而关城却仍在魏军之手。北魏梓潼太守苟金龙兼任关城守将，梁军进攻时，苟金龙正巧得了重病，卧床不起，他的妻子刘氏率领守军登上城墙，与梁军苦战了一百多天，魏军死伤过半。副将高景密谋开城投降，刘氏发觉后，即命人斩杀了高景及其数千党羽。对于余下的将士，刘氏与大家同甘共苦，将士们对她是既尊敬又害怕。关城内没有水井，城外的水井被梁军占据，城内守军陷入饥渴的困境，恰巧天降大雨，刘氏命令城内军民拿出衣物、丝绸、锅碗、瓢盆接水，终于渡过了难关。傅竖眼率领的魏军到来后，梁军这才退去。

魏梁两军在葭萌关附近相持了下来。

张齐多次派遣梁军从白水关进攻魏军，傅竖眼派遣虎威将军强虬与阴平王杨太赤率领一千多魏军，趁夜渡过白水，第二天清晨与梁军交战，大破驻扎在白水旧城的梁军，杀死了梁将杨兴起，收复了白水旧城。接着，傅竖眼又派遣统军傅昙表等人在阴平大破梁宁朔将军王光昭所部。张齐命令宁朔将军费忻都督步骑二千迎战，北魏军主陈洪起率军与梁军死战，遂击溃了梁军，魏军乘胜追击，包围了梁军夹谷的三座营寨。魏统军胡小虎率部从四面八方强攻，又攻下了这三座营寨。张齐亲自率领两万梁军发起反攻，傅竖眼集中各路魏军与梁军展开决战。七月，魏军主许畅斩杀了梁雄信将军牟兴祖，魏军主孔领周一箭射中了张齐的脚，梁军大败。张齐又在虎头山下安下大营，梁将任令崇驻扎在西郡。傅竖眼先率军进攻任令崇所部，任令崇自知不敌，趁夜弃众而逃。击败任令崇后，傅竖眼又转兵进攻张齐，接连攻克了两座营寨，斩杀梁军一万多人，张齐本人也身负重伤，狼狈而逃。梁军主力惨败后，占领小剑山和大剑山的梁军也闻风而逃，北魏益州失地全部被收复。

傅竖眼收复东益州，发生在浮山堰溃坝前一个月，西线捷报频传，东线不久又传来了浮山堰自行溃坝的好消息，难怪胡太后听到浮山堰溃坝会喜上眉梢了……

三一〇　灵后政事（一）

随着北魏东益州失而复得和浮山堰的溃破，北魏胡太后临朝称制之初的这场魏梁两国之间、以梁攻魏守为特点的大规模战事也就此停歇了下来。虽然在随后的数年里，两国边境上仍然摩擦不断，但总体来说，双方暂时再无余力向对手发起新一轮的攻势了。浮山堰的溃破让南梁武帝萧衍元气大伤，自不待言，而对于北魏胡太后而言，她也需要一个较为稳定的外部环境来处理国内矛盾。

在宣武帝驾崩到胡太后听政初期这一年多的时间里，可谓是内忧外患。首先，北魏朝局一波三折，变化莫测：先是禁卫军将领于忠与汉族士大夫崔光拥立幼主，为了摧毁高肇集团，于忠等人借重一直被排斥在权力核心之外的宗室，诛杀了高肇，废黜了高太后，继而，北魏宗室贵族又与于忠等人发生了严重的矛盾，结果，于忠等人暂时取得了胜利。为了自身的利益，于忠等人抬出了孝明帝的生母胡氏，尊其为胡太后，让她临朝称制。由于胡氏家族原本名位不高，没有多大的影响力，因此，在胡太后上台之后，在提拔重用亲信的同时，她更多地采取平衡各方利益、尽量减少对立面的办法，先将一手遮天的于忠剥夺了侍中、领军将军等兼职，继而又将其调离京师。胡太后的这一做法让宗室贵族喜出望外，他们在不断巩固自己地位的同时，试图借胡太后之手将于忠置于死地，然而，警觉的胡太后很快就觉察出了这一点，在于忠被贬斥在外半年之后，熙平元年（南梁武帝天监十五年）四月，胡太后又加封其为灵寿县公，以安抚其心。于忠在外任职，一直担心过去自己树敌太多，屡屡请求返回朝中任职，但此时，于忠在京师禁卫军中尚有很大的影响力，一旦他回到京师，刚刚企稳的北魏政局势必再起波澜，胡太后没有同意，又过了整整一年，胡太后才将其征召入京，任命为尚书右仆射、加侍中。胡太后牢牢地掌握着步调，让北魏政局逐渐渡过了危机四伏的险滩，对于宗室贵族，胡太后则极尽拉拢之能事，她听政之后，多次亲自驾临宗室贵族家中饮宴，此举本身就是她试图在宗室重臣之间重新建立起久违的亲情关系的尝试。对此，侍中崔光劝谏道：“《礼记》称：‘封国的国君除非探病吊唁，进入臣下家中，就会被人称为君臣戏谑。’这里还没提到国君的夫人，说明国君夫人是不可以出宫到臣下家里的。国君夫人的生身父母活着的时候，是可以回娘家探望的，但是父母去世后，就不再回娘家，只是派遣使者回家问询。西汉上官皇后将要废黜昌邑王刘贺，霍光是上官皇后的外祖父，又身为宰相，即便如此，上官皇后仍然坐进设置有武器的大帐之内接见群臣，以示男女有别。如今，皇族生男生女、加官晋爵的喜事越来越多，请陛下您前去祝福的地方也越来越多了，长此以往，就会形成惯例，还是请求陛下减少出宫的次数。”但似乎胡太后并未听从。胡太后临朝称制时，其父胡国珍已经七十六岁高龄了，他大半辈子从未担任过任何官职，不用说没有任何执政经验，而且，胡氏家族根本没有什么根基可言，胡太后深知，只有拉拢住势力强大的宗室贵族，才能确保自己地位的稳固，这也是她多次驾临妹夫元叉（元乂）、任城王元澄等人家中联络的根本原因，除此之外，她还为自己的同父异母弟弟胡祥娶了小叔子清河王元怿的女儿为妻，又将堂兄胡宁的女儿嫁给清河王元怿的儿子元亶为妻，胡氏为元亶所生的女儿元仲华后来成为北齐文襄帝高澄（高欢长子）的皇后，其子元善见则为高欢拥立的傀儡皇帝东魏孝静帝。另据《元邵墓志》记载，元邵为元怿的次子，“妃胡氏，父僧洸”云云，胡僧洸是胡宁的弟弟，同为胡太后的堂兄，也就是说，胡太后将自己的两个堂侄女都嫁给了清河王元怿当了儿媳。

据万斯同《北魏将相大臣年表》，以熙平二年（梁武帝天监十六年，公元517年）为例，北魏朝廷重臣分别为：太师元雍、太傅兼太尉元怿、太保兼司徒元怀（三月死，《魏书·元怀传》几乎亡佚殆尽，其人事迹无闻，四月，以胡国珍为司徒、侍中）、司空兼尚书令元澄、车骑大将军崔光、中军大将军李韶兼吏部尚书、骠骑大将军李崇兼中书监、征北大将军于忠入为尚书右仆射、尚书左仆射元晖、侍中刘腾、游肇、元叉，领军将军元继，护军将军元遥。

在这些重臣中，分为几个层次：

首先就是北魏宗室贵族。在这些贵族中间，毫无疑问，清河王元怿是这一时期最为重要的重臣，史称，“灵太后以怿肃宗懿叔，德先具瞻，委以朝政，事拟周霍。怿竭力匡辅，以天下为己任。”在宣武帝的四个弟弟中，清河王元怿可谓是其中的翘楚，元愉在宣武帝时期因谋反被杀，元怀刚刚死去，元悦精神不正常。这个元悦喜欢旁门左道，经常与人出去采药，不喜女色，偏爱男风，对妃子动辄一顿暴打，胡太后听说后，趁其再次外出，派人宣召元悦妃子入宫，但他的妃子被暴打得卧床不起，胡太后得知后下令将元悦“禁断”（疑为软禁之意），并规定，王公大臣的正妻如果患病一百天以上的，必须向她汇报，如果查明是被打的，将削去爵位。从亲缘关系上看，清河王元怿是与胡太后最为亲近的宗室贵族，但是，胡太后之所以重用元怿，还在于二人之间特殊的恋情。史称，元怿“博涉经史，兼综群言，有文才，善谈理，宽仁容裕，喜怒不形于色”。其父孝文帝、其兄宣武帝对他都非常喜爱。据《元怿墓志》称他“仪容美丽，端严若神，风流之盛，独绝当时”，对于这样一个有才有貌的大帅哥，当然会引起胡太后的喜爱。况且，在宣武帝时期，由于高皇后非常强悍、妒忌，其他嫔妃很难蒙受宣武帝的宠幸，连宣武帝本人也无可奈何。史称：“世宗暮年，高后悍忌，夫人嫔御有至帝崩不蒙侍接者。”一直处于饥渴状态中的胡太后一旦掌握权力，寻求生理满足似乎也不奇怪。《魏书·宣武灵皇后胡氏传》记载：“时太后得志，逼幸清河王怿，淫乱肆情，为天下所恶。”其实，在胡太后听政初期，元怿与胡太后之间似乎并未有什么瓜葛，只是工作关系，但此时，胡太后并没有闲着，据《魏书·恩幸传》称，“郑俨……容貌壮丽。初为司徒胡国珍行参军，因缘为灵太后所幸，时人未之知也。迁员外散骑侍郎、直后。”胡太后的父亲胡国珍是在熙平二年（公元517年）四月被升为司徒的，胡太后与郑俨之间私通当在此之后，而“逼幸”清河王元怿之事可能还在稍后不久胡太后地位稳固以后。高阳王元雍是胡太后的叔父辈，胡太后将其抬出来，只是起到镇抚宗室的作用，对他并不看重。史称，元雍“识怀短浅，又无学业，虽位居朝首，不为时情所推。既以亲尊，地当宰辅，自熙平以后，朝政褫落，不能守政匡弼，唯唯而已”。元雍本人也没多少见识，虽然名义上位居群臣之首，但并无多少威信，胡太后知道他很贪财，对他是又赏赐又加封，将其玩弄于股掌之间。再就是任城王元澄，元澄辈分更高，但毕竟从血缘关系上更疏远一些，胡太后以元澄为尚书令，主要是利用他的才干处理帝国的具体事务，在此期间，元澄也不负所望，多次上书对当时的国政提出意见建议。总体上说，胡太后对于这三位宗室贵族的使用各有侧重：元雍供起来；元怿参与决策；元澄具体办事。至于宗室疏属元晖等人，是基于历史原因，胡太后仍继续予以委任。元晖在宣武帝时期深受宣武帝的信任，“虽无补益，深被亲宠。凡在禁中要密之事，晖别奉旨藏之于柜，唯晖入乃开，其余侍中、黄门莫有知者”。虽然元晖过去非常贪婪，但对胡太后并无威胁，因此，胡太后仍然对其重用。

其次是胡氏家族。胡太后的父亲胡国珍及其妹妹、妹夫元叉前已提及，不再赘述。她的同父异母弟弟胡祥也历任殿中尚书、中书监、侍中，改封东平郡公；堂兄胡宁被任命为岐、泾二州刺史，胡宁之子胡虔为千牛备身；胡宁的弟弟胡僧洗，被封为爰德县公，历任中书监、侍中，改封濮阳郡公；妹夫元叉的父亲元继被任命为领军将军，可以说是一人得道，鸡犬升天。

最后是汉族士大夫。主要是崔光、李韶、游肇和李崇等人。崔光是个老油条，善于左右逢源，事不关己，高高挂起。史称他“宽和慈善，不逆于物，进退沉浮，自得而已。常慕胡广、黄琼之为人，故为气概者所不重”。任命他当黄门侍郎时，他提出让位给宋弁；当中书监时，要让位给汝南王元悦；当太常时，要让给刘芳；当少傅时，要让给元晖、穆绍、甄琛等人；当国子祭酒时，要让给清河王元怿、任城王元澄；当车骑大将军、开府仪同三司时，又要让给江阳王元继和胡国珍，当时的舆论都认为这是他矫情自饰，故意为之。崔光之所以能够成为北魏政坛上的常青树，主要在于他善于见风使舵，胡太后因孝明帝年幼不能亲自主持祭祀，打算代为主持，这也是她行使最高权力的象征。她询问礼官们，大家一致认为不行。可是，崔光引用西汉邓太后祭祀宗庙的旧事，认为可以，胡太后听了不禁大喜，遂主持了祭祀仪式。李韶是李宝的长孙，李冲的侄儿，因支持孝文帝迁都而受到重用，宣武帝初期，因他的堂弟李伯尚参与咸阳王元禧之乱，陇西李氏遭受了重创，很久以后，李韶才被重新起用。胡太后听政后，李韶被任命为吏部尚书，经历了家族大难后的他也开始小心翼翼，史称其担任尚书期间“能平心守正，通容而已，议者贬之”。李崇担任十年的扬州刺史，为北魏南疆的安全做出了很大贡献，他“在官和厚，明于决断”，但是，却“性好财货，贩肆聚敛，家资巨万，营求不息。子世哲为相州刺史，亦无清白状。邺洛市鄽，收擅其利，为时论所鄙”。只有游肇为人正直，对具体事务提出了诸多建议。

三一一　灵后政事（二）

胡太后重用的最后一类人就是宦官们。《洛阳伽蓝记·城内·昭仪尼寺》称："太后临朝，阍寺专宠，宦者之家，积金满堂。是以萧忻云：'高轩斗升者，尽是阉官之嫠妇；胡马鸣珂者，莫不黄门之养息也。'"意思是说：灵太后临朝听政，宦官独得宠信，他们家里无不堆满金子。因此萧忻说："坐在高大车帐里的人，尽是宦官们的寡妇；骑着良马招摇过市的，也都是阉人的养子。"

这些宦官主要有刘腾、贾粲、杨范、成轨、王温、孟鸾等人。

如前所述，刘腾是因为告发冯皇后与人私通丑事而受到孝文帝的重用，被晋升为冗从仆射、中黄门，后逐渐晋升为大长秋卿、金紫光禄大夫、太府卿。胡太后听政后，感激他的保护之功，又任命其为崇训太仆，加中侍中，改封长乐县开国公，食邑一千五百户，并拜其妻为巨鹿郡君，刘腾的两个养子也都被任命为郡守、尚书郎。刘腾虽然目不识丁，但善于揣摩主人的心思，因此，深得胡太后的赏识。

贾粲，在胡太后听政时期为崇训丞，又历任长兼中给事中、中尝药典御、长兼中常侍，后晋升为光禄少卿、光禄大夫。

杨范，在胡太后听政时期为常侍、崇训太仆卿，领中尝药典御，赐爵华阴子，后又被任命为平西将军、华州刺史。

成轨原专门负责孝文帝的食物，宣武帝时被安排到东宫服务，与胡太后、孝明帝母子有着很深的渊源，胡太后听政时期，被任命为崇训宫太仆少卿。

王温与成轨一样，原来都是东宫宦官，孝明帝即位当晚，是他与保姆一起将年幼的孝明帝从睡梦中抱起，入宫登基。高阳王元雍当政时，担心宦官们会形成一股势力，就将王温外派到巨鹿当太守。胡太后听政后，将王温调回京师，担任了中常侍、光禄大夫，赐爵栾城伯，安东将军，领崇训太仆少卿。

孟鸾，在胡太后听政时为左中郎将、中给事中。

胡太后任用的这些人虽然良莠不齐，但大多数存在着这样那样的缺点，显示出末世人物的特点。胡太后深为后世诟病的有三：一是宽政；二是个人作风；三是佞佛。宽政带来的危害就像慢性毒药，时间长了会积重难返，国家也随之土崩瓦解。不过，把北魏的灭亡完全归咎于胡太后一人显然是错误的，一是，宽政、吏治腐败、社会风气变坏，这不是一朝一夕的事。宣武帝在位的十几年里，就一改孝文帝的做法，对臣下施行宽缓的政策，致使当时一度得到治理的官场很快腐败下来。被人称为"饿虎将军"的元晖担任吏部尚书后，公然卖官鬻爵，明码标价，大郡二千匹，次郡一千匹，下郡五百匹，社会上把吏部称为集市。后元晖被任命为冀州刺史，"下州之日，连车载物，发信都，至汤阴间，首尾相继，道路不断……聚敛无极，百姓患之。"胡太后听政后，这位已经搜刮得盆满钵满的元晖竟然上书要求整顿吏治，他在上书中请求设置暗访组，深入全国各地进行暗访，这也从侧面反映出当时的北魏吏治已经到了不可收拾的地步。

吏治腐败的根源在于任人唯亲而不是任人唯贤，还在于对违法官员不愿严加惩处，而究其原因主要是身为最高统治者的胡太后不具备绝对的专制权力，她需要来自各方面势力的支持。为了培植自己的势力，她首先考虑的是任人唯亲和平衡各方，唯其如此，才能确保个人地位的稳固。在任人唯亲方面，她不问此人的贤能与否，只以远近亲疏为最重要的标准，她所任命的人大多贪婪，给社会带来了巨大的负面影响。比如，刘腾，史称其"灵太后临朝，特蒙进宠，多所干托，内外碎密，栖栖不倦"。元叉、元雍、李崇等人也都以贪婪著称。又如，皇甫玚为胡国珍推荐被任命为吏部郎，此人非常贪婪，公开卖官鬻爵，每个官职都标有一定的价钱。再如，为了拉拢亲近的宦官集团，胡太后还对宦官们承诺，对于高级宦官将让他们当刺史、太守之类的地方官。显然，胡太后作出这一承诺，完全是基于个人利益，而丝毫没有从治理国家方面考虑。这些宦官大多不学无术，少数虽然粗通文墨，却毫无执政经验，他们治理一个地方，只能给当地百姓带来灾难，不过，胡太后的这一承诺对于宦官们却有着极大的诱惑力，一是一旦到地方上任职，他们可以光耀门楣。在宫中即使担任高级宦官，但在普通人的眼里还是伺候人的角色，而到地方任职就大不一样了。二是可以大肆搜刮百姓。胡太后的这一承诺并不是随口一说，而是真的施行了。刘腾的一个儿子被任命为郡守，杨范被任命为平西将军、华州刺史，王温被任命为使持节、散骑常侍、抚军将军、瀛州刺史。但这些人的政绩可想而知，杨范就因为“父子纳货，劳役兵民，为御史所纠”。对于亲信重臣，胡太后也不愿严厉惩处，比如崔亮，他擅自离开大军回朝，理应处死，但胡太后未予严惩。又如，尚书令任城王元澄与御史中尉元匡因政见不合素有矛盾，元匡所提建议，元澄总是一一驳斥，弄得元匡非常窝火。胡太后担心元匡不满，特意给其加了镇东将军军号，不久，又晋爵为东平王。胡太后对元匡的安抚并没有缓解他与元澄之间的矛盾，后来，二人在上朝途中相遇互不相让，最终双方的护卫亲兵竟然当街大打出手，弄得乌烟瘴气。元澄上书列了元匡三十条罪状，廷尉判处元匡死刑，胡太后下诏命令八座廷议，最终决定将其免官削爵。胡太后的宽政和平衡政策固然是不得已而为之，但其负面影响也让法律成了摆设。

胡太后的另一个毛病就是佞佛。胡太后笃信佛教是有社会因素、家庭背景和个人原因的。社会因素方面，北魏皇帝大多信奉佛教，尤其到了宣武帝更是对佛教非常信奉。《魏书·释老志》称：“上既崇之，下弥企尚。至延昌中，天下州郡僧尼寺，积有一万三千七百二十七所，徒侣逾众。”在当时的北魏社会中，不论是普通百姓还是高官显贵，大多信奉佛教，比如，《魏书·崔光传》记载：他“崇信佛法，礼拜读诵，老而逾甚，终日怡怡，未曾恚忿”。身为汉族士大夫的崔光也笃信佛教，也说明了当时北魏佛教之盛。家庭背景方面，胡太后一家是信佛之家，《魏书·外戚传下》记载，胡太后的父亲胡国珍“年虽笃老，而雅敬佛法，时事斋洁，自强礼拜”。胡太后的堂姑出家为尼，胡太后之所以能够入宫，就是她的堂姑在宣武帝面前的引荐。有这样一种家庭氛围，胡太后信佛也就不难理解了。个人原因，胡太后的一生中，很多时候是非常传奇的，先是因缘入宫，继而很多嫔妃只愿生女不愿生男，只有她暗自祝愿生下男孩，果然，天遂人愿，她竟然真的生下了男孩。而令人称奇的是，宣武帝竟然废黜了绵延百年的传统（《魏书·后妃传》史臣曰：“子贵母死，矫枉之义不亦过哉！高祖终革其失，良有以也。”据此，该制度当为孝文帝所废除），让她这个并无显赫背景的女人奇迹般地活了下来，接着，由于朝廷的争斗，又把她这个似乎朝不保夕的可怜女人推上了权力顶峰。听政之初，面临内忧外患：剑拔弩张的朝局、骇人听闻的浮山堰，也都一一冰雪融解，这都不能不让原本已经笃信佛教的她对冥冥之中的神更加深信不疑。

于是，在听政之初的熙平元年，她就下诏在皇宫南门御道西侧修筑一座气势宏伟的大寺庙——永宁寺。在永宁寺的正中建造了一座九层佛塔，高九十丈，在最高处又有十丈高的塔顶，距离地面一千尺。开挖塔基时，一直挖到地下水，得到了三十座金像，胡太后认为这正是自己信佛的回报，因此，要求要把寺庙建得美轮美奂。佛塔共有四面，每个角上都挂有金铃铛，共有一百二十个，每个金铃铛如同水瓶那么大，每到夜深人静的时候，十里之外都能听到铃声。佛塔的后面是佛殿，里面有一座高一丈八尺的金佛，十座与普通人那么高的金佛，三座绣珠佛像，五座金线织成的佛像，还有两座玉佛。寺庙之内有一千多间僧房，间间雕梁画栋，珠玉锦绣，骇人心目。寺庙之内花木扶疏，绿竹香草，随处可见。整个永宁寺的建筑设计类似皇宫，南门与皇宫的端门相似，大殿如同皇宫的太极殿。中书舍人常景给永宁寺写的碑铭称："须弥宝殿，兜率净宫，莫尚于斯也。"熙平二年二月，永宁寺佛塔建成，胡太后与孝明帝一起登上了永宁寺佛塔，在佛塔之上俯视皇宫和洛阳城内如在掌中，由于这里能够看到宫中的情况，胡太后下令一般人等不得登上佛塔。当时来到中国的西域僧人菩提达摩，自称已一百五十岁，历经各国，从未见过如此壮丽的寺庙，他口唱南无，合掌连日。菩提达摩，自称佛传禅宗第二十八祖，为中国禅宗始祖，他从海路来到南梁，与梁武帝见面后，两人话不投机，菩提达摩遂"一苇渡江"（用一棵或者一束芦苇渡过了长江），来到北魏。后菩提达摩来到嵩山少林寺，面壁九年，僧人神光"立雪断臂"（在雪地里恳请达摩传法、以刀切断胳膊明志），被达摩改名慧可，收为徒弟，成为中国禅宗第二祖，后经三祖僧璨、四祖道信、五祖弘忍、六祖慧能，一花五叶，形成了沩仰宗、临济宗、曹洞宗、法眼宗、云门宗五大门派。

三一二　灵后政事（三）

除了花费“不可胜计”的永宁寺外，胡太后还在洛阳修建了太上公寺，在洛阳城南的伊阙口修建了石窟寺等，与此同时，千秋门外由宣武帝生前下令建造的瑶光寺也在紧锣密鼓地修筑，从宣武帝初年就下令开凿的龙门皇家石窟依然在建设，仅龙门石窟就用工“八十万两千三百六十六”，胡太后还下令在全国各地也都建造五层佛塔，这些佛寺的兴建花费了北魏大量的人力物力，给百姓生活带来了沉重的负担。

上行下效。胡太后笃信佛教、大兴佛寺，一些达官贵人也纷纷效仿，争相在洛阳城内外修建寺庙，而一些下层群众为了逃避沉重的徭役，也都纷纷出家为僧，致使国家税赋大量减少，而国家为了保证正常运转，不得不加重对其他百姓的盘剥，形成恶性循环，使得社会矛盾逐渐激化。对此，当时的北魏众多朝臣分别从不同角度提出劝谏。扬州刺史李崇从合理使用政府财力的角度劝谏胡太后，他上表说：“高祖（指孝文帝）迁都洛阳已经三十年了，可是，国家举行大典的明堂还未建造，太学还处于荒废状态，城墙和政府衙门不少年久失修，这无法给万国树立榜样。现在，国子监虽有学官之名，但未行教学之实，这与菟丝不是丝、燕麦不是麦、南箕不是箕、北斗不是斗有什么两样！办事情不能兼顾，应该有先有后，应该停止皇家手工作坊里的雕刻作业，节省永宁寺的建筑费用，减少瑶光寺的砖瓦材料，遣散龙门石窟的劳力，停下其他并不紧急的工程，在农闲季节再上马。”胡太后对李崇进行了褒奖，但并不听从。高阳王友李玚从伦理纲常等角度进行劝谏，他上书说：“天下的罪过有三千种，莫过于不孝，而不孝之最就是绝后。岂能允许他们轻率地违背礼教，去信奉佛法，不肯奉养年迈的父母，抛弃家庭，不顾今世的礼仪而去祈求来世的好处！孔子说过：‘不知生，焉知死？’哪有舍弃堂堂正正的正道而去追随鬼教的道理呢？另外，如今南方尚未臣服，百姓的劳役甚多，很多百姓出家的目的就是逃避政府的徭役，如果继续这样下去，我担心举国上下都会抛弃伦理亲情，全都变成和尚、尼姑了！”一石激起千层浪。李玚此言一出，和尚总监僧暹等人大为愤怒，他们认为李玚将佛教称为鬼教这是在诽谤佛，哭着向胡太后控诉。胡太后将李玚召来责备，李玚却说：“天神被称为神，地神被称为灵，人死后被称为鬼。《传》上说：‘明亮的地方有礼乐，黑暗的地方出鬼神。’明亮的地方堂堂正正，幽暗的地方就是鬼教。佛本来就是人，死后为鬼，我将其称为鬼教，并非是诽谤。”胡太后明知李玚说得有理，但又不想得罪了佛教界人士，就象征性地罚了李玚一两金子。任城王元澄上书称：“高祖迁都洛阳时规定，城内只允许建筑僧寺、尼寺各一座，其余寺庙全部要建在洛阳城外，这是因为出家人与世俗之人的人生目的是不同的，是想让他们能够远离尘世的喧嚣。正始三年，和尚总监慧深最先违反禁令，从此以后，禁令被束之高阁，私自请求在城内修庙的人越来越多，都城之内的寺庙竟然多达五百余座，霸占了三分之一的民居，与屠肉店、制酒坊比邻而居。过去，在平城的时候，曾发生了法秀之乱，近期又有大乘教徒的叛乱（胡太后听政前后在冀州发生佛教徒的叛乱），太和景明年间定下的规矩，不仅是为了让僧俗隔离，更重要的是防微杜渐，为了国家的长治久安。过去，如来佛弘扬佛法，大多是在深山老林，现在的僧人们却贪恋城市，这完全是因为他们贪图满足个人的物质欲望，无法自拔，这些人都是佛教里的败类，佛祖的寄生虫，为佛教戒律所不容，也是国家法律所严禁的。臣认为，都城内尚未建成的寺庙能够迁出城外的，一律迁出城外；寺庙内的僧人不足五十名的，要弃小从大，全国各地的寺庙也一律照此办理。”胡太后虽然批准了这一建议，但是，由于种种原因，并寺迁寺始终成为一句空话，得不到落实。

我们从《洛阳伽蓝记》中可以看出洛阳城内的佛寺有十二座，这大概只是一些著名的寺庙，其中永宁寺为胡太后所建，建中寺为北魏末年尔朱世隆所建，长秋寺为宦官刘腾所建，瑶光寺为宣武帝所建，景乐寺为清河王元怿所建，昭仪尼寺为宦官们所建，愿会寺为王肃侄儿王翊舍宅而立，光明寺为苞信（河南省息县东北）县令段晖舍宅所立，胡统寺为胡太后的堂姑所建，修梵寺、景林寺和嵩明寺何人所建不详。除了光明等寺庙外，能够在城内建寺的都是胡太后身边最亲近的人：元怿、刘腾、胡氏，而王翊则与元怿和元叉有着渊源，他曾任清河王友，又与元叉家有婚姻关系，另外，更为奇妙的是，永宁寺与景乐寺隔着御道东西相望，似乎在暗示着胡太后与元怿之间特殊的关系。

胡太后听政之初也颇为勤政，她命人制造了一架专门用于她审理案件的车子，时常乘坐这个车子，从云龙门出宫，由千秋门入宫，在宫外亲自受理民间的投诉。还曾亲自在朝堂上考核州郡送来的秀才。但总体上来说，在胡太后第一次临朝称制期间，她处理的都是一些枝节性问题，对于影响军国前途命运的大事并无高屋建瓴的规划，这与同样曾经临朝称制、锐意改革的冯太后不可同日而语。尤其是在宣武帝时期，北魏境内连续数年发生了波及数州的大范围地震等自然灾害，而宣武帝却执意与南朝作战，几乎耗尽了北魏政府所有的储备，在这种情况下，胡太后听政后，不仅没有改变国策，依然与南朝保持敌对状态，而且还不珍惜民力，大肆修建佛寺，这实在是不明智的。

除此之外，胡太后所面临的问题还有很多，概括起来主要有三：

一是北方边镇问题。北方六镇原来是捍御柔然南下的屏障，平城时代这里受到高度重视，驻守六镇的边将都是鲜卑子弟，他们不仅享受到免税的优厚待遇，而且，在仕途上与其他各处官员没有什么区别，甚至因杀敌立功获得晋升的机会比别处更多，因此，鲜卑子弟也都愿意镇守边镇。但是，到了孝文帝迁都洛阳、实施汉化，继而将军事重心南移以后，加之柔然衰落，对北魏北部的威胁减小，六镇的重要性急剧下降，镇将、镇兵、镇民的地位随之下降。过去，担任六镇都大将、大将的人动辄都是地位尊贵的宗室亲近诸王，到了孝文帝迁都之后，这种情况不复存在了，孝文帝还曾派遣源怀持节巡抚北边，源怀回奏："北边边事少而配备的官员多，请求减少五分之二。"孝文帝同意了。到了宣武帝时期，北方边镇往往成为一些被贬谪的官员的去处。除了军事重心南移的影响外，制度和文化层面的变革也影响到了北方边镇军民的地位。孝文帝改革后，采取了门阀士族选举用人的制度，南迁后的鲜卑贵族被汉化了，他们得到了优先的任用，而留在北方六镇的军民还在很大程度上保留着鲜卑文化传统，他们发现自己从原先的统治者突然成了国家的弃儿，不仅仕途无望，而且还受到歧视。随着六镇地位的下降，出任镇将的人大多不是优秀人才，他们到任之后，大肆巧取豪夺，欺压当地军民，引起了当地军民的强烈不满，甚至有的竟然叛逃到柔然。胡太后听政后，北方边镇问题仍然没有得到解决，任城王元澄认为，北方六镇镇将地位下降，人选往往资历很浅，担心柔然南下，侵扰祖宗宗庙，他上书请求要选拔朝廷重臣担任边镇镇将，加强北方边境的戒备。胡太后下诏命令群臣商议对策。廷尉少卿袁翻认为："近来，在选拔边镇官员的时候，往往不管才能，只看门第级别。有些贪婪的人担任镇将以后，凭空增加大量军队员额，设置了很多职位，而用的人要么是自己的亲戚，要么就是受人财物请托的人，这些人全无保卫边疆之心，一心就是想着搜刮百姓，聚敛财物。他们到任以后，整日驱赶着强健的镇兵们前去掳掠，遇到强敌，这些镇兵就被敌人俘虏；如果能掳掠点财物，就夺归己有。至于一些老弱病残的镇兵，只要是稍稍有点手艺，无不被他们从军营里挖出，充当自己家的苦力，百般虐待。剩余的镇兵有的被他们派到深山去砍伐树木，有的被派去平整土地，甚至让他们充当商人，日夜奔波于道路之上。这些镇兵们的工资本来就十分微薄，本钱也非常有限，可是，将领们收取货真价实的丝绸，只给他们分量不足的米粟，榨尽镇兵们的力气，却让他们衣不遮体；坐享他们的劳动成果，却让他们食不果腹，一年到头，周而复始，再加上疾病的折磨，有十之七八的人就这样死掉了。所以说，敌人窥伺我边境，侵扰我边镇，这都是边将用人不当所致。我认为，从今往后，南北边镇以及下辖的郡县包括佐吏、统军，一直到城主，全部要由朝廷群臣举荐，务必做到任人唯贤，人尽其才，不论门第；如果称职的就连同举荐的人一并赏赐，不称职的，连同举荐的人一并处罚。"胡太后却未能采纳。

三一三　灵后政事（四）

在专制社会，对于统治者来说，用人方面总是会出现这样一个两难的选择：如果要任人唯贤的话，国家可能得到了治理，但自己的地位可能会受到威胁；如果要任人唯亲的话，自己的地位会得到巩固，但国家可能会被弄得乌烟瘴气。具体而言，只有任用自己的亲信，自己才感到放心，而如果这些亲信们幸好有才能的话，国家就走向繁荣，但不幸的是，在任人唯亲政策下选拔出来的这些个亲信们往往庸才多于贤才，要么不学无术，要么尸位素餐，要么贪财好色，要么横行霸道，政权随之逐渐腐化，最终被人推翻。袁翻的话无疑是正确的，但胡太后深知自己的亲信们的子弟哪有一个像样的？而不安排这些人当官，却从普天之下选拔素昧平生的人，她岂能放心？岂能甘心？当然，她也许根本没有考虑到这些，她的眼光仅仅停留在洛阳城，停留在有限的几位亲信或者重臣身上，这就是她能够赖以生存的环境，只有把这些人安置、平衡得妥当，她的地位就得到了巩固，她的眼界局限于此，哪能管得了那么多呢？

二是吏治问题。北方边镇问题与整个北魏官场风气、社会风气的败坏有着千丝万缕的关系，充斥北方边镇内部的种种黑暗其实就是整个腐败的北魏官场的缩影。孝文帝去世后，北魏官场迅速腐化堕落，前有咸阳王元禧、北海王元详以及宣武帝心腹茹皓等人的招权纳贿、贪婪荒淫，中有宣武帝亲信元晖、卢昶的卖官鬻爵、政以贿成，再有宣武帝弟弟京兆王元愉骄奢贪纵、横行不法，可以说宣武帝一朝北魏官场极其腐败，到了胡太后听政后，她并没有拿出切实可行的整顿吏治的办法，其所实施的宽政和平衡这两条巩固自己地位的策略，虽然在她自己身上取得了巨大的成功，但丝毫没有让这一局面得到改观，相反，在一定程度上还在逐渐恶化。河间王元琛是孝文帝的叔父齐郡王元简的儿子，是胡太后的堂叔父辈，此人从小聪慧，深得堂兄孝文帝的喜爱，宣武帝时被拜为定州刺史。元琛的妃子就是宣武帝高皇后的妹妹，他仗恃着朝中有人庇护，贪得无厌，收受大量贿赂，等到胡太后暗害了高太后以后，她也将元琛召回京师。胡太后下诏说："元琛在定州任职，除了没把中山的宫殿带来，将定州搜刮殆尽，岂能再行委任？"其实，对于专制统治者来说，他们不害怕下属贪污腐化，害怕的是下属有野心，下属有把柄在自己手上，随时都能拿出来治罪，因此，高级官吏的惩处往往是政治问题，而非法律问题。胡太后免去元琛的官职，说得是冠冕堂皇，但是，她自己的亲信也个个贪婪成性，她岂能不知？怎不追究？元琛被免主要是因为他是高氏家族的人，至于经济问题还在其次。然而，元琛此人脑子非常灵活，当时孝明帝刚刚到读书年龄，元琛献上了金字的《孝经》，可是孝明帝毕竟年纪太小，无济于事。元琛百般无奈之下，竟然以宗室贵族屈尊甘当宦官刘腾的干儿子，还给刘腾送上巨额财物。刘腾多次在胡太后面前给元琛求情，终于，胡太后同意任命其为都官尚书，后又出任秦州刺史。元琛恶习难改，他背靠刘腾这棵大树，又是大肆聚敛，正巧，遇到东益州和南秦州氐人叛乱，他又被委任为行台、都督，一朝大权在握，元琛既贪婪又残暴，百姓将其视为虎狼。原扬州刺史李崇也非常贪婪、吝啬，当时北魏一直非常强盛，前来进贡的东西各国使臣接二连三，北魏政府又在洛阳城南设立互市，因此，宫内府库充盈。胡太后曾经驾临丝绸仓库，下令让从行的一百多名王公大臣、嫔妃公主们能拿多少就可以拿多少，拿得少的也搬走了上百匹。时任尚书令、开府仪同三司的李崇和章武王元融却因为拿的丝绸过重以致摔倒在地，李崇摔坏了腰，元融扭伤了脚，胡太后下令把二人所取的丝绸夺回，让他们空手而归，引起群人的讥笑。元融的父亲元彬原本与长兄元英同为文成帝弟弟南安王拓跋桢的儿子，因拓跋桢的弟弟章武王拓跋太洛死后无子，孝文帝就将元彬过继给拓跋太洛为子，从辈分上讲，元融是胡太后的堂叔父辈。《资治通鉴》称元融是拓跋太洛的儿子，错误；《魏书》本传称其"仪貌壮丽，衣冠甚伟，性通率，有豪气"。只有侍中崔光只拿了两匹，胡太后见状询问，崔光说道："臣有两只手，只能拿两匹。"众人听了，都面露愧色。吏治的腐败导致不少人假冒他人军功或者夸大军功得到升迁，尚书左丞卢同（卢玄族孙）主管吏部后，重新复核过去的档案，排查出了三百余名非法升迁的人，他上书建议："将吏部和中兵部的记功簿对照核实后，一式两份，分别存在吏部和中兵部。以后，军中斩首数量够晋升一级时，要求行台军司给立功人员发放证明书，也一式两份，一份交给将士，一份送交门下省，以杜绝投机取巧。"由此，御史中尉元匡请求将宣武帝以来所有官员的晋升档案全部调出，重新核查一遍，胡太后表示同意，但元匡的冤家任城王元澄再度提出反对，他说：“国家的法律最忌讳烦琐严苛，治理国家崇尚的是简单明了。御史仅凭传闻就可以追究一个人，如果他们听说哪个人的晋升存在问题的话，即可查验该人的有关档案资料，依法处理。岂能将这么多年来那么多档案全部搬出来清查？这样去寻找别人的罪过，谁能受得了？”胡太后这才打消了原意。

三是腐化问题。腐化问题与上述问题相互交织，互为影响。史称，当时的宗室、外戚、权臣、幸臣，无不竞相奢侈。《洛阳伽蓝记·城西·法云寺》载：“当时四海晏清，八荒率职，缥囊纪庆，玉烛调辰，百姓殷阜，年登俗乐。鳏寡不闻犬豕之食，茕独不见牛马之衣。于是帝族王侯、外戚公主，擅山海之富，居川林之饶，争修园宅，互相夸竞。崇门丰室，洞户连房，飞馆生风，重楼起雾，高台芳榭，家家而筑；花林曲池，园园而有。莫不桃李夏绿，竹柏冬青。”高阳王元雍家富可敌国，宫室园林，与皇宫无异，他的家中奴仆高达六千余人，伎女就有五百人，出行则仪仗队填塞街道，回府就是吃喝玩乐，醉生梦死，每顿饭要吃掉数万钱。李崇家与元雍家财富相当，可是李崇非常吝啬，他曾对人说：“高阳王吃一顿，能敌我吃一千天。”《洛阳伽蓝记》同样对喜欢夸富的河间王元琛有过精彩的描写：元琛在家中建造了文柏堂，形制如同皇宫的徽音殿，内有玉井金罐，金线为绳。元琛家中有伎女三百，全都是倾国倾城的美人，其中一女名叫朝云，善吹篪（类似笛子），元琛担任秦州刺史期间，叛羌拒不投降，他让朝云假扮成乞讨的老太太，边吹篪边乞讨。叛羌听了，无不落泪，纷纷说：“为何要背井离乡，抛妻别子，占山为寇呢？”相继投降。元琛还派人到西域寻找千里马，终于在波斯国得到了一匹，取名为“追风赤骥”，还有十余匹能日行七百里的骏马，元琛给它们都取有名字，用银子制成食槽，以金子做成马笼头。他还经常对人说：“西晋的石崇不过出身平民，尚且身穿华贵的裘服，在鸡蛋、柴薪上雕刻图形，我堂堂大魏天王为何不能奢侈？”又在后花园里修建了迎风馆，雕梁画栋，极尽奢华，果木扶疏，枝条入檐，伎女坐在楼上，伸手摘食。一次，元琛宴请诸王，金银器皿，琳琅满目，还有数十水晶、玛瑙、琉璃、赤玉酒杯，做工精美，全是外国传入。又安排美女们出来展示，让诸王观赏名马，接着，又带着大家参观家中仓库，绫罗绸缎、金银财宝不计其数。元琛突然对元融说：“我不可惜见不到石崇的财富，可惜的是石崇没有见到我的财富！”元融素来贪婪，见到元琛的财富不禁怅然若失，情绪低落，回到家中竟然卧病在床，三天才能下地。江阳王元继前来探视，问元融："你的财产足以与之抗衡，何至于气成这样？"元融回答："我经常自以为只有高阳王元雍一人的财产能超过我，谁知河间王元琛也比我富！"元继笑道："你就像是淮南的袁术，不知道世间还有一个刘备？"听了这话，元融这才笑着从床上起来，重新设酒作乐起来。

三一四　灵后政事（五）

北魏的贵族们自以为他们的富贵可以永远持续下去，却丝毫看不到社会存在的诸多隐忧，而他们骄奢淫逸生活本身就是导致北魏最终崩溃的原因之一。

北魏初年，民间交易并无货币，一直到孝文帝太和十九年（公元495年）才成立了冶炼厂，派遣工匠开始铸造太和五铢钱，百姓需要铸钱的，也可以拿着精铜让工匠代为铸造。宣武帝永平三年（公元510年），北魏朝廷下诏再度铸造五铢钱，并严禁使用不符合规定的钱币。然而，不久，洛阳以及全国各地使用的钱币各不相同，以致商业交易完全陷于停顿。尚书令元澄上书认为："法律明文规定，对于小如鸡眼以及凿掉边沿的钱币一律禁止使用，除此之外，再无其他要求。黄河以南各州通行的钱币也都不在禁令之列，但也被禁止使用，臣非常疑惑。黄河以北的各州既没有发行新的货币，又禁止使用旧币，百姓们只好用非常稀薄的丝织品进行物物交换，这些丝织品不论从质量上还是从数量上都不符合应有的样式，既浪费了资源，又无法使用。使用钱币只用把它们用绳子穿起来，不必管它是大是小，这样简便易行，因此，我请求命令全国各地不论是太和钱和新铸造的五铢钱还是古代还能使用的钱，只要形制完好，即便是大小不同，也可以在市面上流通，至于贵贱，则完全取决于市场，这样就可以使商品流通畅通无阻了。那些违反禁令铸造鸡眼、凿边钱以及私铸钱币、将大钱毁坏变成小钱等违法犯罪的，一律依法惩处。"胡太后采纳了他的意见，但是黄河以北各地百姓手中拥有的钱币很少，因此，民间仍然物物交换，市场上的钱币难得一见。熙平二年尚书崔亮请求在王屋等山开采铜矿铸造钱币，北魏朝廷同意了，但不久以后，民间私自盗铸钱币屡禁不止，流通的钱币形制越来越小，分量也越来越轻。

宣武帝景明四年（公元503年）七月，北魏朝廷曾下令将食盐纳入国营，但到正始三年（公元506年）四月，根据御史中尉甄琛的建议，宣武帝又取消了食盐的垄断，允许民间资本开采、经营食盐。宣武帝在取消垄断的同时，也担心被豪强们垄断盐业之利，平民百姓并不能得到好处，为此也曾制定了相关规定，但是，不久，由于盐业的暴利，一些豪强竞相投资到这一行业，抢占盐矿，盐池附近的居民也为争夺屡屡发生争斗，不仅平民百姓并没有从中得到任何好处，而且还引发了社会不安定因素。据《魏书·柳崇传》记载："于时河东、河北二郡争境，其间有盐池之饶，虞坂之便，守宰及民皆恐外割。公私朋竞，纷嚣台府。"胡太后听政后（公元518年，这一年北魏改年号为神龟），太师元雍等人上书说："盐池是上天赐予的宝藏，用来抚育人民，过去由政府将盐池垄断，并非是为了与民争利。只是由于盐池是天然资源，不加以控制就会出现滥采现象，有的被豪强抢占，有的被附近的居民划为已有，贫苦百姓毫无办法。因此，政府才设立盐官，负责督查，让强者和弱者都各得其所，十分之一的捐税，自古就有，目的就是让远近之人都受到公平对待，政府民间都得到好处。等到甄琛请求废止盐业垄断以后，盐池就被当地豪强尉保光等人擅自抢占，对百姓想征收多少税就征收多少，盐的价钱也完全由他们随口确定。因此，请求按照先朝的旧规恢复垄断。"胡太后同意了。对于关乎民生的行业，由政府垄断这是非常必要的，如果任由民间介入，一般的平民百姓是得不到丝毫好处的。

在恢复盐业垄断的这一年，胡太后还作出了一个决定，那就是派遣使者宋云、崇立寺和尚惠生组成一个庞大的使团出使西域求取佛经。该年（神龟元年，公元518年）十一月，宋云等人从京师洛阳出发，西行四十多天，他们来到了赤岭（青海湖东南日月山），这是北魏的西部边界。从这里继续西行二十三天，穿过沙漠，就来到了吐谷浑国。一行人又从吐谷浑西行三千五百里才抵达鄯善城（在罗布泊南岸），该城为吐谷浑的西部边界。从这里向西行进一千六百四十里，就到了左末城，抵达西域。又西行一千二百七十五里至末城（当在于阗附近），又西行二十二里，到达扞麽城（当在和田克里雅城以东），又西行八百七十八里，他们就到达了于阗国（和田）。神龟二年（公元519年）七月二十九日，宋云等人来到朱驹波国。八月初进入汉盘陀国（塔什霍尔罕）界，经过六天的跋涉，登上了葱岭山（帕米尔高原），又西行三天，即来到了钵盂城（博勒根）。又经三天来到了不可依山（克里克山口），这里有毒龙池（萨雷库里泊），九月中旬，进入钵和国（伊塞迦申），十月初，他们来到哌哒国（高车别称，为西域游牧大国），距离洛阳两万里。十一月进入波知国，为一小国。中旬进入赊弥国。十二月进入乌场国，此国北接葱岭，南临天竺（古印度），到这里他们就进入了平原地带，他们在乌场国待了一年多，遍寻如来神迹。到北魏孝明帝正光元年（公元520年）四月中旬，宋云等人又来到了乾陀罗国（巴基斯坦白沙瓦附近）。当他们来到这里的时候，该国正与罽宾国交战，国王有七百战象，一个战象上可以乘坐十人，手持象鼻刀，与敌人搏杀。宋云等人在该国游历数日后，从乌场国开始动身回国，到孝明帝正光二年（公元521年）二月，在历经两年零三个月后，他们又回到了洛阳。

宋云此行的主要目的就是取经，乌场国是佛祖释迦牟尼曾经居住和传教的地方，该国为当时西域的佛教中心，也是他们此行的目的地。宋云取经比玄奘取经早了一百一十年，宋云回国后，带回了一百七十部大乘佛经，为北魏佛教的发展做出了巨大贡献。宋云和惠生归国后，分别写了《宋云家记》和《惠生行记》，但都亡佚了，所幸的是《洛阳伽蓝记》中保存了这些记载，对宋云西天取经的经过给予了详细的记载，沿途各国的风土人情、地理特点以及与佛教相关联的传说、圣迹等均予以体现，具有很高的历史价值。

这段历史时期，在北魏胡太后和南梁武帝的推动下，中国大地上的南北两个国家几乎都成了佛国。前面我们分析了胡太后信佛的原因，那么，南梁武帝萧衍又是什么原因从一个道教信徒突然之间改信佛教了呢？据说，一位法号宝志的和尚对梁武帝改信佛教产生了重要影响。宝志和尚俗姓朱，金城（江苏省镇江市句容市北）人，大约是东晋末年生人，少年出家，在道林寺习禅，到刘宋时开始显露神迹，经常能准确而又隐晦地预言未来之事，百姓们对他都很敬重。宝志还会分身，同一时间会在不同的地方出现，并经常隆冬季节光着身子在外行走。齐武帝萧赜原本不信，后宝志给其神力，让他亲自看到了在地狱中遭受折磨的父亲齐高帝萧道成，遂永远废除了锥刀酷刑。南齐太尉陈显达的司马殷齐之随陈显达镇守江州，临行前，与宝志话别。宝志在纸上画了一棵树，树上还画了一只鸟，告诉殷齐之说："危急关头就爬上这棵树。"陈显达不久发动叛乱，殷齐之留镇江州。叛乱失败后，朝廷军队打到江州，殷齐之逃入庐山。眼看追兵快追上了，他看见路边有一棵落着鸟的树，与宝志所画一模一样。慌乱中，殷齐之赶紧爬到树上藏了起来，追兵看见树上还有鸟，遂认为树上不会藏有人，就回去了，殷齐之就这样侥幸得以脱身。宝志在民间流传的神迹还有很多，比如，宝志吐鱼，说的是，一次梁武帝在与宝志一起用餐时说："我有二十年都吃不出鱼的味道了。"

宝志听了，当即从口中吐出了一条小鱼，鱼鳞完好无损，这让梁武帝深感惊奇。当时的和尚戒律虽然规定不杀生，但并没有规定不吃肉，因此，很多和尚还是吃肉的，宝志经常用小便洗头，这引起大家的讥笑。宝志反驳道："你们嘲笑我用尿洗头，可是你们为什么净吃盛猪的粪便的皮囊呢？"也许正是在宝志的影响下，后来，梁武帝专门下诏要求全国僧众实行素食。梁武帝还接连写下了四篇《断酒肉文》，并组织御前辩论会，最终为中国僧侣确定了独特的素食传统。时至今日，只有中国汉族的佛教徒是不吃肉的，其他各国并无强制性要求，该传统源自梁武帝。《南史·梁本纪》记载，宝志曾为梁武帝写下了一首预言诗，内容为："昔年三十八，今年八十三，四中复有四，城北火酣酣。"当时，梁武帝不解其意，遂令周舍记录并封存了下来。到了很多年后的中大通元年（公元529年），同泰寺发生大火，梁武帝将封存的诗拿了出来，顿时有所感悟，不禁流下眼泪。三十八，是梁武帝攻克建康登基时的年龄；同泰寺起大火之日，是该年四月十四日，火从佛塔的第三层燃起，而三正是梁武帝在兄弟们中间的排行。八十三则是梁武帝的享年。

三一五　纵容亲贵

梁武帝大力扶持寺院，每次给寺院都要捐献上千万钱，在政府的资助下，各寺院越来越多地对外进行典当，增加收入，不仅如此，还控制了大量依附于寺院的“白徒”“养女”，让他们充当劳动力。社会上很多百姓也为了逃避劳役，纷纷出家为僧，致使“天下户口，几亡其半”。

梁武帝崇佛的名声也传到了海外。普通年间（公元520—527年），菩提达摩特意从海路来到建康，如前所述，菩提达摩与梁武帝之间的交流却并不十分融洽，究其原因还在于，菩提达摩来到梁国之后，所闻所见令其非常不快，他看到官吏们手持鞭子驱赶着贫苦百姓们去修建佛寺，听到梁武帝荒废朝政、一心“向佛”的传闻，在他看来，梁武帝这种向佛无疑是缘木求鱼，与佛教经典拯救众生之苦的核心教义是南辕北辙的。因此，当梁武帝问：“朕即位以来，建造了很多佛寺，整理了佛经，超度众生，这是否算功德呢？”菩提达摩回答：“不算。佛教主张要把罪和福都舍弃，空和有全忘掉，反对有目的的行善。参禅要不拘形式，从静中生出智慧，从空寂中领悟真谛，这样才算功德。”梁武帝又问：“朕能否在华林园中召集众多高僧大德来给朕指点迷津呢？”菩提达摩回答：“佛学精神在于用心感悟，而不在于用嘴巴讲解，光在嘴上夸夸其谈，实在不是佛家上乘之法。因此说，只要明心见性，自能成佛，不在于那些区区的经文。”菩提达摩没有点破梁武帝的迷津，二人不欢而散，菩提达摩这才北上北魏，见到了胡太后修筑的永宁寺。据说，后来梁武帝对菩提达摩的离去颇感懊悔，当他得知菩提达摩圆寂后，曾亲自给其写下碑文，该碑文立于河南省嵩山少林寺内，碑文的第一句说道：“见之不见，逢之不逢，遇之不遇，今之古之，怨之恨之。”表达了深深的怨悔之情。

梁武帝事佛，总是在做些有为之善，生怕别人看不到，而他不理朝政，纵容宗室，对百姓的疾苦熟视无睹，其实，就是最大的罪恶，哪里有什么功德可言！梁武帝的六弟临川王萧宏，在天监五年洛口惨败后，梁武帝不仅未对他处罚，相反，仅隔一年就晋升其为司徒、兼太子太傅。萧宏小妾的弟弟吴法寿粗鲁而又狡猾，仗恃着萧宏横行不法，犯了杀人死罪。被害人家属上告，朝廷下令严查。吴法寿无处可逃，就藏匿在临川王府内，有关部门向梁武帝汇报后，梁武帝命令萧宏交出了吴法寿。

萧宏此人非常奇怪。自己无能也就罢了，皇帝哥哥一直对你不错，你理当知恩图报，可是，这个人脑子进水。自从洛口惨败后，他也风闻舆论对他的指责，内心是既惭愧又愤恨。他不是更好地检讨自己，相反，却密谋杀死哥哥萧衍，每每京师出现骚乱，总以萧宏为号召——当然这里不能排除洛口之败中死难者家属基于对萧宏的怨恨企图委罪于他的可能。因此，萧宏屡屡受到有关部门的弹劾，梁武帝总是将其赦免，但萧宏感到非常郁闷，担心自己哪天便会遭遇不测，竟然做起了当皇帝的迷梦。一次，梁武帝夜里将驾临光宅寺（萧衍的故居），有名刺客提前埋伏在萧宏王府附近的骠骑桥下，准备在梁武帝经过时行刺。梁武帝临行之际，突然心里一动，改从朱雀桥经过，后来，阴谋泄露，刺客称是受萧宏指使。梁武帝哭着对萧宏说："我的才能超出你百倍，当这个皇帝还时常担心不能胜任，从高处摔下来。你又是什么样的人呢？我不是不能像周公、汉文帝那样诛杀弟弟，只是念及你愚蠢罢了啊！"萧宏连连叩头说："没有此事，没有此事。"

天监十七年（公元518年）五月二十四日，御史台弹劾萧宏藏匿吴法寿，要求梁武帝免去他司徒、骠骑将军、扬州刺史，梁武帝就此批注道："爱怜萧宏，这是兄弟间的私情；免去萧宏，这是王者的大法，同意。"梁武帝就爱玩这些虚活儿，卖弄个辞藻，哗众取宠，仅仅三天后，梁武帝就又任命萧宏为中军将军、中书监。七天之后，即六月一日，萧宏再度被提升为代理司徒。十月二十三日，萧宏官复原职，仍为司徒。因此说，专制社会里有法没有？有。但又可以说没有法，因为，法律只是统治者糊弄、欺压百姓们的工具，对于掌握实权的统治集团来说，法律的规定等于零，在他们身上不起任何作用。后来的统治者读史学到的只是让自己糊弄百姓更具技巧性，而并非真正让百姓们掌权。

在梁武帝的纵容下，萧宏毫无悔改之意，奢侈无度，他的王府建的与皇宫差不多，府上上千佳丽，都是世上最美的女人。萧宏宠爱的女人叫江无畏，穿戴与南齐东昏侯的潘妃一样华丽，光是一双鞋子就价值上千万钱。江氏喜欢吃鲭鱼头，每天王府要采购三百条鲭鱼，其他美味也是数不胜数。江无畏原本姓吴，吴家每代都会生出貌美如花的女人，由此，吴家有九个男人被免除了徭役，被梁武帝下令诛杀的吴法寿可能就是江无畏的弟弟，萧宏听信江无畏的话，派人企图刺杀梁武帝也并非没有可能。

萧宏不仅奢侈浪费、荒淫无度，而且还贪得无厌、恣意聚敛。他家后堂有近百间库房，平时看管很严，轻易不得打开。有人怀疑里面存放着铠甲兵器，偷偷向梁武帝告密。梁武帝对萧宏兄弟情深，听后心里很不高兴。梁武帝知道萧宏对江无畏言听计从，片刻不能离身，过了几天，他派人给江氏送去一桌丰盛的酒菜，并传出话说："我将去你那好好喝一杯。"梁武帝只带上过去的老友射声校尉丘佗卿陪同前往，与萧宏、江氏开怀痛饮。半醉后，趁着酒意，梁武帝说："我想去你的后院看看。"当即令人抬着轿子径直朝库房而去。萧宏担心梁武帝看到自己收受的贿赂，不禁脸色大变，这更让梁武帝怀疑库房之内藏的是兵器，于是，逐屋认真查验。打开库房后，里面一百万钱堆成一堆，一屋是十堆，放钱的库房共有三十多间。梁武帝和丘佗卿屈指计算，萧宏家的现金有三亿，下余六七十间库房则储存着绢布、丝绵、黑漆、蜂蜜、黄蜡、朱砂等杂货，每间都塞得满满的，不知道有多少。近百间库房看完后，梁武帝才清楚里面放的不是武器，不禁喜出望外，对萧宏说："老六啊，你的生活过得真不错！"看到皇兄不仅没有斥责自己，反而面露喜色，萧宏一颗悬了半天的心才算落了地，兄弟二人回到原处，继续喝酒，一直喝到上灯，梁武帝才回到宫中。兄弟二人的感情又更加深厚了。

萧宏在京师有数十家钱庄，对外发放高利贷，每次放贷，借贷人必须以自己的房屋作抵押。借款到期后，债务人如果不能按期还款，萧宏即派人持条据将债务人赶出家门，京师以及京师以东的很多百姓因此而流离失所。后来，梁武帝得知这一情况后，就下令以后凡是抵押贷款的，即使上面写了抵押品，也不得夺占，从此以后，贫苦百姓们才不再因此而丧失最起码的生存条件。

萧宏原本担心梁武帝查出自己的赃物会怪罪下来，可是，经过这一番检查，皇上不但没有治自己的罪，相反，梁武帝还认为自己胸无大志，自己也因此得到了皇上的信任，这让萧宏更加肆无忌惮。晋朝时期有一位鲁褒曾经写了一篇著名的《钱神论》，讽刺西晋社会钱能通神的现象，梁武帝的次子豫章王萧综有感于叔父因聚敛反而得福的怪事，仿照《钱神论》创作了一篇《钱愚论》，讽刺萧宏的贪婪，用词十分激烈。梁武帝看到后，明白是讽刺萧宏的，给萧综下诏说："天下文章什么题材不能写，为何突然要写这内容？"下令立即焚毁。但是，这篇文章已经广为流传了，萧宏也看了，深感羞愧，从此以后，稍稍有所收敛。

在梁武帝宽纵的指导思想下，梁朝出现了不少祸害一方的贪官污吏。前有曹景宗，史称其"景宗在州，鬻货聚敛。于城南起宅，长堤以东，夏口以北，开街列门，东西数里，而部曲残横，民颇厌之"。"景宗好内，妓妾至数百，穷极锦绣……为人嗜酒好乐，腊月于宅中，使作野虖逐除，遍往人家乞酒食。本以为戏，而部下多剽轻，因弄人妇女，夺人财货。"后有鱼弘比较典型，这个鱼弘也是襄阳人，曾历任南谯、盱眙、竟陵太守。他经常对人说："我当地方官，有所谓四尽之名：'水中鱼鳖尽，山中獐鹿尽，田中米谷尽，村里民庶尽。'大丈夫活在世上，就像是轻轻的灰尘栖息在柔弱的小草之上，又仿佛是从门缝中看到白色的马驹从外面一晃而过，人生在世欢乐与富贵能有多久呢！"鱼弘是典型的享乐主义者，他恣意享乐，有一百多名侍妾，家中金银珠宝、车马衣服都是当时最时尚的。要维持他享乐，就得大肆搜刮百姓，百姓们遇到这样的官算是倒了霉了。

三一六　羽林兵变

历史有时候真的非常奇妙。

北魏的灵太后与南梁武帝在事佛、宽政等方面几乎是一模一样，他们几乎相同的政策也同样带来了几乎相同的消极影响——只不过，梁朝的危机似乎来得稍微晚一点罢了。

北魏神龟二年，即梁武帝天监十八年（公元519年）一月七日，虚岁十岁的北魏孝明帝元诩下诏说：“皇太后临朝听政已经快六年了，应该对外称诏。”原来胡太后发布的命令只称为令，群臣上书称其为殿下，自此对外下令称诏书，群臣对其称陛下，自称为朕。这一看似平常的改变，其实预示着胡太后统治地位的稳固，这也说明了她前几年里在统治集团内部的一番运作是成功的，然而，恰恰是她把主要精力都用在这上面，而不注重解决北魏整个社会所面临的实际问题，反过来又让她的地位受到威胁，并逐步动摇了整个北魏的统治基础。

这一年的新年似乎非常祥和，两个月前，胡太后刚刚害死了已经在瑶光寺出家为尼的高太后，这让她长长地舒了一口气，年初，她又对外称朕，俨然名副其实的女皇帝，胡太后的心情当然是相当愉快的。然而，征西将军、平陆侯张彝的儿子张仲瑀的一封奏章让平静的北魏朝廷掀起了一场轩然大波。张彝就是在宣武帝收回辅政大臣权力之时与邢峦仓皇逃出京师的那位，后被任命为秦州刺史，张彝为人豪放，但不善于团结人，对知己倾心相待，对门第低贱的人却视若无物。张彝的次子张仲瑀向胡太后递交由太后亲启的密奏，请求朝廷改变晋升条例，对武官设置专门的晋升标准，将武官排除在文官系统之外，并明确武官不得改为文官。

孝文帝迁都以后，施行汉化的结果让鲜卑贵族也沾染上了南朝那种鄙视武人的习气，武将在朝廷中晋升缓慢，前不久，尚书左丞卢同对冒领军功晋升的三百多名武官又进行了淘汰，这本来已经引起了武将们的不满，但毕竟涉及的人数较少，且朝廷所为名正言顺，武官们也不敢说些什么。如今，张仲瑀竟然要从制度上彻底堵上武官晋升的路子，这立即引起了广大武官们的强烈不满。

虽然胡太后并没有批准张仲瑀的请求，但这一消息却不胫而走。得知这一消息的禁卫军将士们个个义愤填膺，长期以来压抑的不满顿时集中爆发了出来，洛阳大街小巷到处都是三三两两聚集起来的军人们，喧哗和咒骂声充斥整个洛阳城，甚至有人在街上立下木桩，张贴告示，约定在指定的时间地点集合，一起屠杀张彝一家。北魏朝廷对此却没有及时采取应对措施，而张彝父子也丝毫没有躲避的打算，他们都幻想着事态会慢慢平息下去。然而，让人意想不到的事情发生了！

神龟二年二月二十日，一千多名叛乱的羽林虎贲将士蜂拥着来到尚书省内诟骂，寻找张彝的长子尚书郎张始均，没有找到，遂用砖瓦击打衙门大门。尚书省内的官吏们都吓得不敢作声。乱兵们遂手持火炬，抢掠路边的柴草、棍棒，直奔张彝家而来。到了张彝家里，乱兵们将年近六旬的张彝拖到堂前，恣意棒打辱骂，焚烧了张家宅院。张始均、张仲瑀兄弟二人翻越北墙脱身，张始均又返身回家解救其父，在暴兵面前跪地叩头，请求饶恕其父一命。暴兵们哪管这一套？当即一顿暴打后，将张始均活生生地扔到大火之中烧死了。张仲瑀侥幸逃脱，至荥阳养伤。暴兵们散去后，张家隔壁的寺庙和尚们将被打得半死的张彝抬入寺庙，很快张彝就因伤势过重死去了。

这次兵变，张彝家被焚毁、张彝父子被杀，还有洛阳数百名无辜群众为乱兵所杀。

事后，北魏朝廷下令有关部门搜捕了八名首犯，予以斩首，其余从犯难以全部追究，遂大赦，并答应武官可以按照资历获得与文官一样的晋升机会。学者们普遍认为，这次兵变源于羽林士兵晋升受阻、地位下降。无疑，胡太后对羽林兵变的处理是正确的，如果将上千参与兵变的羽林将士们全部予以处理，后果将不堪设想，不过，北魏朝廷在处理这次兵变时显现出来的这种软弱无力，也让不少人感到政府统治力量的衰微——在这些人当中，就有一个在以后赫赫有名的人高欢。

高欢，字贺六浑，他的曾祖父高湖曾任后燕的燕郡太守，后投降了北魏，为右将军，高湖的第三子高谧为北魏侍御史，因犯法而被流放到怀朔镇，高家遂定居在北方，逐渐鲜卑化。高谧生子高树，高树就是高欢父亲。高欢生下后，其母韩氏因产厄而死，高欢遂养在姐夫镇狱队尉景家里，由姐姐抚养成人。高欢长大后，个性深沉大度，轻财爱士，为当地豪杰所推崇。高欢双眼炯炯有神，头颅很长，颧骨很高，牙齿洁白如玉，高欢家里非常贫穷，遂远到平城打工，富翁娄氏家的女儿见到高欢后，对他的相貌举止啧啧称奇，遂坚决要嫁给他。高欢与娄氏结婚后，因女方陪嫁些财物，他才有钱买到一匹马，才在边镇当上了一名队主。镇将段长常对高欢的相貌也暗暗称奇，对他说："你有拯救天下之才，终究不会白白活在这世上。"遂将自己的儿子托付给高欢，后来，高欢从队主转任为信使，一当就是六年。在这六年当中，高欢经常往来于洛阳与六镇中间，增加了他的阅历。每次到洛阳，高欢总被令史麻祥使唤。一次，麻祥曾给高欢肉吃，而高欢从来都不习惯站着吃东西，遂坐下来吃掉。一个边地的下等武夫竟然在朝廷命官面前大摇大摆地坐下吃肉，这让麻祥非常恼火，认为高欢无礼，打了高欢四十鞭子。当羽林兵变的时候，高欢正在洛阳，他目睹了京师洛阳这次突如其来的兵变，也看到了北魏朝廷的软弱，从洛阳回家后，遂拿出家财广结各方豪杰。亲友们奇怪地问他原因，高欢回答道："我在洛阳的时候，亲眼看到羽林军焚毁了大臣张彝的家，朝廷害怕出现更大的变乱而不敢深究。国家的政事已经到了这步田地，大势可知。家中的财物将来怎好说还是自己的呢！"高欢结交的豪杰有：怀朔省事司马子如、中山人贾显智、怀朔户曹史孙腾、外兵史侯景、秀容人刘贵等，一次，刘贵得到了一只白鹰，众人一起去大泽中打猎，白鹰追赶一只赤兔，将众人一直引到一座茅屋前。突然从茅屋内蹿出一条狗，将白鹰、赤兔全部咬死。高欢大怒，张弓搭箭，一箭又将那条狗射死。屋中遂冲出两人要与高欢打架，正在僵持中，两人的瞎眼老母亲拄着拐杖从屋里出来，对儿子们呵斥道："为何冒犯贵人！"遂拿出家中美酒、羔羊款待大家。老妇人还说自己会摸骨相法，摸遍诸人都说是贵人，而且尊贵来自追随了高欢。还说："司马子如会位居高官，贾显智将不会善终。"高欢等人吃过饭后回去，一路上众人都感到惊奇，行了数里后又折返回来，却再也找不到那间茅草屋了。众人都觉得是遇到了神人，并开始对高欢更加敬重起来。

回过头来再说北魏朝廷。

羽林兵变也促使北魏朝廷着手解决吏治问题。当时的北魏朝廷官位相对较少，而具备候选资格的人却很多，李韶担任吏部尚书期间，按照法令任用官职，不论资排辈，致使很多人心生怨恨，于是，北魏朝廷遂改任殿中尚书崔亮担任吏部尚书。崔亮担任吏部尚书正在羽林兵变不久，胡太后下诏武官也可以按照资历被擢升，崔亮遂上书朝廷颁布《停年格》。《停年格》的主要内容是：某一个官职缺额，在候补人选中间，不论这些人有没有才能，完全按照候补人选候补的时间长短论资排辈。即使一个人才能非常强，也非常适合担任这一官职，但如果此人前面还有人资格比他老，也不能任命此人，相反，一个才能平庸甚至是毫无才能的人，如果排在前面的话，也会予以任用。《停年格》的颁布，让那些长久沦落在下层资历很深的人有机会获得晋升，也是北魏朝廷为了消除积怨采取的一项对策。很多人认为《停年格》会妨碍精英人才脱颖而出，其实，这是一种误解，如果是精英人才，自然还是会引起上层的注意的，起码在《停年格》颁布以前，北魏朝廷在任用中下级官吏的时候是无序的，整个社会风气的败坏也影响到了用人方面，一些手握用人权的人甚至公然卖官鬻爵，明码标价，弄得怨声载道。况且，一个人是否有才能，可谓是智者见智仁者见仁，没有统一的标准，而任职年限则是明确具体的，这样硬性规定也避免了吏部在用人方面有太大的权力，对减少吏治腐败有一定的积极意义，也稳定了北魏整个干部队伍，树立了一个相对公平的规矩，让那些没有门路而资历又很老的人有了盼头。

三一七 《停年格》之辩

崔亮的《停年格》从出台之日就备受争议。

崔亮的外甥、司空咨议参军刘景安给崔亮写信劝说："商朝和周朝靠乡村学校向政府推荐人才，两汉是依靠州郡地方官给中央推荐选拔人才，魏晋遵照旧规，又设置了中正官。过去的做法虽然没有做到尽善尽美，但应该有十之六七的人才都被政府收揽了。可是，朝廷选拔人才，只管他写的文章文采是否华丽，却不看内容是否有真知灼见；州郡举荐的孝廉，也只论其是否将经书背熟，却不看他的实际能力；设立中正官，却不考察人的才干和品德，只看门第高低。这说明选拔人才的手段单一且不合理。舅舅既然担任了吏部尚书，就需要改弦更张，可是，您不仅不进行改革，相反以论资排辈的办法来限制人才脱颖而出！天下的士人谁还去砥砺名节呢！"崔亮在回信中阐述了自己的苦衷，他说："你的来信很有深意。我因为机缘巧合侥幸当上了这个吏部尚书。我年少之时尚且不如别人，何以现在已经老朽而担当如此难当的重任？因此，我经常想着要尽忠竭力，以报明主知遇之恩。颁布《停年格》不是没有理由的，而你已经责怪我了，千载之后，谁还能知道我的本心呢？你仔细思量我的话，我将与你深入讨论。我曾经六次担任吏部郎，三次担任吏部尚书，对于吏治问题，我体会甚深。但是，古今情况不同，举措也会有所差异。这是为什么呢？过去，有中正官品评某人的才能品德，然后向吏部尚书上报，吏部尚书根据品评的情况授予该人一定的官职，这是吏部尚书与天下的贤才们一起在授予人官职啊！你说当时政府能够网罗住天下十之六七的人才，而我说，在当时没有一个遗漏的人才，也没有一个被错误举荐的。而如今是什么情况呢？现在的用人权全部归吏部所有，用一个人的见识要遍察天下之人。刘毅曾说过：'凭着一个吏部尚书、两个吏部郎中，就想挖掘出天下人才，这与透过竹管看天还要求看得广阔又有什么两样！'现在，有功需要晋升的人很多，并且，羽林军军官也参与了进来。武夫们不通文墨，只会打仗，他们被提拔后，要求他们会治理国家，无疑是缘木求鱼。另外，武夫人数很多，而官职员额太少，难以做到人人有官可做。即便是一个官员名额由十人共享，现在的情况是仍然会出现无官可授的局面，更何况人人都想当一个官，怎么能不产生怨恨呢！前不久，我当面向胡太后请求，不应该让武夫们也参与到选举范围之内，对他们只宜赏赐给一定的爵位，增加他们的工资即可，但胡太后并没有同意。因此，我才制定出了这个办法，只以排队的时间先后为标准。春秋时，郑国的子产将刑法铸在鼎上，以解决当时遇到的社会问题，而叔向却根据传统予以讽刺，这与你用古代的做法质疑我的权宜之计有什么不同呢？”

稍后，曾任洛阳县令、后为吏部郎中的薛琡上书朝廷称：“臣听说绫罗绸缎虽然分量很轻，但从来不会有人用来练习裁缝；胡琏作为宗庙的礼器，非常重要，岂能让没有力气的小孩搬运？假设吏部任用官职只看年限，不论才能高低，论资排辈，只数数人头，那只用一个小职员就可以了，却用了数名大臣，这怎么叫考核任用呢？广大百姓们的性命全部掌握在地方官一人之手，如果任命了合适的人，百姓们就能得到休养生息；如果任命了不适当的人，将为一方之害。我请求，对于地方官的任命，吏部先选择人才，对于那些学贯古今、通晓政务的人要予以委任，这些人不论排队时间的长短，当然，那些排队时间长，才能也足以担任地方官的，自当优先任用。其余没有才能的，既然过去人家年轻时为国家出过力，岂能等人家年老时弃之不顾呢？地方以及军队中的将佐、丞、尉等职的事务，与人民群众稍微远些，即使有小小不当，也没太大关系，应该按照资历依次任命这部分人担任这些官职，以回报他们付出的辛劳。”显然，薛琡的建议已经比张仲瑀的退后了一步，但其核心仍然是不能让那些没有才能的人到地方任职，免得他们祸害百姓。薛琡的奏表报上去后，如石沉大海，胡太后没法应对，只好装聋作哑，不予理会。后来，薛琡趁一次觐见之机，再次建议说：“如今，四方刚刚安定，关键就在于让百姓休养生息。臣请求依照汉代四科取士的办法，令朝廷三公宰相们各自举荐当代的贤才，去担任地方官。并且，制定明确的规定，以防借此结党营私。”北魏朝廷将这一建议交付重臣们讨论，但也无疾而终。按：汉武帝实施的四科取士是指：“一是德行高妙、志节清白；二是学通行修、经中博士；三是明晓法令，足以决疑，能案章覆问，文中御史；四是刚毅多略，遭事不惑，明足决断，才任三辅县令。”汉代四科取士与孔门中的德行、言语、政事、文学四科有一定的渊源关系。

《停年格》出台前，从张仲瑀的完全排斥武人入选，到《停年格》出台前后，崔亮请求排斥武人入选，但增加这些人的俸禄，却遭到胡太后的拒绝，继而在《停年格》出台后，薛琡建议吸收《停年格》中的积极因素，但坚持以才取人原则，兼顾对曾经的有功人员予以照顾，表现出在羽林兵变压力下有识之士的步步退让，也说明了北魏朝廷的无奈。《停年格》暂时缓和了北魏统治阶级内部对中下层官员的争夺，但其弊端是显而易见的，由于不问才能仅凭资历，造成此后选拔的不少地方官员很不称职，北魏政权的整体执政能力大幅度下滑，导致社会矛盾迅速激化。

数年后，吏部郎中辛雄上书称："帝王之道，再没有比安民更重要的了，安民之本，就在于创设礼仪、法律。之后，就看用人了。从神龟末年来，用人全部依照《停年格》办理。人士不论善恶，排队时间长的就先任用；官职不论轻重，谁轮到就是谁的。吏部的主官以能够任用老旧之人为公平正直，平庸凡劣之人无不贪婪无耻，将见识短浅而又贪得无厌的人派到地方上，他们遂开始恣意妄行，大肆贪污受贿，致使徭役不均，怨声载道，皇太后和皇上的圣旨公然按下不遵，各族百姓纷纷想起来造反。这都是因为任命的官员不合格造成的恶果。当今天下百姓，饱经兵灾，父兄死亡，子弟落入贼手，十家有九家是度日如年，陷入赤贫。帮助陛下治理天下的，只有地方的县令、太守，最需要严格选拔，可是，县令、太守的选拔向来不受重视，贵族子弟也不愿当这类官，应该立即改变这一弊病，请将上等郡县为第一清，中等为第二清，下等为第三清，必须选拔既有才能、门第又高的人充当，如果难以找到合适的，也要坚持才能优先、门第其次的原则，不受《停年格》的限制。三年一考核，政绩优良的调任为京官，并且参照古代的做法，未在地方任职的，不得担任京官，这样一来，则人人勤奋，上下一心，国家也会逐渐走上正轨。"辛雄在奏表中认为，国家陷于动荡的根本原因就在于用人不当，从古至今，要想把国家治理好，就必须任用贤能之士，而《停年格》的出台恰恰与此背道而驰，辛雄还在最后警告说："若遵常习故，不明选典，欲以静民，便恐无日。"

辛雄的奏表递上后不久，孝明帝就死去了，北魏陷入更大的动荡，更没有提《停年格》的事了。

《停年格》在北魏以及后世都产生了比较大的影响。崔亮以后的吏部尚书甄琛、元修义、城阳王元徽等人因为《停年格》简便易行，也都予以采用，《魏书·崔亮传》称："自是贤愚同贯，泾渭无别。魏之失才，从亮始也。"《魏书·尔朱世隆传》称，到北魏末年，尔朱世隆掌握大权，完全按照《停年格》选用官吏，受到那些才能不高、一直晋升缓慢的人们的好评。到唐玄宗开元十八年，吏部尚书裴耀卿奏请，把候选人按前任官阶分为若干等级，规定罢任后各经过若干年即可获得官职。前任官阶低者，候选年限长；前任官阶高者，候选年限短。不问是否贤能，选满即住，被称为《循资格》。唐代的《循资格》源于北魏的《停年格》，对人才的选拔都是十分不利的。

三一八 元叉政变（一）

神龟二年羽林兵变的这场风波似乎敲响了北魏政权的丧钟，十年后，第二次临朝听政的胡太后与她拥立的小皇帝一起被投入黄河淹死；十六年后，北魏帝国分裂为东魏、西魏；三十四年后，两个魏国被北齐、北周取代。

当然，当时的胡太后对此却一无所知，不仅如此，她对于即将到来的灾祸也没有任何察觉，依然大肆营建佛寺，还让各地也都修建了五层佛塔，致使百姓非常困顿。京城的达官显贵们也都竞相修建，看谁家修的庙宇更华丽。胡太后也多次举办诵经大会，施舍给和尚尼姑们的财物成千上万，赏赐给近臣的财物也毫无节制，浪费了国库中大量金钱，却从未对百姓有什么恩惠。对此，任城王元澄、起部郎源子恭也都屡屡上书劝谏，请求裁撤各项毫无意义的工程，崇尚节俭，先修好皇家大会堂和国立大学，虽然胡太后表示同意，但并无行动。由于胡太后奢侈浪费，北魏国库日渐空虚，为了改善财政状况，北魏朝廷不得不下令削减百官的俸禄，但这一项措施不仅收效甚微，而且也引起了各级官吏的不满。

为了增加收入，尚书省请求恢复向百姓征收棉麻税。步兵校尉张普惠上书劝谏道："孝文帝废除大斗，截短长尺，加重秤锤，其目的是爱护百姓，减轻赋税。因政府开支之需，又在征收丝绸之外加征了八两棉花，在征收布帛之外加征了十五斤麻，由于百姓们在度量衡上节省下来的金钱，再购买应上缴的棉麻还有剩余，所以，大家都踊跃交税。但是，随着时间的推移，征收正税的度量衡逐渐加长了，百姓们的负担与孝文帝时期相比也逐渐加重了，因此，弄得怨声载道。于忠不明白此事的缘由，在当朝时为了取悦百姓，遂取消了棉麻税，不久，尚书省又因国库空虚，决定重新征收。在实际操作中，百姓上缴的货物总要超出应缴数量，从未听说过政府会因此而怪罪地方官，相反，稍有不足，政府就要严厉处罚户主，并让三长连坐。因此，国库内的丝绸等都是超出规格的，百官领取俸禄也都要求给的丝绸要长、宽、厚，从未听说有人因政府发给的丝绸超过规格而要求退还的。现在，政府要恢复棉麻税，就应当先规范度量衡，明令禁止地方官吏在征收赋税时随意加收。”从张普惠的上书中，我们可以看出，在宣武帝时期，由于北魏持续与南梁发生战争，北魏政府纵容地方官吏在征收赋税时加大度量衡，从而加重了百姓们的负担。但对于张普惠的上书，北魏朝廷不置可否，没有回音。

羽林兵变后不久，胡太后就改任任城王元澄为司徒，京兆王元继为司空。此时，北魏朝廷上的重臣分别为：太师元雍、太傅兼太尉元怿、司徒元澄、司空元继、尚书令李崇、尚书左仆射皇甫度、尚书右仆射游肇、中书令元钦、侍中兼领军将军元叉。在这次人事变动中，有两个值得注意的：一是晋升尚书左仆射李崇为尚书令，而任命元澄为司徒。这大约是因为元澄身体方面的原因，不堪繁重的尚书省工作，到了这一年十二月，元澄就因病去世了，享年五十三岁。二是以领军将军元继为司空。元继的年事已高，且长期患病，一直卧病在床，他虽为领军将军，却没有牢牢地控制住禁卫军。羽林兵变让胡太后感到元继难以担当领军将军这一重任，因此，在提拔其为司空时，就让其子元叉继任了领军将军。

元叉，小名夜叉，又名元乂。在短短的七年里，元叉由原来的七品上阶的员外郎，迅速晋升为从二品的领军将军，同时还兼任侍中，成为北魏朝堂之上举足轻重的人物。作为宗室疏属，可以说，如果没有胡太后，就没有元继、元叉父子的今天。元叉不仅担任侍中，参与北魏朝廷的决策，而且更重要的是掌握着可以左右朝局的领军将军一职，显而易见，胡太后对元叉是寄予了厚望的。在胡太后看来，身为自己妹夫的元叉应当不会对自己有什么不利，然而，这一次，她想错了！

元叉的迅速崛起立即威胁到了帝国实际的决策者清河王元怿的利益。元怿因为与胡太后之间的私情而成为北魏帝国首席大臣，但元怿与胡太后之间的私情显然为群臣所不齿。不过，年事已高的元继和元澄等人均采取无可无不可的态度，并没有与元怿发生激烈的冲突，可是，当年少气盛的元叉崛起以后，情况就发生了微妙的变化。元怿不愿元叉的权力进一步膨胀，总是设法压制元叉，这让元叉非常不满，而元叉呢，又因为元怿与胡太后之间的丑事而鄙视元怿，两人逐渐形同水火，元叉开始盘算着利用自己掌握的禁卫军权废黜元怿。

一次，胡太后在与兼中书舍人杨昱闲谈时对他说：“我的一些在外做官的亲戚们所作所为不合适的，你听说了什么，都要向我报告，千万不要有所隐瞒。”杨昱是杨椿的儿子，原为孝明帝的太子詹事丞，后为太尉掾，兼中书舍人，既是太尉元怿的属官，又是胡太后跟前的亲信。杨昱遂上书弹劾李崇任扬州刺史期间，拉了五车财物送给元叉，恒州刺史杨钧（杨昱的同族叔父、隋朝权臣杨素的曾祖）也给元叉贿赂了十件银餐具。胡太后听了，将元叉夫妻召入宫中，哭着责备二人，这让元叉对杨昱怀恨在心。杨昱的六叔杨舒之妻，是武昌王元和的妹妹，而元和就是元叉的堂祖父。杨舒早死，留下了一男六女，而服完丧后，元氏就屡屡要求离家住在外面。杨昱的父亲杨椿召集杨氏亲戚们，当众哭着斥责元氏说：“我弟弟不幸早死，现在留下的侄儿未婚，侄女未嫁，你为何要匆匆离家？”但元氏不听，并对杨椿父子怀恨在心。正巧这一年瀛洲百姓刘宣明谋反未遂，逃亡在外，元叉遂让元和及其妹妹元氏诬告杨昱藏匿刘宣明，并称：“杨昱之父定州刺史杨椿、叔父华州刺史杨津，还给刘宣明送去了三百件铠甲兵器，图谋不轨。”元叉又从中证明确有此事。胡太后下令五百羽林军趁夜包围了杨昱家，经过一番搜查，却一无所获。胡太后把杨昱召来问话，杨昱哭着将事情的前因后果说了一遍，胡太后亲自解下绑在杨昱身上的绳索，并判处元和、元氏死刑。元叉又从中营救，胡太后最终只是将元和免官，也不再追究元氏了。

杨昱事件表明元叉与清河王元怿之间的冲突已渐趋白热化。杨昱身为元怿的下属，其向胡太后告密元叉收受李崇等人贿赂之事，可以起到一箭双雕的效果：一是打击元叉；二是打击刚刚接任尚书令的李崇。但是，由于胡太后的庇护，元叉不仅没有受到应有的惩处，相反，他开始了反击，诬陷杨昱一家谋反，虽然元叉的阴谋同样没有得逞，但在这件事情上，让元叉看出了胡太后对自己的纵容，也促使他采取更大胆的行动——将矛头直指清河王元怿。

宋维，是名臣宋弁的儿子，可是，此人与其父截然不同，轻薄无行，善于投机钻营。高肇当权时，他就百般巴结高肇，高肇死后，从给事中贬斥为益州龙骧将军府的长史。清河王元怿认为宋维是名臣之子，又举荐他为通直郎，并招聘他的弟弟宋纪为行参军。元叉看出宋氏兄弟毫无道德操守，遂答应事成之后，将重用他们，让其告发司染都尉韩文殊父子密谋作乱，册立清河王元怿为帝。宋维看到元叉的权势如日中天，立即投入元叉的怀抱，就向朝廷告发。接到宋维的举报后，胡太后下令将元怿扣押在门下省，韩文殊父子提前得到消息潜逃，经过审讯，无法找到元怿等人谋反的证据，但胡太后并不放心，将元怿安置在皇宫西面的一所宅院内，外面由禁军把守。根据诬告反坐的规定，宋维应当被处以死刑，但元叉对胡太后说：“如今如果杀了宋维，将来真有谋反的话，恐怕就无人再敢出来告发了。”于是，胡太后将宋维贬为昌平郡守。

元怿是否会借助与胡太后之间的关系产生篡位的野心？这已经不得而知了。元叉之所以能够屡屡得手，就是他看透了胡太后一直担心家族势力薄弱、自己地位受到威胁这一点。虽然胡太后并没有掌握到元怿谋反的证据，但她仍然没有立刻让元怿官复原职，这大约就是她出于“宁可信其有”的心态吧。元叉想借胡太后之手除掉元怿的计划破产了，但他还不死心，于是与刘腾密谋通过年幼的孝明帝将胡太后和元怿一起收拾掉。

刘腾是胡太后的亲信，前不久，刘腾病重快要死了，胡太后担心刘腾生前未被任命为三公之位会留下遗憾，曾匆匆忙忙加封重病中的他为卫将军、开府仪同三司，然而，经过治疗，刘腾竟然奇迹般地又活了下来。吏部官员想巴结刘腾，曾推荐刘腾的弟弟为太守，但元怿认为刘腾之弟才能、资历都不行，拒绝上奏，刘腾也对元怿怀恨在心。在元叉和刘腾二人看来，指望借胡太后之手废杀元怿，肯定是不行的，弄不好还会引火烧身。如今双方矛盾已不可调和，如果不及时采取行动，一旦元怿喘息过来，势必进行反击，只有依靠年幼的孝明帝将胡太后与元怿一并处理掉才行。

三一九　元叉政变（二）

刘腾指使御膳中黄门胡玄度、胡定列自首，称：清河王元怿答应给二人金银财宝，命二人在孝明帝的食物中下毒，并许诺事成之后，将给二人以荣华富贵。刘腾遂向孝明帝做了汇报。孝明帝时年十一岁，听了二人的供词，即信以为真。继而，元叉、刘腾适时将自己的计划告知了孝明帝，孝明帝同意了。

神龟三年七月初四，孝明帝驾临显阳殿，而此时，胡太后尚在后宫的嘉福殿，未和孝明帝在一起。刘腾见状，当即命人关闭了后宫与前殿的大门，胡太后无法出宫。元怿从外面进宫，打算到徽章殿东阁，途中，在含章殿殿后与元叉相遇，元叉不让元怿行动。元怿厉声说道："你难道想谋反吗？"元叉回答："我元叉不想谋反，正要捉拿谋反之人！"命令手下三十多名武士上前扭住元怿，将元怿推搡到含章殿东阁内看管起来。

控制元怿之后，刘腾假传圣旨召集群臣入宫，孝明帝在显阳殿之上召见群臣，讨论元怿犯下了大逆之罪，大家都不敢得罪刘腾、元叉，无人发表不同意见，只有尚书仆射游肇认为不妥，始终不在决定上签字。刘腾、元叉手持群臣的决议，入内向孝明帝报告，不一会儿，孝明帝就批准了，遂在当天夜里杀害了元怿。不久，刘腾又假传胡太后的诏书，称，皇帝年龄越来越大，而自己则身体欠佳，不能处理军国事务，愿还政给孝明帝。刘腾等人将胡太后软禁在北宫的宣光殿内，宫门昼夜紧闭，切断了内外的联系，宫门的钥匙由刘腾本人亲自掌管，只能从外面送进食物，即便是孝明帝本人也无法与胡太后相见。

胡太后的衣服不能换洗，食物无法选择，有时还不免挨饿受冻，到这个时候，她才叹息说道："养只老虎，反被老虎吃掉，说的正是我啊！"刘腾担心事情有变，又特意命令中常侍贾粲陪伴孝明帝读书写字，令其暗中监视孝明帝的一举一动。元叉遂与高阳王元雍等人一同辅政，孝明帝称呼元叉为姨夫。元叉主外，刘腾主内，两人经常在皇宫内值班，北魏朝政事无大小全由两人决定，威震内外。听说元怿被杀的消息，朝野上下无不心灰意冷，数百少数民族百姓用刀划破自己的脸，表示悲伤之情。游肇也于同年八月怀恨死去。

七月十九日，北魏朝廷为孝明帝举行加冠礼，并将神龟三年（公元520年）改元为正光元年。

元叉担任领军将军仅仅一年零两个月就发动了政变，并取得成功，原因是多方面的：一是胡太后听政以后的一系列举措并未惠及百姓，北魏社会矛盾不仅没有得到缓解，相反还在进一步激化。《魏书·肃宗纪》史臣曰："魏自宣武已后，政纲不张。肃宗冲龄统业，灵后妇人专制，委用非人，赏罚乖舛。"胡太后听政后，其关注的重点不在于解决民生，而在于如何平衡统治集团内部关系。在她的纵容下，北魏统治集团更加腐化堕落，最高统治者胡太后又笃信佛教，浪费了北魏大量人力物力，这些都是不得人心的，从客观上为元叉政变成功创造了条件。二是胡太后纵容亲贵近臣必然的恶果。元叉在发动政变之前与元怿之间的矛盾已经激化，并屡屡陷害元怿，胡太后对其处理过于宽容，致使元叉开始肆无忌惮起来。刘腾也是一样，这两个胡太后最亲近的人却突然将刀朝自己砍来，这的确让胡太后始料不及。原本胡太后听政本身就没有多少合理合法性，这也是她重用私人的一个重要原因，但是，这种任人唯亲的政策所选拔出来的人往往没有多少治国才能，像元叉、刘腾等人他们在道德操守上也是毫无底线可言的，唯利是图，重用这些人无异于引狼入室。三是元怿本身的缺陷。元怿身为帝国第一重臣，虽然史书中对其多褒美之词，但他与胡太后之间的私情他的致命伤，另外，他作为与孝明帝最为亲近的皇叔，在北魏朝廷内大权独揽，势必让人产生他觊觎皇权的猜测，这也为元叉发动政变提供了口实。

元叉发动政变后，北魏相州刺史中山王元熙率先发难，在邺城起兵。元熙是元英的次子，又是于忠的女婿，从辈分上讲是孝明帝的从叔祖，他和弟弟、给事黄门侍郎元略、司徒祭酒元篡素来与元怿关系很近，受到元怿的敬重。听说元怿为元叉、刘腾所杀后，元熙即上书朝廷，称："领军将军元叉包藏祸心，阻隔两宫，又将太傅元怿谋害，令朝野上下痛心疾首。今我率领八万义军，与并州刺史城阳王元徽、恒州刺史广阳王元渊、徐州刺史齐王萧宝寅等人于本月（八月）十四日一起起兵。"然而，元熙起兵十日即到了八月二十四日，相州长史柳元章、别驾游荆、魏郡太守李孝怡等人率领城内军民鼓噪冲入元熙的王府，杀死元熙四十多名侍卫亲兵，将元熙、元篡及其几个儿子们逮捕，关押在邺城高楼之上。元叉派遣尚书左丞卢同前往邺城，将元熙及其儿子元景献、元仲献、元叔献、弟弟元诱、元篡、元晫七人斩杀；将元熙的小儿子元叔仁和其妻于氏流放到朔州；柳元章历任太尉中兵参军、司空录事、司徒从事中郎，此处的太尉当属元怿，司空及司徒为任城王元澄，大约是在元澄去世后才被任命为相州长史的。按理说，柳元章原本是元怿的人，很有可能在此之前已被元叉收买。

元熙身为宗室亲王，喜爱文学，礼贤下士，在北魏朝野赢得了很好的名声。但他们兄弟三人过去经常随其父元英征战，在军中贪婪残暴，经常斩杀无辜百姓以增加斩敌首级，于忠诬陷郭祚、裴植时，起初并没有杀死二人的打算，是元熙极力劝说，于忠才生了杀心。元熙临刑时，给其下属写下临别诗："义实动君子，主辱死忠臣。何以明是节？将解七尺身。"又给朋友们写了一首："平生方寸心，殷勤属知己。从今一销化，悲伤无极已。"并写了一封书信明志，信中说："我与弟弟一起受到皇太后的厚遇，我被任命为大州刺史，弟弟被任命为朝廷近臣，皇太后对我们两个如同慈母一般。如今，皇太后被幽禁在北宫，太傅清河王元怿被杀，皇上年幼，独自住在前殿。君主和亲人到了这步田地，我于心不安，因此才率领军民行天下之大义。但由于我智慧浅短，很快就被囚禁，无颜以对朝廷，也没有脸面再见到朋友们。我的本心就是为了伸张正义，即使是被砍下脑袋，又有什么话可说！过去李斯在临死前回忆起在上蔡牵着黄狗游玩的洒脱，陆机在临死前想起华亭飞鹤的鸣叫，如今，我也是这样，还想对着秋月，临着春风，踏着芳草，站在花树之下，召来众多贤才，于洛水之滨赋诗，哪里再有这种机会呢！但愿朋友们各自珍惜你们的名节，建立功业，做好工作，也都不过是为了自己这个生命罢了，我还能说什么呢？"

元熙的头颅被送到洛阳后，元熙一家的亲朋故友都不敢探望，只有前骁骑将军刁整出面收拾起来，后来还给了元熙的亲人。刁整是刁雍的孙子，刁整的弟媳就是元熙的姐姐，因此，刁整与元熙一家有着姻亲关系。元叉听说后对刁整怀恨在心。

尚书左丞卢同迎合元叉的意思，在邺城穷追猛查元熙的党羽，将曾与元叉作对的济阴太守杨昱押解到邺城，严刑拷打了一百多天，也没有问出个究竟，才又将杨昱放回。卢同回京后，被元叉晋升为黄门侍郎。

清河王元怿被杀后，元叉就将元熙的另一个弟弟元略从给事黄门侍郎贬为怀朔镇副将。元略尚未到任，哥哥元熙就起兵了，但不久，元熙就被杀了，元略遂辗转逃往河内人司马始宾家里。司马始宾与元略两人制作了一个木筏，趁夜从孟津渡口渡过黄河，来到屯留人栗法光家，又辗转依附旧友西河太守刁双，在刁双那里藏匿了一年多。刁双原来受到元略之父元英的提拔，被任命为西河太守，因此，在危急关头，元略想到了刁双。当时北魏朝廷悬赏捉拿元略的行动仍然非常紧急，元略担心终究会被朝廷捉拿，他对刁双说："我们兄弟几人几乎被杀殆尽，只剩下我一个在这里存身。您虽然把我隐藏了这么久，但时间长了，终归不是个办法。万一被人发觉，我死了倒是小事，却会牵连到您家。如果能把我送出国境，您就是我再生父母；如果不能送我出境，我现在就自杀。"刁双慷慨地说："人生总有一死，难就难在为知己而死，请你不要多虑。"但元略坚决要求南渡，刁双只好让自己的侄儿刁昌护送元略南下，二人渡过长江来到南梁，梁武帝封元略为中山王。元叉听说元略逃往南梁的消息，就污蔑刁整也将叛逃，就将刁整及其弟弟刁宣等人逮捕，幸赖御史王基等人营救，刁整等人才被释放。

为了稳定政局，在元熙事件过后，元叉并没有无限制地扩大追究范围。对于元熙檄文中提及的并州刺史城阳王元徽、恒州刺史广阳王元渊、徐州刺史齐王萧宝寅等人并没有予以追究。据《魏书·良吏·明亮传》记载，在元熙起兵时，并州刺史元徽也与元熙通谋，曾派使者去时任阳平太守的明亮那里，事后，明亮谎称元徽并未参与，朝廷也没有再追究。元徽的祖父城阳王拓跋长寿与元熙的祖父南安王拓跋桢是亲兄弟关系，均系太武帝之子景穆太子的儿子，因此，元徽与元熙二人是稍远一点的从兄弟关系。广阳王元渊是元嘉的儿子，是太武帝拓跋焘之子广阳王拓跋建的孙子。从辈分上说，元渊比元徽、元熙要高一辈。元渊在恒州担任刺史期间以贪婪著称，他规定辖区百姓家有一千马的，要送给他一百匹。后元渊被升为殿中尚书，因他与元徽之妻于氏通奸，被元徽告发，朝廷将其免官。

三二〇　可汗归魏

正光元年（公元520年）九月二十一日，刚刚平息了元熙叛乱后不久，北魏朝廷又迎来了从柔然叛逃至魏的柔然可汗阿那瓌。

提到阿那瓌，让我们再重新回顾一下这个与北魏政权息息相关的柔然汗国。第一任可汗为木骨闾社仑自公元402年立国，到410年去世，被称为豆代可汗；社仑死后，其弟斛律即位，被称为霭豆盖可汗，四年后被其侄儿步鹿真设计将其逮捕，后为北燕所杀；同年，步鹿真继任可汗，但不久，社仑堂弟大檀又杀死步鹿真即位，号称牟汗纥升盖可汗；公元429年，大檀去世，其子吴提即位，称为敕连可汗；此时，柔然在北魏太武帝的打击下已元气大伤，敕连可汗派遣使者与北魏通好。公元444年敕连可汗兵败而死，其子吐贺真即位，称为处罗可汗，到公元464年吐贺真去世，其子予成即位，称为受罗部真可汗，公元485年予成去世，其子豆仑即位，称为伏名敦可汗；公元492年，因伏名敦可汗与其叔父那盖分道进攻高车，伏名敦屡败，那盖屡胜，柔然部众认为那盖为命世之主，遂杀死伏名敦，另立那盖为主，那盖遂自称为候其伏代库者可汗；公元506年那盖病死，其子伏图即位，号佗汗可汗，向当时的北魏宣武帝派去友好使者，但北魏政府未予理睬。

高车（新疆维吾尔自治区吐鲁番市东）侯倍穷奇被哌哒国（新疆维吾尔自治区皮山县）杀死，并把他的儿子弥俄突抓走，侯倍穷奇部落遂告瓦解，部民有的投奔北魏，有的投奔柔然。北魏朝廷派遣孟威安抚柔然降众，把他们安置到高平镇。高车王阿伏至罗残暴，国民发动叛乱，将阿伏至罗杀死，拥立阿伏至罗的同族跋利延为主，哌哒国护送弥俄突回国，高车人又杀死了跋利延，迎立弥俄突为国王。弥俄突继任高车国王后，与柔然佗汗可汗在蒲类海（新疆维吾尔自治区巴里坤湖）交战，失败后，向西逃了三百多里。佗汗可汗的柔然军队驻扎在伊吾北山（新疆维吾尔自治区哈密市）。正巧，高昌（新疆维吾尔自治区吐鲁番市西）王麴嘉请求举国迁往北魏内地，北魏朝廷命令孟威调发三千凉州军队西进迎接，魏军也来到了伊吾。佗汗可汗见到魏军后，大为恐惧，仓皇逃走。弥俄突得知后，立即组织追击，在蒲类海以北大破柔然军队，斩杀了佗汗可汗，并把他的头发割下送给了孟威，又向北魏派出使者进贡。佗汗可汗死后，他的儿子丑奴即位，号称豆罗伏跋豆伐可汗，这是公元508年、北魏宣武帝永平元年的事。

丑奴身体强壮，善于用兵，在他即位八年后，即到了北魏孝明帝熙平元年（公元516年），他率领柔然军队西击高车，活捉了高车王弥俄突。丑奴命人将弥俄突的双脚捆绑在马上，将其拖曳至死，并把弥俄突的头骨涂上油漆，制成酒器。丑奴又讨伐过去臣服柔然后又背叛的各个附属国，将它们一一击灭，柔然汗国又强盛起来。第二年十二月，丑奴派遣俟斤尉比建、纥奚勿六跋、巩顾礼等来到北魏，请求以平等的地位实现两国和解。神龟元年（公元518年）二月，北魏孝明帝接见柔然使者，命令中书舍人徐纥先责备他们没有尽到藩臣之礼，但最终还是决定按照西汉善待匈奴的先例以兄弟之国的礼仪出使柔然。司农少卿张伦提出反对意见，他上书称："太祖（道武帝拓跋珪）创立帝国，开疆拓土，日不暇给，主要是因为帝国致力于在中原进取，遂令夷狄社仑像幽魂一般在北方游荡。高祖（孝文帝元宏）迁都洛阳，更没有时间北伐。世宗（宣武帝元恪）继承先帝遗志，对于柔然的使者仅仅接受他们的书信而拒绝回复。圣主在上，国富兵强，竟然与柔然以平等之礼对待，害怕他们什么呢？还是有求于他们什么？如今，柔然派遣使者来到我国，一方面是仰慕我们；另一方面也是想探查我国的虚实。假设命令使者以平等的礼节前去柔然，这恐怕不是祖宗的本意。假如真需要与之通使，也应当下达诏书，显示上下有别，命令宰相给他们的可汗写信，说明归顺的道理，看看他们的反应，再慢慢地恩威并用，岂能仅仅因为夷狄之间相互兼并，柔然暂时强盛就匆忙丢掉王者之体呢？"但胡太后没有听从。

当初，伏名敦可汗豆仑被杀后，佗汗可汗伏图之父那盖即位，伏图就娶了已死的堂兄豆仑之妻侯吕陵氏为妻，生下了丑奴、阿那瓌等六个孩子。丑奴立为可汗后，一天，他的幼子祖惠却突然走失了，到处找都找不到。有一个叫屋引副升牟的人的妻子叫是豆浑地万，年龄只有二十多岁，是一名女巫，经常假托鬼神附体，受到豆罗伏跋豆伐可汗丑奴的信任。地万自称祖惠现在天上，自己能将祖惠召回。可汗及其母亲侯吕陵氏都非常高兴，到了中秋节那一天，地万在大泽之中搭起帐篷，斋戒七天，请求天神送回祖惠。一天后，祖惠突然真的回到了帐篷，自称一直就在天上。丑奴母子抱着失而复得的祖惠是既悲且喜，于是，举行盛大的聚会，册封地万为圣女，并将其纳为皇后，授予地万的前夫屋引副升牟爵位，赏赐给他三千头牲畜。地万既会旁门左道，人又长得很美，丑奴对她是又敬又爱，言听计从，数年后，祖惠逐渐长大，他的母亲问他，祖惠回答："我一直住在地万家，从未上天，是地万让我说自己一直在天上的。"祖惠的母亲将原委一五一十地告诉给了丑奴，丑奴却不信，反而说："地万能够预知未来，不可不信，你就不要进谗言了。"地万听了，心生恐惧，又暗中陷害祖惠，丑奴遂命人将祖惠暗杀了。

身为祖母的侯吕陵氏闻讯大怒，就派遣自己的心腹莫何去汾李、具列等绞杀了地万，地万被杀后，丑奴大怒，又想杀死具列等。正巧，高车阿至罗部落入侵，丑奴率军迎战，兵败而还，丑奴回来后，其母侯吕陵氏与众大臣们一起将其诛杀，拥立丑奴的弟弟阿那瓌为可汗。柔然高层陷入一场空前的危机。阿那瓌被立为可汗十日后，他的同族哥哥俟力发示发率领本部数万人马前来争夺汗位，阿那瓌战败，与弟弟乙居伐南逃到北魏。不久，其母侯吕陵氏以及阿那瓌的另外两个弟弟为俟力发示发所杀，但阿那瓌并不知情。

正光元年九月，刚刚幽禁了胡太后并亲政的孝明帝就迎来了柔然可汗，这让孝明帝和元乂等人非常高兴。孝明帝命令兼侍中陆希道、兼散骑常侍孟威为正副使者，前往洛阳近郊迎接，又命令司空京兆王元继、侍中崔光、黄门郎元纂等人将其迎候到宫门之外，赏赐给阿那瓌很多财物。孝明帝在显阳殿接见阿那瓌，令从五品以上的官员、皇室贵族、外国使节全部参加，阿那瓌来到后，谒者仆射引导王公大臣与他一起登上宝殿，将其座次安排在亲王之下。宴会将要结束的时候，阿那瓌手持报告材料站在座位之后，孝明帝命中书舍人常景询问他有什么话说。阿那瓌请求到御座前说话，孝明帝同意了。阿那瓌来到御座前面，叩头两次，跪在地上说："臣的先祖出自大魏。"孝明帝回答："这我知道。"又说："臣先祖放牧遂居住在漠北。"孝明帝说："你的话没说完，可一并说完。"阿那瓌又说："臣先祖以来虽然居住在漠北，但仰慕大魏的文化，之所以未能及早归附，是高车狂悖，臣国内动乱不断，所以未能及时向大魏表达至诚之心。前几年，我国逐渐平定了高车，等到臣的兄长丑奴为可汗时就派遣使者前来，目的就是修藩臣之礼，但是，高车又侵犯我们，国中又出现了奸臣，杀了臣兄，立臣为主。不到十日，臣以陛下如天神一般恩慈，所以才投身陛下。”孝明帝令人说：“听清了你的意思，但你好像还未说完，请继续说下去。”孝明帝一连追问四次，无非是为了让阿那瓌称臣，最终，阿那瓌又一次叩头，站起身屈辱地向孝明帝称臣，他说：“臣身遭大难，来投身陛下，老母还在北国，相距万里之遥，臣的部民也都各自逃散。陛下恩德如同天地，请求借给我兵马，让我回到本国，收集四散的部众，老母如果还活着的话，我们母子相见，如果老母已死，我也可为母亲报仇。臣将统领剩余部众侍奉陛下，一年四季都会给陛下进贡，不敢间断。臣难见陛下圣颜，言不尽意，我另外写了书面报告，请陛下御览。”阿那瓌将自己写的报告交给了中书舍人常景，转呈孝明帝。

阿那瓌入魏后，北魏朝廷将其安置在洛阳城南的燕然馆居住。十一月二十九日，北魏朝廷晋封阿那瓌为朔方郡公、蠕蠕（即柔然）王，赏赐给阿那瓌华丽的衣服、马车，仪仗队与亲王相同。阿那瓌屡屡请求北魏朝廷发兵将其护送回国，但北魏群臣莫衷一是，一直定不下来，最后，阿那瓌给元叉送上一百斤黄金，北魏朝廷最终才同意了。十二月十三日，北魏朝廷指令怀朔（内蒙古自治区固阳县）镇都督挑选两千精兵，负责将阿那瓌护送出境，在边境地区见机行事，招抚柔然降众。如果柔然国内来人迎接，就赏赐给他们钱物；如果柔然国内拒绝接受阿那瓌，那么，就让其还回到洛阳。

三二一 安置柔然

阿那瓌南逃后，他的堂兄婆罗门率领数万之众又进攻俟力发示发，并取得胜利。俟力发示发逃奔地豆干（黑龙江上游西），地豆干人将其诛杀，柔然国民遂推举婆罗门为可汗，号称弥偶可社句可汗。而北魏国内对此尚不清楚，护送阿那瓌的行动还在紧锣密鼓地进行着，而护送计划也发生了很大的变化：一、护送军队的规模扩大。原初北魏朝廷只命怀朔镇调派两千精兵，到正光二年年初，又改为征发怀朔镇附近一万五千人，人数增加了数倍。二、主将规格提高。原来只让怀朔镇将派遣部将统领，改为由怀朔镇将杨钧亲自率领。三、目的改变。原来的命令只是将阿那瓌送至边境，见机行事，并无强行进入柔然国内的计划，现在，改为一直将其送至柔然国内。

北魏尚书右丞张普惠上书反对，他说："柔然一直是帝国的敌人，如今，上天给他们降下灾祸，就是要让他们洗心革面，归顺大魏。陛下应当安抚他们的民众，让他们心悦诚服，阿那瓌归顺我们，只用安抚好即可，反而先让我们自己骚动不安，征调京师的军队，送至荒漠塞外，去解救一个世代的仇敌，帮助一个上天将要灭掉的蛮虏，臣认为这是不对的。这都是边将贪图一时的功劳，而没有想到武器是凶器，王者只在不得已的时候才使用。况且，现在我们正遭遇严重的旱灾，皇上为之减少饮食，在这种情况下，却派遣杨钧率领一万五千人马打算平定柔然的内乱，出师的时机不佳，岂能成功！假令出现意外，纵是吃了杨钧的肉，又有什么用！宰相们就好博得小小的名声，全然不顾军国大计，这是臣为之心寒的原因啊！况且，即便是我们不护送阿那瓌归国，又有什么违背信义的地方？臣官职低微，不曾参与此事的决策，但文书送到我的案头上，不敢不将真心话向陛下说出来。"但北魏决策者们置之不理。

正光二年一月，阿那瓌等五十四名滞留在北魏的柔然人向北魏孝明帝辞行。

孝明帝在西堂接见了阿那瓌及其叔伯兄弟五人，并下令赏赐给阿那瓌细明光人马铠二具，铁人马铠六具；露丝银缠槊二张并白毦，赤漆槊十张并白毦，黑漆槊十张并幡；露丝弓二张并箭，朱漆柘弓六张并箭，黑漆弓十张并箭；黑漆盾六幡并刀；赤漆鼓角二十具；五色锦被二领，黄绸被褥三十具；私府绣袍一领并帽，内者绯衲袄一领；绯袍二十领并帽，内者杂人彩千段；绯衲小口袴褶一具，内中宛具；紫衲大口袴褶一具，岗中宛具；百子帐十八具，黄布幕六张；新干饭一百石，麦麨八石，榛麨五石；铜乌錥四枚，柔铁乌錥二枚，各受二斛；黑漆竹榼四枚，各受二升；婢二口；父草马（母马）五百匹，驼一百二十头，牸牛（母牛）一百头，羊五千口；朱画盘器十合，粟二十万石，等到了边镇以后再给。诏侍中崔光、黄门元纂一直送到洛阳郊外。

此时，北魏朝廷又接到了安北将军、怀朔镇将杨钧的上书，称："柔然已经册立了可汗，这位逼杀其族兄的人恐怕不会迎接阿那瓌，如果轻率往返一趟，会白白丧失帝国国威。如果不增派军队，将无法把阿那瓌安全送回。"二月，北魏朝廷派遣曾出使过柔然的使者牒云具仁再度前往柔然，劝说婆罗门让其迎回阿那瓌。

牒云具仁来到柔然国后，婆罗门对其非常傲慢，还要求牒云具仁用卑微的礼节晋见，牒云具仁没有答应。婆罗门遂派遣大臣莫何去汾、俟斤丘升头等六人率领两千柔然军队随牒云具仁南下迎接阿那瓌。五月，牒云具仁回到怀朔镇后，将柔然国内的情况向阿那瓌说了一遍，阿那瓌担心为婆罗门所杀，不敢回国，上书北魏朝廷请求再回到洛阳。

就在阿那瓌滞留北镇、请求再度回到洛阳期间，柔然国内局势又发生了剧烈的变化。高车王弥俄突被丑奴杀死后，高车剩余部众都归顺了哌哒，数年后，哌哒又派遣弥俄突的弟弟伊匐率领高车部众归国。此时，伊匐趁着柔然内乱，率众又进攻婆罗门，大破婆罗门，婆罗门率领隶属于自己的十个柔然部落逃至凉州（治所甘肃省武威市），投降北魏。柔然国内又陷于无主状态，剩余数万柔然部众请求迎回阿那瓌为主。事态发生戏剧性的变化，七月，阿那瓌再度上书北魏朝廷，请求："归降柔然部众元退社、浑河旃二人于今月二十六日到了怀朔镇，称本国国内大乱，不同种姓之间相互厮杀、劫掠。如今，北国之民翘首以盼，希望得到拯救。请求陛下按照原来的诏书，赏赐给臣一万精兵，让都督将臣送到边境，安抚我国内的百姓。"北魏朝廷命令中书省、门下省对此进行深入讨论。凉州刺史袁翻上书认为："自从我国迁都洛阳以后，高车与柔然连年交战，开始是柔然失利，继而高车被灭。如今，高车王奋发图强，报了仇，雪了恨，但由于两国部众人数都很多，因此，最终谁也灭不了谁。自从这两个敌国相互厮杀以来，我国边境上已数十年没有了边患，这对我们是最有利的。现在，柔然的两个可汗都相继归顺了我们，但这些蛮夷之人与野兽无异，根本不要指望他们有坚定的节操。不过，兴亡继绝，这是帝王理应去做的事。如果我们不接受他们的投降，就会让我们在道义上有愧；可是，如果接受他们，并一直供养他们生活，又会浪费国家的资粮；如果把他们迁到内地，则不仅他们不愿意，而且，还将成为国家的内患，十六国时期的刘渊、石勒就是前车之鉴。如果柔然国尚存在的话，高车就会有内顾之忧，不敢放手来觊觎我国边境；如果趁机灭掉了柔然，那么高车将一枝独大，后果可想而知。现在，柔然国内虽然大乱，但部众尚多，高车虽然强大，也难以将柔然消灭。臣建议，对于柔然的两个归顺的可汗，都应该接受，让阿那瓌居住在东方，婆罗门居住在西方，分别统领柔然部众。具体应该把阿那瓌安置在哪里，因我不了解东部情况，不敢妄下结论，至于婆罗门，则应该将其安置在西海郡（内蒙古自治区额济纳旗）。这里在酒泉以北，距离高车控制的金山（阿尔泰山）有一千里地，是北方民族来往的交通要道，土地肥沃，适宜耕种。应当派遣一名将军率领部队看护婆罗门之众，令其就地屯田，这样也能减轻朝廷供应他们粮食的辛劳。从这里往北就是大沙漠，野兽聚集，让柔然人前去打猎，也足以生存下来。一方面可以帮助柔然走出困境；另一方面又能让他们成为保护帝国边境安全的屏障，这是安定边疆的长久之计。如果婆罗门能够招徕亡散的部众，复兴柔然，就让他们逐渐向北迁移，穿过大沙漠，这样一来，就成为我国的一个藩属国，高车国的一个劲敌，我国西北部边疆将会安定下来。如果他反复无常，不听从我们的指挥，那也不过是一个流亡的贼寇而已，对我们又有什么损害呢？"北魏朝廷经过讨论，最终通过了袁翻的方案。

袁翻的方案与北魏朝廷不久前的决策有着显著的区别，那就是，不再护送阿那瓌归国，而是将其与婆罗门一起安置在北魏边境地区。袁翻的这一方案，对于避难的婆罗门来说，暂时是可以接受的，但对于想要回国的阿那瓌而言则不一定愿意。与此同时，由于阿那瓌尚未归国，柔然又推举了阿那瓌的哥哥俟匿伐担任可汗，九月，俟匿伐亲自来到怀朔镇，请求北魏发兵，并来迎接弟弟阿那瓌归国。十月，北魏录尚书事高阳王元雍、尚书令李崇、侍中侯刚、尚书左仆射元钦、侍中元叉、侍中安丰王元延明、吏部尚书元修义、尚书李彦、给事黄门侍郎元纂、给事黄门侍郎张烈、给事黄门侍郎卢同等人上奏称："臣等听说西汉曾册立南、北单于，晋朝也有东、西单于之称，都是为了让它们作为国家抵御外侮的屏障。我们认为，怀朔镇以北有个无结山吐若奚泉（内蒙古自治区乌兰察布市）的地方，敦煌北西海郡即汉晋旧障，这两个地方土地广阔，土质肥沃。应将阿那瓌安置在西吐若奚泉，婆罗门安置在西海郡，让他们各自率领部众，招抚四散的部民，至于给他们的爵位、赏赐等还请陛下圣裁。阿那瓌所居之地在塞外，应体现优待，请让沃野、怀朔、武川三镇各派二百人，令本镇军主率领，送这六百人到此地，给他们建造住所。至于在婆罗门归顺之前投降的柔然部民，全部送给阿那瓌，由北镇给予他们粮食。在洛阳居住的，也任其自愿决定是去是留。婆罗门居住在西海郡，属于我国境内，不能照此办理。"孝明帝同意了。十二月，北魏朝廷下诏任命安西将军、廷尉元洪超兼任尚书行台，前往敦煌安置婆罗门。俟匿伐被送至洛阳，受到孝明帝的接见，后来下落不明。

北魏朝廷的打算是让臣服于己的柔然国能够起到屏护边境的作用，并借此牵制高车国。但是，事与愿违，在不久以后，受到北魏扶植的柔然国为了转嫁国内矛盾，又开始不断骚扰北魏边境，并加深了北魏北方边镇的固有矛盾。

正光三年（公元522年），刚刚被安置在西海郡的婆罗门就率领部众叛逃到了哌哒国。哌哒国王的三个妻子都是婆罗门的姐妹，这当属婆罗门叛逃哌哒的重要原因。北魏朝廷任命费穆兼任尚书右丞、西北道行台，率领魏军前去讨伐，柔然军队逃走。费穆对众将说："夷狄之性，见到敌人就逃走，趁着我们守备空虚又会卷土重来，如果不能一战而令其破胆，终将会让我们疲于奔命的。"于是，他挑选精锐骑兵，埋伏在山谷之内，以老弱病残之兵驻扎在大营里。柔然军果然前来，费穆率领魏军突出山谷，大破柔然军队。婆罗门也被生擒，送往洛阳，正光五年，他死在洛阳南郊的燕然馆内，被北魏朝廷追赠为使持节、镇西将军、秦州刺史、广牧公。

三二二　奚氏之死

元叉当政之初，柔然三可汗就相继归顺了北魏，这在北魏历史上是非常罕见的。虽然对于北魏朝廷来说，这是福是祸还有待于进一步观察，但至少在当时看来，是件好事。

元叉当权之后，在安抚柔然降众的同时，也改变了胡太后继续与南梁为敌的政策，他主动向南梁派出使者刘善明，南北双方又恢复了通使关系。孝明帝亲政后，移居徽音殿，元叉也住在徽音殿旁边，元叉得志之初非常谦虚，对国政得失颇为关心，但因才疏学浅，并无多少经国大略；对孝明帝极尽巴结逢迎之能事，深得孝明帝的欢心，孝明帝亲切地称呼他为姨夫。元叉出入皇宫，总是命令带刀侍卫跟在自己身边，他又在千秋门外设置木围栏，有时进出皇宫，这里作为他暂时的落脚之处，由心腹武士防守，他人求见，元叉只是站得远远的。孝明帝加封元叉的儿子元亮为平原郡公，食邑一千户，封拜之际，孝明帝还亲自驾临皇宫南门赏赐他一匹御马，一千匹布帛。

元叉发动政变后，即开始着手大肆培植亲信。他自己兼管左右卫将军、并加卫将军军号。侯刚，原为胡太后的亲信，因擅自射杀羽林士兵，受到御史中尉元匡的弹劾，差一点被处死。侯刚从太和年间就充当了三十年的皇宫典御，侍奉过孝文帝、宣武帝、孝明帝三位皇帝和冯太后、胡太后两位太后，是皇帝和皇太后身边的亲信近臣，至此被免去了这一官职，颇为失意。后元匡被废后，胡太后在元怿的建议下又起用其为御史中尉。侯刚的长子是元叉的妹夫，元叉当权后，又提拔侯刚为侍中、左卫将军，兼尚食典御。不久，又晋封为车骑大将军、领左右卫将军，并兼御史中尉。侯刚的亲家长孙稚也得到了重用，被任命为抚军大将军、假扬州刺史。光禄卿、领右卫将军奚康生与元叉一起废黜了胡太后，被晋升为抚军大将军、河南尹，仍为右卫将军。奚康生的儿子奚难娶了侯刚的女儿，由于三家有着复杂的姻亲关系，三人结为一个紧密的集团，轮流在皇宫值班，元叉又任命奚难为千牛备身。这三个人牢牢地控制着禁卫军，与侍中刘腾、中常侍贾粲一起构成北魏核心决策层。

除此之外，元叉还非常注重拉拢宗室诸王。高阳王元雍辈分很高，才能平平，又沉溺酒色，是元叉极力拉拢的对象。元修义是文成帝的弟弟汝阴王拓跋天赐之子，从辈分上讲是孝明帝的曾叔祖，辈分也比较高，元叉以其为吏部尚书。元修义此人非常贪婪，公然卖官鬻爵，“授官大小，皆有定价”，有一位叫高居的中散大夫，孝明帝曾承诺给他上党太守一职，但元修义早已将这一职位答应给了别人。高居找元修义理论，元修义命人将其拖出，高居在庭院里大呼小叫，说来抓贼啊。有人问光天化日哪里会有贼？高居说：“这个贼就是坐在上位的那位，明目张胆地违抗圣旨，给他钱多的就能得到官位，形同在京师之内公然抢劫，这不是贼是什么！”元修义听了脸色大变。元怿的弟弟汝南王元悦，是个变态之人，元怿死后，元悦毫无痛恨元叉的意思，反而对元叉极尽巴结之能事，元叉大喜，即任命其为侍中、太尉。拜官之时，元悦向元怿之子元亶索要元怿生前的衣服，元亶送去的，元悦不满意，把元亶打了一百大杖，几乎将其打死。

其次，元叉还注重拉拢北魏世家大族。穆氏家族与北魏皇室有着传统的姻亲关系，穆亮之子穆绍，妻子为琅邪长公主，其母又是中山长公主，虽然穆绍没有什么才能，但个性矜持庄重，元叉亲自到穆绍家拜访，穆绍也仅仅是迎送下台阶而已。崔光也受到元叉的敬重，正光二年四月，元叉之父元继认为自己父子二人权势太盛，坚决请求将司徒一职让给车骑大将军、仪同三司崔光，北魏朝廷遂以元继为侍中、太保，而任命崔光为司徒、侍中、国子祭酒、领著作。清河崔氏的崔休，让自己的儿子娶了元雍的第二女，女儿又嫁给元叉的庶长子元稚舒，元叉晋升其为殿中尚书。元叉又以李崇为尚书令，萧宝寅为尚书左仆射，元钦为尚书右仆射。其他如制定《停年格》的崔亮，也极力巴结刘腾，被晋升为尚书仆射等职。

据学者考证，元叉集团成员大部分年龄偏大，这当然是元叉故意为之。这是因为，年龄大的朝臣大多贪恋权位而不会铤而走险、与自己作对，但是，让元叉始料不及的是，这些人大多在其专权时期去世，也极大地削弱了他对朝局的控制力，并且，由于这些人员多数因循守旧，无法应对处于激变前夕的北魏朝局，也拿不出切实可行的方案，解决北魏面临的日益严重的社会矛盾，这都为北魏的最终灭亡埋下了伏笔。

正光二年的元叉一方面忙着护送阿那瓌的事；另一方面大力培植个人势力，而让他没有想到的是，就在这一年的年初，一件突发事件却险些让他跌入万丈深渊，问题出在一个他最为放心的人身上——奚康生。

元叉刚刚废黜胡太后不久，就发生了胡太后侄儿禁卫军都统胡虔与备身左右张车渠等数十名禁卫军将领密谋诛杀元叉的事件，可惜的是事情败露，胡虔被流放到边地，张车渠等人被杀，接着，元叉将胡氏家族子弟从禁卫军中清除了出去。奚康生是个粗鲁的武夫，经常意气用事，多少也不把年轻的元叉放在眼里，元叉对奚康生开始顾忌，而奚康生也觉察出了元叉这一变化，内心逐渐不安起来。

正光二年二月十六日，孝明帝前往西林园朝见母后胡太后，满朝文武大臣侍坐两旁，酒酣耳热之际，大家纷纷上前献舞。轮到奚康生时，他也上前献上一种力士舞，在盘旋转身之际，总是注视胡太后，挥动手臂、猛跺双脚、瞪大眼睛、点头示意，做出将要杀人的意思，胡太后明白他的意思，却不敢发号施令。天色将晚，胡太后打算拉着孝明帝一起住在自己住的宣光殿，但侯刚起身反对，他说道："皇上已经朝拜完了，嫔妃们都在南宫，岂能住在这里？"奚康生说道："皇帝是太后陛下的儿子，随太后陛下去哪里都行，还需要问谁？"见奚康生发言，群臣无人敢吱声。胡太后遂拉着孝明帝的手臂下了台阶，朝宣光殿而去。奚康生在后大呼万岁，皇帝身边的近臣们也都高呼万岁。

孝明帝与胡太后进入阁门后，元叉的亲信竞相挤住阁门，不让阁门关闭。奚康生夺下儿子奚难的千牛刀，尚食典御奚混也持刀入内，奚康生挥刀猛砍直后元思辅，局面才安定了下来。胡太后和孝明帝登上宣光殿，左右侍从全都站在西边的台阶下面。这时，奚康生趁着酒劲，又从宣光殿出来，将要发号施令，元叉已从慌乱中缓过神来，他在外面立即下令将奚康生逮捕，锁在门下省。

光禄勋贾粲欺骗胡太后说："侍卫近臣们都惶恐不安，陛下应当亲自出面安慰一下。"胡太后信以为真，遂丢下孝明帝独自下殿。贾粲看到胡太后下殿，赶忙拖着孝明帝从宣光殿的东侧回廊出了北宫宫门，一直来到了南宫的显阳殿，孝明帝再度落入元叉之手。然后，贾粲又返身回到北宫宫外，下令将宫门紧闭，又将胡太后关在了宣光殿内。

当天晚上，元叉就在皇宫内，命令侍中、黄门侍郎、尚书仆射、尚书等十余人连夜审讯奚康生等人，众人判决奚康生处斩，奚难绞刑。元乂与侯刚一起矫诏判决："同意对奚康生的判决，对奚难改为流放。"奚难哭着拜别老父，奚康生得知儿子免死，心里暗暗高兴，加上情绪激昂，毫无伤悲之情，他对儿子说："我没有谋反却被人杀死，你有什么好哭的？"当时，夜色已非常浓了，官员们催促着将奚康生拉到街市上，刀斧手杀了奚康生数下都没砍死，最后，在地上一点点地锯死。奚混也被处以绞刑。奚难因是侯刚的女婿被关押百日之后，流放到安州（河北省隆化县），后来，元乂又让卢同杀了他。

另据《魏书·于景传》记载，于景时为武卫将军，曾阴谋废黜元乂，被元乂贬为征虏将军、怀荒镇镇将。于景是原领军将军于烈的儿子、于劲的侄儿，于景阴谋废黜元乂联络的是东平王元匡，当属另外一次未遂政变，时间也在此前后。

三二三　大乱前夕

虽然北魏向南梁派出了使者，但双方之间的仇恨并没有消弭，当北魏朝廷忙着接待阿那瓌之时，两国边境上的摩擦还时有发生。

正光二年五月十四日，北魏南荆州（治所今湖北省枣阳市东）刺史桓叔兴率部投降了南梁。但六月一日，南梁义州（治所今湖北省黄冈市）刺史文僧明、边城太守田守德率众投降了北魏。二人均为山蛮酋长，投降后，分别被北魏政府任命为西豫州刺史和义州刺史。

南梁朝廷迅速做出反应。七月一日，梁武帝任命大匠卿裴邃为信武将军，假节，都督各路梁军向义州杀来。梁军在檀公岘（大别山）大破北魏义州刺史封寿，并包围了义州州城。北魏尚书左丞张普惠为行台，率领魏军前来解救，但魏军尚未抵达，封寿就投降了，南梁遂收复了义州。战后，梁武帝任命裴邃为豫州刺史，镇守合肥。裴邃打算趁机夺占北魏寿阳，暗中联络寿阳城内百姓李瓜花等人为内应。裴邃已经整顿军队，定下了出师日期，但他担心魏军觉察出梁军的动向，提前对北魏扬州刺史下书告知说："你们已在马头城（安徽省怀远县东南）驻扎了重兵，最近，我们又听说你们将要修筑白捺城（在马头城以东），假如真是如此的话，你方就向边境地带又推进了一步。我们也必须修筑瓯阳城（江苏省仪征市东北），加强边境的守备。现在，我方的工兵已经集结完毕，只等信使回来就开始行动。"裴邃故意给北魏送去书信，不过是一条瞒天过海之计。北魏新任扬州刺史长孙稚召集僚属商议，众人纷纷说道："我方并无修筑白捺城的打算，可据实相告。"但扬州录事参军杨侃说："白捺城并非一座军事重镇，不值得裴邃如此关注。裴邃此人非常狡猾，我担心他如今集结兵力，会另有图谋。"听了杨侃这番话，长孙稚顿时恍然大悟，说道："你可速速给其回信。"杨侃遂给裴邃复信说道："你如今集结军队恐怕另有所图，何必以白捺城为借口？别人另有图谋，我已了然于心，不要认为我方没有能人！”接到北魏回信后，裴邃认为敌人已经识破了自己的计谋，遂取消了原订的计划。寿阳城内的李瓜花等人左等右等梁军不到，遂相互告发，有十余家受到牵连被处死。

在这一年，北魏东益州、南青州也不太平。居住在这里的氐族人全都发动了叛乱，北魏政府以秦州刺史河间王元琛为行台前去讨伐，但由于元琛借着朝中有继父刘腾撑腰，在军中贪婪残暴，为所欲为，北魏军队士气低落，被氐族人打得大败。元琛也因此受到弹劾，被免去了官爵，但不久，遇到大赦而又恢复了王爵。

正光三年（公元522年），南梁又发生了一起宗室贵族叛逃北魏的事件。梁武帝萧衍的长子萧统出生前，萧衍曾以弟弟萧宏的第三子萧正德为养子。等到萧衍登基后，萧正德就希望能封自己为太子，可是，萧衍以自己已有了儿子为由，令萧正德回归本支，并将自己的亲生骨肉萧统封为了太子，仅将萧正德封为西丰侯，食邑五百户。这让萧正德非常不满，时常盼望天下大乱，自己能兴风作浪。这一年，萧正德从黄门侍郎晋升为轻车将军，不久，他就从南梁叛逃到北魏。梁武帝闻讯大怒，将其改姓为背氏，削去爵位。萧正德来到北魏后，自称废太子避祸而来。北魏尚书左仆射萧宝寅上书称：“哪有自己的伯父为皇帝，父亲为扬州刺史，却背弃君亲，远投他国的道理！不如将其杀了。”北魏孝明帝听了萧宝寅的话，也感到萧正德此人不地道，对其十分冷淡。看到在魏国也没啥前途，萧正德又打算逃回梁国，第二年，他暗中杀掉一个小孩，称是自己的儿子死了，在距离洛阳很远的地方寻找合适的墓地，魏国人对此也没有生疑，萧正德遂又从魏国逃回到了梁国。萧正德回来后，梁武帝流着泪将其训斥了一番，又恢复了他的爵位，并任命为征虏将军。

在北魏元叉专权之初，魏梁两国之间大体上保持了较为平静的状态，并延续了胡太后听政时期南攻北守的态势，但南方的优势并不明显。在此期间，元叉还以孝明帝的名义颁布了四道诏书：正光二年七月十七日，由于北魏国内出现严重的旱灾，孝明帝下诏要求有关部门要做好六项工作：一是要及时审理案件；二是要督促各级官吏勤政爱民；三是要赈济灾民；四是要减免赋税；五是要提拔贤良、贬斥贪浊；六是要鼓励男女婚配。第二年六月九日，孝明帝又下诏要求各地进行祈雨，并要求百官审理冤狱、停止工程建设、减少膳食、禁止宰杀。十一月，又下诏实施了大赦。十二月，他又下诏要求各地官吏不得擅自兴修佛寺，树立颂德碑，不得兼营商业，与民争利。从这四道诏书中，我们起码可以看出，当时北魏国内连年遭遇严重的旱灾，人民生活十分困顿，社会矛盾也逐渐激化，另外，北魏统治者们却依然奢侈浪费，大肆修建佛寺，浪费了国家大量钱财，这些官吏们还官商勾结，垄断商业，牟取暴利。显然，仅仅依靠这些号召性的诏书，而没有具体的措施，效果可以说是微乎其微的，更为重要的是，以元叉、刘腾等人为首的北魏最高统治集团本身就已经坏掉了，上梁不正下梁歪，己不正焉能正人？

就拿元叉来说吧。元叉在专权之初表现得非常谦恭，目的也仅仅是巩固个人的地位，在治国方略上并无深谋远虑，也拿不出彻底改变北魏官场腐败的有效措施来，随着个人地位的逐渐稳固，他连这一点也做不到了。他开始逐渐骄傲起来，变得刚愎自用，嗜酒好色，在皇宫内为自己专门开辟了一座仓库，用来盛放各种宝物，还曾经将女人装在运送食物的车内，偷偷拉入宫中，供自己在值班时享乐。史称："轻薄趣势之徒，以酒色事之，姑姊妇女，朋淫无别。政事怠惰，纲纪不举，州镇守宰，多非其人。"元叉如此，他的父亲元继也有过之而无不及。史称："继晚更贪婪，聚敛无已。牧守令长新除赴官，无不受纳货贿，以相托付。妻子各别请属，至乃郡县微吏，亦不得平心选举。凭叉威势，法官不敢纠擿，天下患之。"而元叉的死党刘腾也是如此。史称："四年之中，生杀之威，决于叉、腾之手。八座、九卿，旦造腾宅，参其颜色，然后方赴省府，亦有历日不能见者。公私属请，唯在财货。舟车之利，水陆无遗；山泽之饶，所在固护；剥削六镇，交通互市。岁入利息以巨万计。又颇役嫔御，时有征求；妇女器物，公然受纳。逼夺邻居，广开室宇。天下咸患苦之。"

在这种情况下，元叉、刘腾等人所任用的人无非是给他们送钱、送美女的人，而这些人被任命为全国各地的地方官后，变本加厉，盘剥百姓，一时间整个北魏官场全都是贪污之人，史称："牧（指刺史）、守（指太守）、令（指县令）、长（指三长）率皆贪污之人"，也就是说整个北魏官场已完全烂掉！百姓饥寒交迫，人人都想要起来造反了！

此时的北魏朝廷中不是没有头脑清醒的人，此人就是时任尚书左仆射的萧宝寅。在他长达上千字的奏表中，指出了要加强对官吏的考核，希望能够通过认真的考核来改变整个北魏官场的面貌。他首先指出，当时北魏官场的考核形同虚设，官员之间相互吹捧，要官的人从来不想想自己的才能能否担当这个重任，给官的人也从不严格衡量拟任之人到底有没有真才实学，致使考核流于形式。另外，京官数年才进行一次考核，这样就造成有的上级已经换了数人，有的上级已被免官，有的同僚已经离开了本部门，有的则早已去世，即使是当时的材料记载此人被评定为最差，但时间久了，也都面目全非，等到多年以后，再去寻访此人过去的上级或者同僚，没有一个人不说好话的，致使上下相互蒙蔽，这是最要命的。还有，地方官员非常辛苦，却六年才进行一次考核，十二年才能晋升一阶，而中央的那些无关紧要的闲官四年就来一次，十二年就能晋升三级，地方官晋升太难而责任又非常重大，那些虚名散官却晋升得非常容易。针对这种情况，萧宝寅建议：每年年终由本部门对官员进行评定，一式两份分别藏于门下省和尚书省，等到考核之时，再拿出来进行综合评定。北魏朝廷接到萧宝寅的奏疏后也十分重视，广泛征询群臣的意见建议，最终却是不了了之。

三二四　六镇起义（一）

北魏朝廷还没来得及整顿吏治，一场突如其来的大乱就降临了。

腐败、饥荒、贫困、黑暗，已经让北魏百姓的怒火行将爆发，而恰恰在这时，被北魏安抚的柔然可汗阿那瓌却给这堆即将燃烧的干柴浇上了一瓢油……

正光三年十二月，阿那瓌上书请求北魏发放种子，北魏政府同意送给一万石，但是，到第二年年初，柔然出现大范围的饥荒，阿那瓌率领柔然部众进入魏国国内，请求赈济。二月二十二日，北魏朝廷以尚书左丞元孚担任行台尚书，持节安抚柔然。元孚的爷爷是太武帝拓跋焘的儿子临淮王拓跋谭，从辈分上讲是孝明帝的曾祖辈。元孚出发前，上书朝廷说："柔然人习惯于吃肉，从未吃过米粟，应该根据他们的习惯，对症下药。过去，东汉光武帝时期，匈奴单于归顺，就曾将河东郡二万五千斛米粮和三万六千头牛羊赏赐给他们。因此，请求将母牛、母羊送给他们，让其活命。尚书称：如果他们愿意居住在七州，可在空闲地上予以安置。臣以为，人心恋旧，岂肯迁往内地？如果按照臣的建议，赈济给他们牲畜，他们肯定会回到故乡。如果不如此，强行把他们留在当地，于我危害会更大，这是为什么呢？蛮夷人面兽心，去留难测，离开旧土，水土不服，将很容易染上疾病，肯定会死亡很多，加上在他们的故乡还残留着一部分柔然人，一旦他们决定要强行回归故乡，势必抢掠我边境地区，危害我边境百姓，等到变乱发生后才采取应对措施，倒不如防患于未然。另外，自古以来，中原王朝与蛮夷政权之间就存在贸易，如今，柔然人非常困顿，命悬一线，除了我国政府给予的赈济以外，他们肯定还会请求与我边民进行贸易，如果他们有这一请求，希望朝廷同意。"元孚还说："柔然长期以来都很强大，未迁都洛阳之前，我们经常部署重兵对他们严加戒备。如今，上天垂眷我大魏，让它自行发生了内乱，可汗叩头归降。我国政府纠集他们逃散的人，以礼将其送归故土，应该趁此机会制定出妥善的计划。过去，在西汉宣帝时期，匈奴呼韩邪单于归降，汉朝派遣董忠、韩昌率领边郡的军队将他们护送出境，并就此留下协防；东汉光武帝时期，也曾派遣中郎将段彬设置安抚官员，随匈奴单于归国，时刻监视他们的行动。现在，应该参照旧事，借他们一块闲置土地，让他们在那里耕种，并先行设立一个草创的政府，表示帝国对他们的关心和温暖。与此同时，要严令边防军加强戒备和情报收集，这样，双方即使非常亲密，我们也不至于被其欺诈；就是有些许的疏远，他们也不敢背叛，这是上策。北镇诸将中过去就安排一名将领率军到塞外巡逻，就由其负责对柔然进行监督。另外，受降如受敌，武装力量不仅仅是为了对外，还要防备内乱。如果柔然人服从指挥，迁徙到各个州镇，但路途遥远，人心难测，很容易发生变乱。况且，我国百姓们的牲畜布满原野，蛮夷之人本性贪婪，见到后肯定会生出偷盗之心。要防止这种情况发生，交给我部队少了是不管用的。届时，将他们强行驱赶回国，就未必愿意空手而去；将他们安置到内地各州，又不肯从命，这样将耗费巨大。”

元孚建议的核心内容是：送给柔然人牲畜让其度过灾荒，礼送他们出境，并借机派遣军队对其进行监视。显然，元孚的建议与北魏政府的既定国策相左。在阿那瓌归降北魏后的一年多时间里，北魏政府对如何处理阿那瓌问题上显得力不从心，把一步原本非常好走的棋走得一塌糊涂，一直被阿那瓌牵着鼻子走：先是阿那瓌臣服，北魏君臣虚荣心得到了极大的满足，接着，阿那瓌请求北魏政府护送其归国。这个时候，北魏政府就需要掌握以下情况：一是柔然国内情况如何？是否已经册立了新君？送回阿那瓌之后，如何确保其忠诚于北魏政府？继而，思考这样一个问题：是扶植一个阿那瓌政权还是让柔然处于分裂状态，将阿那瓌这张牌一直握着手里，依情况再将其抛出对北魏有利？显然，北魏最高决策层尤其是元叉在接受了阿那瓌的贿赂后，决定发兵将阿那瓌护送回国，这一做法本身就是非常愚蠢的，已经遭到了尚书右丞张普惠的反对，这是因为：姑且不说张普惠提及的劳民伤财，仅就当时的局势而言，在柔然国内情况不明时，贸然将阿那瓌护送回国，假如柔然国内已经册立了新君的话，北魏此举无疑将自己放到了柔然新君的对立面，一旦双方发生冲突，北魏实际上是在引火烧身，无端地在替阿那瓌垫背。果然，在阿那瓌成行之后，柔然国内已经册立了新君婆罗门，阿那瓌不敢北行，要求返回洛阳。如果事态就此不再发展，北魏政府除了丧失一点差旅费之外，尚不至于有更大的损失。然而，柔然国内局势瞬息万变，新君婆罗门很快就被高车王打败，前往凉州投降。柔然国内再度陷于无主状态，问题又回到了原点，而且，这次的婆罗门、阿那瓌身边还有为数不少的部众：是就地安置他们？还是将其送归？事态发展到这时，已经比当初阿那瓌兄弟二人归顺魏国时复杂了许多。是趁机大规模地屠杀他们？还是成建制地就地安置他们？还是将他们打乱迁往内地？还是将他们送归故土？显然，中国传统道德价值观不允许杀降，这一做法为历代中国人所不齿，成建制地安置他们呢？这就是凉州刺史袁翻的建议。打乱迁往内地，显然不可取，那么，把他们送归故土呢，等于是这些昔日的敌人在自己家里白吃白喝一通，又拿些礼品安然回家，这也让北魏政府感到于心不甘。柔然问题就像一个烫手的山芋让北魏最高决策层着实纠结了很久，但最终他们还是采纳了凉州刺史袁翻的建议。袁翻建议的核心是在自己的国境线附近扶植一个亲北魏的柔然政权，其目的主要是与正在崛起中的高车以及中亚诸国抗衡。不过，袁翻的建议也是一厢情愿，起码存在如下先天缺陷：一是婆罗门归降的目的并未查明，他是暂时落脚还是诚意归降？如果是后者，袁翻的建议就是可行的，但如果是前者，袁翻的建议无疑就是空中楼阁了；二是即便是婆罗门诚意归降，袁翻的建议也不一定适用于东部的阿那瓌。袁翻的建议是让柔然人在北魏军队的监护下在一定区域实施屯田，这似乎与北魏初年拓跋珪在六镇附近对待归降的柔然、高车部众的做法相同，但是，两者有着本质的区别，当初拓跋珪以强大的军力将柔然、高车降众固定在一定区域，强令他们改变原有的生活方式，实施屯田，其目的是逐渐同化他们，最终让其成为北魏的一个组成部分，而袁翻的建议却旨在暂时扶植一个亲北魏的柔然政府。如果说在西方扶植一个亲北魏的柔然政府是权宜之计的话，那么，在东方再令一个行将灭亡的柔然政府死灰复燃，无疑将是非常危险的，也是非常愚蠢的。北魏政府最终按照高阳王元雍等人的一个似是而非的建议，决定将东部的阿那瓌安置在六镇北部。元雍等人的建议显然没有经过深思熟虑，且目的性不强，正如元孚所言，欲将柔然人安置在北魏边境一带，不仅柔然人不愿意，而且还极有可能会对北魏边境带来危害。这一方案如果是像道武帝时期那样为了同化柔然人的话，就必须有一系列的配套措施，如强大的军力，羁縻柔然高层贵族，责令柔然高层向京师送上人质等，而如果如袁翻所言是要扶植一个亲北魏的柔然政权的话，那就不必要让其停留在边境附近，徒增麻烦，而要像元孚的建议那样把他们打发得越远越好。

显然，在北魏军力强大、国内矛盾较少的情况下，趁此机会吞掉柔然（至少是东部阿那瓌部）是上策。配合这一决策，北魏当局就应该采取魏武帝曹操时对待南匈奴单于的做法，即分化柔然上层，将其分割为数个部落，并责令柔然各部落头领向北魏政府送上人质，同时，将名义上的柔然可汗阿那瓌滞留在京师洛阳，而从中央政府派遣一名护柔然中郎将，领军监护柔然部众，强迫他们成为魏国臣民。但是，由于北魏国内矛盾重重，且上层没有此等胆略，要想避免对自己产生不利影响，那最好就是采用元孚的办法，将其护送回国。虽然元孚之策并非上策，但起码是中策，可是，遗憾的是，北魏的最高决策层懵懵懂懂地采取了下策，连元孚的建议也没有听从。

当元孚抵达北镇的时候，阿那瓌的部众已经增至三十余万，并已南下进入魏国国内，此时北魏边将并未接到发动攻击的命令，因此，无法组织有效的进攻，但柔然部众与北魏边民、军队的摩擦时有发生，边境局势已经非常紧张。元孚手持白虎幡前去柔玄镇和怀荒镇之间安抚阿那瓌，协调双方之间的关系，但此时的阿那瓌已经羽翼丰满，暗中已决定大肆抢掠北魏边民之后，率部北逃，于是，在见到元孚之后，即将其扣留了下来。元孚此时的官职是北镇行台尚书，为北魏整个北部边境的最高统帅，阿那瓌将其强行扣留，其目的就是利用元孚这个牌子，让北镇将领投鼠忌器，不敢对柔然发起强有力的反击，便于其实施抢掠。

三二五　六镇起义（二）

元孚在临行之前的上书中曾告诫当朝的执政者们说："受降如受敌"，可是，当他自己来到北镇以后，掉以轻心自投罗网，这实在是非常滑稽的，这也说明了一个颠扑不破的道理，那就是知易行难，即心里明白一个道理，嘴上说着容易，叫你做起来却难。

可以说，元孚的草率令北魏边境军民蒙受了巨大损失。扣押元孚之后，阿那瓌将其安置在一辆辒车（可以在车内吃住的车子）内，每天供应一升奶酪，一大块肉。每次召集部众，都让元孚坐在东面，对其非常尊敬，称为行台。阿那瓌遂率领柔然部众大举南下，所到之处大肆掠夺，一直进抵平城附近，然后，才将元孚等人放还，并上书北魏朝廷表示谢罪。元孚回来后，北魏朝廷弹劾元孚无能，廷尉丞高谦之判处元孚流放之刑。得知阿那瓌竟敢忘恩负义，大肆入侵北境，北魏朝廷又羞又怒，一改往日的安抚政策，正光四年四月二十八日，派遣尚书令李崇、尚书左仆射元纂率领十万禁卫骑兵北上进击阿那瓌。阿那瓌听说后，不敢久留，遂驱赶虏获的两千多北魏百姓、公家私人的数十万牛羊马匹北撤，李崇率领魏军向北追赶了三千多里，没有追上，只好怏怏而回。

元纂命令铠曹参军于谨率领两千骑兵追击柔然，至郁对原（今地不详），前后经过十七次战斗，屡破柔然军。于谨，字思敬，后来成为西魏、北周名将，为西魏八个柱国之一。根据《北史》及《资治通鉴》的记载，于谨是于栗磾的六世孙，也就是于忠的从曾孙。按照这一说法，于氏家族世系截止到于谨时如下：于栗磾生子于洛拔，于洛拔共有六子，其中有名的分别是：长子于烈、于烈弟于果、于劲、于天恩，于烈有子于祚、于忠、于景，于劲（宣武帝于皇后父）有子于晖，于天恩有子于仁生，于仁生有子于安定，于安定有子于子提，于子提就是于谨的父亲。但是，根据《周书》记载，于谨死于北周武帝宇文邕天和三年即公元568年，享年七十六岁，逆推生于北魏孝文帝太和十七年即公元493年，本年三十一岁。而如果根据《北史》的说法，其四世祖于天恩是于烈、于果、于劲的弟弟，那么，于谨与其四世祖于天恩几乎同处于孝文帝、宣武帝一个时期，这几乎是不可能的。另外，《周书》并未提及于谨是于栗磾的后代，仅称其曾祖于婆为怀荒镇将，祖父于安定为平凉郡守，其父于提为陇西郡守。如果于谨真与赫赫有名的于栗磾家族有关系的话，《周书》是不会不提及的。对比《周书》和《北史》，我们发现问题出在于谨的曾祖身上，《周书》称其曾祖为于婆，是北镇的一名镇将，而《北史》则说其曾祖是于仁生。另据《魏书·于栗磾传》的记载，于氏家族世系为：于栗磾生子于洛拔，于洛拔六子：于烈、于敦、于果、于劲、于须、于文仁。于烈五子：于祚、于忠、于景等，于敦有子于昕，于果有子于砾、于祇，于须有子于翊。于昕有子于扬仁、于叉罗、于子荣，于砾有子于晖、于道扬，于翊有子于长文。而据《外戚传》记载，于劲子于晖，又称于劲有弟弟于天恩，于天恩子于仁生，于仁生子于安定。如果按照今本《魏书·外戚传》的说法，于洛拔就不是六个儿子，而是七个儿子了，多出了一个儿子于天恩。且，《魏书·于栗磾传》称于劲还有两个弟弟于须和于文仁，可是，在《外戚传》单单提及一个弟弟于天恩，这是非常突兀的。另外，《外戚传》中的这段文字与《北史》上提及的于谨父祖辈的官职几乎一字不差，这更有理由让我们相信，《魏书·外戚传》于天恩以下文字均系后人伪作，目的是将于谨附会为于栗磾家族的后裔，而《北史》则不辨真伪，或者是完全根据于谨家谱所为。最后，我们从史书中于谨四世祖于天恩、曾祖于仁生的名字上似乎也能看出，于谨将自己的身世附会为于栗磾家族，当是得到了北周皇室授意的。综上，目前尚为一名小将的于谨与大名鼎鼎的于栗磾家族应当毫无关联。

虽然大家说英雄不问出身，但在当时特定的历史时期，人们都看重这个，因此，于谨的后人将自己家族附会到于栗磾家族中也是情有可原的。于谨个性沉稳，有胆有识，涉猎经史，尤其喜欢看孙子兵法。年少不求仕进，有人劝他，他却说："州郡之类的官职，是古人瞧不起的，而国家的三公之位却要等到时来运转才能得到。我之所以悠然自得，遨游于市井之间，不过是打发时间罢了。"元纂听到他的名气就征辟他为下属，后来，于谨率领轻装骑兵出塞侦察，数千敕勒骑兵突然出现，于谨见寡不敌众，如果撤退，肯定会全军覆没，就将部队分散开来，隐蔽在灌木丛中，又派人登上山顶指指点点，仿佛在指挥军队。敕勒骑兵看见后，虽然怀疑尚有伏兵，但自恃人多势众，不以为意，继续朝于谨所部逼近。于谨经常骑的马有两匹，一匹是紫色骏马；一匹是黑嘴黄马，敌人认识这两匹马，于是，于谨命令两名部下骑上这两匹马，从阵中突围而去。敕勒骑兵以为那两位骑士就是于谨本人，遂争相追赶。于谨率部从后追杀，敕勒骑兵遂四散而去，于谨等人才得以平安入塞。

李崇的长史魏兰根对李崇建议说："北方边镇管辖的范围很广，过去刚设置的时候，地广人稀，要么征发中原的豪族子弟，要么就是朝廷的亲信重臣子弟，让他们保卫边疆。若干年后，有关部门不实事求是，将这些人们称为府户，对待他们如同奴仆一般，以致这些人做官无法晋升为清流之官，通婚也不能与高门联姻。原本地位平等的同族亲戚迁到洛阳后，却个个地位显要，享受着荣华富贵，对比之下，留在北镇的人自然会对朝廷怨恨。现在正是改弦更张的时候，也是安定边境至关重要的一步。建议：将六镇设置也改为与其他地方一样的州的建制，下辖郡县，所谓的府户全部改为平民。如果他们想要做官，完全按照旧规办理，文武兼用，恩威并施。如果朝廷采纳了这个建议的话，北方边境就会安定下来。"魏兰根是巨鹿人，身高八尺，博览群书，历任司空、司徒二府记室参军等职。李崇按照魏兰根的建议向朝廷上奏，北魏朝廷却置之不理。

魏兰根的建议可能会产生一点作用，但是，当时的北魏朝廷已经千疮百孔，各地民怨沸腾，只不过六镇的矛盾更为尖锐而已。假如北魏朝廷采纳了魏兰根的建议，也许六镇起义不会爆发，或者延缓一点爆发的时间，但其他地方同样会爆发反魏起义。

于忠的弟弟武卫将军于景因密谋废黜元叉而被贬出京城，担任怀荒镇（河北省张北县）镇将。于景此人过去就曾担任高平镇将，因贪婪残暴、收受贿赂而被御史中尉王显弹劾，失职怨望的他到怀荒镇后恶习难改，柔然阿那瓌攻入边塞时，怀荒镇军民请求于景发放粮食，但于景不给。镇民们非常恼火，遂发动叛乱，逮捕了于景及其妻子，将两人拘押起来，剥去他们身上的衣服，只让于景裹着一件皮外套，让他的妻子穿着一身破旧的贴身棉袄。镇民们将二人侮辱一个多月后，才将他们杀死。怀荒镇镇民叛乱的消息不胫而走，不久，沃野镇（内蒙古自治区五原县东北）镇民破六韩拔陵也招集镇民们起义，杀死了平日里作威作福的镇将，并改元真王，建立了政权。《北齐书·破六韩常传》记载，破六韩氏是匈奴单于的后代，匈奴右谷蠡王潘六奚被拓跋鲜卑征服，他的子孙遂以潘六奚为姓氏，以讹传讹，后人称之为破六韩。破六韩氏是当地势力比较强的部落，另据《魏书·广阳王渊传》记载："高阙戍主率下失和，拔陵杀之，敢为逆命，攻城掠地，所见必诛。"由此可见，破六韩拔陵最先发难的地方就在高阙，而破六韩拔陵本人也极有可能就是高阙戍主的下属。对于高阙在南北朝时期的具体位置，学者们争议颇大，大致在黄河河套北河以北狼山山脉中段。

三二六　六镇起义（三）

如前所述，所谓的北魏六镇是北魏防御柔然南下设置的六个军镇。据清代学者沈垚《六镇释》称，北魏六镇自西向东依次是：沃野镇（内蒙古自治区五原县北）、怀朔镇（内蒙古自治区固阳县西南）、武川镇（内蒙古自治区武川县西）、抚冥镇（内蒙古自治区四子王旗东南）、柔玄镇（内蒙古自治区兴和县）、怀荒镇（河北省张北县北）。关于破六韩拔陵起义的确切时间，史书的记载有一定的出入。《魏书·肃宗纪》称：正光五年（公元524年）"三月，沃野镇人破落汗拔陵聚众反，杀镇将，号真王元年"。《魏书·天象一之四》称：正光"五年正月，沃野镇人破落汗拔陵反，临淮王彧征之，败绩于五原"。但《资治通鉴》将此事记载在正光四年四月，《资治通鉴考异》认为，《周书·贺拔胜传》记载，卫可孤包围了怀朔一年，贺拔胜才向临淮王元彧告急，据此，破六韩拔陵起义当在正光四年。

正光五年三月，北魏朝廷下诏任命临淮王元彧为镇军将军，代理征北将军，都督北征诸军事，发兵北上讨伐。四月，高平镇（宁夏回族自治区固原市）人赫连恩等也发动叛乱，他们推举敕勒酋长胡琛为高平王，以响应破六韩拔陵。叛军向高平镇发起进攻，魏将卢祖迁将敌人击败，胡琛等人率众北逃。

破六韩拔陵起义后，即派遣大将卫可孤率军包围了武川镇，又向怀朔镇发起了进攻。尖山（山西省神池县）人贺拔度拔及其三个儿子贺拔允、贺拔胜、贺拔岳均武艺绝伦，他们与乡中豪强一起北上救援怀朔镇。破六韩拔陵的大将卫可孤在城西二百多步的地方指挥战斗，贺拔胜登上城墙，一箭射去，正中卫可孤的手臂，变民军大惊失色。怀朔镇将杨钧晋升贺拔度拔为统军，贺拔允、贺拔胜、贺拔岳均为军主，领军抵御叛军。贺拔允，字阿泥，贺拔胜，字破胡，贺拔岳，字阿斗泥。

怀朔镇被围一年，北魏援军却迟迟没有到来。贺拔胜慷慨对镇将杨钧说：“城池岌岌可危，请派我出城告急！”杨钧同意了，贺拔胜遂招募了十余名果敢少年趁夜突出城外，敌人发觉后，纵马狂追。眼看追上了贺拔胜等人，贺拔胜说：“我乃贺拔破胡也！”北边各镇都知道贺拔胜三兄弟的大名，听贺拔胜自报姓名，敌人也不敢上前厮杀，贺拔胜等人遂顺利来到了云中（内蒙古自治区托克托县）。贺拔胜见到临淮王元彧后，说：“怀朔镇被包围，旦夕就要城破，城内军民翘首盼望官军到来。大王为宗室重臣，与国家休戚与共，受任北讨，理当主动寻找敌人决战，如今，却顿兵不进，犹豫不决。一旦怀朔镇被叛军攻陷，武川镇也会随之危急。叛军将会因之士气大振，届时，即便是有韩信、白起之勇，张良、陈平之智，也无能为力了啊！”元彧见贺拔胜言辞恳切，就答应将出兵援救怀朔镇。贺拔胜从云中驰马而还，再次突破叛军重围，射杀数名敌人，一直来到怀朔镇城下，大声呼喊道：“贺拔破胡与官军一起回来了！”城中打开城门放其入城。杨钧又派他出城前去武川察看那里的情况，等贺拔胜来到武川镇时，武川镇已经被叛军攻下，贺拔胜又飞马回到了怀朔镇。不久，怀朔镇也被攻陷，贺拔胜父子兄弟均被卫可孤俘获。

临淮王元彧没有及时救援武川、怀朔二镇，等到二镇被攻陷后，破六韩拔陵的军队士气高涨，五月，元彧率领魏军与破六韩拔陵在五原（内蒙古自治区包头市西哈德门沟口，一说在内蒙古自治区乌拉特前旗东南）交战，魏军大败，元彧因之被削去官爵。不久，安北将军李叔仁又在白道（内蒙古自治区呼和浩特市西北）战败，叛军气势更盛。

魏军连连战败的消息传来，时年十五岁的孝明帝元诩有些坐不住了，他在显阳殿大会群臣，问大家说：“前不久，因北镇叛乱，朕立即派遣临淮王元彧讨伐。大军进抵五原后，前锋失利，阵亡了两员大将，部队败散，武川镇也落入敌手。我担心叛贼势力越来越强，已遍布朔州（治所盛乐，内蒙古自治区和林格尔县）恒州（治所平城，山西省大同市），皇家陵庙就在那里，因此，朕日夜忧愁。你们各自说出你们的建议。”吏部尚书元修义说：“强寇充斥边镇，必须征讨。臣认为应当派遣朝廷重臣前去，统率各路兵马，保卫皇家陵墓。”孝明帝说：“去年，阿那瓌叛乱，朕派遣李崇北征，长驱直入塞北，自榆关（山海关）凯旋，也为一时之盛事啊。李崇随后就上书要求将北镇改为州，将镇民改为平民，当时，朕考虑到过去的制度难以猝然变革，就没有答应。谁料想李崇的奏表却诱导边镇军民的非分之想，致使发生了今日之乱。但是，往事不可追，只是提到这事罢了。朕认为李崇是尊贵的皇亲，既有声望，又有才干，我打算再次派遣李崇统率三军，铲除群盗，你们大家认为如何？”尚书仆射萧宝寅等人回答：“陛下因为旧都还在北方，担心皇家陵墓的安全，臣等实在是恐惧惭愧。李崇德高望重，乃社稷之臣，陛下这样安排，正合臣等的愿望。”李崇说：“臣实在是无能，受到陛下的宠爱，挡住了贤才的晋升之路，遂率军北伐。北伐漠北，毫无斩获，无功而返，至今非常惭愧。臣认为六镇远在北方，与敌国接壤，州多多少少要重于镇，的确可以让镇民欢心，稳定当地的局势，我岂敢诱导他们妄生非分之想？臣的过错实在很大，死有余辜，陛下宽宏大量，饶恕了我的罪过，再次派遣我北讨，这正是我将功补过的机会，臣不敢推辞。但是，臣今年已七十岁了，加上疾病缠身，不堪效命疆场，还请陛下另择贤才。”但孝明帝不同意，于是，任命李崇以本官（侍中、尚书令）加使持节、开府、北讨大都督，抚军将军崔暹，镇军将军、广阳王元渊皆受李崇的调遣。又诏李崇之子光禄大夫李神轨，假平北将军，随李崇一起北讨。

一石激起千层浪。

破六韩拔陵起义，就像一个火种一般不仅迅速在六镇点燃一场熊熊烈火，而且，北魏国内各地各族人民也都纷纷响应，夏州（治所统万，陕西省横山县）、东夏州（治所广武，陕西省延安市东北）、豳州（治所定安，甘肃省宁县）、凉州（治所姑臧，甘肃省武威市）变民四起。秦州（治所上邽，甘肃省天水市）刺史李彦为政苛暴，秦州早已民怨沸腾，就在北魏朝廷决定李崇大举北讨后，六月，秦州人薛珍等人率众突入上邽城内，抓住了李彦，将其杀死。占领上邽后，薛珍等人公推同党莫折大提为主，莫折大提遂自称秦王。莫折大提命令卜胡率众奔袭高平（宁夏回族自治区固原市），斩杀了镇将赫连略、行台高元荣。莫折大提不久就去世了，他的第四子莫折念生自称皇帝，设置百官，改元天建，以儿子莫折阿胡为太子，加封其兄莫折阿倪为西河王，弟弟莫折天生为高阳王，伯父莫折珍为东郡王，莫折安保为平阳王。北魏朝廷命令雍州刺史元志发兵西讨。

秦州叛乱又引发了南秦州（治所骆谷城，今甘肃省成县西）的动荡。杨松柏、杨洛德兄弟是南秦州当地的豪强，过去经常率众劫掠，崔游到任后，多次对二人进行安抚。杨松柏最先归顺，被崔游任命为主簿，崔游对他假装态度非常诚恳，杨松柏十分感动，又将弟弟杨洛德召来。杨松柏自以为遇到了明主，他亲自说服、动员叛乱的氐族部众，由于他的威望，大家纷纷投降。杨松柏想自己所为的违法之事都发生在崔游到任之前，所以丝毫没有怀疑崔游会杀害自己。谁知，老奸巨猾的崔游竟然借一次宴会之机，将杨松柏兄弟以及投降了的氐族部众全部杀害。消息传来，南秦州百姓再也不相信崔游了，全境都出现了叛乱，这也是前年东益州、南秦州氐族部众叛乱的一个原因。等到秦州叛乱后，崔游自知身处险境，打算携带家眷逃出州城，可是，还未等他出逃，城内百姓张长命、韩祖香、孙掩等人即率领百姓进攻刺史官邸。崔游无路可逃，登上官邸内的高楼，慷慨悲叹，先将自己的小女儿从楼上推下摔死，很快，韩祖香等人就冲了上来，将崔游抓住杀死。占领州城后，韩祖香等人派人与秦州的莫折大提、莫折念生取得了联络。

七月，北魏朝廷任命吏部尚书元修义兼任尚书仆射，为西道行台，都督诸军开始讨伐莫折念生。

三二七　六镇起义（四）

话分两头。

先让我们看看参与北讨的三位主帅。李崇不必多说，过去，他临危受命，在扬州刺史任上干了十年，组建了一支精锐之师，被人称为“卧虎军”，稳定了淮河中下游一线，具有丰富的战场经验，但爱财如命。广阳王元渊，虽在元熙之乱中受到牵连，但在元熙被杀后依然受到了重用，此人不仅贪婪，而且又与城阳王元徽的王妃于氏通奸，被元徽告发后免去官职，此时孝明帝重新将其起用，主要是看中了他曾任恒州刺史，对北方情况熟悉这一点。崔暹，个性严酷，奸诈贪婪，曾任南兖州刺史、豫州刺史，均因贪污而被免官，后任瀛洲刺史，一次，他去城北打猎，单骑来到一个村庄，见到井边一位打水妇女，让这位妇女给自己饮马。其间，他问道：“崔刺史怎么样？”这位妇女也不认识他，就说：“瀛洲百姓有什么罪过，却让这个无赖家伙当我们的刺史！”崔暹听了满脸通红，默然而去，后又因不称职而被免官。

正光五年七月魏军大都督李崇率军进抵五原。初十，魏军东道都督崔暹不服从大都督李崇的调度，在白道以北被叛军击破，崔暹单人匹马落荒而逃。战败后的崔暹被打入大牢，崔暹命家人给元叉送上伎女、庄园，在元叉的斡旋下，最终被从轻发落。

崔暹大败后，破六韩拔陵遂并军全力南下进攻李崇，李崇不能抵挡，遂率部撤至云中（内蒙古自治区托克托县），双方陷于僵持。广阳王元渊上书朝廷说：“边镇镇民发动叛乱，闹得狼烟四起，究其原因，不是一朝一夕造成的。道武帝时期，以边防为重，选拔亲近重臣担任六镇边将，并以高门贵族子弟配给他们作为辅佐，让其誓死捍卫边疆，不仅不会耽误他们的晋升，而且还免除了这些人家的赋税、差役，在当时，去边疆服役深受人们的羡慕。太和年间，尚书仆射李冲当权，凉州的人士都被免除了在边疆服役，可是，那些鲜卑贵族后裔依然驻守在边疆。除非犯了重罪被流放到那里，普通人谁愿意与他们为伍？在六镇里服役，就是个虞候（下级军官）、白直（义工），一生至多能当个军主，而留在京师的他们的同族个个是高官显贵，留在六镇的却无法进入文官系统。有的逃亡到柔然那里，朝廷又严格对镇民的管理，凡是在本镇以外游荡的，各地巡逻兵均有权将其捉拿。这样一来，六镇镇民的子弟不能出外求学，年长以后又无法入仕，每当他们言及所受的非人待遇，都会禁不住泪流满面。自从迁都洛阳以后，边将的地位更加下降了，只有那些地位很低、长久得不到升迁的人才会被委任为镇将，这些人到任以后，相互效仿，一门心思聚敛钱财。还有各地被流放到边地的奸吏们，给他们出谋划策，糊弄官府，致使六镇地方十分黑暗，无法从内部改变，六镇百姓个个对奸吏切齿痛恨。等到阿那瓌忘恩负义，大肆劫掠边境之后，朝廷调发十五万大军穿过沙漠，不几天后又无功而返，边境军民见此情景，更加轻视朝廷。尚书令李崇当时就上书朝廷，请求将镇改为州，既是顺从了六镇军民的意愿，也是先知先觉，但朝廷没有同意。紧接着，高阙戍主对下严厉，破六韩拔陵遂犯上作乱，攻城略地，到处杀人放火，官军屡战屡败，叛军越来越强。朝廷派我等北讨，指望能够削平逆党，可是，崔暹之军全军覆没，李崇与我只得南撤下来。现在，我等已经相继撤回云中，现在的情况是：我军士气低落，不便继续西进。我担心的是，不只西北的情况如此，其余各镇的情况恐怕也会出现意外，届时，天下之事，岂可逆料！”元渊的这篇奏表主要是重复了李崇不久前请求改镇为州时对六镇社会矛盾原因的分析，委婉地暗示北魏朝廷采纳李崇原来的建议，并对二人撤军云中进行了解释说明。在朝廷不认可改镇为州的前提下，李崇不便老调重弹，也许元渊的这篇奏表正是在李崇的授意下写出的吧。但是，元渊的这篇奏表上呈后，如石沉大海，朝廷并没有答复。

很快地，到了八月，帝国北部边境的东部和西部敕勒（高车）也纷纷背叛，投靠破六韩拔陵，北魏高层这才开始认真对待李崇、元渊提过的建议。八月十八日，北魏孝明帝下诏：“各个州镇只要不是因犯罪而被流放的，其余镇民（府户）全部免为平民。”并下令将沃野、怀朔、薄骨律、武川、抚冥、柔玄、怀荒、御夷等镇全部改为州，以怀朔镇为朔州，以原来的朔州（治所为盛乐，内蒙古自治区和林格尔县）为云州。北魏朝廷以河南尹郦道元为兼黄门侍郎，持节北上安抚六镇百姓。然而，为时已晚，此时六镇镇民已全部反叛，郦道元一行抵达边境后，无法继续前行。郦道元在边地与都督李崇一起筹划战备，囤聚军粮，不久，他又被升任安南将军、御史中尉。为了体现朝廷的政策转变，元乂特意提拔从北方而来的寒门人士担任“传诏”（中书舍人），同为寒门人士的廷尉评山伟上书称颂元乂的功德，元乂将其提拔为尚书两千石郎（国务院考核司司长）。

此时，北方的局势更为复杂，魏军撤至云中、云州一线后，与破六韩拔陵之军多次交战，也多次击退叛军的进攻，两军一直相持到了冬季，但随着敕勒两部的加入，叛军力量更加强大，魏军一时难以取得决定性胜利。广阳王元渊上书称：“如今六镇全部背叛，高车两部也与之协同，以我等疲惫之师对其发起进攻，肯定不会取胜。不如挑选精兵守住恒州（治所平城，山西省大同市）的各个要塞，再从长计议。”李崇与众将商议说：“朔州是扼守白道的交通要冲，是敌人南下的咽喉，如果这里失守，那么肆州（治所九原，山西省忻州市）、并州（治所晋阳，今山西省太原市）将非常危险。现在，我想从大家中间挑选一人领军驻守此地，谁能胜任？”众将都说：“再也没有比费穆更合适的了。”《资治通鉴》把李崇所说的朔州改为云中，大约是司马光认为李崇等人此时将要撤离云中，故而留下的守将肯定即是云中的守将，但《魏书·费穆传》则明确记载为朔州，当时北魏朝廷刚刚将朔州改为云州，李崇还是沿用过去的说法。李崇遂上书朝廷委任费穆为朔州刺史，不久，又被朝廷任命为云州刺史。由此也可知，费穆驻守的不是云中，而是盛乐。费穆就是前几年持节去凉州安抚归降的柔然单于婆罗门的那位。留下费穆后，李崇、元渊即率领主力魏军转移至平城，费穆在盛乐招集流民，深得民心，当时，北境各个边镇都落入破六韩拔陵之手，只有费穆坚守一座城池，像汪洋中的一座孤岛，四面抗拒着敌人。

沦陷后的怀朔镇里，贺拔度拔及其三子与宇文泰的父亲宇文肱率领当地豪杰舆珍、念贤、乙弗库根、尉迟真檀等人，又召集一群义士，袭杀了破六韩拔陵的大将卫可孤，怀朔镇又回到了北魏朝廷之手。但是，还未等朝廷封赏，破六韩拔陵已命令高车部众发起了反扑，贺拔度拔战死。

李崇以国子博士祖莹为长史，祖莹是北齐时期才高德薄的祖珽之父。祖莹也是一代奇才，他八岁能背诵《诗经》《尚书》，十二岁为中书学生，非常喜爱读书；父母担心他用功过度得病，不让他通宵达旦地读书，他就在灰中藏下火种，等父母睡熟后，自己再爬起来用衣服被子将窗户盖上，重新点火看书。一次，老师讲授《尚书》，祖莹被选为都讲（负责为老师服务）。前天夜里，祖莹读书到深夜，天亮前才昏昏睡去，上课前，他才被人叫起，匆忙间竟将别人的《礼记》拿上了。到了讲台之上，祖莹又不敢回去取，遂将《礼记》放于面前，背诵了《尚书》中的三篇，不错一字。事后，全校大惊，这事传到孝文帝耳中，将祖莹召入宫中，专门让其背诵五经章句，祖莹背诵后又解释了含义，孝文帝听了大为赞赏。当时，祖莹与袁翻齐名，被人称为："京师楚楚袁与祖，洛中翩翩祖与袁。"因不少人模仿自己的文笔，祖莹批评说："写文章要发自肺腑，成就一家风骨，岂能与他人的一样？"然而，这样的人才在当时特定的环境中，也沾染了贪贿的习气，祖莹曾任冀州镇东府长史，因贪贿而被除名，后被崔光举荐为国子博士。此次随李崇北征，元渊又弹劾祖莹谎报战功、截留军用物资，祖莹又被除名，主帅李崇也因之被免官削爵，召回京师。

北讨军主帅为元渊一人独得。

三二八　遍地烽火（一）

正光五年年底的时候，李崇被召回到了京师，我们再看魏军在这一年里是如何对付秦陇的莫折念生的。

秦陇地区的反叛以正光五年四月胡琛在高平镇叛乱为开始，胡琛被魏军赶跑后，到了六月，莫折大提又在秦州发动叛乱，一举占领了上邽，并迅速出兵北上高平，企图接应胡琛，并一举袭占了前不久刚刚发生过叛乱的高平。莫折大提之乱又引发了连锁反应，南秦州氐族群众诛杀了刺史崔游响应，整个秦陇地区形势陡然变得非常严峻。六月十八日，北魏朝廷宣布大赦，并派遣吏部尚书元修义为西道行台，前去讨伐莫折念生。元修义在宣武帝后期孝明帝前期曾担任过秦州刺史，对这里的情况是比较熟悉的，但是，此人在秦州刺史任上，“在州多受纳”，并不为当地百姓所爱戴，他在吏部尚书任上也是贪婪成性，北魏朝廷派遣这样的一个贪官担任平叛主帅结果可想而知。此人还嗜酒如命，喝起来就是一连几天，终日昏醉，因饮酒过度，得下中风病，果然，元修义到长安后，毫无作为。

而此时的莫折念生却并没有闲着。七月二十九日，他派遣都督杨伯年、樊元、张朗等进攻仇鸠、河池二城（二城均在甘肃省徽县西），北魏东益州（治所武兴，陕西省勉县）刺史魏子建（魏兰根的族兄，《魏书》作者魏收之父）派遣将军尹祥、黎叔和将其击破，杀死了樊元，斩杀了一千多人。八月二十日，莫折念生又派都督窦双进攻盘头郡（在陕西省略阳县西北一百二十里），魏子建派遣部将窦念祖迎战，又杀死了窦双，并斩杀叛军上千人。东益州本为氐王杨绍先的领地，公元506年北魏将杨绍先擒获，在其地设置了东益州。莫折念生派往南秦州和东益州的部队并非主力，其目的是煽动东益州的氐族也发动叛乱，北魏将佐觉得州城城内的氐族居民都很强悍骁勇，而在秦州和南秦州造反的又是他们的同族，大家都建议提前收缴居民们的武器，以备不测，而魏子建却说："城内军民多次为国出征，对他们以诚相待，予以安抚，他们就成为我们的军队；如果逼迫他们，反而会让我们腹背受敌。"于是，魏子建将城内的氐族部众全部召来，一一进行安抚，不久，又将他们的子弟派往城外堡垒戍守，让他们内外连心，由于魏子建的稳妥措施，东益州的氐族部众一直没有叛乱。到这一年的年底，魏子建招抚叛氐，逐渐收复了六个郡十二个堡垒，斩杀了乱党首领韩祖香。北魏朝廷晋升其为兼行台尚书，梁州（治所汉中，陕西省南郑县）、巴州（治所巴西，四川省阆中市）、两个益州（治所分别为晋寿，四川省广元市；武兴，陕西省勉县）、两个秦州（治所分别是上邽，甘肃省天水市；骆谷城，甘肃省成县西）都受其指挥。按：关于魏子建讨伐叛氐的事迹，1986年在河南省偃师市南蔡庄乡出土的《尹祥墓志》却有着截然相反的记载，该墓志记载尹祥是在正光五年七月十八日战败被杀的，而《魏书·肃宗纪》却记载尹祥在正光五年七月丁丑日（二十九日）还率领魏军杀死了樊元，斩杀了一千叛氐。显然，这是《魏书》作者魏收为了美化其父魏子建而故意作伪。如果这是真的话，魏子建在东益州抵御梁军及讨伐叛氐的种种胜绩，也都让我们不得不产生疑问了。

与此同时，莫折念生还在七月份派遣他的弟弟高阳王莫折天生率领主力大军东下，进攻陇东（陕西省陇县南）。此时，北魏员外散骑侍郎李苗上书孝明帝说："大凡用兵粮少兵精，速战速决最为有利；如果粮多兵多，就适合打持久战。如今，陇上的叛军非常猖狂，虽然占领了高平和上邽两座城池，但并非蓄谋已久，对百姓也没有多少恩惠，因此，对于他们来说，速战速决最有利，这样每天都能招降一些部众，否则，就会人心离散，坐以待毙。敌人的进攻如同暴风骤雨，以求万分之一的成功机会；我们则应深沟高垒，控制全局。只是天下太平的时间长了，百姓们都不会打仗，有好处，就会一拥而上，遇到灾祸，相互之间也不照顾，各自逃命。武将不懂指挥，将士未经训练，没有深谋远虑，却有轻敌之心。假如陇东失守，汧军（指雍州刺史元志率领的讨伐军）失败，则秦州和南秦州的叛军就会越来越强，三辅（长安周边地区）就会危险，帝国的右臂就被斩断了。应当命令征讨军主帅坚壁不战，另外派遣一名偏将率领数千精兵从麦积崖（山在甘肃省天水市东一百里处）迂回到敌人背后，那么，在汧（陕西省千阳县）岐（治所在陕西省凤翔县）城下的叛军自然就会败散。"北魏政府任命李苗为统军，与另一位将领淳于诞一起率军向梁州、益州进发，支援东益州刺史魏子建，二人的军队还在途中，前线情况就发生了变化。八月十六日，雍州刺史元志领军与叛军在陇口（陇山险要地带）交战，魏军大败，元志单人匹马逃回岐州。

元志战败令北魏朝廷非常震惊，九月二十五日，北魏朝廷任命尚书左仆射、齐王萧宝寅为西道行台大都督，率领征西将军、都督崔延伯，又下诏恢复了北海王元颢（元详之子）的官爵，任命其为都督，一起率军西上讨伐莫折念生。而此时秦陇地区的两支叛军高平王胡琛和莫折念生并没有联合起来，当莫折念生将注意力集中于陇东、意欲夺占长安之时，逃离高平的胡琛命令部将宿勤明达、叱干骐驎等人骚扰豳州（治所定安，甘肃省宁县）、夏州（治所统万，陕西省横山县）、北华州（治所杏城，陕西省黄陵县），十月初，北魏朝廷派遣元颢率领众将前去讨伐，至此，在秦陇地区，魏军由萧宝寅、崔延伯抵御莫折念生，而以元颢所部对付胡琛。在破六韩拔陵和胡琛的煽动下，北魏夏州的朔方匈奴人也发动了叛乱，包围了夏州刺史源子雍。源子雍是源怀的第五子，源贺的孙子。夏州是连接北方六镇与秦陇、关中地区的节点，陇右的胡琛和莫折念生要想与破六韩拔陵取得联系、协同作战，就必须掌握住夏州。源子雍善于安抚下属，叛乱的匈奴人将统万城团团包围，城中粮尽，城内守军煮吃马皮，但始终没有叛心。源子雍打算亲自率军出城求粮，留下儿子源延伯守住统万，众将均纷纷劝谏道："如今，天下分崩离析，叛乱层出不穷，各地之间的通信联络已经断绝，变故会随时降临，岂能父子分开？不如弃城而去，再作打算。"源子雍哭着对大家说："我家世代受朝廷厚恩，我年纪轻轻时就被任命为一方大员，统万就是我的死地，还能去哪里！可是，自从镇守此地以来，已过去多日，只是因为缺乏粮食，不能克敌制胜。我现在前去东夏州（治所广武，陕西省延安市北）筹措军粮，运来数月之粮，回来肯定能保全本州。"于是，源子雍率领老弱之兵前往东夏州。源延伯与众将将源子雍送出城外，哭着拜别老父，三军将士无不泪下如雨。源子雍一行前行数日，被叛乱的匈奴将领曹阿各拔截击，源子雍力战被擒。源子雍虽然被擒，但他素来受到当地各族百姓们的敬仰，叛乱的匈奴部众见到他后，还以百姓对长官之礼对待他。他暗中派人从小道给城内送回书信，称："朝廷大军已经前来，要努力坚守城池。"得到父亲的书信后，源延伯对大家说："我的父亲是死是活尚不得而知，我的内心已经焦烂，但是，我奉命守城，不敢以私害公。希望大家能明白我的心意。"众人都为源氏父子的忠义所感动，纷纷表示与统万共存亡。在叛军营中，源子雍也借机说服曹阿各拔，让其归顺朝廷，曹阿各拔将要从命，恰在这时，他却死掉了，他的弟弟曹桑生遂率领部众随源子雍一起投降了。与此同时，北海王元颢率领的魏军也边打边走，源子雍见到元颢后，向元颢详细陈述了击破叛军的计划。元颢听了，分拨给源子雍一支人马，令其担任前锋。当时的东夏州全境也都发生了叛乱，各股势力随处安营扎寨，阻断交通。源子雍率领魏军边打边走，九十天之内打了数十仗，遂平定了东夏州的叛乱，征收东夏州的税赋，运往统万，两个夏州这才安定了下来。

当元颢北上讨伐胡琛之时，莫折天生也加快了继续东进的脚步，他率军进攻北魏岐州，十一月二日，岐州州城雍城（陕西省凤翔县）陷落，北魏雍州刺史、都督元志以及岐州刺史裴芬之被活捉。叛军将元志和裴芬之押送到莫折念生那里，被莫折念生处斩。叛军占领雍城后，莫折念生又命令卜胡等人朝泾州（治所甘肃省泾川县）杀来，薛安都之孙、光禄大夫薛峦率领魏军在平凉（甘肃省平凉市）以东与叛军遭遇，魏军战败。北魏黄门侍郎杨昱持节监督北海王元颢之军，去救援豳州，魏军到来后，豳州之围被解除了。但当魏军主力远离长安后，蜀人张映龙、姜神达避实击虚，率众进攻雍州（治所长安，陕西省西安市）。雍州刺史元修义连夜请求支援，一昼夜之内就发出了九封告急文书。都督李叔仁犹豫不决，杨昱说："长安是关中的根本，如果长安一失，大军自然瓦解，留在此地又有何用？"于是，李叔仁这才率军回师，诛杀了姜神达，叛党四散而逃。

三二九　遍地烽火（二）

对于北魏朝廷而言，正光五年（公元524年）的确是个大乱之年。除了北方六镇叛乱、秦陇莫折念生、胡琛、朔方胡人的叛乱之外，北魏各地也都发生了规模不大的叛乱。

在莫折大提叛乱一个月（本年七月）后，凉州幢帅于菩提、呼延雄等人也逮捕了凉州刺史宋颖，发动叛乱。到了八月，两个秀容郡（治所分别是：山西省朔州市；山西省岚县南）也发生了动荡。秀容人乞伏莫于聚众进攻州城，诛杀了太守；八月十九日，南秀容郡的牧羊人于乞真也造反，杀死了太仆卿陆延，秀容契胡酋长尔朱荣率众将其讨平。尔朱荣，字天宝，他的祖先居住于尔朱川（疑为秀容川，即山西北部的朱家川），遂以尔朱作为姓氏。他的高祖尔朱羽健曾率领一千七百武士追随拓跋珪平定了中山，拓跋珪将秀容川方圆三百里地封给了他；尔朱荣的曾祖尔朱郁德，祖父尔朱代勤，继任部落酋长。尔朱代勤是太武帝拓跋焘的夫人贺氏的舅舅，贺氏生下景穆太子拓跋晃（孝文帝元宏的曾祖），被追尊为皇后。尔朱代勤在文成帝拓跋濬时期官至肆州刺史，赐爵梁郡公，活到九十一岁。尔朱荣的父亲尔朱新兴在孝文帝时期继任酋长。秀容川适宜放牧，尔朱家族世代富裕，牛羊驼马成群，以毛色分类，成群结队，布满山谷。每次政府有军事行动，尔朱新兴总是将自己家的马匹奉给朝廷，孝文帝对他十分赞赏，封其为右将军、光禄大夫。孝文帝迁都后，破格批准让他冬天来到洛阳，夏天回到秀容。此时，尔朱新兴已经年迈，请求将爵位传给尔朱荣，朝廷同意了。尔朱荣皮肤洁白，相貌英俊，从小就聪明机智，处事果断，年长后，他喜爱打猎，把打猎当作军事演习，号令严明，部伍整齐。当地山中有三个天池，深不可测，一次尔朱荣父子二人前去游玩，忽然听到箫鼓之声，尔朱新兴对尔朱荣说："过去都说能听到此声者必会登上宰相之位，我如今已经老了，肯定会应在你的身上，努力啊！”尔朱荣继承爵位后，被北魏朝廷任命为直寝、游击将军。当时，四方扰攘，尔朱荣将家财散去，招募壮士，组织军队。侯景、司马子如、贾显度、段荣、窦泰等人都前来投靠，其中侯景、司马子如和贾显度的哥哥贾显智同时又与高欢是好朋友。阿那瓌南侵时，尔朱荣被任命为冠军将军，率领本部四千人马，隶属李崇北征。

九月，营州（治所和龙，辽宁省朝阳市）百姓刘安定、就德兴等人逮捕刺史李仲遵，占据和龙谋反。城内百姓王恶儿杀死了刘安定，投降官军，就德兴弃城东逃，自称燕王。就德兴叛乱后，北魏朝廷命令黄门侍郎卢同持节前去安抚，就德兴先降后又反叛。北魏朝廷任命卢同为幽州刺史兼尚书行台，发兵北上讨伐，但卢同率领的魏军屡屡被就德兴击败。

十二月，汾州正平（山西省新绛县）、平阳（山西省临汾市）的山胡也发生叛乱。北魏朝廷任命章武王元融为大都督，率军前去讨伐。汾州山胡的叛乱持续了北魏一朝，一直令北魏统治者十分头痛，此次山胡借助四方大乱之机再度发起了叛乱。

凉州叛乱后，被扣押的前刺史宋颖暗中派人向吐谷浑王伏连筹求救，伏连筹亲自率领吐谷浑军队进抵姑臧，于菩提等人弃城而逃，被追上杀死。城中百姓赵天安等人重新推举宋颖担任凉州刺史。但是，到了这一年的年底，莫折念生发兵西上凉州，赵天安等人又将宋颖逮捕，响应莫折念生，凉州再度沦陷。

朔方胡人的叛乱，是陇右叛乱试图与六镇联络的尝试；秀容牧羊人叛乱和汾州山胡的叛乱，则说明叛乱已经逐渐蔓延到了内地，逼近京师洛阳；营州就德兴叛乱是边地与破六韩拔陵相呼应，而凉州沦陷则是与莫折念生相呼应。

到第二年春，北魏境内的局势更趋恶化。正光六年（孝昌元年，公元525年）二月，北魏齐州魏郡（东魏郡，治所山东省济南市历城区）百姓房伯和聚众叛乱，后遇到大赦，人们才自行散去。三月，齐州清河（东清河，治所山东省临朐县）百姓崔畜杀死太守董遵、广川（山东省邹平县境）百姓傅堆捉住太守刘莽发动叛乱，青州刺史安乐王元鉴发兵将其讨平。按：此元鉴与武昌王元鉴是两个人。

就在北魏国内烽烟四起之时，南梁武帝萧衍看出了机会，他不甘寂寞，也发兵不断骚扰北魏边境，给北魏朝廷添堵。正光五年六月，梁武帝命令豫州刺史裴邃都督征讨诸军事，组织北伐。八月十二日，南梁徐州刺史成景俊攻占了北魏的童城（江苏省沭阳县）。《北史·孝义下》有《成景俊传》，其祖父成兴为北魏五兵尚书，父亲成安乐为淮阳太守，天监六年时，成安乐为人所杀，成景俊遂杀死北魏宿豫城主，投降了南梁，后任南梁北豫州刺史，率军伐魏，所向无敌，当时的人们将其比作马仙琕。九月一日，成景俊又攻克了北魏的睢陵（江苏省睢宁县）。九月十一日，南梁北兖州（治所淮阴，江苏省淮安市淮阴市）刺史赵景悦率军包围了北魏的荆山（安徽省怀远县境）。豫州刺史裴邃、虞鸿率领三千骑兵奔袭北魏寿阳，九月十五日夜，梁军砍开城门，闯入寿阳，攻占了寿阳外城。北魏扬州刺史长孙稚固守内城，双方一天之内发生了九次战斗，梁军后继部队蔡秀成所部在途中迷路，没有及时赶到，裴邃遂率军撤出了寿阳。在袭占寿阳的同时，裴邃又命令另一路梁军进攻北魏淮阳（江苏省泗阳县），北魏朝廷命令行台郦道元、都督河间王元琛率军救援寿阳，安乐王元鉴救援淮阳。河间王元琛率军来到西硖石（安徽省凤台县西南），解除了梁军对涡阳（安徽省蒙城县）的包围，收复了荆山。南梁青冀二州刺史王神念率领梁军与元琛交战，梁军战败，十月一日，南梁豫州刺史裴邃、郢州刺史元树（北魏咸阳王元禧之子）率领梁军进攻北魏建陵城（江苏省宿迁市西北），一举攻占了该地，四日，梁军继续扩大战果，又攻克了西边的曲木，南梁扫虏将军彭宝孙攻克了琅邪（山东省临沂市）。七日，彭宝孙率部攻克檀丘（山东省兖州市北），十日，裴邃攻克狄城，十九日攻克甓城，进驻黎浆（上述三处均在寿阳附近）。二十五日，北魏东海太守韦敬欣以司吾城（江苏省宿迁市北）投降南梁。南梁定远将军曹世宗攻克曲阳（寿阳东北）。二十七日，又攻克秦墟（洛口，即洛涧北流注入淮河处），北魏守将大多弃城逃去。十一月十日，彭宝孙攻克北魏东莞（山东省沂水县）。十六日，裴邃攻克寿阳所属的安城（安徽省阜阳市东），二十日，马头（安徽省怀远县东南）、安城相继向梁军投降。十二月二日，北魏荆山投降南梁。

在东线取得进展后，梁武帝命令在中路也向北魏发起了进攻。十二月，南梁武勇将军李国兴率部进攻北魏的平靖关，信威长史杨乾进攻武阳关，又进攻岘关，全部收复。继而，李国兴又率部包围了北魏郢州（治所义阳，河南省信阳市），北魏郢州刺史裴询与山蛮酋长、北魏西郢州刺史田朴特互为掎角，顽强抵抗，梁军包围了近百日，北魏援军到来后，李国兴遂撤围而去。

到正光六年年初，南梁雍州刺史晋安王萧纲也对魏境发起了进攻。他派遣长史柳浑率军攻克北魏南乡郡（河南省南阳市淅川县），司马董当门攻克了北魏晋城、马圈（河南省邓州市东北三十五里）、雕阳。与此同时，南梁裴邃置寿阳城内的主力魏军于不顾，继续展开对寿阳周边地区的进攻，以吸引寿阳魏军出城作战。一月二十四日，裴邃率部攻克了北魏新蔡郡（河南省固始县东），梁武帝萧衍下诏命令领军将军萧渊藻率部为先锋，以南兖州刺史豫章王萧综与众将随后进发，支援裴邃。二十八日，裴邃所部又攻克了郑城（河南省固始县境），汝河、颍河流域的百姓纷纷响应。北魏河间王元琛忌惮裴邃的威名，驻军于城父（安徽省亳州市东南）数月之久，就是不敢与梁军作战，北魏朝廷命令廷尉少卿崔孝芬持节，并随身携带尚方宝剑前来督战。元琛无奈，只好率军继续南下，来到了寿阳。长孙稚认为大雨连绵已久，不可轻易出战，元琛不从，遂率领五万魏军出城挑战。裴邃设下四层埋伏，让直阁将军李祖怜去引诱魏军。梁军刚一接战，即假装败退，长孙稚和元琛率领魏军猛追，突然之间，梁军的四层埋伏一起出现，将魏军团团包围，魏军大败，被斩杀了近万人。元琛退入寿阳城内，长孙稚殿后，自此魏军再也不敢出战。

三三〇　黑水之战

正光五年年底到六年年初的这场大动荡无疑是北魏立国一个多世纪以来遇到的最大考验，虽然这些叛乱大多出现在北魏边地，但沉重地打击了北魏地方统治，魏军在平叛过程中败多胜少，也让北魏统治者内部逐渐产生动摇。

原本北魏统治者内部就存在种种矛盾，北讨大都督李崇被广阳王元渊弹劾下台就未必没有争权夺利的因素，而如今元渊独自一人手握重兵，也让人对其居心产生种种的猜测。为了强化中央对领兵主帅的控制，北魏实际最高统治者元叉更多地使用从中央空降文官制约领兵主帅的办法，以保证平叛军队主帅的忠诚。随着关中局势的恶化，北魏进入关中平叛的军队数量越来越庞大，与莫折念生的决战又迫在眉睫，正光五年年底，北魏朝廷又在西道行台大都督萧宝寅之上任命元叉之父元继为太师、大将军，都督西道诸军。

当元叉将注意力集中到关中的时候，却在他意想不到的方向出现了问题。问题就出在了北魏徐州刺史元法僧的身上，十年前他担任益州刺史时，因贪婪残暴而激起了氐族叛乱，幸赖北魏朝廷火速调派前任刺史傅竖眼才让梁益地区重新安定了下来。其后，元法僧被调任平东将军、兖州刺史，转为安东将军、徐州刺史。这位元法僧本事不大，野心却不小，他看到天下大乱，又因自己素来依附于元叉，见元叉骄傲奢侈，担心有一天元叉倒台，自己会玉石俱焚，遂决心发动叛乱。北魏朝廷派遣中书舍人张文伯来到彭城（江苏省徐州市），元法僧对他说："我与你离开险地，谋求安全，你看如何？"张文伯回答："我宁可被杀，看到孝文帝陵墓上的松柏，也不愿丢掉忠义而追随叛逆之人！"元法僧遂将其杀死。正光六年（公元525年）一月十五日，元法僧诛杀了徐州行台高谅，自立为皇帝（《魏书》称其自立为宋王），改元天启，立诸子为王，部署将帅，企图趁着洛阳兵力空虚，发兵洛阳，篡位夺权。元法僧的安东将军长史元显和（与元禧之子重名）是元丽的儿子，拓跋小新成之孙，元法僧是他同族祖父。但他听到元法僧谋反后，率领军队与元法僧所部交战，却被元法僧活捉。元法僧握着元显和的双手，请他与自己一起坐下来，元显和不从，说道："我与你老人家一样出身皇室，你却突然叛变，难道说就不怕被史书记载下来吗！"元法僧仍然打算继续安抚，元显和又说："我宁愿做一个忠义之鬼，也不会当叛臣的！"元法僧遂将其处死。

北魏朝廷听说元法僧反叛后，立即调兵遣将，前去征讨。元法僧害怕了，遂派遣儿子元景仲南下梁朝，表示愿意成为梁朝的附庸国，请南梁发兵接应。梁武帝召集群臣商议，鸿胪卿朱异称："自从王师北伐之后，捷报频传，徐州辖境很多土地被我军占领，北魏朝廷内部有很多人想加罪于元法僧，元法僧担心大祸临头，他意欲归顺我朝，肯定不会有假。"梁武帝听了大喜，即派朱异前往彭城，拜元法僧为侍中、司空，封始安郡公，食邑五千户，另以宣城太守元略为大都督，与将军陈庆之、胡龙牙、成景俊等人北上接应。元略就是反对元叉而起兵的冀州刺史元熙的弟弟，不久前辗转来到南梁。

此时，梁军裴邃等部就在寿春城下，牵制住了北魏河间王元琛的兵力，北魏安乐王元鉴率领魏军讨伐元法僧。元略率领的梁军进抵彭城以南后，元鉴率领魏军与梁军作战，大破梁军，元略与数十骑狼狈逃入彭城。取胜后的元鉴掉以轻心，放松了戒备，元法僧突然打开城门，率军出击，大破元鉴军，元鉴单人匹马逃回。

元鉴战败后，北魏朝廷又任命安丰王元延明为东道行台，以临淮王元彧、尚书李宪为都督，再次发兵进攻彭城。而此时，梁武帝也将目光投到了徐州，正光六年三月五日，梁武帝亲自来到白下城（江苏省南京市江宁区西北），视察六军军营。二十一日，梁武帝命令次子豫章王萧综暂时镇守彭城，统率各路梁军，并管理徐州事务。二十五日，梁武帝征召元法僧、元略回建康，并以元法僧之子元景隆为衡州刺史，元景仲为广州刺史。元法僧裹挟一万多名北魏徐州军民南下江南，元法僧来到建康后，梁武帝对其非常优待，赏赐给他的伎女金帛不计其数。元略看不起元法僧的为人，与其交谈，从未面露笑容。

在东路梁军夺得徐州等地后，梁武帝又意识到陇右也有可乘之机，同年三月，他命令北梁州长史锡休儒、司马鱼和、上康太守姜平洛等率部骚扰北魏直城（陕西省汉阴县西），北魏梁州刺史傅竖眼派遣儿子傅敬绍率众迎战，大破梁军，擒斩三千余人，锡休儒等退回魏兴（陕西省安康市西北）。四月，南梁益州刺史萧渊猷派遣部将樊文炽、萧世澄等人率军包围了小剑戍（四川省广元市境）。北魏益州刺史邴虬派儿子邴子达、行台魏子建派遣淳于诞率领魏军抵抗。邴子达率领统军胡小虎、崔珍宝先到，樊文炽率领梁军偷袭魏军援军，生擒了胡小虎和崔珍宝二人。梁军将胡小虎押到小剑堡垒外面，令其说服守将和安投降。胡小虎远远对和安说："我的营垒疏于防备，被敌人抓获，但我看他们的兵力，实在不行。努力坚守，魏行台（指魏子建）、傅梁州（指傅竖眼）的援军马上就要到了！"话音未毕，梁军士兵即将其用刀砍死。淳于诞的援军到后，樊文炽命令梁军在龙须山（今地不详）构筑堡垒，以防被魏军切断退路。淳于诞暗中招募壮士趁夜摸上山来，纵火焚烧了梁军的营寨，梁军看到归路被切断，军心大乱。淳于诞趁此机会，纵兵猛击，梁军大败，樊文炽侥幸捡得一命，萧世澄等十一名梁将被俘，近万名梁军被杀。

在不到一年的时间里，北魏国内遍地烽火，狼烟四起，被杀的地方官员就有九人之多，他们分别是：秦州刺史李彦（为莫折大提所杀）、南秦州刺史崔游（为当地百姓孙掩等人所杀）、高平镇将赫连略、高平镇行台高道荣（为莫折大提所派卜胡所杀）、太仆卿陆延（为秀容牧羊人于乞真所杀）、雍州刺史元志、岐州刺史裴芬之（为莫折念生所杀）、徐州行台高谅（为元法僧所杀）、清河太守董遵（为当地百姓所杀）。被俘的有三人，分别是凉州刺史宋颖、营州刺史李仲遵、广川太守刘莽。

相对于其他地方的叛乱而言，莫折念生的势力很大，并且一旦关中失守，洛阳即完全暴露于叛军的攻击之下，因此，北魏朝廷对此高度重视，组织重兵西进讨伐，这也是徐州元法僧趁虚发动叛乱的原因之一。就在元法僧叛乱前后，西路魏军与莫折念生的叛军展开了一场生死决战，初步扭转了西部战局，遏制了叛军东下的势头，这次交战史称黑水之战。

黑水，即今天陕西省周至县东南之黑河。莫折天生占领岐州后，又继续向东推进，驻军于黑水西岸，军势甚盛。北魏朝廷以新任岐州刺史崔延伯为征西将军、西道都督，率领五万人马前去抵御，与行台萧宝寅之军驻扎在马嵬坡（陕西省兴平市西），两军相距一百多步。萧宝寅每天召集诸将商讨破敌之策，崔延伯总是说："敌人刚刚取胜，难与争锋。"说得多了，让萧宝寅十分恼火，他严肃地斥责道："大人受朝廷厚恩，统率军队讨伐叛党，你却总说困难，胆怯懦弱，挫伤我军威，这都是你的罪过。”第二天一大早，崔延伯就亲自来到萧宝寅的大营谢罪，并对萧宝寅说：“今日我将亲自为明公试探一下敌人的胆量。”回到营中，崔延伯即挑选了数千精兵西进，径直渡过黑水，朝叛军军营而来；萧宝寅则率领大军列于黑水东岸高地，遥遥作为声援。当时的叛军在距离黑水西岸一里远的地方扎营，一座营垒连着一座营垒，崔延伯率部直抵莫折天生大营外面，耀武扬威一番后，又缓缓撤离。莫折天生见崔延伯率领的人数不多，遂打开营门，争先恐后地追赶，叛军人数超过崔延伯之军十倍，一时间万马奔腾，欲将崔延伯所部压迫到水畔。萧宝寅远远望见，担心有失，不禁大惊失色。崔延伯亲自断后，魏军部伍严整，不与叛军交战，莫折天生也不敢下令发起进攻。不一会儿，崔延伯的部队又渡过了黑水，崔延伯也缓缓渡过了河，莫折天生的人马也随之回营。见到崔延伯后，萧宝寅大喜，说道：“将军之勇超过关羽、张飞啊！”崔延伯回答：“这帮家伙不是老奴的对手，明公只用安心坐着，看我如何击破他们。”正光六年一月十八日，崔延伯率领本部人马出战，萧宝寅也出动全军作为后援。莫折天生率领全军迎战，崔延伯身先士卒，一举击破叛军先锋，魏军将士各个奋勇杀敌，大破叛军，俘虏斩杀十余万敌人，一直追杀到小陇山（位于甘肃省天水市、陇南市境内，为渭河与嘉陵江的分水岭），岐州、雍州以及陇东均被平定。但是由于魏军忙于在当地劫掠，败退后的莫折天生得以阻塞了陇山的通道，关中各路魏军被阻挡于陇山以东地区，无法继续西进。萧宝寅攻克宛川（陕西省宝鸡市）后，搜捕当地百姓当奴婢，并挑选了十名美女送给岐州刺史魏兰根。魏兰根推辞道：“这里沦陷后，当地百姓为了活命才不得不暂时归降叛军，官军来到后，应该哀怜他们，对他们予以安抚，为何像叛军一样去残害百姓，强迫他们当奴婢呢？”命人到处寻找她们的家人，全部送回。

三三一 灵后复辟

魏军在黑水取得胜利后，关中方面的压力顿减，北魏朝廷才得以关注落入南梁之手的徐州，遂下诏命令京兆王元继班师。

一年来，北魏国内局势突变，让领军将军元叉忙得焦头烂额，而就在此时，被软禁五年之久的胡太后也加紧了复辟行动。元叉幽禁胡太后，是其为了达到诛杀清河王元怿而采取的无奈之举，实际上，作为妹夫的元叉与胡太后之间并无深仇大恨，因此，开始的时候，元叉还允许孝明帝与胡太后时不时地见上一面，然而，在奚康生试图利用胡太后与孝明帝见面之机发动政变后，元叉将孝明帝迁到徽音殿居住，他自己就住在殿旁，加强了对小皇帝的控制，并对孝明帝极尽巴结之能事，赢得了孝明帝的欢心。到正光四年二月，大宦官刘腾去世，元叉失去了一位内廷的得力助手，也削弱了元叉对内宫的控制，对此，元叉不仅没有意识到问题的严重性，反而逐渐放松了警惕，时常离开内廷，住到外面，甚至离开洛阳，出外游玩，也不听亲信们的劝谏。

敏锐的胡太后很快就嗅出了这一变化，开始暗中策划复辟行动。当正光五年天下大乱之时，到这一年的秋天，趁着一次与孝明帝会面之际，胡太后当着孝明帝和群臣的面说："你们将我母子隔离，不让我随意到我儿子这里，你们还要我做什么？你们放我出家，我将永远离开尘世，在嵩山闲居寺修道。先帝真是有先见之明啊，他修建这座寺庙原来是为了我今天啊！"当即就要亲自剪去头发。时年十五岁的孝明帝与群臣都跪下叩头，哭着苦苦劝阻，但胡太后声色俱厉，毫无改变念头的意思，当晚，孝明帝就留宿在了胡太后居住的嘉福殿内，随后数日，孝明帝都与胡太后居住在一起，母子二人遂暗中定下了除掉元叉的计划。

十五岁的孝明帝年纪虽小，但颇有心计。他虽然内心决定除去元叉，但表面上对元叉表现得更加亲密，自己在嘉福殿内听到胡太后的恼怒之言以及胡太后想自由出入显阳殿的意思，孝明帝都一五一十地告诉给了元叉。不仅如此，孝明帝还哭着对元叉诉说太后将要出家为尼，自己是如何忧愁恐惧等等，每天总要给元叉说上三四次。在元叉看来，如今的孝明帝已经逐渐长大，自己也控制朝廷多年，已今非昔比，只要孝明帝对自己亲近，即便放松胡太后的行动，她又能怎么样呢？而且，在元叉看来，孝明帝对自己是真心实意的，听了孝明帝的话，元叉毫无戒备之心，反而劝说孝明帝听从胡太后。过了元叉这一关，去年秋天以后，胡太后又恢复了自由，数次驾临显阳殿，南北两宫之间来往再无限制。

也许，元叉此举是想在各地一片动乱之时，最大限度地减少最高层之间的矛盾，甚至还能利用胡太后的威望稳定朝局，然而，被幽禁数年的胡太后岂能放过他？

从正光五年年底到六年年初的数月来，虽然胡太后尚未复辟，但已经以独特的身份在影响着北魏政局。胡太后重新出现到北魏政治舞台之上，令与元叉关系密切的元法僧十分不安，这大约是其叛乱的一个重要原因，而元法僧叛乱又成了胡太后打击元叉的一个口实。因为元法僧是元叉的亲信，元法僧担任徐州刺史又是元叉举荐的，胡太后多次当着大家的面提及此事，弄得元叉是既惭愧又后悔，很没面子。

此时的北魏朝局已变得非常微妙。对于胡太后和元叉而言都面临着一场抉择：是继续维持这种局面还是将对手打压下去呢？胡太后也曾对此犹豫不决，她暗中征询一向对元叉比较傲慢的穆绍的意见，穆绍极力赞成废黜元叉，于是，一场政变就进入了实施阶段。

高阳王元雍虽然官位比元叉高，但对元叉十分忌惮，通过运作，胡太后又与元雍达成了初步的默契。元雍家住洛阳城南津阳门外三里御道西边，距离洛水很近。正光六年二月，胡太后与孝明帝一起前往洛水游玩，高阳王元雍借机邀请胡太后与孝明帝驾临家中，日暮以后，孝明帝与胡太后进入元雍的内室，随从均不得入内，三人遂定下废黜元叉之计。

数日后，元雍随从孝明帝前去拜见胡太后，对胡太后说："臣不担心天下的叛贼，只担心元叉，这是什么原因呢？元叉手握禁卫军，其父元继又率领百万之众，驻扎在京师西部，他的弟弟元罗又刚被任命为都督青光南青三州诸军事，统领三齐之兵。元叉无心则好，如果他要存心谋反，朝廷将如何对付？虽然元叉嘴上说不会谋反，谁知道他内心是怎么想的？真不能不让人担心啊。"胡太后说：

“是啊，元郎如果真的忠于朝廷，没有反心，为何不辞去领军将军一职，保留其余官职继续辅政呢？”元雍和胡太后两人表演的双簧显然是让元叉看的。

两人的对话很快就传到了元叉的耳中，惊慌失措的他不知如何是好，向亲信冯元兴问计。冯元兴曾任元叉之父元继的司徒记室参军，遂为元叉所知，元叉专权后，被晋升为尚书殿中郎。冯元兴虽然是元叉的心腹，但谦虚谨慎，人缘很好，太保崔光临死前推荐他为孝明帝的侍读。听了元叉的问话，冯元兴反问道：“不知道大人内心想如何办？”元叉说：“你是说我想谋反吗？”冯元兴不敢直说，只好劝其辞去领军将军一职。

为了免遭猜忌，元叉主动请求辞去担任了七年的领军将军一职，北魏朝廷遂以其为骠骑大将军、开府仪同三司、尚书令、侍中、领左右卫将军。为了安抚元叉一党，胡太后任命元叉的死党、年迈的侯刚继任领军将军，加侍中。元叉虽然被解除了兵权，但仍然处于北魏最高决策层，他自己也完全没有意识到将会被废黜。其实，对于元叉而言，失去了军权，就等于失去了一切。

墙倒众人推。《魏书·阉官传》称：“又有张景嵩、毛畅者，咸以阉寺在肃宗左右，而并黠了，甚见知遇。俱为小黄门，每承间陈元义（叉）之恶于肃宗。元义之出，景嵩、畅颇有力焉。”《北史·元叉传》也称：“有阉人张景嵩、刘思逸、屯弘昶、伏景谋废叉。”孝明帝最宠爱嫔妃潘外怜，张景嵩对潘嫔说：“元叉将要谋害您。”潘嫔信以为真，在孝明帝面前哭诉道：“元叉不仅仅是想杀死我，还将加害陛下。”孝明帝深信不疑，趁元叉轮休之机，解除了他的侍中一职，第二天，元叉将要入宫，卫士拒绝他进入。正光六年四月十七日，胡太后再度宣布临朝摄政，下诏剥夺死去的刘腾官爵，将元叉削职为民。

元叉倒台后，其对立面立刻浮出水面，要求对其进行清算。清河王元怿的清河国郎中令韩子熙，是韩麒麟的孙子，元叉害死元怿后，韩子熙发誓如果元怿不被平反昭雪，自己将终身不出仕。此时，韩子熙与元怿过去的中大夫刘定兴等人跪在皇宫门外上书替元怿鸣冤，要求诛杀元叉等人，于是，胡太后下令挖开刘腾的坟墓，敲碎骸骨，抛尸荒野，没收刘家全部家产。又任命韩子熙为中书舍人。后来，刘腾的一个养子叛逃南梁，胡太后大怒，将刘腾剩余的养子们全部流放到北部边境，途中，又派遣刺客在汲郡将其全部杀死。元叉一党宋维、宋纪兄弟，是陷害清河王元怿的元凶，元叉专权后，宋维被任命为冠军将军、洛州刺史，后又调任营州刺史，胡太后下令将其除名，不久，又将其在邺城赐死。领军将军侯刚也被胡太后调出京师，外派为冀州刺史、开府仪同三司，途中，贬为征虏将军，免去官职，后死在家中。胡太后还痛恨曾欺骗过自己的宦官贾粲，担心元叉的党羽很多，不便在京师处死贾粲，遂任命其为济州刺史，途中派武卫将军刁宣将其诛杀，没收家财。

元叉一党死的死，贬的贬，只剩下元叉一人是胡太后的妹夫，胡太后一直不忍心对其下手。元叉活在世上一天，都令对手们提心吊胆一天，谁能料到哪天元叉再度崛起，不把屠刀架到这些人的脖子上？一时间谣言四起，有人说："元叉还将会被重新起用。"曾在孝明帝废黜元叉上出过力的宦官张景嵩和毛畅担心会出现意外，遂建议孝明帝下诏令右卫将军杨津（杨椿之弟）秘密前去杀死元叉。诏书已经写成，还未来得及下发，元叉的妻子、胡太后的妹妹冯翊郡君胡氏就知道了，她匆匆忙忙入宫告诉胡太后说："张景嵩和毛畅联络清河王元怿的儿子元邵将要废黜太后。"胡太后信以为真，责令张畅拿出诏书，张畅将诏书的草稿献上后，胡太后读完，发现并无废黜自己的字眼，才稍稍心安。但是，胡氏深知如果继续让二人留在宫中，势必让元叉处境危险，遂在姐姐面前不断说二人的坏话，不久，胡太后就将毛畅外任为顿丘太守，张景嵩外调为鲁郡太守，后来，又密令御史诛杀了毛畅；张景嵩回京，胡太后狠狠地数落了他一顿，但留下了他一条性命。

胡太后惩处张景嵩和毛畅二人，并非因为二人试图诛杀元叉，而是因为二人的行动让她感到二人在左右年幼的孝明帝，威胁到自己刚刚抓到手里的最高权力，这一事件也让她复出后与儿子孝明帝之间的二元政治出现了一丝不和谐。

除了张景嵩等人外，北魏统治集团的其他成员也都不愿看到元叉继续活下去。过去，给事黄门侍郎元顺（元澄之子）曾得罪过元叉，被贬为齐州刺史，胡太后复辟后，将其召为侍中。元熙被杀后一直没有安葬，一次，元顺坐在胡太后身边，元叉的妻子胡氏也在一旁，元顺说："昨天我看到元熙家送葬，一门七口棺材，不仅宗室为他家心酸，就是路上的百姓也莫不潸然泪下。"说完，遂指着胡氏对胡太后说："陛下为何因一个妹妹就不让元叉受到应有的惩罚，让天下人无法申冤！"胡太后听了，张口结舌，无言以对。又过了几天，胡太后平静地对侍从们说："刘腾、元叉昔日曾请求朕给他们发放免死铁券，希望有罪时能够免死，幸亏当时我没有给他们。"中书舍人韩子熙说："是生是杀，全看具体情况，与给没给铁券又有什么相干！况且陛下昔日虽然没有给他们铁券，但对今日不杀他又该如何解释呢？”胡太后听了怅然若失。咸阳王元禧的儿子元树逃往南梁后被梁武帝封为鄴王，元法僧南降后，元树给北魏群臣写信说：“元叉本名夜叉，弟弟元罗本名罗刹。夜叉和罗刹，都是吃人之鬼……他们兄弟起了这样的名字，就说明他们能吃人，时间长了，人们才相信这话。”不久，就有人告发元叉及其弟弟元瓜阴谋作乱，举报人得到了元叉兄弟的亲笔书信，信上元叉先派遣堂弟元洪业率领六镇降户在定州作乱，又计划招诱鲁阳山蛮骚扰京师，攻击伊阙（河南省洛阳市南五十里），二人愿为内应，信上还定下了举事日期。胡太后仍不忍处死元叉，黄门侍郎李琰之说道：“元叉之罪，远近皆知，岂能再拖，混淆视听！”胡太后的近臣中书舍人徐纥善于见风使舵，他想近前劝谏，但又犹豫再三，最终不敢吱声。群臣一再请求，孝明帝也表明了态度，在各方压力下，胡太后不得不将元叉和元瓜于家中赐死。据《元乂墓志》称，元叉是在孝昌元年（正光六年）三月二十日，孝明帝下诏以两千禁卫军包围了元叉府邸，元叉未作抵抗，喝下送来的毒药而死，时年三十一岁。据《墓志》，元瓜是元叉的第五弟，名元宾。

元叉死后，胡太后追赠其为持节、侍中、骠骑大将军、开府仪同三司、尚书令、冀州刺史，将其厚葬，胡太后还率领百官亲自到陵墓上哭祭。元叉墓规模宏大，装饰华丽，堪比宣武帝的景陵，出土的《元乂墓志》是迄今字数最多的北魏墓志。

元叉死后，其父江阳王元继也被免官，元叉庶长子元稚南逃梁朝，前幽州刺史卢同也因是元叉同党而被除名。元叉弟弟元罗被召回京师，担任宗正卿，为了保命，他又强娶寡嫂冯翊郡君胡氏为妻，受到世人的嘲笑。

三三二　佞幸满朝

正光六年六月十日，北魏朝廷将年号改为孝昌元年。

胡太后改元的目的是想把给自己留下痛苦记忆的正光年间抛到脑后，开始她新的生活，孝昌年号从公元525年六月沿用至公元528年一月，一共使用了两年半，这短短的两年半时间决定了北魏的最终灭亡，也是胡太后最后的疯狂时期，在她复辟后，北魏政治最大的特点就是佞幸专权。正如魏收所说的那样："太后复临朝，大赦改元。自是朝政疏缓，威恩不立，在下牧守，所在贪𬐓。郑俨污乱宫掖，势倾海内；李神轨、徐纥并见亲侍，一二年中，位总禁要，手握王爵，轻重在心，宣淫于朝，为四方之所厌秽。文武解体，所在乱逆，土崩鱼烂，由于此矣。"《魏书·刑法志》也称："孝昌已后，天下淆乱，法令不恒，或宽或猛。"

此年，胡太后已三十多岁了，压抑了五六年的情欲也随着她的复辟而如火山一般重新爆发了。她首先想到了美男子郑俨。在她第一次听政之初，郑俨当时还是胡太后之父胡国珍的司徒行参军，两人就已经暗中私通了，被胡太后升为员外散骑侍郎、直后。此时的郑俨正以下属的身份随从萧宝寅西征，听说胡太后复辟后，他也是心领神会，请求回朝汇报工作。回到洛阳后，胡太后就将他又留在了身边，拜为谏议大夫、中书舍人、领尝食典御，昼夜留宿宫中，胡太后对他片刻也离不了，宠爱异常。郑俨每次出宫轮休，胡太后常常派亲信宦官随其一同回家，郑俨见到自己的妻子，只能说说家务事，不能同宿。后来，郑俨的职务一直晋升为三品的中书令和二品的车骑将军，成为胡太后最为亲信的大臣。当然，胡太后的情人除了郑俨之外还有别人。据《梁书·杨华传》记载，杨华是北魏名将杨大眼之子，长得孔武有力，容貌魁伟，胡太后逼令与自己私通。杨华担心大祸临头，就率领家丁投奔了南梁。胡太后思念不已，亲自写了一首凄婉的情歌《杨白华歌辞》：“阳春二三月，杨柳齐作花。春风一夜入闺闼，杨花飘零落南家。含情出户脚无力，拾得杨花泪沾臆。秋去春还双燕飞，愿衔杨花入窠里。”不分昼夜令宫女手拉手跳着舞给自己唱这首歌，以排遣心中的烦闷。郑俨一直是胡太后的情人，这史有明载，而杨华是否是胡太后的情人，只在南方史书中有所显示，北方史书未见记载，且即便杨华真与胡太后有私情，杨华对北魏朝局的影响也是十分有限的。另外，《魏书·杨大眼传》并没有记载杨大眼还有杨华这个儿子，据该传记载，杨大眼与潘氏生下杨甑生、杨领军、杨征南三个儿子，杨大眼三子后来也都归顺了南梁，原因却是因为家丑：在杨大眼因战败被流放营州期间，留在洛阳的美貌而又武勇的妻子潘氏却与人私通，等到杨大眼被朝廷重新起用后，他的庶女女婿赵延宝就将此事告诉给了杨大眼。杨大眼闻听不禁大怒，将潘氏杀掉了，又娶了继室元氏。杨大眼在荆州刺史任上病死时，元氏正有孕在身，杨甑生等人询问父亲的印绶放在何处，元氏指着自己的肚子说：“爵位也是我儿继承，你们不过是奴婢生下的儿子，想也别想！”杨甑生等人十分怨恨。等到杨大眼的灵柩将拉回洛阳安葬，出了州城七里，露宿野外，深夜，杨甑生等人打开了杨大眼的棺椁，赵延宝上前询问，被杨征南一箭射死。元氏吓得逃入河中，杨征南又想弯弓射去，被哥哥制止。杨氏兄弟三人遂抱持父亲的尸首，逃往襄阳，投降了南梁。南方史书中所云杨华与胡太后私通之事，可能是杨氏兄弟为了抬高身价故意为之。当时北方的人们还说李崇的次子李神轨也是胡太后的情夫。《魏书·李崇传附李神轨传》记载：“孝昌中，为灵太后宠遇，势倾朝野。时云见幸帷幄，与郑俨为双，时人莫能明也。频迁征东将军、武卫将军、给事黄门侍郎，常领中书舍人。”郑俨出身荥阳郑氏，而李神轨则出身顿丘李氏，其父李崇既是外戚，又是高官，李神轨本人也有一定的军事才能，与郑俨全靠一张俊脸得宠是不同的。

胡太后的亲信中还有两位，一个是中书舍人徐纥，另一个是给事黄门侍郎袁翻。这两个人有共同的特点，都才学很高，又都在北魏官场上摸爬滚打了多年，善于见风使舵。徐纥出身寒微，年少好学，被孝文帝选拔为主书，宣武帝时期被任命为中书舍人，因巴结赵修而被晋升为通直散骑侍郎，等到赵修被杀后，因是赵修一党而被流放到枹罕。在流放期间，徐纥从未心灰意冷，根据规定，如果能捉住五名逃兵的，被流放的人将因功赦免，徐纥就因此而获得免刑，重新回到了洛阳。很久以后，被任命为中书舍人，又受到太傅、清河王元怿的厚爱，等元叉诛杀元怿后，徐纥又被元叉贬为雁门太守。徐纥称母亲年老，辞职还乡，但回家不久，他再度来到洛阳，重新巴结上了元叉，元继领军西征时，徐纥被任命为从事中郎。胡太后再度临朝后，想到徐纥过去曾受到元怿眷顾，爱屋及乌，胡太后又起用他担任中书舍人。徐纥又巴结郑俨，很快赢得郑俨的信任、尊重。徐纥思维敏捷，文才、口才又都很好，因此，郑俨将徐纥当作自己的智囊，而徐纥则看中了郑俨深得胡太后的宠爱，地位稳固，两人遂互为表里，权倾内外，被当时的人们并称为“徐郑”。徐纥很快就被晋升为给事黄门侍郎，兼任中书舍人，总管中书省和门下省的事务，北魏帝国的皇帝诏书全部由其负责起草、审定。不久，又被晋升为镇南将军、金紫光禄大夫。当时黄门侍郎王遵业、王诵以文采擅名一时，也不免向徐纥求教，遇到紧急诏命，徐纥就命几个人拿着笔记录，自己则或徘徊，或躺下，口述文稿，数人分别缮写，一时间全部完成，文通字顺。徐纥精力充沛，整天处理公务，也从未感到劳累，经常在宫中值班，几乎没有休息过一天，有时偶尔与和尚们谈论佛法，甚至能通宵达旦，毫无倦怠之色，令众人都由衷地叹服。不过，徐纥没有治理国家的大气魄、大心胸，只好搞一些小动作；内心浮躁，贪权慕利；外表显得正直，其实内心却谄媚；对于比自己地位高的人，总是故意表现出傲慢之态，而对于贫贱的寒士，又刻意以礼相待，做出一副十分谦卑的姿态，因此，不论远近都纷纷依附于他。袁翻也以“才学擅美一时”，也在北魏朝廷沉浮多年，曾任廷尉、凉州刺史等职，史称：“孝昌中，除安南将军、中书令，领给事黄门侍郎，与徐纥俱在门下，并掌文翰。翻既才学名重，又善附会，亦为灵太后所信待。”

据《魏书·尔朱荣传》史臣称：“逮于灵后反政，宣淫于朝。郑俨手运天机，口吐王制。李轨、徐纥刺促以求先，元略、元徽喔咿以竞入。私利毕举，公道尽亡，遐迩怨愤，天下鼎沸。倾覆之征，于此至矣。”这里还提及两位宗室，元略和元徽。元略在胡太后临朝之初，尚在江南，而元徽在尚书左仆射元彧领军讨伐元法僧后，即接任为尚书左仆射，因尚书令元叉被杀后，北魏朝廷暂无尚书令，元徽就成为尚书省的实际首脑。如前所述，元熙之乱中事连元徽，但元叉并没有深究，胡太后重新临朝后，对曾为元叉对立面的元徽等人予以重用，是情理中的事。

据万斯同的《魏将相大臣年表》，截至孝昌元年胡太后听政后，北魏朝廷重臣分别为：丞相高阳王元雍、太保汝南王元悦、司徒萧综（本年六月归降，事见下文）、司空皇甫度、骠骑大将军安丰王元延明（徐州刺史）、车骑大将军萧宝寅、卫大将军穆绍、征南大将军元彧、尚书右仆射元丽、中书令兼黄门侍郎袁翻、中书监胡祥加侍中、侍中王温（宦官）、成轨（宦官）、元顺、杨范（宦官）、封津（宦官），领军将军皇甫度。元雍、元悦前文多次提及，不再赘述，两人显然并无多少能力；皇甫度，是胡太后的二舅，胡太后复辟后，即任命其为司空、领军将军并加侍中，但是，皇甫度此人非常愚蠢，当初胡太后废黜元叉后，元叉曾给皇甫度送去了大量财物，皇甫度也多次在胡太后面前替元叉说情。胡太后也知道此人毫无用处，后将其改任太尉，史称："孜孜营利，老而弥甚……然所历官，最为贪蠹。"宗室中的翘楚当属安丰王元延明和临淮王元彧二人，两人都博学多才，但元延明为官清廉，而元彧却做不到，且举荐的都是自己的亲戚朋友，受到世人的嘲讽。元丽曾任雍州刺史、冀州刺史等职，但为官严酷，为元法僧所杀的元显和即为其子。胡祥为胡太后唯一的同父异母弟弟，这前面已经有所交代，史书对其政绩没有任何记载，想必其对北魏后期政局的影响也是十分有限的。成轨，"肃宗所幸潘嫔，以轨为假父，颇为中官之所敬惮。"王温、成轨、封津、杨范等人都是长期在宫中服务的老宦官。在这些人当中，任城王元澄的次子元顺是个特例，他为人恃才傲物，口无遮拦。卢同屡屡被就德兴击败，侍中穆绍与元顺在胡太后身边讨论该如何处罚卢同。卢同过去曾将自己的宅院借给穆绍，穆绍就在胡太后面前替他说情。元顺听了勃然大怒，说道："卢同肯定不会受到惩罚。"胡太后听了非常诧异，问道："你如何说出这话？"元顺回答："卢同曾将好宅院送给势力很大的侍中，岂能担心被惩处？"穆绍听了，登时满面通红，再也不敢往下说了。胡太后复辟后，经常是精心打扮，出外游玩。元顺当面劝说道："礼法规定，丈夫去世的妇女，自称未亡人，头上摘掉珠玉，不再穿两种色彩的衣服。陛下以皇帝之母君临天下，年龄已届不惑之年，却刻意打扮，将怎么给后世做榜样？"胡太后听了，一脸羞愧，遂取消了行程。回到宫中后，她责备元顺说："我千里之外将你征召到身边，难道说是来让你当众侮辱我吗？"元顺回答："陛下身着华丽的衣服，搽脂抹粉，您自己尚且不担心为天下人所耻笑，岂会因臣的一句话就感到无地自容？"元顺与穆绍一起在宫中值班，元顺喝醉走错了房间，闯入穆绍房中。穆绍本就对元顺非常不满，见状，抱起被子就起来了，严肃地对元顺说道："我当了二十年的侍中，与你的父亲长期都是同僚，即使你刚被重用，何至于这样无礼呢？"遂请假回家，胡太后再三劝说，穆绍才重新工作。

三三三 孝昌元年（一）

孝昌元年与前一年相比，北魏国内依然是大事不断，除了胡太后复辟之外，北魏各地的战事还在继续。

北方战事：

就在去年年底李崇、元渊退守平城前后，贺拔度拔及其三子率众袭杀了破六韩拔陵部将卫可孤，重新占领了怀朔镇。在六镇大乱之际，冬季南下的柔然部众也与六镇叛军展开了角逐，对于柔然可汗阿那瓌而言，柔然部众在不久前曾大肆劫掠六镇，以破六韩拔陵为首的六镇叛军对柔然自然持敌视态度，双方之间自然处于对立立场。到本年年初，北魏朝廷派遣牒云具仁前往阿那瓌那里，敦促其率领柔然部众西进，进攻破六韩拔陵。阿那瓌接受了北魏朝廷的命令，遂率领十万柔然部众从武川镇朝沃野镇杀来，一路上多次击败破六韩拔陵之军。与此同时，破六韩拔陵分军进攻被贺拔度拔等人袭占的怀朔镇，三月，破六韩拔陵部王也不卢等再度攻陷了怀朔镇，贺拔度拔战死，贺拔胜兄弟一起投奔元渊。元渊上书任命贺拔胜及其弟贺拔岳均为强弩将军、帐内军主。柔然主阿那瓌在与破六韩拔陵作战中，越战越强，部众逐渐增多，遂自称为敕连头兵豆伐可汗（意为统揽可汗）。四月，北魏朝廷又派遣兼通直散骑常侍、中书舍人冯俊出使阿那瓌，赏赐给他很多财物。

此时，胡太后已经废黜了元叉，重新掌握了北魏的最高统治权。广阳王元渊也率部与柔然军队协同，一起朝西进击，魏军一直推进到了五原（内蒙古包头市）。破六韩拔陵集中主力将元渊的魏军包围在五原城内，双方不分昼夜展开激战。贺拔胜招募了二百多名敢死队员，打开了东门出战，斩杀一百多敌人，叛军遂退后了数十里。元渊见状，遂率领魏军撤退到朔州（云州，内蒙古自治区和林格尔县）。但是，大约在元渊撤至盛乐之前，盛乐守将费穆就因孤城难守而弃城南下了，他先是到秀容投奔了尔朱荣，而后又来到洛阳请罪，被朝廷赦免。

在元渊撤军途中，魏军又击败了破六韩拔陵别帅斛律野谷禄等人。长流参军于谨从容对元渊说道："自从正光年间以后，海内沸腾，郡国荒残，百姓流离失所。今天，殿下率师讨伐，远临边塞，但叛党人数太多，如果穷兵黩武，恐怕不是上策。我愿意前去说服他们，可不战而平定乱党。"元渊深以为然。于谨通晓各国语言，遂单骑前往说服依附破六韩拔陵的高车部众，西部高车酋长乜列河等人遂率领三万余户归降，向南迁移。广阳王元渊打算率领魏军前往折敷岭接应，于谨却说："破六韩拔陵所部人数很多，难与争锋。如今，我们以乜列河等人作为诱饵，破六韩拔陵必定前来与我争夺，我们以逸待劳，预先设伏，必定能将其击破。"于是，魏军即在折敷岭（一说在今内蒙古自治区包头市西乌拉山）一带设下了埋伏。果然，破六韩拔陵听说乜列河等人投降了魏军，遂率领部队前来截击，将乜列河的部众全部俘获，就在这时，魏军伏兵四起，打得破六韩拔陵措手不及，大败而逃，魏军救出乜列河部落，凯旋。

不久，柔然可汗阿那瓌又大破破六韩拔陵军，斩杀了其大都督、司徒、平南王破六韩孔雀（破六韩常之父），但《北齐书·破六韩常传》则称，破六韩孔雀率领一万部众投降了尔朱荣，被任命为平北将军、第一领民酋长。破六韩拔陵为了躲避柔然的打击，遂率领残余部众南渡黄河。李叔仁原属于在关中讨伐莫折念生的元颢，此时，北魏朝廷发现破六韩拔陵已渡河南下，遂命令李叔仁率部截击。李叔仁以破六韩拔陵极有可能与秦陇叛军合兵一处，威胁到刚刚稳定的关中地区，遂向广阳王元渊求援，于是，元渊即率领塞北之军渡河南下，与关中魏军合击破六韩拔陵之众。在魏军的协同作战下，破六韩拔陵遭到惨败，部众随之瓦解，先后投降魏军有二十万之众，六镇之乱被平定。

此后，破六韩拔陵下落不明，只是到了第二年九月间，《资治通鉴》称，高平王胡琛对破六韩拔陵慢慢傲慢起来，破六韩拔陵派遣大臣费律来到高平，将胡琛诛杀，此后，胡琛的部将万俟丑奴遂将胡琛之众全部吞并。再往后，史书就不再出现破六韩拔陵的踪迹了。

西部战事：

秦陇叛军主要有高平王胡琛和上邽的莫折念生两股势力，胡琛投靠破六韩拔陵，而莫折念生则自立为帝，因此，两者并没有相互合作，相反还时有利益冲突。就在去年的十一月，高平人又杀死了占领数月之久的莫折念生部将卜胡，又将胡琛迎回了高平。

本年一月十八日萧宝寅和崔延伯黑水之战大破莫折天生之后，关中地区暂时得以安定，莫折念生命令残部固守陇山险隘，魏军无法继续西进。利用这个机会，莫折念生又于二月二十七日，派遣部将杨鲊等人进攻仇池郡（甘肃省成县西），被北魏行台魏子建击败。到了四月，高平王胡琛派遣部将万俟丑奴、宿勤明达等进攻北魏泾州（甘肃省泾川县）。前不久，卢祖迁、伊甕生数将等皆隶属元志，同时从雍州出发西进，将从六陌道（地不详）进攻高平，不久，就听到了元志战败的消息，他们就驻扎在泾州附近。万俟丑奴等叛军进抵泾州后，卢祖迁等人率领魏军与敌人交手，战败。萧宝寅和崔延伯击破莫折天生后，即转兵与卢祖迁等人在安定（甘肃省泾川县）会师。魏军有十二万甲士，八千铁骑，军容甚盛。万俟丑奴在安定西北七十里的当原城（甘肃省泾川县党原乡）安营扎寨，时不时地派遣轻装骑兵前来挑战，但魏军尚未出战，这些骑兵就快速撤离了。崔延伯自以为天下无敌，且刚刚立下大功，遂自告奋勇愿意率领本部充当先锋。他下令砍伐树木，制造巨大的盾牌，盾牌内部以机关相互扣死，以强壮战士背负而行，号称移动的碉堡（“排城”）。他命令将辎重放置于排城之内，野战士兵在排城之外，从泾州沿着山地一路北上。刚刚遭遇敌人，魏军将要出战，突然，敌阵中有数百骑兵手持文书，高呼投降，请求暂缓交战。萧宝寅和崔延伯迟疑一下，尚未打开文书，就在这一刹那间，只见从东北方向，宿勤明达率领大军席卷而来，冲入魏军阵中，与此同时，伪降的数百骑兵也从西狂呼而下，魏军腹背受敌。崔延伯骑上战马，率先突击敌人，叛军不敌，遂败逃回营，崔延伯乘胜率领魏军直扑敌营。叛军全部是轻装骑兵，而崔延伯的魏军是步骑混合兵团，步兵经过长途跋涉，兼又刚刚经历了一场战斗，将士们都十分疲劳，在叛军军营之前，双方再次发生了一场激战，在激战中，叛军寻找战机突入排城。魏军大败，死伤近两万人，萧宝寅率众退守安定。崔延伯感到非常羞耻，他亲自修缮武器装备，用重金招募壮士，再次率军独自从安定西进，在距离叛军的彭阬谷（今地不详）军营七里的地方安营扎寨。崔延伯深恨前日战败之耻，四月十八日，他没有向萧宝寅通报即独自率领本部人马向叛军发起了攻击，魏军大破叛军，不一会儿就扫平了叛军数座营垒，叛军四散奔逃。但很快，叛军发现进入营垒中的魏军到处劫掠地上的财物，部伍不整，遂整顿军队，杀了回马枪，魏军再次大败。崔延伯被流箭射中而死，魏军一万余人被杀。崔延伯与奚康生、杨大眼三人为北魏猛将之冠，而崔延伯在北魏末期更为朝廷所倚重，当时破六韩拔陵尚未剿灭，北魏上下听到崔延伯的死讯，无不非常震惊。关于北魏名将崔延伯，《洛阳伽蓝记·法云寺》还记载一段有趣的故事，说的是：有一个田僧超的人善于吹笳，崔延伯非常喜欢听他吹《壮士歌》《项羽吟》，崔延伯每次出战，总要让田僧超吹奏《壮士歌》。听了他的笳声，将士们无不精神振奋，奋勇杀敌。万俟丑奴招募到一名神射手，将田僧超射杀，田僧超死后，崔延伯非常悲痛，他身边的人说："俞伯牙失去钟子期，也不过如此。"不久，崔延伯也被流矢射死。

泾川之战后，胡琛的叛军势力更强，而从外镇回到洛阳的官员都不敢向胡太后报告真实情况，都说叛军力量不强，来讨胡太后的欢心，这样下来，外镇将帅请求增兵的，胡太后往往不同意。

本年十月，吐谷浑王派兵进攻赵天安盘踞的凉州，赵天安投降，凉州虽在表面上又回到了北魏的怀抱，实际上，却为吐谷浑所控制。平西将军高徽出使嚈哒国，回国途中来到了枹罕，正巧和州刺史元祚去世了，前任和州刺史梁钊的儿子梁景进招引莫折念生的叛军包围了枹罕。河州长史元永等人推举高徽代行刺史之权，固守城池，并向吐谷浑求救。吐谷浑王发兵救援，梁景进败逃。高徽是高湖的孙子，高欢的堂叔父。

三三四　孝昌元年（二）

东南战事：

从本年一月徐州刺史元法僧叛乱后，魏军与元法僧的叛军和梁军发生了数次交手，后梁武帝萧衍将元法僧召回建康而以次子萧综镇守彭城，到五月北魏安丰王元延明、临淮王元彧率领两万军队进攻彭城，双方尚未开战。

如前所述，萧衍在杀死东昏侯萧宝卷后，临幸了萧宝卷的爱妃吴淑媛，七个月后生下了次子萧综，宫中都认为萧综不是萧衍的种。后来，吴淑媛年老色衰，逐渐失宠，遂心生怨恨，对萧综说："你是七个月生下的孩子，岂能与其他皇子相比！不过，你是皇太子的次弟，应该能保有富贵，千万别往外说！"与萧综相抱而泣。萧综每次被派往外镇任职，吴淑媛也都随之一起出京，萧综已十五六岁了，尚在母亲面前赤裸着身子嬉戏，有人就传出谣言说他们母子乱伦。自从萧综对自己身世怀疑之后，白天还与往常一样言笑自若，但到了深夜，总是独自在内室之中，披头散发睡在草垫上，还在另外一个密室内祭奠齐国的七位皇帝，还曾经偷偷前往曲阿（江苏省丹阳市）拜谒萧鸾的陵墓。但即便如此，萧综还是无法确信自己就是东昏侯萧宝卷的儿子，他听说民间有种说法用活着的人的鲜血洒在死者的尸骨上，如果血能渗进尸骨内，就是亲生父子，于是，萧综偷偷挖开萧宝卷的坟墓，偷出一块骨头，然后，他将自己的手臂割开，将鲜血滴在尸骨上，果然渗入骨头里。实验后，萧综又担心是尸骨埋藏过久的缘故，为防万一，他又狠心将自己的一个亲生儿子杀掉，以儿子的骨头再次实验，自己的鲜血也渗入骨中了，从此以后，他遂确信自己就是萧宝卷的亲生儿子，开始暗中怀有二心。

萧综年长以后颇有文采，但他的内心是孤独寂寞的，时时刻刻在痛苦的煎熬中度过，他曾写下《听钟鸣》："听钟鸣，当知在帝城。参差定难数，历乱百愁生。去声悬窈窕，来响急徘徊。谁怜传漏子，辛苦建章台。听钟鸣，听听非一所。怀瑾握瑜空掷去，攀松折桂谁相许？昔朋旧爱各东西，譬如落叶不更齐。漂漂孤雁何所栖，依依别鹤夜半啼。听钟鸣，听此何穷极？二十有余年，淹留在京域。窥明镜，罢容色，云悲海思徒掩抑。”又写下《悲落叶》：“悲落叶，连翩下重叠。落且飞，纵横去不归。悲落叶，落叶悲。人生譬如此，零落不可持。悲落叶，落叶何时还？夙昔共根本，无复一相关。”以此抒发自己的哀怨之情。他为政苛暴，兼有勇力，能徒手制服飞奔的骏马；轻财好士，自己的身边只留下曾穿过的旧衣服，其余财物全都散给部下。他经常在内室中以沙土铺地，终日赤脚练习行走，以至于脚下磨出厚厚的茧子，能日行三百里地。每当遇到梁武帝颁下诏书，他听后总是勃然大怒，身边群臣无人敢言。梁武帝普通四年（公元523年），萧综被任命为南兖州刺史，当时，他听说萧宝寅在北魏，遂暗中派人进入北魏，与萧宝寅接头，称萧宝寅为叔父，并许诺以南兖州归顺北魏。他在任期间，从来不接见客人，审理案件也是隔着纱帘，出行则以帘帷垂于车窗，不让外人看到自己的长相，这都是萧综为将来逃亡做着准备。

萧综与萧宝寅的计划尚未来得及实施，就赶上了北魏国内大乱，梁军趁机北伐。梁武帝命令萧综率领诸军驻扎在彭城，与北魏安丰王元延明和临淮王元彧相持。梁武帝担心有什么闪失，遂下诏命令萧综率军放弃彭城，退回国内。萧综担心一旦回国，将再无与叔父萧宝寅见面的机会了，遂秘密派人向元彧投降。当时北魏国内狼烟四起，梁军占尽先机，谁能相信会有这等天大的喜事！元彧招募人前往梁军军中探察真伪，但没人愿意去送死。殿中侍御史鹿悆当时是元彧的监军，看到无人敢去，他自告奋勇，说道：“如果萧综有诚心，我将与之盟誓；如果是假，何必怜惜我这个匹夫的性命！”当时，两军交战，萧综的部将成景俊、胡龙牙率众严密防守着城池。鹿悆单人匹马径直朝彭城而来，尚未来到城下，就被梁军军主程兵润抓住，梁军询问他来干什么。鹿悆回答：“两军交兵，使者穿梭其间，这是自古以来的规矩。我受临淮王派遣，要谈一笔交易。”梁军遂先将鹿悆交给胡龙牙等人。萧综听说后，对成景俊等人说：“我常常怀疑元略密谋叛逃，一直想检验虚实，刚刚派人充当元略的使者进入魏军军中，请他们派了一名使者，这下果然来了魏使。可以让一个人假扮元略，处于密室之中，谎称得了重病，引魏使来到屋外，叫人传话。”

当时元略已经被萧衍追回江南。萧综又派心腹梁话前去迎接鹿悆，暗中将如何应付梁将的方案告诉了他，将其带到胡龙牙的大帐。鹿悆入城时，已经天黑了，胡龙牙命令军士手持火把，引鹿悆近前，对其说道：“中山王元略十分想见到阁下，因此才将你唤至此地。”又说：“安丰、临淮将少卒弱，想拿下此城，容易吗？”鹿悆回答：“彭城是我国的东部地区，势在必争，能否成功在于上天，非人所测。”胡龙牙说：“你说得对。”又将其带到成景俊的住所，将鹿悆留在门外，很久也未唤入。当时，已经到了深夜，夜空中明月当头，一个梁军军主姜桃来对鹿悆说：“看你年龄这么大了，还充当使者，肯定有什么机密。元法僧就是一个能审时度势的北魏微子（微子启，商纣王的庶兄），他以城投降梁国，梁主是个有道之君。”又指着上天说：“今年岁星在斗。斗，代表吴国，大人为何不归顺梁国，我能让你富贵。”鹿悆回答道：“你只知其一，未知其二。元法僧不过是春秋时弑父的莒仆之流，而梁国却接纳了。本月斗牛将被破，你们吴国不久就会失败。况且，我去吴国做官，就好像是穿着锦绣衣服夜行，没一个亲戚看到，这不是有识之士想做的事。”话还没说完，有人就将其引入。成景俊说：“虽说是中山王元略召唤，你却毫无畏惧而来，这是什么原因？”鹿悆回答说：“过去楚国讨伐吴国，吴国派遣蹶由犒劳楚国军队，我今日此行与之大体相同。”又说：“我游历多年，过去就与你相识。”于是，鹿悆说出了往事，成景俊也回忆起来了，遂让鹿悆与自己坐在一起，说道：“你不会是刺客吧？”鹿悆回答：“今天我身为使者，还要回去向本国汇报，至于行刺之事，还是等到以后吧。”成景俊遂给鹿悆安排饭食，鹿悆酒足饭饱，说话略微有些夸耀，身边的梁将们都相顾说道：“此人真乃壮士！”遂将其带到所谓的元略住所，一人将其引入屋内，指着床让其坐下。这时，另外一人从屋内出来，对鹿悆说：“中山王有话，我传话给你。”鹿悆站起身来。那人说：“你只用坐着。”鹿悆说：“我国的王子，我岂能坐着听？”那人说：“我过去南逃梁国，将你唤来，只是想听听家乡的消息，可是今天我得了重病，不能与你相见了。”鹿悆说：“早就接到您的指示，我冒险前来，却无缘得见，内心十分不安。”遂告辞退下。

不一会儿，天就亮了。梁军军主范勖、成景俊等人竞相询问鹿悆魏军人数。鹿悆回答：“秦陇已经平定，三方稳定下来，现在我们有高车、白眼、羌、蜀五十万，由齐王萧宝寅、崔延伯、李叔仁等兵分三路，径直朝江西杀来；安乐王元鉴等率领冀、相、齐、济、青、光数州羽林十万，朝琅邪方向杀来。”诸位梁将都说：“这恐怕是吹牛吧？”鹿悆说：“不久就能检验出来了，有什么吹牛的！”眼看将要日落，遂放鹿悆回来了。成景俊将鹿悆送至戏马台（江苏省徐州市城南户部山），向北眺望彭城，说道："如此坚城，确实不是你们的军队能拿下的，你可以回去告诉两位王爷，还是赶快回师吧。"鹿悆回答："攻守完全在于人，与险固有什么关系呢？"鹿悆回去途中，趁机与萧综的心腹梁话盟誓。

不出十日，到了六月七日，萧综果然与梁话、苗文宠深夜偷偷出城，徒步投奔到了元彧大营。

第二天，天光大亮，可是萧综的统帅府房门还未打开，只听城外魏军大喊："你们豫章王昨夜已经投降，现在我军军中，你们还待在这里干啥！"梁军在城内四处寻找，却找不到萧综的影子，一时间城内梁军群龙无首，争先恐后地夺路而逃。魏军很快就进入彭城，并立即组织对梁军的追击，再度夺回了梁军千辛万苦占领的徐州附近各个城池，魏军一直追到宿豫才回师。此战梁军几乎全军覆没，被斩杀俘虏了十分之七八，只有陈庆之之军全师而还。

梁武帝听到消息后，不禁大为惊骇，将萧综剥夺皇家户口，将其儿子萧直改姓为悖氏。不过十日，萧衍又下诏恢复了萧直的皇家户口，封为永新侯。萧综事件也让震怒中的萧衍想到了从北魏逃归的侄儿萧正德，萧正德这次也随萧综北伐，竟擅自弃军逃回，萧衍将其免去官爵，流放到临海（浙江省临海市）。萧正德还未到达临海，萧衍又下诏赦免了他。

萧综来到洛阳后，北魏朝廷给予其很高的待遇，封其为侍中、司空、高平公、丹阳王，食邑七千户，赏赐三百万钱，布绢三千匹，杂彩一千匹，马五十匹，羊五百口，奴婢一百人。萧综改名为萧赞，字德文，为齐东昏侯萧宝卷服丧三年，胡太后及北魏群臣亲自到他家中凭吊。北魏朝廷还任命苗文宠、梁话为光禄大夫，封鹿悆为定陶县子，食邑三百户，任命为员外散骑常侍。

三三五　孝昌元年（三）

原本南梁在东南地区的形势一片大好。

裴邃率领的大军在年初打下了新蔡郡，淮河中上游一带百姓纷纷响应梁军，继而，他又回师寿阳，凭借着四层埋伏诱敌深入，将寿阳的长孙稚和救援寿阳的元琛打得满地找牙，寿阳岌岌可危，与此同时，徐州的元法僧又归顺了南梁，南梁边境一下子拓展到了淮北，这更是让梁武帝是喜上加喜。不过，祸福难料。梁武帝最初是想拔掉寿阳这颗钉子，将北方势力驱除出淮南，因此，他给裴邃派去的谯州刺史湛僧智、历阳太守明绍世、南谯太守鱼弘、晋熙太守张澄四人都是闻名一时的南梁骁将，而徐州元法僧的投降实属意外，虽说是好事，但对于梁武帝而言，这毕竟事先是没有准备的，用于救援彭城的梁军很可能是临时抽调的部队，或者是原本作为裴邃预备队的部队，这样一来，势必形成一种备多力分、兵力分散的局面。当北魏元延明和元彧率领的魏军进抵彭城之时，梁武帝似乎已经意识到梁军的战线太长了，这也为我们解释了他下令萧综撤离彭城的原因。

不过，除了这一原因之外，似乎还有另外一个原因，那就是裴邃的死。裴邃在年初大胜寿阳魏军之后，到了这一年的五月就因病死于军中了。史称，裴邃个性深沉，经常沉默寡言，很少说笑，不怒而威，但为政宽和，能得士卒之心。听到他的死讯，淮河间的百姓们无不流泪，大家都认为假如裴邃不死，梁军攻克洛阳只是早晚的事。

有裴邃在，梁武帝对近在咫尺的寿阳前线并不感到担心，如今，裴邃病死了，不说进攻洛阳，就是能否顺利拿下寿阳都在两可之间，一旦在寿阳方向有个什么闪失，魏军缓过神来，远悬于国境之外的彭城梁军就有被切断归路、全军覆没的危险，这大约是梁武帝眼瞅着彭城这块肥肉而不敢往下吞的另一个原因吧。

裴邃去世后，梁武帝立即命令中护军夏侯亶火速来到寿阳前线，接替裴邃的职务，寿阳梁军随后即转入守势。夏侯亶是夏侯详的长子，不久，梁武帝又秘密将夏侯亶召回，令其将梁军撤至合肥休整，等到淮河水坝修好后，再对寿阳实施总攻。梁武帝还是对水淹寿阳情有独钟，这样一来，随着魏军收复徐州和梁军撤离寿阳，梁军在淮河中下游一带的攻势就暂时停下来了。

但在北魏国内其他方向仍然并不安定。

到了这一年的下半年，在北魏河北和荆州地区分别又发生了动乱。

北魏政府在本年的上半年基本歼灭了破六韩拔陵的主力之后，广阳王元渊和行台元纂上书朝廷，请求在恒州以北设置郡县，安置这些投降的部众，并根据实际情况进行赈济，杜绝他们再度发起叛乱的打算。对于这一建议，北魏朝廷却没有听从，而是命令散骑侍郎杨昱前去将这二十万之众分散于冀州（河北省冀州市）、定州（河北省定州市）和瀛洲（河北省河间市），由这三州就地赈济。当时元渊就对元纂说："这些人又将成为在西晋末年曾淆乱过天下的乞活军了！"北魏政府这一决策引起后世学者的种种猜测，但从当时的实际情况来看，北边六镇已被柔然占据，将这些降众安置在这里，难保不会被柔然掳掠，且这里经过战乱已十分荒残，能否赈济这些人也未可知，因此，北魏政府的这项决策也并非一无是处。

果然，到了本年八月，柔玄镇人杜（原姓吐斤）洛周又聚众在上谷（北京市延庆县）发动叛乱，改元真王，攻陷郡县，并包围了燕州（河北省涿鹿县）。怀朔镇人高欢、蔡俊、善无（山西省右玉县）人尉景、段荣以及安定人彭乐都投靠到杜洛周的麾下。北魏燕州刺史崔秉向朝廷告急，九月十四日，北魏朝廷任命幽州刺史常景兼任行台尚书，与幽州都督元谭（孝文帝之弟、赵郡王元干第三子）发兵前去讨伐。北魏政府下令东起卢龙塞（河北省迁安市北喜峰口到冷口）西到军都关（北京市昌平区居庸关）一线，都部署了军队防守，元谭率军驻扎在居庸关南口。双方陷于僵持。

杜洛周在上谷发动叛乱后不久，到了十月，北魏北荆州（治所河南省鲁山县）、西荆州（治所陕西省商洛市商业区）、西郢州（河南省正阳县）的山蛮也发动叛乱。他们切断了三鸦路（经过河南省鲁山县连接南北的山路，《清一统志》记载："三鸦路以百重山为第一鸦；分水岭为第二鸦；鲁阳关为第三鸦"），杀死当地地方官员，大肆劫掠，动乱一直波及襄城（河南省襄城县）、汝水。"按：汝水上游即今河南省北汝河；自河南省郾城县以下，故道南流至西平县东今洪河，又南经上蔡县西至遂平县东会溱水（今沙河）；此下即今南汝河及新蔡以下的洪河。自汝水以南，到处都是叛乱的山蛮，北魏政府已无力控制该地。汝水流域的山蛮有冉氏、向氏和田氏势力最大，剩余的部落大的人数有上万家，小的也有上千家，他们对外都自立为王，占据险要，切断道路。十二月十二日，孝明帝下诏说："朕将亲自率领军队，扫荡各地的流寇，现在，我将先去讨伐荆州的山蛮，恢复南方的秩序。"当时，山蛮引导南梁梁秦二州刺史曹义宗（曹景宗九弟）等包围了北魏荆州（治所穰城，河南省邓州市东南），北魏都督崔暹率领数万魏军南下救援，行至鲁阳，因畏惧山蛮而不敢继续前进。北魏朝廷又任命临淮王元彧为征南大将军，率军讨伐鲁阳山蛮，另外又派出两支军队：一路由司空长史辛雄担任行台左丞，率军从洛阳朝东南向叶城（河南省叶县），再由叶县经方城缺口迂回进入南阳盆地；另一路派遣征虏将军裴衍、恒农太守王罴率领一万魏军自西向东，从关中经武官进入南阳盆地，打通三鸦路，以便崔暹之军能够通过鲁阳关，进入南阳。

元彧所部进抵汝水后，尚未对山蛮发起进攻，当地遭受山蛮侵扰的郡县长官纷纷请求元彧相救。元彧因朝廷交给他的任务只是讨伐鲁阳山蛮，不想再生枝节，改变行军路线。辛雄却说："如今裴衍等人的部队尚未来到，而大王的军队已经到位了，山蛮如此猖獗，已经威胁到了京畿的安全，大王手握兵权，见可而进，还管什么当初的命令呢？"元彧生怕事后朝廷会怪罪下来，要求辛雄代表朝廷下达正式的进攻命令。辛雄考虑到山蛮肯定已听说了孝明帝要御驾亲征的消息，内心必定惶恐不安，可以趁势将其击破，遂以行台左丞的身份代表朝廷下达了攻击命令，果然，盘踞在当地的山蛮听说魏军将要前来，均四散而逃。

身在洛阳的孝明帝依然要御驾亲征，经中书令袁翻劝谏才作罢。辛雄在军中也上书说："一个人在军中能够忘掉死亡，甘心情愿战死沙场，不外乎有四个原因：一是为了功名；二是贪图重赏；三是害怕刑罚；四是躲避灾难。如果没有这四条，即使是圣明的君主也不能使唤臣下，慈爱的父亲也无法激励儿子。贤明的君主深通此道，故而能够做到该赏赐的一定要赏赐，该处罚的一定要处罚，这样一来，不管是亲近的还是疏远的，也不论是高贵的还是低贱的，不管是勇敢的还是胆怯的，也不论是贤能的还是愚蠢的，只要听到进军的号角，见到军旗飘扬，无不奋不顾身，投身战场，难道说他们是讨厌长命百岁，只想快点死掉吗？肯定不是，那是因为利害就摆在眼前，不得不如此而已。自从秦陇叛乱以来，山蛮骚动，天下大乱也已数年，国家动员了数十万大军北方讨伐破六韩拔陵，西方讨伐莫折念生、胡琛，南方讨伐山蛮，但败多胜少，思考其间的缘由就是赏罚不明。陛下虽然屡屡下诏，要求对于该赏赐的要随时赏赐，但是，实际情况是，将士们的战功呈报到中央以后，很长时间都定不下来，而临阵逃跑的士兵们却在家悠然自得，无人追究，这就让忠勇守节之士心灰意冷，那些平庸无能之辈也无所忌惮。奋勇杀敌，冒着死亡的危险而赏赐却遥遥无期，败退逃亡，却保全了性命又没有罪过，这就是我军将士看到敌人就掉头而逃、不肯尽力的原因。陛下真能做到有功必赏，有罪必罚，那么，肯定会大振军威，一定能够讨平叛乱。”但是，辛雄的奏表呈上去后，如石沉大海，再无音讯了。

梁军曹义宗等将攻取了北魏顺阳（今南省南阳市淅川县东南）、马圈（河南省邓州市东北），与裴衍率领的魏军在淅阳（河南省南阳市西峡县）交战，曹义宗等人战败。魏军收复了顺阳，继而包围马圈。北魏洛州（陕西省商洛市）刺史董绍上书认为马圈城防坚固，裴衍等军携带的军粮不足，肯定会战败，果然，不久曹义宗等人反攻魏军，裴衍战败，梁军重新夺取了顺阳。北魏朝廷以王罴为荆州刺史。

三三六　大乱天下（一）

显然，起初北魏朝廷对于杜洛周叛乱并没有予以充分的重视，虽然在杜洛周叛乱之后，北魏朝廷反应迅速，立即成立了以幽州刺史常景为尚书的行台，但其主要是想利用幽州地方军队扑灭叛乱，这与对付莫折念生和破六韩拔陵由中央派遣重臣为都督是不同的。那么，在长达四个多月的时间里，北道大都督元渊为何没有发兵及时进剿杜洛周呢？是他的部队在关中地区对付万俟丑奴？还是分散安置破六韩拔陵的这二十万降众？还是布防在边境地区防备柔然？是北魏朝廷对局势估计不足，还是另有隐情呢？我们不得而知。

仅仅依靠幽州地方军队要想扑灭杜洛周的叛乱是非常困难的，常景请求将下辖各郡县的百姓都迁到城内，又征发民丁在通往上谷的交通要道上戍守，常景还认为近期招募的士兵大多不很强壮，而三长往往是当地的豪强充当，原本免除了兵役，常景请求权且也将他们征发为兵。由此看出，常景的一系列部署大多着眼于防守，而并非主动进攻，这也给了杜洛周发展壮大的机会。在此期间，杜洛周所部一直包围着燕州（治所广宁，河北省涿鹿县）刺史崔秉，并向西发展，在黄瓜堆（山西省山阴县）击破了已归顺朝廷的敕勒酋长斛律金所部。敕勒酋长斛律金，字阿六敦，是怀朔镇敕勒人，性格敦厚正直，善于骑马射箭，为怀朔镇镇将杨钧手下的军主。斛律金还有个特殊的本领，那就是眺望远处的烟尘就能准确地判断出敌人骑兵和步兵的人数，趴在地上听就能听出敌人距离的远近。斛律金曾与杨钧一起送柔然阿那瓌北返，一路上，阿那瓌看到斛律金射猎，对其精湛的箭术大为赞赏。等到破六韩拔陵叛乱后，斛律金率部本部人马投降了叛军，被封为王，后又率领所部一万户部众至云州投降了朝廷，被授予第二领民酋长。他率领敕勒部众南移至黄瓜堆，被杜洛周所部击破，部众分散，斛律金与哥哥斛律平二人投靠了尔朱荣，被尔朱荣任命为别将。

常景力不从心，而率领重兵的北道大都督元渊为何没有行动呢？这让朝中众人都对元渊的用心产生种种猜测，尤其是尚书令城阳王元徽之妻曾与堂叔元渊通奸，因此，元徽对元渊更是恨之入骨。恒州人请求朝廷任命元渊为刺史，元徽对胡太后说："元渊居心叵测。"等到杜洛周叛乱后，在平城归降的五原（内蒙古自治区包头市）人阴谋推举元渊为主，元渊心怀恐惧，遂上书请求回到洛阳，于是，北魏朝廷以左卫将军杨津代替元渊担任北道大都督，任命元渊为侍中、右卫将军、定州刺史。当时，中山太守赵叔隆、别驾崔融在与叛军作战中失利，朝廷派遣使者刘审前去考核，刘审还在中山的时候，叛军又来骚扰中山，元渊即命令赵叔隆率军防守州境。刘审火速回京，向朝廷报告说元渊擅自放纵嫌犯。城阳王元徽又从中说了元渊不少坏话，于是，北魏朝廷征召其为吏部尚书，兼中领军。等到元渊入京后，孝明帝特意设宴款待，席间让元徽、元渊二人和解，但元徽心中一直无法原谅元渊。

孝昌二年（公元526年）一月，北魏安州（河北省隆化县）所属的石离、穴城、斛盐（一说在今河北省丰宁县境）三座城池的两万守军发动兵变，响应杜洛周，杜洛周率众从松岍〔在北京市密云区古北口以北，一说即松陉岭，在营州（辽宁省朝阳市）西北百里〕前去接应。如果该地为松陉岭的话，那么，此时的杜洛周大约已与在营州叛乱的就德兴也取得了联系。

北魏行台常景命令部将崔仲哲率军驻扎在军都关截击杜洛周，却战败被杀，元谭所部也于深夜溃散，北魏朝廷又以李琚接替元谭任都督。此战的直接结果就是杜洛周的叛军冲破了军都关，进入了河北平原地带。与此相呼应，被安置在定州（河北省定州市）左城（河北省唐县）的五原降户鲜于修礼等人也率领北镇流民发动叛乱〔《魏书·杨津传》则称鲜于修礼起兵于博陵（河北省蠡县南）〕，改元鲁兴，叛军向定州杀来，州兵无力抵御。此时，行至灵丘（山西省灵丘县）的新任北道大都督杨津听说定州危急，当机立断率部驰援定州。杨津所部来到定州城下时，定州州军刚刚战败，士气低落，而杨津的营垒也没有来得及修筑。杨津认为，敌人刚刚取胜，士气正盛，而自己率领的军队长途跋涉，还没有修好营垒，难以与敌作战，一旦敌人趁夜偷袭，将会全军覆没，请求进入城内。可是定州刺史元固说敌人就在城外，不可示弱于敌，坚决不同意杨津所部进城，杨津大怒，拔出佩刀就要砍死守城军官，所部这才进入城中。当晚，叛军果然前去偷营，见是一座空营，才悻悻而去。不久，叛军进攻州城的东面，突入外城，元固关闭小城东门，城内魏军军心大乱，不敢主动出战。为了安定城内军心，杨津决定主动开门出战，长史许被不从，杨津大怒，拔出宝剑就要杀许被，吓得许被抱头鼠窜。随后，杨津率军出战，杀死了数百名叛军，鲜于修礼这才退去，定州城内人心也稍稍安定了下来。北魏朝廷随即又改任杨津为定州刺史兼北道行台，另以扬州刺史长孙稚为大都督北讨诸军事，与河间王元琛一起率部北上，讨伐鲜于修礼。

到了二月，北魏朔州（怀朔镇）百姓鲜于阿胡、厍狄丰乐等人占领了城池，再度举起反叛的大旗。与此同时，西部敕勒斛律洛阳在桑乾（山西省山阴县南）以西作乱，与费也头牧羊人（也可能该人的名字就叫费也头牧子）联络，互为掎角。周伟洲在《赀虏与费也头》一文中认为，赀虏原为匈奴的奴婢，主要由大胡、丁零、羌等组成；费也头原为匈奴役属的牧民，主要由鲜卑、铁勒等组成。匈奴衰亡前后，赀虏和费也头分别形成了一些新的部族集团，并保留了原匈奴对他们的称呼，也有以此为姓。三月十五日，游击将军尔朱荣在深井（今地不详）击破斛律洛阳，又在河西击破了费也头牧子。另外，据《北齐书·神武纪》记载，去年年底，“山胡刘蠡升自称天子，年号神嘉，居云阳谷，西土岁被其寇，谓之胡荒”。有人认为，刘蠡升发动叛乱的地方当在山西省左云、右玉县境内，但也有人认为刘蠡升所占据的云阳谷在汾州境内。汾州是山胡的聚居地，前年年底，汾州正平（山西省新绛县）、平阳（山西省临汾市）的山胡就发动了叛乱，当时，北魏朝廷即任命章武王元融率兵讨伐，《资治通鉴》对于北魏政府是否讨平了山胡再无下文。但据《魏书·元融传》称：“融寡于经略，为胡所败。”可是，关于元融讨伐山胡的过程也没有给出详细的记载，好在《魏书·裴良传》，详细地记载了这一过程：前年年底，汾州吐京胡薛羽等人作乱，北魏朝廷任命裴良为兼尚书左丞，设立西北道行台。当时，北魏偏将李德龙被薛羽击败，裴良进入汾州（治所山西省隰县）之后，与汾州刺史、汝阴王元景和及李德龙率领数千守军固守城池，山胡将州城团团包围。北魏朝廷即派遣行台裴延俊、大都督章武王元融、都督宗正珍孙等人救援。当时，还有五城郡（治所山西省蒲县东南）山胡冯宜都、贺悦回成等人妖言惑众，登基称帝，叛众都穿白色衣服，手持白伞白旗，在云台阻截魏军援军。元融等人与叛军交战战败，山胡乘胜再度包围了州城。裴良率领守城将士出战，大破叛军，临阵斩杀了贺悦回成，不久，裴良又引诱山胡杀死了冯宜都。该传还称：“时又有山胡刘蠡升自云圣术，胡人信之，咸相影附，旬日之间，逆徒还振。”也就是说，魏军援军元融部并没有讨平叛胡，叛胡冯宜都、贺悦回成部是裴良平定的，其间大约经过了大半年的时间。但是，北魏对山胡的清剿并不彻底，只是勉强保住了州城，薛羽等人当并未被平定。不久之后，刘蠡升再度崛起，由此也可看出，刘蠡升作乱之地并非在晋西北的左云和右玉县境，而是还在汾州境内。刘蠡升作乱后，李德龙打算撤出州城，但裴良不同意。不久，汾州刺史元景和就去世了，北魏朝廷任命裴良为汾州刺史，并派遣都督高防率军前来增援，但高防所部又在百里候（今地不详）被山胡击败。在山胡叛乱之前，汾州政府曾将官府的粮食贷给百姓，还未来得及回收，山胡就发动了叛乱，因此，州城城内断粮，发生了人吃人的惨剧。山胡知道城内粮仓空虚，更是加强了攻势，州城军民死去了十分之二三。裴良无计可施，只好率领城内军民撤出城池，逃往西河郡（山西省临汾市西），从此，北魏政府的汾州治所就从隰县被迫迁到了临汾。

由此可知，在破六韩拔陵被击败后的短短数月间，仅在北魏的北部就接连发生了上谷杜洛周、斛律洛阳、费也头牧子、怀朔鲜于阿胡和厍狄丰乐四起叛乱，其中，斛律洛阳、费也头牧子很快被尔朱荣平定，杜洛周和鲜于阿胡的实力却很强。另外，在山西西南部山胡刘蠡升的实力也很大，将汾州刺史裴良赶出了汾州治所隰县，汾州西部和西南部的几个郡县全部落入刘蠡升之手。

刚刚进入孝昌二年，北魏国内并没有因破六韩拔陵的失败而安定下来，相反，叛乱开始向内地蔓延，且呈现出相互配合之势：杜洛周已突破了军都关险要，河北平原展现在他的面前，下一步，他将与鲜于修礼相呼应，夺占富庶的河北大平原；而山胡刘蠡升则盘踞在晋西南地区，这里是通向关中的跳板，可与关中的万俟丑奴、莫折念生夹击长安，同时，这里与北魏京师洛阳近在咫尺，对洛阳构成巨大的威胁。

三三七　大乱天下（二）

河北数州是北魏的国本，不仅是北魏政府的粮仓，而且还为北魏政府提供大量的人力、物力，如今，关中还在僵持，旧都平城已岌岌可危，南方荆州等地山蛮四起，西南的梁州叛氐纵横，梁魏边境梁军虎视眈眈，但此时的北魏朝廷已顾不了那么多了，只能头痛医头脚痛医脚，在淮河流域梁军的攻势暂时缓和下来后，北魏政府赶紧调任长孙稚率部与元琛一起北上，讨伐鲜于修礼。

长孙稚并非胡太后的亲信，相反，从某种程度上说，他甚至还是胡太后的政敌。元叉的死党侯刚之子侯渊就是长孙稚的女婿，这也是长孙稚在元叉当权时被破格提拔为扬州刺史的原因，可以说，如果不是胡太后复辟时就接手元叉留下的这个烂摊子的话，长孙稚一定会成为下一个被打击、至少是被排挤的对象。在梁军进攻寿阳之初，长孙稚一直固守不战，当时北魏朝廷中就有人怀疑他怀有二心，胡太后派遣河间王元琛、临淮王元彧、尚书李宪等人南下的主要目的还不是对付梁军，而是防备长孙稚。那么，在河北鲜于修礼叛乱后，胡太后为何又要任命长孙稚为大都督，统率河间王元琛北讨呢？我们知道，在寿阳城外与梁将裴邃作战中，大败的是河间王元琛，长孙稚的扬州部队并没有受到太大损失，胡太后等人任命长孙稚为大都督，其实不过是想让他心甘情愿地离开盘踞已久的寿阳，待其离开老巢之后，再作打算。另外，北魏朝廷不得不北调扬州的边防军用于讨伐鲜于修礼，也说明了当时的北魏朝廷已经无兵可调。

果然，当长孙稚率领他的部队进抵邺城（河北省临漳县）之时，就接到了免除其大都督的诏书，而以河间王元琛为大都督，郦道元为行台。长孙稚派遣儿子长孙子裕携带奏表来到洛阳说：“前不久，臣与元琛都在淮南，元琛战败而臣所部获全，由此我们两人结下了私仇，并且，临阵换将，恐怕不妥。”但北魏朝廷不从。元琛与长孙稚所部推进至滹沱河（在今河北省正定县），长孙稚不愿出战，但元琛不从，下令继续前进。长孙稚所部行至五鹿（河北省辛集市）时，鲜于修礼集中全部叛军对其发起了突然袭击，元琛又不援救，长孙稚率领的魏军遂遭到惨败。战败后，长孙稚和元琛二人均被免除所有的官职。

魏军五鹿惨败令北魏朝廷大为震惊，五月九日，孝明帝即下诏决定御驾亲征，北上讨伐鲜于修礼，但不久，在群臣的劝谏下，又是不了了之。随即，北魏朝廷又任命丞相高阳王元雍为大司马，以吏部尚书广阳王元渊为大都督，章武王元融为左都督，裴衍为右都督，率军前去讨伐。元渊带着儿子从军，城阳王元徽对胡太后说："广阳王带着爱子领军出外，看来他是心存不轨。"于是，胡太后秘密给元融和裴衍下诏，要求二人暗中防备元渊。谁知二人却将胡太后的诏书拿给元渊看了，元渊看后吓得冒出一身冷汗，军中事情不论大小，都要向朝廷汇报，不敢擅自决定。胡太后感到奇怪，就派人询问原因，元渊回答："过去元叉当权，偷天换日，元徽依附元叉，遂飞黄腾达。如今，陛下返政，对我委以重任，但元徽心胸狭隘，对我是恨之入骨。臣为宗室疏属，又远离京师，被其陷害，无所不至。过去臣的职位与其相当，从此后，我们两人的职务就如天壤之别了：元徽一年之内晋升了八次，位居宰相，而臣数年不升，有功劳也不被赏赐。自从元徽执政以来，不仅臣得不到晋升，就连北征将士们的功劳也不被封赏，前线打了胜仗，即使我替将士们上书请求，往往遭到拒绝。过去，我曾命元标留守盛乐，元标固守那里两年，敌人退去后，我请求按照规定给元标升官，但元徽不同意，相比之下，徐州元法僧叛乱时，下邳城主贾勋被元法僧暂时围困，他的功劳并不比元标的大，却被提拔为刺史，并封了爵位。天下之事都是一个道理，功劳相同赏赐却不一样，这又是为何？李崇北伐之时，请求对于招募的北方八州之兵，也都按照西征将士的标准进行赏赐，可是，等到臣接任北道都督后，按照这个标准赏赐时，朝廷说北征将士不能按照西征的标准。定襄郡（内蒙古自治区和林格尔县）是国家宗庙所在，平城（山西省大同市）是国家北方的重镇，这么说的话，北征将士们的功劳哪一点比西征的差？只是因为元徽嫉妒臣，才故意压制我罢了。并且，他当政以来，岂止是压制我，只要是我的下属也都遭到他的嫉恨。统军袁叔和曾经申诉，元徽开始说人家说的有道理，可是一听到他在北征时隶属于我，当即就变了脸色。他还让臣的侄儿元仲显去告我，到处罗织臣的罪名，想诽谤于我。谁说我的坏话，他就对人家和颜悦色；说臣好话的人立即都被他斥责。甄琛曾替我喊冤，他就将人家视为仇敌；徐纥总说我的不对，他就对其像亲戚一般亲。骠骑长史祖莹过去在军中，妄增首级，受到朝廷的追究，仅仅因其诽谤臣，元徽就将他昭雪。前不久，臣府的司马刘敬负责将降众送至定州，这些降众突然反叛。叛乱如同江河决口，岂能制止？刘敬因为是臣的下属被朝廷诛杀，在元徽的淫威之下，臣的下属们无不胆战心惊。前不久，恒州百姓请求让臣担任刺史，元徽却说臣心不可测，等到降众密谋后，臣多次上报朝廷，元徽借此又旧话重提，这次我率军前往定州，远远离开他这个恶人，可是他又说我将有异志！说我带着儿子离京，是我想要叛乱的证据，我听说左都督元融和右都督裴衍都接到了密诏，监督臣的一举一动，元徽用心如此险恶，臣如何能够心安！臣以为国难当头，急需任命合格的地方长官。元徽担任地方长官时政绩突出，等到他担任宰相后，却碌碌无为。我请求将其调任地方，充分发挥他的特长，也让我再无内顾之忧，于公于私都非常有利。”但胡太后没有听从。

元渊认为，魏军屡战屡败，士气低落，因此，他进军非常小心，步步为营，每天才向前推进十里。就在魏军像蜗牛一样缓慢北上之时，杜洛周正试图南下，与鲜于修礼建立联系。在此之前，四月份，他就率军劫掠蓟城（北京市大兴区），常景派遣统军梁仲礼将其击破，但不久，北魏都督李琚在蓟城以北被叛军击败，李琚战死。常景率领主力继续阻击叛军，杜洛周一时难以得手，遂又回到上谷。六月，被杜洛周包围很久的燕州（河北省涿鹿县）刺史崔秉弃城逃往定州，燕州落入叛军之手，解决了燕州之后，杜洛周再度将注意力转至幽州，他派遣都督曹纥真、马叱斤等人率军进至蓟城南面，劫掠粮食，虏获壮丁，当时正值连日阴雨，叛军十分疲惫，七月九日，北魏行台常景派遣都督于荣等人率军迎战，魏军在栗园（河北省固安县境）大破叛军，曹纥真和三千叛军被杀，缴获叛军两万多头牲畜。杜洛周遂率众南下，朝范阳（河北省涿州市）杀来，常景和于荣又将其击破，并命别将在虎眼泉（北京市昌平区西）斩杀了很多叛军。虽然如此，杜洛周所部已经越来越接近鲜于修礼所部了。据《梁书·侯景传》称：“有怀朔镇兵鲜于修礼，于定州作乱，攻没郡县；又有柔玄镇兵吐斤洛周，率其党与，复寇幽、冀，与修礼相合，众十余万。”

就在河北局势逐渐恶化时，河东、代北、淮南三地也发生了一系列的变化。

在河东，六月，迁居于绛郡（山西省新绛县）的蜀人陈双炽聚众谋反，自称始建王。北魏朝廷任命镇西将军长孙稚为讨蜀都督前去讨伐。别将河东人薛修义单骑前往陈双炽的营垒，对他晓以利害，陈双炽当即投降。

在代北，怀朔镇的鲜于阿胡率领叛军东下，朝恒州治所平城杀来，城内百姓与之呼应，七月十一日，鲜于阿胡攻克平城，北魏行台尚书仆射元纂弃城而逃，逃往冀州（治所信都，河北省冀州市）。平城陷落后，北魏安北将军、都督恒朔讨虏诸军事的尔朱荣率领所部北上，尔朱荣所部路过肆州（治所九原，山西省忻州市），肆州刺史尉庆宾对尔朱荣非常忌惮，闭城不出。尔朱荣大怒，领兵袭占了肆州，活捉尉庆宾，将其送往秀容，另以堂叔尔朱羽生为肆州刺史，北魏朝廷也无可奈何。当初，贺拔允、贺拔胜、贺拔岳三兄弟追随元纂，驻守在平城，平城陷落后，贺拔允与两位弟弟走失，贺拔岳投奔了尔朱荣，贺拔胜投奔肆州尉庆宾。尔朱荣攻克肆州后，得到了贺拔胜，不禁大喜，说道："我得到了你们两兄弟，不愁平定不了天下。"他任命贺拔胜为别将，军中大事多半都与他们兄弟商量。

在淮南，梁武帝萧衍听说在淮河重新修筑的水坝已经蓄满了水，淮河水位上升，几乎将寿阳城墙淹没了，遂再度派遣郢州刺史元树率领陈庆之、彭宝孙等人从北路进攻黎浆，命令豫州刺史夏侯亶率领湛僧智、鱼弘、张澄等人从南路进攻寿阳。

三三八　大乱天下（三）

回过头来再看看广阳王元渊等人在河北的进展。

元渊、元融、裴衍所部魏军在交津（河南省涉县）与鲜于修礼的叛军隔河对峙。鲜于修礼过去常与葛荣商议军中大事，后来逐渐信任朔州人毛普贤，葛荣对此怀恨在心。毛普贤过去曾任元渊的统军，元渊命人暗中前去劝说，毛普贤遂心生归降朝廷之意，元渊又命录事参军元晏前去劝说叛军另外一个头领程杀鬼。但《魏书·杨津传》称："时贼帅薛脩（修）礼、杜洛周残掠州境。孤城独立，在两寇之间。津贮积柴粟，修理战具，更营雉堞，贼每来攻，机械竞起。又于城中去城十步，掘地至泉，广作地道，潜兵涌出，置炉铸铁，持以灌贼。贼遂相语曰：'不畏利槊坚城，唯畏杨公铁星。'津与贼帅元洪业及与贼中督将尉灵根、程杀鬼、潘法显等书，晓喻之，并授铁券，许以爵位，令图贼帅毛普贤。洪业等感悟，复书云：'今与诸人密议，欲杀普贤，愿公听之。又贼欲围城，正为取北人耳。城中所有北人，必须尽杀，公若置之，恐纵敌为患矣。愿公察之。'津以城内北人虽是恶党，然掌握中物，未忍便杀，但收内子城防禁而已。将吏无不感其仁恕。朝廷初以铁券二十枚委津分给，津随贼中首领，间行送之，脩礼、普贤颇亦由此而死。"

不论是元渊还是杨津实施的离间计，总之，叛军之中上下开始相互猜疑，八月二十七日，叛军将领元洪业（疑为元叉的堂弟）杀死了主帅鲜于修礼，向魏军投降，不久，葛荣又杀死了元洪业，自立为主。葛荣刚刚接收鲜于修礼之众，军中人心惶惶，无力与魏军作战，遂率部北撤，朝瀛洲（治所军都城，河北省河间市）而来。元渊即率领魏军从交津一路尾随葛荣叛军北上，九月十五日，葛荣在北撤途中突然杀了个回马枪，率领轻装骑兵在白牛逻（河北省博野县东南）对章武王元融所部发起突然袭击，元融率部苦战一整天，但元渊一直没有增援，叛军遂大破魏军，并斩杀了元融。元融被杀后，元渊率部朝定州方向撤退。取得白牛逻大捷后，葛荣遂自立为帝，国号齐，改元广安。侍中元晏对胡太后密报说：“广阳王盘桓不进，心存不轨。其军中于谨，智略过人，充当他的谋士，动荡之际，臣恐元渊不会是陛下的忠臣啊。”胡太后觉得有理，遂下诏能生擒于谨的，给予重赏。于谨听说后，对元渊说：“如今女主临朝，信任谗佞之徒，如果她不能明白您的真心，将大祸临头了，于谨我请求单身匹马回到洛阳。”于是，于谨亲自回到洛阳自首，胡太后见到他后大怒，于谨遂向胡太后说明了元渊的忠心，并原原本本地叙述之所以停军，胡太后听了，这才释然，将其释放。

见元渊率领大军撤了下来，定州刺史杨津也怀疑他有异心，元渊听到杨津的态度，遂驻扎在城南的佛寺之内。过了两天，元渊将都督毛谥等人召来，手臂相交，发誓在危难之时相互支持。毛谥等人更加怀疑元渊，暗中向杨津密报，元渊将发生叛乱。杨津命令毛谥率军攻击元渊，元渊仓皇而逃，与身边亲信从小道行至博陵（河北省安平县）境内。在这里，他们一行人遇到了葛荣的巡逻骑兵，众人将其送交葛荣。元渊过去曾长期在北镇，叛军中不少人见到他之后，都十分欣喜。葛荣刚刚称帝，担心元渊的到来会危及自己的地位，遂下令将元渊杀死了。

十月十八日，北魏行台常景击破杜洛周，斩杀叛军武川王贺拔文兴等人，活捉四百多名敌人。但到了十一月，杜洛周卷土重来，包围了范阳（河北省涿州市），十二月四日，城内百姓抓住幽州刺史王延年、行台常景，开门向叛军投降。

孝昌二年北魏政府两次讨伐河北叛军都失败了，葛荣、杜洛周两支叛军逐渐在河北坐大。

这一年的下半年北魏各地的局势更加动荡。

东北方向：营州的就德兴率部攻克了平州（治所肥如，河北省卢龙县），诛杀北魏刺史王买奴。

西北方向：天水百姓吕伯度原为莫折念生的下属，后来，他与哥哥吕众保一起聚众屯聚在显亲（甘肃省秦安县西北），反抗莫折念生，不久，被莫折念生击败，逃奔高平王胡琛。胡琛任命其为大都督、秦王，并调拨给他一些军队，让其进攻莫折念生。吕伯度兄弟在成纪大破莫折念生部将杜粲，又在永洛城击败莫折念生的金城王莫折普贤，再度收复显亲。莫折念生亲率军队出战，又被吕伯度击败。得胜后，吕伯度又背叛了胡琛，偷袭胡琛的部将刘拔，然后，派遣侄儿吕忻和向魏军求救。在东西夹击之下，莫折念生无计可施，遂向萧宝寅诈降。萧宝寅命令行台左丞崔士和来到上邽，北魏朝廷也任命吕伯度为泾州刺史。但是，大都督元修义、高聿率军在陇口迟迟不肯西进，莫折念生再度叛乱，活捉了崔士和，送交胡琛，并在途中将其诛杀。后来，吕伯度也为万俟丑奴所杀，关中莫折念生及胡琛这两股叛军势力更大，其间，胡琛被破六韩拔陵派人暗杀，万俟丑奴将胡琛原有部众全部吞并。

东南方向：梁军豫州刺史夏侯亶进入北魏国内后，连战皆捷，魏军在淝水两岸筑城，夏侯亶与湛僧智率军奔袭，将其击破。梁军又进攻黎浆，贞威将军韦放（韦叡之子）又从北路前来会合，梁军回师后，接连攻下魏军五十二座小城，俘获七万五千多北魏百姓，二十万石米。十一月十六日，北魏扬州刺史李宪只好投降，寿阳重新回到梁朝怀抱。十一月二十二日，梁朝将李宪放回魏国，以寿阳作为豫州治所，改合肥为南豫州治所，任命夏侯亶为豫州、南豫州二州刺史。梁魏两国长期在寿阳地区作战，这里的百姓流离失所，夏侯亶担任刺史后，轻徭薄赋，采取了与民休息的政策，很快，寿阳的户口就恢复了旧观。

东面：这一年年底，北魏齐州（治所历城，山东省济南市）百姓刘树等人谋反，攻陷郡县，屡屡击败北魏地方军队。齐州刺史元欣任命房士达率军将其平定。

西南方向：梁将曹义宗率领梁军从穰城进攻新野，北魏派遣都督魏承祖以及尚书左丞、南道行台辛纂前来救援。曹义宗所部失利，不敢继续推进。

北魏国内局势持续恶化。连年的征讨行动耗尽了北魏国库，北魏政府不得不向百姓预征六年的税赋，但即便是这样仍然不够，只好取消了给付百官的酒肉，还下令凡是到市场里去的人都要抽取一钱的税，包括店铺旅馆都要交税，弄得百姓人人怨恨。吏部郎中辛雄上书认为：“各族民众聚集在一起发动叛乱，难道说对政府有什么深仇大恨吗？只是因为朝廷派下去的地方官吏不称职，百姓们忍无可忍罢了。应该趁机及时安抚百姓们才是，但是，地方官吏的选拔历来不受重视，贵族子弟和干练的人才都不屑到地方任职。应该马上改变这一弊端，将各地郡县分为三等，任官之法要兼顾门第和才能，如果不能兼顾，要优先考虑才能，再考虑门第，不要再受排队制度的限制。三年进行一次考核评定，考核称职的，晋升为京官；没有地方任职经验的，不得担任京官。这样一来，人人就会自我勉励，百姓的冤屈就会申雪，叛乱自然就会平息了。”但胡太后对此并没有采纳。

孝昌二年这一年是河北叛军初起并得到迅速发展的一年。自从六镇叛乱以来，魏军在与叛军的交手中，败多胜少，个中原因是多方面的，我认为大致有以下原因：一是叛军战斗力较强。六镇和河北叛乱的主体是六镇镇民，他们本身就是北魏正规的边防军，拥有丰富的实战经验，这与历代农民起义大为不同，因此，他们一组织起来就具有很强的战斗力。另外，六镇镇民相互之间关系盘根错节，互通声气，一呼百应，这也是能够迅速蔓延的一个因素。二是北魏社会矛盾集中爆发。六镇叛乱只是一个导火索，北魏社会从孝文帝后期以来即积淀了种种矛盾，这主要表现在：1. 汉化与非汉化之间的冲突。孝文帝改革对于促进鲜卑汉化起到了很大作用，但其中的强化门第观念等等措施，就不见得有多少先进性，也从根本上冲击了北魏既得利益者的利益，引发了一系列社会问题；2. 百姓负担沉重。从孝文帝迁都之后，北魏百姓一直都承受着巨大的负担，先是建设洛阳，继而孝文帝三次发兵南下，孝文帝去世后，宣武帝一朝始终没有改变与南朝对立的态度，不仅连年用兵，而且还大肆修建佛寺、洞窟等，耗费了大量人力物力。3. 北魏官场迅速腐败。胡太后称制后，更是笃信佛教，北魏上下崇佛佞佛之风愈炽，与此同时，胡太后为了安抚宗室贵族，对他们的骄奢淫逸的生活采取了放纵甚至是鼓励的态度，北魏官场迅速腐化堕落，这也引发了社会普遍的不满。4. 北魏朝廷内部矛盾重重。胡太后复辟后，虽说并未大规模清除元叉一党，但是，对于元叉一党的核心人物还是逐一进行了清算，这就不能不引起元叉一些尚在位的外围党羽们的疑虑，而胡太后及其亲信们同样对于这些人心存猜忌。比如，对扬州刺史长孙稚等人就是如此。另外，胡太后复辟之后，为了牢牢掌握政权，起用了郑俨等人，虽说郑俨能够掌握朝廷大权与胡太后第一次称制时重用的元怿几乎如出一辙，但郑俨等人的威望、才能与元怿有着天壤之别。胡太后以女主临朝，起用郑俨等人实属无奈之举，但郑俨等人把持朝政也一定程度上削弱了胡太后的威信，这一点从宗室贵族们在平叛之中的表现即可看出端倪。还有，胡太后重用的宗室重臣之间也有着这样那样的个人恩怨，典型的就是城阳王元徽与广阳王元渊之间的矛盾，两人之间的个人恩怨也从一定程度上削弱了北魏帝国平叛的质量和效率。再如，元徽与元顺之间的矛盾，元顺是北魏末期一位个性鲜明的宗室贵族，开始的时候，元徽仰慕元顺的名气，刻意结交，元渊被征召为吏部尚书、兼中领军时，诏书是元顺起草，文辞优美。元徽怀疑是元顺在胡太后面前替元渊说了好话，遂与徐纥一起在胡太后面前离间元顺，胡太后将元顺贬为护军将军、太常卿。元顺前去西游园拜辞胡太后，恰逢元徽和徐纥在场，元顺指着徐纥对胡太后说道："此人就是我大魏之宰嚭（春秋时吴国奸臣），魏国不灭亡，这家伙是死不了的！"徐纥缩着脖子退下。元顺又大声喝道："你不过一刀笔小人，只能做一个处理文案的小吏，岂能担任侍中，乱我大魏纲常！"说毕，一抖衣服愤然而去。胡太后默默无言。

三三九　朝不保夕

时光就这样进入了孝昌三年（公元527年），这一年三月，南梁武帝萧衍改元为大通。

刚刚进入新年，北魏官军就在各个方向连遭惨败。

在河北地区。北魏将定州和相州的四个郡分出来另外成立了一个新的州——殷州（治所广阿，河北省隆尧县东），任命北道行台崔楷为刺史。在魏军两次大败、元渊叛逃的情况下，北魏政府为何要匆匆将定州和相州拆分开来呢？显然，还是出于对定州刺史杨津和相州刺史元鉴的不信任。至此，北魏政府已经陷入一个无法自拔的怪圈：要想讨平叛乱，就必须要事权相对集中，唯其如此，才能集中兵力打击敌人，可是，一旦部队集中到某一人之手，北魏朝廷又担心其反戈一击；为了防止地方官员趁机坐大，形成地方军阀，北魏朝廷处处掣肘领兵统帅或者地方大员，而这又从客观上分散了兵力，给叛军一个各个击破的良机。

新任殷州刺史崔楷上书称："殷州刚刚设立，没有片刃、斗粮，请求朝廷调派部队、军粮。"胡太后下诏要求有关部门酌情发放，但最终也没有实现。有人劝说崔楷将家眷留在洛阳，单骑前去上任，可是，崔楷说："我听说拿人家俸禄的，就要替人家排忧解难，如果我独自前往的话，将士们谁还肯尽心尽力呢！"遂带着全家北上。葛荣率部进攻州城，有人劝说他将弱小带出城，崔楷将自己最小的儿子和女儿让人趁夜带出，不久，他就后悔了，说道："这样人们就会说我不坚定，考虑亲情而没有尽忠。"又派人将儿女追回。叛军来到后，城内守军人数很少，敌我双方实力相差悬殊，城内又没有守御的器械，但崔楷勉励将士们要誓死抵抗，大家听了无不感动，都说："崔大人尚且不顾全家人的性命，我等岂能爱惜自己一条命！"守军与叛军交战多日，倒下的人一个接一个，但始终无人投降。孝昌三年一月十七日，城池陷落，崔楷手持节杖，毫不屈服，被葛荣杀害。

占领殷州后，葛荣乘胜包围了冀州（治所信都，河北省冀州市）。

关中的局势同样不容乐观。两年来，魏军至少有两次机会，一次是前年黑水大捷之后，未能乘胜越过陇山；第二次是去年吕伯度归顺后依然未能进入秦州。是魏军不堪一战还是萧宝寅在玩寇？后者的可能性很大。北魏朝廷对此也十分疑虑，为了让萧宝寅安心作战，孝昌二年四月，北魏朝廷晋升其为侍中、骠骑大将军、仪同三司、假大将军、尚书令，给后部鼓吹，增封一千户。孝昌三年正月，又晋封其为司空。然而，魏军出征时间太长了，将士们都非常疲惫，也就是在这一月，萧宝寅、元恒芝所部在泾川为万俟丑奴所攻，魏军大败。元恒芝所部从渭北东渡，雍州刺史杨椿派人追赶，但元恒芝不停。萧宝寅所部后到，杨椿将其留在长安西北的逍遥园，搜集残兵败将，尚有一万余人，长安近郊人心稍微安定下来。莫折念生也趁势东出，东秦州刺史潘义渊打开汧城（陕西省陇县）投降，莫折念生又进逼岐州（治所雍城，陕西省凤翔县），城内百姓抓住刺史魏兰根投降。此时，原屯驻于北华州（治所杏城，陕西省黄陵县）的叛党胡引祖、豳州（治所定安，甘肃省宁县）的叱干麒麟也都纷纷起来响应莫折念生。豳州刺史毕祖晖战死，行台辛深弃城而逃，北海王元颢所部也大败，逃回京师，关中一片混乱，扶风以西全部被叛军占领。杨椿招募了七千余人，派侄儿录事参军杨侃统领，固守长安。北魏朝廷下诏任命杨椿为侍中兼尚书右仆射，节度关中诸军，所辖五品以下以及关中郡县需要任命官员的，由其全权负责。北地（陕西省富平县、耀州区）功曹毛鸿宾招引叛军劫掠渭河以北地区，杨侃率领三千人掩袭敌人，毛鸿宾大为恐惧，请求将功补过，遂将宿勤明达的侄儿宿勤乌过仁生擒。

莫折天生乘胜进攻长安，萧宝寅部将羊侃（其父羊祉，《魏书·酷吏传》中有传）埋伏于壕沟之中，用暗箭一箭射杀了莫折天生，叛军遂溃败而去。但是，到了二月，叛军竟然越过长安，占领了潼关！

在淮河地区及青徐地区，梁军亦节节胜利。南梁谯州（治所山桑，安徽省全椒县西北）刺史湛僧智率军包围了北魏东豫州（河南省息县）；南梁司州刺史夏侯夔（夏侯亶之弟）率领壮武将军裴之礼（裴邃之弟）等人从义阳道而来，进攻北魏的平靖关（湖北省广水市东北七十里）、穆陵关（湖北省麻城市北一百里）和阴山关（湖北省麻城市东北六十里），全部攻克。南梁将军成景俊进攻北魏彭城，北魏朝廷任命前荆州刺史崔孝芬为徐州行台，前去抵御。崔孝芬在胡太后复辟后因是元叉一党而被除名，这次被任命后，入宫拜别胡太后。胡太后对他说："我与你是儿女亲家〔崔孝芬的女儿是孝明帝的世妇（第五等妾）〕，为何曾把脑袋伸到元叉的车内说：'该把这个老太婆赶走！'"崔孝芬回答："臣受国厚恩，确实没有说过这种话。即便说过，谁又能听到？如果有人能听到这话，这个人与元叉的亲密程度肯定比我要深多了啊！"胡太后听了，也就释然了，不禁怅然若失，面带惭愧之色。成景俊计划在泗水上修筑水坝，水淹彭城，崔孝芬与都督李叔仁等人发起进攻，成景俊退去。在青州地区，南梁将军彭群、王辩则包围了琅邪（山东省临沂市），北魏朝廷命令青州、南青州驻军救援琅邪。与此同时，东清河郡（山东省淄博市）的变民也十分猖獗，北魏朝廷任命齐州长史房景伯为东清河太守。当地百姓刘简虎曾欺辱过房景伯，听说房景伯前来担任太守后，全家逃亡。房景伯派人将其抓获后，任命刘简虎的儿子为西曹掾，让其劝说变民们。变民们认为房景伯不念旧恶，也都相继出降了。

北魏右民郎（土地司司长）路思令上书建议说："军队出征之所以能够取得胜利，这完全在于将帅。任命一位合格的将帅，就能顺利地平定天下；用人不当，则京师之地也可能成为战场。我看这些年来，我们使用的将帅大多是贵族子弟，这些人口不离酒，骑在马上，心高气傲，自以为一世之雄；可是，等到遇到大敌，就忧愁恐惧，平时的豪情顿时无影无踪，遂让老弱之兵在前，强壮之兵防身，再加上武器不精良，进退毫无纪律，让这群人去抵挡占据险要的变民、经验丰富的敌寇，想不战败能行吗！因此，士兵们谁都知道肯定会失败，所以刚刚集合就撒腿就跑；将帅们畏惧敌手，也总是拖延着不敢前进，朝廷却认为是他们嫌官位不高，就屡屡给他们加官晋爵；又认为是赏赐太少，因而天天加以厚赏，致使国库空虚，民间财尽，叛党却越来越多，百姓更加困苦。如今如果真的能够做到罢黜奸邪，提拔贤才，赏罚严明，挑选精锐之兵，修缮武器装备，先派一名口才好的人去叛军中晓以利害，如果他们不听，再前去讨伐，必定能够取胜。"路思令的话说起来容易，做起来难，当然不会有什么效果了。

孝昌三年年初开局不利，河北葛荣占领了殷州，并包围了信都；杜洛周已经占领了幽州；就德兴则从营州入关，占领了平州；关中莫折念生东出陇山，进入关中，并前突至潼关；河东郡的山胡还与长孙稚军相持，丝毫看不到胜利的希望；南梁军队已收复了寿阳，开始向北魏腹地发起进攻；各地的小股变民也是此消彼长，让北魏朝廷穷于应付。种种迹象表明，即将到来的这一年又是非同寻常的一年，那么，这一年里，又发生了几件影响巨大的事件呢?

三四〇　宝寅反叛（一）

在这一年里，大致发生了三件大事：一是萧宝寅反叛；二是葛荣攻克信都；三是梁军拿下涡阳。让我们依次说来。

叛军占领潼关后，北魏朝廷大为震惊，孝明帝下诏将要亲征，但是，也许是出于万俟丑奴与莫折念生之间相斗，也许是出于其他原因，占领潼关的叛军不久就自行撤离了。

叛军离去让北魏君臣都长舒了一口气，但是，紧接着，关中形势又发生了变化。杨椿担任行台尚书后不久，就患上了急病，他多次向朝廷请求回家养病，北魏朝廷最终同意了，四月，又重新任命萧宝寅为都督雍州泾州等四州诸军事、征西将军、雍州刺史、开府仪同三司、西讨大都督，自潼关以西各军均受其指挥。杨椿回到家乡，恰巧其子杨昱将去洛阳，杨椿对儿子说："满朝文武再没有比萧宝寅更适合担任雍州刺史的人选了，可是，他的重要幕僚需要朝廷委派心腹之人担任，岂能让他自行委任？这是朝廷百虑一失。况且，以萧宝寅今天的地位是不需要以担任一个刺史为荣的，可是，我观察他得到这一任命后非常高兴，而且，他到任后，进行的赏罚以及他的所作所为都不符合常规，我担心此人有异心，关中可惜了。你现在回京将我的忧虑告诉太后和皇上，并告知宰相，另外给萧宝寅派来长史（秘书长）、司马（军政官）和防城都督（城防司令）。要安定关中，只需这三个人就可以了，如果不派来这三人，关中肯定会发生让人担忧的灾难的。"杨昱入京后，当面向胡太后和孝明帝禀报了杨椿的忧虑，但二人都没有听从。

难道说胡太后和孝明帝汲取了过去对前方将帅掣肘过多的教训？还是二人认为杨椿可能与萧宝寅有过节，杨椿父子之言是无中生有之词？还是另有隐情呢？对此，我们都已不得而知了。

不过，萧宝寅到任以后，关中的形势似乎开始朝着好的方向发展。到了这一年九月，莫折念生的常山王、秦州当地百姓杜粲竟然杀死莫折念生一家老小，自封为秦州刺史；与此同时，南秦州的辛琛也自称刺史，向萧宝寅请降。十月，北魏朝廷大喜之下，又任命萧宝寅为散骑常侍、车骑将军、尚书令，并恢复了他过去的爵位。

但此时的萧宝寅看到各地叛军四起，魏军连连战败，士气低落，已经对北魏朝廷丧失了信心。再加上当初泾州大败后，有人劝说他回到洛阳等候朝廷发落，也有人劝说他暂时留在关中，将功补过。当时，行台都令史冯景曾说："手握军队不回京，这可是大罪。"但萧宝寅不从。北魏朝廷判决萧宝寅死刑，但胡太后将其削职为民，虽然如此，萧宝寅并没有离开长安，而是一直以平民的身份掌握着自己的一万多军队。而所谓的杨椿的急病似乎也是十分可疑的，在杨椿担任萧宝寅上司以后，也许其无法调动萧宝寅的军队，在北魏朝廷权衡利弊之后，才决定舍弃杨椿而专用萧宝寅吧？不过，即便如此，萧宝寅与朝廷之间的隔阂已经形成。萧宝寅觉得自己率军出师多年，浪费了国家大量资财，却惨遭大败，朝廷随时可以拿这件事说事，于是，他决心反叛，不断派人入京要求增兵增粮。他先派行台郎中高道穆（本名高恭之，字道穆）入京要求增兵，胡太后亲自询问前线的情况，高道穆如实回答，胡太后听了不禁大怒，说道："近来使者均说敌人力量很弱，为何你独独说敌人力量强呢？"高道穆回答："那些人回来说敌人力量弱，是希望能让陛下高兴，受到赏赐。臣既然充当使者，就只能如实汇报。我请求太后派出亲信近臣前去复核。"萧宝寅派高道穆入京请求增兵是在泾川大败后不久，可能也是客观需要，但在此前后，萧宝寅还派人请求朝廷调拨军粮，称自己统率十万军队，可是军粮才够吃一个月，当时孝明帝听后大怒，将度支尚书郎中朱元旭召来，朱元旭在御座面前一五一十地计算下来，结论是萧宝寅的军粮完全够吃一年。

萧宝寅的种种反常举动，也引起了北魏朝廷的怀疑。中尉郦道元素来以严厉闻名，司州牧、汝南王元悦与其同性恋人丘念非常亲密，司州下辖的郡县官员全都由丘念一人操纵。丘念经常躲在元悦家中，郦道元查清了丘念的罪状，趁他回家之际将其抓获。元悦面见胡太后请求保全丘念一命，胡太后专门下诏赦免，郦道元却不从，将丘念诛杀，并弹劾元悦，这让元悦对郦道元是恨之入骨。此时，他请求胡太后派遣郦道元担任关右大使（关右钦差大臣），想借萧宝寅之手害死郦道元。

果然，萧宝寅听说郦道元前来，认为是朝廷派他来诛杀自己，非常害怕，而长安城内的一些轻狂少年又劝说萧宝寅就此举兵。萧宝寅又问柳楷，柳楷说道：“大王您是齐明帝萧鸾的儿子，天下归心，今日举兵，完全符合人民的心愿。而且，民谣唱道：‘鸾生十子九子坏，一子不死关中乱。’乱就是治，大王理当治理关中，这还有什么可怀疑的呢！”

当郦道元一行来到阴盘驿亭（陕西省西安市临潼区东十三里）时，萧宝寅派遣部将郭子恢率兵将郦道元团团包围。阴盘驿亭在山冈之上，需要到冈下取水，被围之后，郦道元等人在冈上挖了十余丈却无法找到水源，最后终于水尽力屈，敌人翻墙进入，郦道元怒目痛骂，与弟弟和两个儿子一起被杀。郦道元死后，萧宝寅命人收殓尸体，安葬在长安以东，对朝廷谎称是为关中的鲜卑白贼所杀，又上书为自己申辩，称自己被杨椿父子诬陷。郦道元是北魏著名的地理学家、散文家，他个性鲜明，疾恶如仇，因有严苛之称而被《魏书》收入《酷吏传》中。郦道元从小非常好学，博览群书，尤其是读过很多奇书，曾为《水经》作注四十卷，写下《本志》十三篇等，都风行于世，尤其是他写下的《水经注》是名垂青史的巨著。《水经》原本是西汉后期桑钦所作，原载水道137条，而郦道元在《水经注》中将其扩展为1252条，注文超过原文二十多倍，洋洋洒洒三十余万字，我们都学过《水经注》的三峡，对郦道元的文笔印象深刻，但是，读过《水经注》全文，你才知道什么叫作渊博，《水经注》对中国每一条河流流经的地域的自然地理状况、人文地理、山川胜景、历史沿革、风俗习惯、人物掌故、神话故事都如数家珍，引用的书信手拈来，汪洋恣肆，叫人拍案叫绝，叹为观止，是一部集地理、文学、历史于一体的综合性典籍，它与裴松之的《三国志注》、刘孝标的《世说新语注》和李善的《文选注》并称为“四大名注”，并因其巨大的价值而形成了“郦学”。

虽有不少人支持萧宝寅谋反，但也不是没有人反对，行台郎中苏湛就是一个。害死郦道元后，萧宝寅又派苏湛的表弟姜俭给苏湛传话说：“元略（胡太后复辟后，因元叉之变而投靠南梁的元略受胡太后之请已被南梁送还北魏）接受萧衍的旨意，阴谋加害于我，郦道元入关，其意难测，我不能坐着等死，如今，为了身家性命，我决定不再当魏国的臣子了。死生荣辱，我都将与你共同承受！”当时苏湛正卧病在家，听后放声痛哭。姜俭赶忙劝阻道：“何至于此啊！”苏湛回答："如今我一家老小将被屠灭，我岂能不哭！"他哭了数十声后，这才平复下来，慢慢说道："你替我回复齐王：大王本来是一个走投无路之人，幸赖朝廷恩典，给予大王如此尊崇的地位。国家遇到灾难，大王却不能尽忠报恩，反而听信路人无知之言，想趁机作乱，以羸弱之兵扼守潼关、问鼎中原。现在，大魏国运虽然衰落了，但上天之命并未更改，况且大王的恩德并没有惠及黎民，我只见其失败，一点也看不到成功的可能，我苏湛不能以我一家老小的性命为大王殉葬。"萧宝寅又让姜俭劝说道："我是为了活命才不得不如此，之所以没有提前向你通报，只是担心你破坏我的计划罢了。"苏湛说："凡是谋划大事，必须找到天下奇才一起共事才能成功，大王如今只与长安城内的赌徒们一起商量，你说这有成功的可能吗？苏湛我恐怕您的卧室书房内将会荆棘丛生了。请求您能允许我退休回到故乡，但愿能病死在家，到地下去见我的先祖。"萧宝寅一向十分敬重苏湛，知道其不为自己所用，遂让其回到故乡武功（陕西省武功县）。多年追随萧宝寅的都令史冯景也是苦苦劝谏，但萧宝寅不从。

萧宝寅决心反叛后，又杀死了都督、秦州刺史南平王元晛。十月二十五日，萧宝寅自称齐帝，改元隆绪，大赦辖境，设置百官，并派遣部将郭子恢率军占领了潼关，又命行台张始荣包围了华州刺史崔袭。他以姜俭为尚书左丞，委以心腹之人，一直追随萧宝寅的周惠达出使洛阳，北魏朝廷得知萧宝寅反叛的消息后，打算将其扣押，周惠达从洛阳逃出。路过潼关时，周惠达遇到大使杨侃，杨侃说："萧宝寅已经决心叛乱，你为何要逃入虎口？"周惠达说："萧王受到身边人的误导，我回去以后，也许能够说服他改变主意。"显然，周惠达是在诓骗杨侃，他来到长安以后，就被萧宝寅任命为光禄勋、中书舍人。丹阳王萧赞（萧衍次子萧综）听说萧宝寅谋反，担心受到牵连被杀，逃出了洛阳，打算逃往白鹿山（河南省辉县市西五十里），行至黄河大桥被人抓获，孝明帝知道萧赞并没有参与萧宝寅的阴谋，对他安慰一番予以释放。

三四一　宝寅反叛（二）

都督长史毛遐是曾生擒宿勤乌过仁、归降官军的毛鸿宾的哥哥。

毛遐与毛鸿宾兄弟二人纠集氐族、羌族部众在马祗栅（今地不详，一说在陕西省三原县）起兵，反抗萧宝寅。萧宝寅派遣大将军卢祖迁率军前去镇压，却为毛遐所杀。消息传来，萧宝寅正在举行登基典礼，即位大礼尚未完毕，听到败报，萧宝寅大惊失色，也无心整顿部伍，就狼狈而还。行台郎封伟伯等人与关中的豪杰密谋举兵诛杀萧宝寅，结果事情败露，反为萧宝寅所杀。

就在萧宝寅起兵后，正平（山西省闻喜县）百姓薛风贤就聚众谋反了，薛风贤的同族、曾在不久前说服过陈双炽投降的薛修义也在河东（山西省永济市）发动叛乱，他们占领了盐池，进攻蒲坂，响应萧宝寅。萧宝寅的心腹姜俭是河东人，二薛绛蜀之乱也许就是在姜俭的鼓动下才发动起来的。在小小的河东地区，此时大体上已有三股比较大的势力：北面是山胡刘蠡升，中部是吐京胡，南面则是二薛的绛蜀势力。北魏朝廷命令宗正珍孙率军讨伐。

北魏朝廷听说萧宝寅反叛的消息后，即下诏任命在河东与山胡相持的行台长孙稚率军出征。与此同时，原投降于萧宝寅的秦州杜粲又为骆超所杀，骆超占据上邽后，向北魏朝廷请降。当时，长孙稚背上的疮肿尚未痊愈，胡太后安慰他说："爱卿病成这样，朕想让你留下，却无人能够担当这一重任，这可如何是好？"长孙稚回答："臣死而后已，敢不尽心竭力？"长孙稚的儿子长孙彦也患有脚病，手持拐杖入宫拜别。尚书仆射元顺等人相视说道："我等身为大臣，都位居高位，危难之时，却让患病之人出征，这不是太不像话了吗？"众人无人说话。

孝昌四年（公元528年）一月七日，孝明帝宠爱的妃子潘嫔生下一个女儿，胡太后对外谎称是皇子，第二天，北魏朝廷宣布实施大赦，改元武泰，这一年就被称为武泰元年。

萧宝寅包围了长安东北的冯翊（陕西省高陵县），但一直没有攻下，而此时，长孙稚的讨伐军已推进到弘农（河南省灵宝市西南），行台左丞杨侃对长孙稚说："过去魏武帝曹操与马超、韩遂在潼关相持，韩遂与马超的才能远非曹操的对手，然而，两军一直胜负未决，原因就在于韩马之军扼守潼关险要之故。如今，敌人占据了潼关天险，即便是曹操再世，也无从施展计谋。必须北渡黄河，夺占蒲坂，然后，再西渡黄河，将部队置之死地，人人有死斗之心，将不战而解除华州之围，潼关的敌人也会担心后路而后撤。长安外围平定之后，剩下长安孤城自当落入我军囊中。假如在下的愚计有可取之处，愿意充当将军的先锋。"长孙稚说："你的计划可行。不过，今天薛修义已经包围了河东（蒲坂），薛风贤又占领了安邑（山西省夏县），宗正珍孙被阻挡在虞坂（山西省平陆县东北六十公里中条山口），一直无法继续北上，即使有这一打算，我军北渡黄河之举仍然令人不太放心。"杨侃说道："宗正珍孙不过是一军中武夫，机缘巧合才登上高位，只能被人指挥，却没有能力指挥他人。他一旦担任一军的统帅，指挥三军，精神错乱，岂能进攻敌人？河东郡的郡治在蒲坂，西临黄河，但辖境之内的百姓都住在东部，薛修义驱赶郡内的壮丁西进包围郡治，而叛军的家人还留在当地农村，如果我军踏上河东郡，薛修义之军必然人人担心家人的安危，方寸大乱，蒲坂之围自然会解除。我军可不战而胜，这一结果昭然若揭，看得清清楚楚。"长孙稚认为说得有理，遂命令儿子长孙彦等人率领骑兵与杨侃一起从弘农北渡黄河。

不过，长孙彦与杨侃所领之兵全部是骑兵，熟悉野战而不能攻城，于是，就在石锥壁（山西省永济市虞乡镇西）安营扎寨。杨侃命人对外宣称："我们现在就暂时驻扎在此地，以等待步兵的到来，另外观察人心的向背，然后决定下一步的行动。送上归降名单的，各自安心回家，等到官军夜间点燃烽火时，都要点火呼应，以表示你们是真心归顺的，那些不点火呼应的，就是拒不投降的村落，理应加以荡平，犒赏军士们。"听到杨侃这话，当地百姓互相转告，等到夜里官军点火之后，各村全部点燃烽火，即使那些诈降的村子也点起了大火，一时之间，数百里内火光冲天。包围蒲坂的薛修义叛军见状，大惊失色，不知是什么缘故，遂各自散去，薛修义也逃回家乡，与薛风贤请求向魏军投降。

武泰元年一月十八日，长孙稚击败了郭子恢，攻克潼关，然后率部进入河东。当时，正巧北魏朝廷下诏废除了盐池税，长孙稚表示反对，他上书说："盐池是上天赐予的宝物，距离京师很近，我们所要做的就是要好好看护，合理予以分配。现在，帝国境内狼烟四起，国库空虚，冀州定州一片大乱，政府在当地的赋税已无法按时收缴，帝国的军需全靠国库的旧存，只有支出没有收入。拿盐池税来说吧，换算成绢的话，一年之内不少于三十万匹，这等于把冀州和定州移到京畿之内，如今如果再度废除盐池税，等于犯了第二次错误（二十二年前北魏政府就曾废除过）。前不久，臣违抗陛下严厉的诏书没有先进攻关中的叛军，而是先行解除蒲坂之围，并非认为长安不重要而蒲坂重要，而是因为，一旦失去了盐池，三军就缺乏粮食。上天帮助我大魏，我得以顺利完成了任务。昔日在孝文帝时期，国家安定，国库充裕，那时国家尚且设置盐官专司盐业，这不是与百姓争利，而是担心百姓们争夺利益，造成社会混乱。况且，如今国库空虚，已向百姓们预收了以后六年的田赋，绢也征到了明年，这都是在掠夺百姓的私人财产，没什么好处。臣擅自命令盐官和驻扎在盐池的军队将领回到原来的岗位，按照过去的惯例继续收税，并等待朝廷下一步的指示。"

在卢祖迁被杀后，萧宝寅又派遣部将侯终德北上进攻毛遐，一直没有取得进展。此时，郭子恢在潼关战败，长孙稚又派遣儿子长孙彦在华州击破了张始荣，解除了华州之围。侯终德感到大势已去，遂回军长安，打算偷袭萧宝寅，将功补过。侯终德的部队行至白门（长安城门之一）时，萧宝寅才发现侯终德的部队已经倒戈，一月十九日，他率部与侯终德作战，战败，遂携带妻子北魏南阳公主及其小儿子，率领一百余名亲信骑兵从后门仓皇逃出，渡过渭河，投奔万俟丑奴。万俟丑奴任命其为太傅。

萧宝寅之乱不足三个月就被平定。二月，北魏朝廷任命长孙稚为车骑大将军、开府仪同三司、雍州刺史、尚书仆射、西道行台。北魏政府也暂时恢复了对关中地区的控制。

三四二　攻克信都

孝昌三年发生的第二件大事就是河北的葛荣攻克了冀州治所信都。

葛荣在年初攻破殷州后就包围了信都，北魏朝廷即任命光禄大夫源子雍为北讨大都督北上解信都之围。源子雍就是三年前抵御了朔方胡人叛乱的那位夏州刺史。在这一年年初萧宝寅在泾川大败后，叛军宿勤明达派遣儿子宿勤阿非率众切断夏州与朝廷之间的联系。当时，华州（陕西省大荔县）、白水（陕西省白水县）均被叛军包围，关中一片混乱，各地音讯不通。源子雍刚刚平定了黑城（今地不详），遂率领夏州军民携带家眷放弃夏州南下。叛军部将康维摩率领叛乱的羌族和匈奴族部众把守锯谷（今地不详），切断了棠桥（今地不详）。源子雍率部交战，大破叛军，生擒康维摩。又进攻驻扎在杨氏堡（今地不详）的叛党契官斤所部，再次将敌人击破。源子雍从夏州一路南下，转战一千多里，至此，北魏朝廷才得到了他的确切消息，晋升其为散骑常侍、使持节、假抚军将军、都督、兼行台尚书。源子雍又在曲沃堡（今地不详）击破叛胡纥单步胡提，在白水郡击破宿勤阿非之军，斩杀了很多敌人。北魏朝廷命令侍中、尚书令、城阳王元徽亲自到潼关犒劳源子雍所部。从时间上来看，也许正是由于源子雍所部的到来，才使得在年初占领潼关不久的叛军撤离了潼关。源子雍回到洛阳后，被北魏朝廷任命为中军将军、金紫光禄大夫、给事黄门侍郎，封乐平县开国公，食邑一千户。

显然，北魏朝廷派葛荣包围信都两个月一直没有作为，而以刚刚回到洛阳的源子雍为北讨大都督完全是因为此时的北魏朝廷已经无兵可派。除了任命源子雍所部北讨之外，北魏朝廷还不得不征调地方部队加入北讨大军中，在这些地方部队中就有相州（治所河北省临漳县）刺史乐安王元鉴和驻扎在相州武城（今地不详）附近的原北讨都督裴衍的部队。裴衍在去年随大都督元渊讨伐鲜于修礼，时任右都督，去年九月元融被杀、元渊叛变后，裴衍率部也退至邺城西武城。元鉴是献文帝次弟拓跋长乐之孙，元诠之子，是孝明帝的堂叔。

安乐王元鉴昏庸无能，几个弟弟又很粗暴，他看到北魏国内大乱，就产生了叛乱的想法。裴衍觉察出元鉴行动异常，暗中向朝廷报告，北魏朝廷刚刚接到裴衍的密报，不久，元鉴部将嵇宗即飞马来到洛阳，报告了元鉴叛乱的消息，于是，北魏朝廷遂下诏命令源子雍、裴衍与胡太后的亲信李神轨等人率部讨伐元鉴。

八月，源子雍所部行至汤阴（河南省汤阴县）时，元鉴命令弟弟元斌之率军趁夜偷袭，反被源子雍击败。源子雍乘胜包围了邺城，八月十七日，魏军攻克邺城，斩杀了元鉴，传首洛阳，北魏朝廷将元鉴家族改姓拓跋氏。平定元鉴之后，北魏朝廷又命令源子雍与裴衍一起北上讨伐葛荣。

显然，元鉴之乱虽然很快被扑灭，但是毕竟迟滞了魏军北上的步伐，分散了北魏朝廷的注意力，给信都城下的葛荣赢得了宝贵的时间。葛荣从这一年的春天一直到冬天包围了信都大半年，冀州刺史元孚率领城内军民，昼夜抵御，打退了敌人一次次进攻。如前所述，元孚是元彧的叔父，同出于太武帝拓跋焘之子临淮王拓跋谭，元孚持节安抚柔然阿那瓌反被阿那瓌扣押，因此而被免官，后被任命为冀州刺史，担任刺史以后，他劝课农桑，保境安民，被冀州百姓称为“神君”。河北大乱后，冀州境内原本有张孟都、张洪建、马潘、崔独怜、张叔绪、崔丑、张天宜、崔思哲八家，啸聚山林，被当地人称为八王。元孚任职后，采取了安抚的政策，将这八股叛党全部召入城内，众人对元孚十分感激，愿意竭尽全力抵御葛荣。这也是葛荣一直难以攻下信都的一个重要原因。

即便如此，经历了大半年的艰苦战斗，城内粮食吃尽，信都军民却一直盼不到援军，终于，到了这一年的十一月三十日，信都城被叛军攻陷。

城破之后，葛荣将城内居民全部赶出房屋，让自己的军队住到屋内，被驱赶出城的信都百姓冻死了十之六七。元孚的哥哥元祐是防城都督，侄儿元子礼为录事参军。信都防御战让叛军吃尽了苦头，葛荣召集众将讨论如何处置两人，他打算先杀死元子礼。元孚跪在葛荣面前，叩头流血，请求葛荣杀死自己，留下元子礼一命，葛荣见状就放了元子礼。又讨论该如何处置元孚，元孚兄弟都争着把责任揽到自己身上，坚持让自己去死，另有信都部将孟都、潘绍等数百人都跪下叩头，请求以死换取元孚一命。葛荣说：“这些人都是大魏的忠臣义士啊！”遂将元孚和被扣押的这五百人全部赦免。

源子雍、裴衍的讨伐军尚未上路，冀州就陷落了。源子雍被北魏朝廷任命为冀州刺史、镇东将军，北魏朝廷催促源子雍北上。鉴于冀州已经陷落，源子雍上书朝廷说："敌人非常饥饿，全靠掳掠糊口。如今，朝廷方面粮食充裕，将士们吃得饱，穿得暖。因此，我们应当深沟高垒，不与争锋，敌人求战不成，又掳获不了食物，不出数十天，自当溃败。"朝廷却不同意。当时，裴衍也上书请求一起北征，北魏朝廷下令二人迅速北上，源子雍再次上书称，如果不同意固守的话，那么就请裴衍单独北上，如果坚持让自己率军北上的话，那么，就别让裴衍同行，源子雍还说，如果我们二人一起北上的话，肯定会双双落败。北魏朝廷仍然不从，只是敦促二人迅速上路。

此时，葛荣已经率领十万大军南下，十二月二十日，当源子雍、裴衍二人的军队刚刚走出邺城，进抵不远处的阳平（河北省大名县）东北漳水河畔时，就遭到了叛军的围攻，源子雍与裴衍二人均兵败被杀。消息传来，邺城城内百姓一片惊恐，新任相州刺史李神（李洪之之子、李崇堂弟）毫无惧色，他安抚将士，邺城城内全民皆兵，齐心协力固守城池。葛荣乘胜全力攻城，却一直无法攻下。

在葛荣攻克信都、南下包围邺城的同时，已经占领幽州的杜洛周部也占领了定州。葛荣统领鲜于修礼之众后，曾答应定州刺史杨津投降后给其司徒高位，杨津却斩杀了他的使者，一直苦苦坚守定州三年。葛荣围困信都之时，杜洛周也率众南下，包围了定州。无奈之下，杨津派遣儿子杨遁突围出城，前去柔然头兵可汗阿那瓌那里求救。数月前，阿那瓌曾上书北魏朝廷请求进入北魏国内，协助北魏讨伐叛军，但北魏政府担心柔然心怀叵测，拒绝了柔然的请求，此时杨遁前来求救，阿那瓌一时没有答应。杨遁日夜叩头，哭着恳求，最终，阿那瓌同意了他的要求，命令堂叔土豆发率领一万精锐骑兵南下。柔然军队进至广昌（河北省涞源县）之时，叛军堵塞了山口，柔然军队无法通过，只得折返。武泰元年一月七日（此时尚为孝昌四年），杨津的长史李裔打开了城门，杨津被俘，杜洛周将杨津的衣服脱去，投入地牢之中，数日后，又要用开水煮死杨津。叛党内部劝谏杜洛周，杜洛周这才作罢。在叛军军中，杨津曾见到李裔，他当着叛军众将的面，声泪俱下斥责李裔，李裔羞得无地自容，守卫告诉了杜洛周，杜洛周未予理会。定州陷落后，瀛洲（治所军都城，河北省河间市）刺史元宁也投降了杜洛周。

杜洛周南下到了定州，而葛荣就在更南的邺城，二者势必火并。二月，葛荣暂时放弃邺城，突然北上，奔袭杜洛周，杀死了杜洛周，吞并了杜洛周所部。三月二十六日，葛荣又转兵沧州，一举攻陷州城，活捉北魏沧州刺史薛庆之，居民被杀了十之八九。至此，葛荣成为大河北地区唯一的叛军领袖，整个河北地区已经完全掌握在葛荣之手了。

三四三　涡阳之战

孝昌三年魏军在与梁军的较量中也连连失败，其中最为重要的是涡阳失守。

继年初梁军在淮河上游收复三关、中下游对徐州发起攻击、青州地区包围琅邪后，到了五月，在彭城方向，成景俊所部又卷土重来，进攻北魏的临潼（安徽省灵璧县）、竹邑（安徽省宿州市北），五月四日，全部攻克。东宫直阁将军兰钦进攻北魏萧城（安徽省萧县）、厥固（安徽省宿州市北），也全部攻克，斩杀了北魏将领曹龙牙。梁军已经推进到了彭城近郊。

在梁军大举进攻的鼓舞下，北魏边境地区的民变也是此起彼伏，呈蔓延之势：孝昌三年一月，徐州百姓任道棱率众袭占了萧城，被北魏州军消灭；二月二十七日，北魏东郡（治所滑台，河南省滑县）百姓赵显德造反，杀死了太守裴烟，自称都督，立其侄儿为太守，北魏朝廷下诏命令都督李叔仁率军前去讨伐。三月八日，齐州广川（河北省枣强县）百姓刘钧聚众造反，扣押清河太守邵怀，自称大行台；清河（河北省清河县）百姓房须自称大都督，驻扎在昌国城（山东省武城县西）。四月，魏别将元斌之讨伐东郡，斩杀了赵显德，东郡恢复秩序。六月，北魏朝廷下诏命令都督李叔仁转兵讨伐刘钧，也顺利平定了叛乱。七月，北魏陈郡（河南省项城市）百姓刘获、郑辩在西华（河南省西华县）造反，改元天授，与正包围北魏东豫州（河南省息县）的南梁谯州刺史湛僧智联络，北魏以代理东豫州刺史曹世表为东南道行台率领部将元安平、元显伯、皇甫邓林发兵讨伐，另以源子恭（源子雍弟）为东豫州刺史。当时，叛军切断了小殷关（今地不详），北魏众将均认为魏军力量薄弱，且刚刚战败，不敢出战，只想固守城池。曹世表正患背上囊肿，他让人把自己抬出来，对统军是云宝说："湛僧智敢深入国境，就是因为刘获和郑辩是当地豪强，作他的内应。我听说刘获打算率军南下，迎接湛僧智，距离城池八十里，如今，我们出其不意，一战可抓获刘获，这样，湛僧智可不战而退。"挑选军马，交给是云宝统领，傍晚出城，黎明时分与叛军接战。叛军没有想到魏军突然来到，一战大败，接着，魏军又相继讨平了余党。湛僧智听说后，只得退去。郑辩与源子恭是老友，藏匿在源子恭家里，曹世表集合将士，当面斥责源子恭，逮捕了郑辩，斩首示众。

梁军的彭群、王辩所部从春天直到夏天一直包围着琅邪，七月，北魏青州刺史彭城王元劭（元勰之子）派遣司马鹿悆、南青州刺史胡平派遣长史刘仁之率军进攻梁军，魏军击败梁军，斩杀了彭群，杀死两千多名梁军。但此时的元劭看到胡太后失德，天下大乱，也阴谋割据青州，徐州刺史元延明暗中向胡太后告发，北魏朝廷将其征召为御史中尉。

九月，南梁湛僧智继续将北魏东豫州刺史元庆和包围于州治广陵（河南省息县）城内。北魏朝廷派遣将军元显伯领兵救援，南梁司州刺史夏侯夔从武阳关率军北上增援湛僧智。十月，夏侯夔率部来到广陵城下，元庆和投降。夏侯夔把功劳让给湛僧智，湛僧智却说："元庆和想向大人投降，不想向我投降，我出面的话，他肯定不高兴。且我率领的士兵都是些乌合之众，军纪不严，而大人素来御军很严，入城之后，肯定不会出现烧杀抢掠之事，由你率部入城受降最合适。"夏侯夔遂率部入城，拔去魏国旗帜，插上梁军军旗，元庆和约束魏军依次出城，城内百姓秩序井然，梁国俘虏北魏四万百姓。元庆和投降后，元显伯连夜率部撤离，梁军闻讯发起追击，又斩杀俘虏了上万敌人。梁武帝下诏任命湛僧智为东豫州刺史，镇守广陵。夏侯夔则率部驻扎在安阳（河南省正阳县），派遣部将进攻楚城（河南省汝南县南），实施屠城，从此以后，义阳（河南省信阳市）成为一座孤城，与北魏本土完全失去了联系。

在梁军占领广陵的同时，南梁领军将军曹仲宗、东宫直阁将军陈庆之率部也对北魏的涡阳（安徽省蒙城县）发起了进攻。如果梁军能够拔掉涡阳，既可以扩大进攻彭城的纵深，可以放心大胆地进攻彭城，又能将进攻彭城的梁军成景俊所部，与占领广陵的湛僧智及夏侯夔所部连成一片，便于以后的协同作战，而对于北魏而言，如果失去涡阳，那么，东南边防将无法收拾，因此，两国对此都十分重视。

梁武帝又下诏命令浔阳太守韦放率军增援曹仲宗和陈庆之所部，北魏散骑常侍费穆率领魏军突然杀来。当时韦放尚未安营，他身边仅有二百余人。韦放的堂弟韦洵非常骁勇，韦放命其单骑出战，只见韦洵杀入魏军军中，所向无敌，杀死无数魏军，韦洵的战马也被砍伤，无法前进，此时韦放身上的铠甲也被三支流箭射穿。梁军将士无不面如土色，劝说韦放突围而去。韦放厉声呵斥道："今日唯有一死而已！”遂扔下头盔，跳下战马，坐在折叠椅上指挥。梁军将士见状，无不殊死苦战，以一当百，终于将魏军击退，梁军乘胜追至涡阳城下。

北魏朝廷又增派常山王元昭、大将军李奖、乞佛宝、费穆等率领五万大军前来增援（《梁书·陈庆之传》称：“魏遣征南将军常山王元昭等率马步十五万来援。”），北魏先头部队进至驼涧（安徽省蒙城县西北），距离涡阳四十里。陈庆之打算率军迎击，韦放认为魏军前锋必是精锐部队，与之交战获胜也没有什么大功，一旦失败将影响军心士气，不如以逸待劳。陈庆之却说：“魏军长途奔波而来，都已十分疲惫，他们距离我军尚远，肯定不会想到我们会突然袭击，趁着他们尚未集结完毕，应挫挫他们的锐气，出其不意，一定没有失败的道理。另外，我听说魏军驻扎的地方林木茂密，深夜他们肯定不会出来，诸位假如有疑虑的话，我请求独自率军出战。”于是，陈庆之独自率领麾下二百骑兵奔袭魏军，击败魏军先锋，魏军非常恐惧。陈庆之回营后即与众将一起向北推进，背靠涡阳城与魏军相持，双方从春天一直打到冬天，打了数十百次，梁军将士已非常疲惫。魏军意欲在梁军背后修筑营垒，曹仲宗等人担心腹背受敌，打算撤离。陈庆之手持符节，立于军门说道：“与诸位一起来到此地，已经将近一年，浪费的粮食武器不计其数。诸军全无战心，都想退去，岂是要建立功名、报效国家的态度？只是聚集在一起祸害人间罢了。我听说置之死地而后生，等到魏军大举前来后，我们再与之决战。你们如果真的想班师，我身上有皇帝的密诏，有人胆敢违反，我将按照密诏行事。”曹仲宗等人这才作罢。

魏军构筑了十三座堡垒，互为犄角之势。陈庆之趁夜率部出击，一连攻陷了四座堡垒，北魏涡阳城主王纬出城投降，韦放俘虏涡阳魏军四千二百人。下余九座堡垒魏军力量尚强，韦放将归降的三十余名俘虏分别放出，让他们向九座堡垒的魏军报信，陈庆之将剩余的魏军俘虏列队前行，亲自率领梁军呐喊着紧随其后，朝魏军营垒而来。魏军剩余九座堡垒也很快崩溃，梁军乘胜追击，几乎全歼了魏军，魏军尸体塞满涡水，又俘虏城中男女三万多人。梁朝在涡阳设置了西徐州，梁军乘胜驻扎在城父（安徽省亳州市东南）。

这就是曹仲宗和陈庆之发动的涡阳之战。不过，对于这次涡阳之战，后世不少人持怀疑的态度，因为，根据史料的记载，很多地方是矛盾的。第一，史料来源问题。这次涡阳之战，《魏书》全无记载，战役的细节主要来自于《梁书·陈庆之传》和《梁书·韦放传》的记载，而《资治通鉴》也是取自这两传，同时，

《梁书·武帝》对此也只字不提，如果真的取得了如此大捷的话，这是很不正常的。第二，关于魏军主将问题。《陈庆之传》和《韦放传》均提到的魏军主将是常山王元昭，《韦放传》更是说到魏军主将还有李奖、乞佛宝、费穆三人。据出土的《元昭墓志》，元昭早在正光三年（公元522年）就已经去世了，怎能出现在五年后的涡阳战场上？关于元昭的去世时间，我们还可以从《魏书·元昭传》中得到佐证，该传称由于元昭“纳货元叉，所以赠礼优越”，这说明元昭去世时，正值元叉很有权势时期，而涡阳之战时，元叉已被杀两年了。李奖是顿丘李平的儿子，党附元叉，胡太后复辟后，将其削除官爵。李奖再次被起用是建义初年（公元528年），也就是尔朱荣入洛、胡太后被杀之后，此时，必无率军之理。《魏书·费穆传》《乞佛宝墓志》均未对此战有任何记载。但据《元邵墓志》，元邵是清河王元怿的次子，在此之前被封为常山郡王，因此，如果北魏曾发兵支援涡阳的话，领军的主将也是元邵，而非元昭。第三，关于魏军人数问题。《陈庆之传》称魏军是十五万，而《韦放传》却说是五万，估计司马光也认为《陈庆之传》说得太离谱，才采用了五万。此时，萧宝寅在关中阴谋叛乱，葛荣即将攻陷信都，北魏各地狼烟四起，对付河北腹地，北魏政府就不得不将刚刚千里而回的源子雍的夏州军队用上，在河北方向，原本北魏朝廷还曾将李神轨的禁卫军用上，但信都陷落后，葛荣大举南下时，不见李神轨的踪迹，这也说明京师禁卫军数量已捉襟见肘，不能再外调了，定州杨津被围三年，北魏朝廷一直无兵可援，哪里又能凑出十五万军队对付涡阳的梁军？第四，关于梁军的战绩问题。《韦放传》记载的是，梁军先攻破四座魏军堡垒后，涡阳城主就投降了，被俘的涡阳魏军仅4200人，而《陈庆之传》则说梁军攻破四座营垒后，继续攻克了另外九座营垒，最终俘获涡阳城内魏国军民三万多人，显然，《韦放传》的记载可信程度更高一些。综上，所谓的涡阳之战也许仅仅是一场小战役。

即便如此，到了孝昌三年年底、武泰元年年初，北魏朝廷已基本丧失了对整个河北的统治权，山西则大部被中立的军阀尔朱荣控制，关中地区暂时被长孙稚收复，但秦陇地区在万俟丑奴的控制之下，荆州地区梁军与魏军已经打了数年，淮河一线梁军已经进至彭城广陵一线，北魏孝文帝以来南伐战争的成果已全部丧失，北魏对南朝的优势已不复存在，并且，战火即将烧至北魏京师洛阳。据《魏书·地形志序》称：“孝昌之际，乱离尤甚。恒代而北，尽为丘墟；崤潼已西，烟火断绝；齐方全赵，死如乱麻。于是生民耗减，且将大半。”

三四四　河阴之变（一）

进入新年，胡太后就谎称孝明帝生下了皇子，将年号改为武泰，取一个以武力平定天下的好兆头。

果然，在年初的时候，长孙稚就顺利讨平了萧宝寅的叛乱，暂时又控制住了关中地区，但紧接着，河北的葛荣就吞并了杜洛周，并转兵东进，攻陷了沧州，其目的是暂时清扫后方，为下一步大举进攻洛阳做好准备。与此同时，到了这一年的二月，洛阳南郊的叛党李洪等人联络南方山蛮，焚烧巩县（河南省巩义市）以西、伊阙（河南省洛阳市南）以南的各个村落，制造混乱。胡太后命令都督李神轨、武卫将军费穆率军讨伐，费穆在伊阙以南击败李洪，讨平了叛乱。

就在战火已烧至洛阳之时，胡太后与自己的亲生儿子孝明帝之间的矛盾也逐渐激化了起来。胡太后复辟后，亲近的宦官佞幸掌握了朝廷大权，政事松弛，朝廷已失去威信，各地的民变风起云涌，朝廷直接控制的地区越来越小，可是，胡太后依然故我。胡太后经常将宗室、外戚召入宫内饮宴，一次，侄儿胡虔当着众位亲戚的面，哭着劝谏说："陛下是天下为人母的典范，岂能如此轻脱！"胡太后大怒，从此不再召见胡虔。还有一事也说明当时胡太后的威信已降至最低点，据《魏书》记载，高阳王元雍的原配卢氏死后，继娶了崔氏，延昌以后，元雍的侍妾高达上百人，又逐渐疏远了崔氏，后崔氏突然死亡，外界都传说是元雍打死的。胡太后曾同意给元雍一些宫中伎女，还没等送去，元雍就擅自让宦官丁鹅闯入宫中，挑选了四人带回王府。胡太后免不了又发了一通脾气，将这四名伎女追回了事。随着孝明帝逐渐长大，胡太后自知行为不够检点，深恐受到宗室贵族的憎恶，也担心传到孝明帝的耳朵里，于是，在后宫之内大肆罗织同党，蒙蔽孝明帝。凡是孝明帝亲信的人，胡太后总是借其他罪名加以迫害。通直散骑常侍谷士恢为孝明帝所宠信，领左右卫将军。胡太后宠爱郑俨，她担心谷士恢会在孝明帝面前说出实情，常暗示将任命其担任州长，但谷士恢自恃受到孝明帝的宠信，不愿意出外任职，胡太后遂找个借口将其诛杀了。还有一个叫蜜多的和尚，会说鲜卑语，孝明帝经常将他带在身边。胡太后担心蜜多给孝明帝传递消息，遂于三月三日在城南大路上将其杀死，从此，胡太后与孝明帝母子之间猜忌更深。

郑俨担心这样下去，总有一天孝明帝会知道事情的原委的，遂决心杀死孝明帝，正巧潘嫔生下女儿，就对外谎称得了皇子，这都是为下一步取代孝明帝而做的准备。孝明帝对徐纥、郑俨等人也是深恶痛绝，可是，宫中全是胡太后的心腹，他是无能为力，这时，他想到了欲引尔朱荣入京勤王。

尔朱荣，是在平地六镇叛乱中逐渐崛起的军阀，在短短的数年之间，尔朱荣已从一个四品上阶的游击将军成为二品的车骑将军、从一品的仪同三司及并州、肆州、汾州、广州、恒州、云州六州讨虏大都督，兵力强盛。在他的帐下聚集了敕勒酋长斛律金、贺拔允、贺拔胜、贺拔岳兄弟（三兄弟中，贺拔岳最先投奔尔朱荣，其次贺拔胜，最后是贺拔允在元渊讨伐葛荣战败后投奔了尔朱荣），原来隶属于杜洛周的高欢、段荣、尉景、蔡俊等人阴谋杀死杜洛周，事泄后投奔葛荣，后又逃归尔朱荣。刘贵原来就在尔朱荣这里，高欢来后，刘贵多次向尔朱荣推荐高欢，尔朱荣见到高欢后，起初见其相貌憔悴，对其并不看重。刘贵又给高欢置办了一身新衣服，再次求见，跟随尔朱荣来到马厩。马厩里原有一匹暴烈的野马，尔朱荣命高欢上前修剪鬃毛，高欢拿起剪刀，也不用绳索捆绑这匹马，一会儿就修剪好了，整个过程这匹马不咬不踢，非常安静。修剪完以后，高欢对尔朱荣说："对付恶人也该如此。"尔朱荣对高欢这句话印象深刻，遂命高欢坐在床下，屏退左右询问时事。高欢说："听说大人有十二山谷的马群，以马匹的颜色分为一群一群的，不知有何用处？"尔朱荣说："只管说出你的想法！"高欢接着说："如今天子愚蠢软弱，太后淫乱无度，恩幸盘踞朝廷，朝政日渐败坏。以大人之雄武，趁此时机，以讨伐郑俨、徐纥为名清除君王身边的奸臣，则霸业可成，这就是我的想法。"尔朱荣大喜，留下高欢从正午一直谈到深夜，才让其回去。从此以后，高欢就成了尔朱荣身边的一名重要谋士兼将领，被任命为亲信都督。

除去上述几人外，并州刺史元天穆也是尔朱荣的心腹。元天穆，是拓跋郁律的六世孙，为北魏宗室疏属。元天穆性格宽厚，与尔朱荣一样是个美男子，还擅长射箭。六镇之乱时，元天穆奉诏北上犒劳李崇和元渊之军，路过秀容时，尔朱荣见元天穆有将帅之气，两人一见如故，结为异姓兄弟。不久，尔朱荣就向朝廷请求任命元天穆为行台，但朝廷没有同意，改任元天穆为别将，率军北上秀容，协助尔朱荣抵御叛军，其后，在尔朱荣的斡旋下，元天穆被任命为并州刺史。尔朱荣与元天穆商量入京匡扶朝廷之事，对贺拔岳说："如今女主临朝，朝政大权归于身边的近臣。海内盗贼四起，天下鼎沸，王师屡战屡败，我家世代受到朝廷厚恩，与宗室休戚与共。现我将亲率兵马，奔赴京师，内清君侧之恶，外清四海逆乱。如何才能成功呢？"贺拔岳回答："行非常之事，必待非常之人。将军士马精强，位高任重，如果高举义旗，匡扶社稷，何往而不克？古人说过：'朝谋不及夕，言发不俟驾。'既然已经决定，就越快越好。"尔朱荣与元天穆相视许久，说道："你的话真是大丈夫的胸怀啊！"也就是说，就在孝明帝想让尔朱荣南下勤王的同时，尔朱荣其实也早有了这番打算。

葛荣吞并杜洛周后，尔朱荣担心叛军会趁势西入山西，他对贺拔胜说："井陉险要，是我山西的东门，想让你屈尊前去镇守，不知你意下如何？"贺拔岳回答："我从小遭逢战乱，辛苦备尝，常思为知己效力。今天受大人的驱使，正是在下之愿。"于是，尔朱荣上书朝廷任命贺拔胜为镇远将军，率领五千步骑镇守井陉。接着，他又上书说："山东屡屡叛乱，大军败北，河北没有援军，确实担心敌人会南侵，请求让我派遣三千精锐骑兵增援相州。"胡太后得到尔朱荣的奏表后，心生疑虑，担心他借平定河北之乱将手伸向河北腹地，就回复他说："莫折念生已经被杀，萧宝寅也被生擒，万俟丑奴和宿勤明达相继归顺，关中、陇西已经平定。费穆的军队也歼灭了大量叛乱的山蛮，两绛的叛蜀也已投降。北海王元颢已率领两万兵马，接任相州刺史，不用出兵。"尔朱荣又上书说："北海王是皇孙，地位尊崇，以其镇抚邺城，十分合适，只求多配备给他人马，早日出发。如今，关西虽然平定，但关西之兵已经疲惫，难以使用，而荆州之地，地接群蛮，与梁国接壤，自然难以征调那里的部队，朝廷军队虽多，但屡屡战败，士气低落，实在无法再用。臣以为，柔然可汗阿那瓌受朝廷厚恩，一直没有忘记要报答，请求派出使者前去劝说，其肯定会发兵东下，直指下口（当为居庸关南口），威胁敌人的背后；北海王元颢的部队镇抚邺城，严加戒备，抵御叛军的正面；臣的部队人数虽少，但也可以从井陉关以北防御各处险要，进攻叛军的侧翼。葛荣虽然兼并了杜洛周，但是他在部众们中间尚未树立起威信，叛军内部种族各异，可以将其分割瓦解。"于是，尔朱荣命令部队戒严，大肆扩充军队，北面驻守马邑（山西省朔州市），东面阻塞了井陉。

《洛阳伽蓝记·永宁寺》称，尔朱荣有“部落八千余家，有马数万匹，富等天府”。毫无疑问，尔朱荣已经成为一个山西王，由于尔朱荣的存在，六镇变民杜洛周部在赶走了燕州刺史崔秉之后无法继续南下，鲜于阿胡部也在占领平城之后没能南下，葛荣部也没有西进山西，这对于北魏朝廷来说是一件幸事，但是，尔朱荣的坐大也让北魏朝廷十分不安，毕竟山西地势高峻，既是捍御北方的屏障，又可以遥控河北、洛阳、关中三方，地理位置极其重要。而尔朱荣擅自攻杀肆州刺史尉庆宾之事也让北魏朝廷印象深刻，对其不得不防，于是，徐纥建议胡太后暗中给尔朱荣的亲信们颁发铁券，离间他们上下之间的关系，尔朱荣得知后，不禁大怒。

三四五　河阴之变（二）

就在这种情况下，孝明帝想到了尔朱荣。

孝明帝能够想到尔朱荣，是有理由的：一是尔朱荣兵强马壮，且距离京师很近；二是尔朱荣不是胡太后的心腹，遍观北魏朝廷中的领兵大将基本上都是胡太后的心腹，孝明帝让他们前来勤王，无疑是自投罗网；三是尔朱荣的女儿是孝明帝的嫔，这大约是孝明帝想到尔朱荣的另一个重要原因；四是尔朱荣过去曾担任过禁卫军将领，与京师禁卫军有着一定的渊源，尔朱荣的到来胜算较大。于是，孝明帝给尔朱荣写下了令其出兵勤王的密诏。

得到孝明帝密诏的尔朱荣立即发兵南下，他命令高欢率部为先锋先行出发，当高欢之军行至上党（山西省长治市境）时，孝明帝又下诏命令停止。郑俨、徐纥担心大祸临头，遂暗中与胡太后一起毒死了孝明帝。武泰元年二月二十五日，孝明帝突然去世，终年十九岁。第二天，胡太后立潘嫔所生的女儿为皇帝，大赦天下，但不久，又下诏称："潘充华所生的其实是皇女，因此，改立临洮王元宝晖的世子元钊为帝，文武百官晋升两级，宿卫将士晋升三级。"二月二十七日，元钊即位。元钊时年刚刚三岁，胡太后意欲久持权柄，才册立其为皇帝。三天之内，北魏朝廷发生的这一系列大事，尤其是胡太后形同儿戏的作为令天下无不张口结舌，啼笑皆非。临洮王元宝晖是孝文帝儿子元愉的次子，与孝明帝之间是堂兄弟关系，元钊为孝明帝的堂侄。由于孝明帝死时才十九岁，没有子嗣，胡太后只好将元钊过继给他继承皇位。说胡太后贪图权势而册立幼主不假，但也不尽然，以情理推断，孝明帝作为大宗，他的同族兄弟的年龄更小，在他的堂侄中间元钊可能是年龄最大的了。如果胡太后册立孝明帝的堂弟作为皇帝，她只是一个婶母的身份，以后的事情将更难处理。

北魏朝中在数天之内发生的这些事传到尔朱荣的耳中，让他勃然大怒。他对元天穆说道："主上驾崩，年仅十九，四海之内尚称是幼主，如今，竟然册立不会说话的小儿为帝，要指望天下太平，这可能吗！我将率领铁骑前去京师奔丧，剪除奸佞，改立年长之君，你看如何？"元天穆回答："明公世代跨居并州肆州，雄才大略，部落之军一万余人，如果能行废立大事，这将是伊尹和霍光又重现于今日了啊！"《洛阳伽蓝记》称，此时二人遂结为异姓兄弟，元天穆年长，尔朱荣遂以元天穆为兄，而尔朱荣为盟主，元天穆也拜尔朱荣。尔朱荣遂上书指斥朝廷道："先帝驾崩，四海之人都说是被人毒死的，哪有天子生病，既不请医生诊治，又不让宗室贵族到床边侍候？难怪天下百姓无不惊骇！又以皇女为储君，妄行大赦，上欺骗天地，下迷惑朝野，而后，又在孩儿之中选择君主，这完全就是奸佞之徒为了把持朝政所为的伎俩，与掩耳盗铃、掩目捕雀又有什么两样！如今，天下到处叛乱，邻国觊觎九鼎，想以一个不会说话的小儿来镇抚天下，这不是太可笑了吗！我请求让我亲自来到洛阳，参与最高层的决策，询问皇帝近臣先帝驾崩的原因，查明为何侍卫之臣不知内情，将徐纥、郑俨之徒投入大牢，洗刷普天之下大家的耻辱，平息远近之民的怨恨，然后，再重新选择宗室子弟继承大统。"尔朱荣的堂弟尔朱世隆时任直阁将军，胡太后命其前往晋阳，试图说服尔朱荣。尔朱荣打算留下尔朱世隆，但尔朱世隆说："朝廷对哥哥的用心深感疑虑，因此，才派我前来，如果哥哥如今留下我，朝廷肯定会提前做好准备，这不是上策。"于是，尔朱荣又让他回到了洛阳。

显然，尔朱世隆的晋阳之行不仅没有达到胡太后预期的目的，相反，尔朱世隆必定将洛阳的真实情况向尔朱荣和盘托出，而且，尔朱世隆回到洛阳之后，肯定也得到了尔朱荣让其策反洛阳禁卫军的指示。除此之外，尔朱荣对于将要册立的皇帝人选也进行了周密的策划。他与元天穆商议究竟立何人为君，二人一致认为孝文帝的弟弟彭城王元勰对天下有大功，他的第三子长乐王元子攸素来就有声望，可册立其为皇帝。孝明帝的几个叔父们如今只剩下了汝南王元悦一人，显然元悦乖戾的性格无法担当重任，只能从宣武帝的堂兄弟们中间寻找合适的人选。在基本上确定了人选之后，尔朱荣又派遣堂侄尔朱天光与心腹奚毅、侍从王相一起偷偷进入洛阳，和尔朱世隆密谋与元子攸相见。元子攸从小与孝明帝一起读书，他长得容貌俊美，一直受到孝明帝的宠信，历任中书侍郎、城门校尉、兼给事黄门侍郎、散骑常侍、御史中尉，经常在宫内值班。去年，因徐州刺史元延明告发其兄青州刺史元劭有异心，而被调任为卫将军、左光禄大夫、中书监，其实，是将其贬出了禁宫。显然，不论是作为孝明帝亲信的元子攸，还是作为受到其兄牵连的罪臣元子攸，在胡太后的统治之下政治前途已经完结。因此，当尔朱天光见到元子攸、并说出尔朱荣的打算之后，元子攸当即是满口答应，并约定了日期。尔朱天光一行回到晋阳后，尔朱荣还是满腹狐疑，就命人用铜铸造献文帝儿孙们的像，只有长乐王元子攸的铜像铸成了，尔朱荣这才下定了决心，命令三军全部穿上白色孝服，兵发晋阳，以贺拔岳率领两千甲士为前锋。尔朱世隆听说后，从洛阳逃出，在上党与尔朱荣会合。

尔朱荣发兵南下的消息传到洛阳，胡太后十分害怕，将朝廷群臣全部召入宫中商议对策。此时的胡太后已经是众叛亲离：秽乱宫闱、弑杀亲子、以皇女谎称皇子即位、又册立幼主等等，这一系列令人瞠目结舌的举动已经完全破坏了她在各阶层人们心中的形象。而据《魏书·郑羲传》称："自灵太后预政，淫风稍行；及元叉擅权，公为奸秽。自此素族名家，遂多乱杂，法官不加纠治，婚宦无贬于世，有识咸以叹息矣。"《皇后传》称："太后为肃宗选纳，抑屈人流。时博陵崔孝芬、范阳卢道约、陇西李瓒等女，但为世妇。诸人诉讼，咸见忿责。"胡太后为了提高自己家族的地位，人为地压低高门士族入宫女人的职位，也引起了重视门第的汉族士大夫们的强烈不满。

王公大臣们都痛恨胡太后的所作所为，在她的一再追问下，大家始终是装聋作哑，一言不发。只有黄门侍郎徐纥说道："尔朱荣不过是马邑的一介小胡，才能平庸，不度德量力，胆敢兵向京师，这正是所谓的螳臂当车。如今京师禁卫军足可以制服他，只用守住河桥，观察他下一步的行动即可。尔朱荣千里而来，师老兵疲，我们以逸待劳，一定能够击败他。"胡太后表示同意，遂以黄门侍郎李神轨为大都督，率领禁卫军前去抵御，另派郑季明、郑先护率军驻守河桥，武卫将军费穆驻扎在小平津（孟津北）。

显然徐纥低估了尔朱荣的能力。尔朱荣岂止一个马邑小胡？他与北魏皇室有着很深的渊源，与朝中很多大臣也有千丝万缕的联系。首先，尔朱荣的妻子就是北乡郡长公主，即南安王拓跋桢的女儿、中山王元英的妹妹，尔朱荣就是元英之子元略的姑父。元略在胡太后复辟后从南梁回到北魏，受到胡太后的重用，被升为大将军、尚书令，与城阳王元徽的亲信程度相仿，但由于徐纥、郑俨当权，元略与元徽一样党附二人，并且，元略历来瞧不起尔朱荣这个姑父，尔朱荣对其怀恨在心。其次，尔朱荣的女儿又是孝明帝的嫔，这我们已经说过，尔朱氏后来被高欢纳为别室。最后，尔朱荣曾担任过禁卫军军官，在北魏禁卫军中有一定的影响力。穆罴的儿子穆建任直阁将军兼武卫将军，就是尔朱荣的妹夫；驻守小平津的武卫将军费穆，在盛乐战败南下后，首先就是到秀容投靠了尔朱荣，两人也结下了深厚的友谊；尔朱世隆在离开洛阳之前也是禁卫军将领，在其从晋阳回到洛阳之后，一定也在禁卫军中做了大量策反的工作。

同时，徐纥和胡太后还不知道长乐王元子攸也已经投到尔朱荣一边了，因此，他们同样也不知道元子攸一旦投入尔朱荣的怀抱，影响将是爆炸性的。元子攸曾长期担任禁卫军军官，在禁卫军中也是有一定的影响力的，同时，他的母亲是李冲的女儿，而郑俨的堂兄郑洪健则是李冲的女婿，郑洪健的弟弟就是郑季明。假如没有元子攸的介入，尔朱荣兵向洛阳以诛杀徐纥、郑俨为名，荥阳郑氏肯定会一致对外的，可是，正是由于郑俨的堂兄弟们又是元子攸的舅舅辈，因此，在尔朱荣南下之时，荥阳郑氏就截然分成了两派，一派是对抗尔朱荣；另一派则是拥护元子攸——客观上起到支持尔朱荣的效果。郑季明在尔朱荣到来之前就已经与尔朱荣暗中联络，密谋拥戴元子攸了，而郑先护原本也与元子攸关系很好，是站在元子攸一边的。但是，对此胡太后和徐纥是一概不知，反而将郑先护和郑季明派往河桥，担任驻守河桥这一重任！后果可想而知。

三四六　河阴之变（三）

当尔朱荣来到河内（河南省沁阳市）之时，又派遣王相秘密来到了洛阳。

这次王相抵京的目的只有一个，那就是顺利地将元子攸接出洛阳。四月九日，长乐王元子攸与哥哥彭城王元劭、弟弟霸城公元子正一起偷偷从高渚（在河南省孟津县境内）渡过了黄河。按《明史·地理志》称："孟津府东北……又西有硖石津，又西有委粟津，又有高渚、马渚、陶渚，皆大河津济处。"《洛阳伽蓝记》称元子攸渡河处在雷陂。

四月十日，元子攸一行来到河阳（河南省孟州市），与尔朱荣相会，军中将士齐声高呼万岁。四月十一日，尔朱荣奉元子攸为皇帝，元子攸任命其兄元劭为无上王，元子正为始平王，以尔朱荣为使持节、侍中、都督中外诸军事、大将军、开府、兼尚书令、领军将军、领左右、太原王，食邑两万户。元子攸就是北魏历史上的第九位皇帝孝庄帝。

在黄河河桥以北，北魏朝廷修筑了两座城池，孝文帝时期，在这里设置了北中郎府，护卫着黄河河桥，被称为北中。郑先护和郑季明兄弟就是守卫的这两座城池，二人听说元子攸即位的消息后，当即开城投降，尔朱荣的部队遂兵不血刃顺利渡过了黄河。李神轨听说尔朱荣的部队已经渡河，即率众逃回城内。费穆也弃军向尔朱荣投降。胡太后派出的这三支部队瞬间瓦解。此时，洛阳城内已乱成一团，胡太后将孝明帝的后宫嫔妃全部召来，剃去头发，出家为尼，胡太后自己也剃去了头发，她深知大祸已经降临，想借此能够保住性命。徐纥假传圣旨，趁夜打开了皇宫大门，从宫中牵出十匹御马，仓皇逃出洛阳，朝兖州而去。徐纥的两个弟弟一个徐献伯为北海太守，一个徐季彦为青州长史，徐纥派人向两人通报，让他们携带家眷南逃。当时羊侃为泰山太守，徐纥老家也是山东人，与羊氏有一定的渊源，遂投奔了羊侃。真个是树倒猢狲散。郑俨也逃出洛阳，回到家乡荥阳。郑俨的堂兄郑仲明（郑季明的哥哥）为荥阳太守，郑俨与之打算占领荥阳起兵，但不久就为部下所杀，传首洛阳。

在此期间，费穆暗中对尔朱荣说："大人兵马不足一万，如今长驱直入，来到京师，之所以有征无战，是推奉了皇上，顺应民心。大人之兵既然没有战胜之威，众人内心并不畏惧。以京师人口之众，文武百官人才之盛，一旦得知大人的虚实，必定会产生轻视之心。如果不进行一场大规模的处罚和杀戮，在朝廷里树立您自己的势力，大人北返晋阳之时，恐怕还没有越过太行山这里就会出现变故了。"费穆深知洛阳的实情：孝文帝太和改制之后，官分清浊，文武分途，武将的地位逐渐下降。假如尔朱荣不在朝中清除过去的官员，待其离去之后，姑且不说争权夺利的因素，即便仅仅从心理上来说，原有的官僚体系也不会对一个契胡酋长有尊崇之意的。费穆的建议也透露出京师武官对高高在上的文官们的不满。听了费穆的话，尔朱荣深以为然，他询问自己的表兄弟慕容绍宗说："洛阳人士繁盛，骄傲奢侈，习以为常，如果不加以剪除，恐怕难以驾驭。我想趁着百官前来迎驾之机，将他们全部诛杀，你说可行不？"慕容绍宗是后燕太原王慕容恪的后代，尔朱荣的父亲尔朱新兴就是慕容绍宗的堂舅。慕容绍宗回答："胡太后临朝称制，荒淫无道，天下怨声载道，对她无不唾骂。大人掌握精兵，心存忠义，却突然杀戮众多朝臣，恐怕不是上策，请您深思。"但尔朱荣不听。

于是，尔朱荣命令百官前来河阴迎接孝庄帝。不过，在圈定被杀的百官上，尔朱荣也是经过了缜密的考虑的。元顺素以忠直著称，尔朱荣让自己的亲信、大行台郎中朱瑞给元顺传话说："你去对元仆射说，只用留在衙门，不用来了。"元叉之父元继过去对尔朱荣很好，尔朱荣也特意安排元继不用前来，另外，一些曾经给武官们鸣过不平的官员如山伟、孙绍、辛雄等人也都一一被安排在洛阳值班。与此同时，尔朱荣在部署这次大屠杀时也提前与禁卫军方面达成了默契。领军将军元鸷也是宗室疏属，此人体格壮硕，武艺高强，长期充当禁卫军将领，一步一步升任为领军将军、畿部都督。元天穆与元鸷均出自高凉王拓跋孤，二人是堂兄弟关系，尔朱荣之所以能够与元鸷拉上关系，大约与元天穆有着直接关系。尔朱荣要想实施如此大规模的屠杀行动，如果没有征得禁卫军的同意，后果是难以想象的。

四月十二日，北魏群臣手捧皇帝印绶，带上皇帝车马仪仗前往河桥迎接孝庄帝。但他们谁也不知道，一场大屠杀正等待着他们。

四月十三日，尔朱荣派遣骑兵闯入皇宫，将胡太后和三岁的幼主元钊带至河阴（洛阳西北）。见到尔朱荣后，胡太后喋喋不休，竭力为自己辩护，说得尔朱荣一肚子不耐烦，最终他拂袖而起，下令将胡太后和三岁的元钊投入黄河淹死。

接着，尔朱荣请孝庄帝沿着黄河西行，行至距离河阴两里地的陶渚，然后，把朝廷百官带至孝庄帝的行宫西北，声称将要举行祭天仪式。等到百官全部到齐以后，尔朱荣的契胡骑兵将众人团团围住。尔朱荣斥责众人道："天下大乱，孝明帝暴死，这都是源于朝臣贪婪暴虐，不能尽忠辅佐。"于是，下令骑兵对手无寸铁的群臣大肆屠杀起来。在诛杀的次序上，史料有不同的记载，《魏书·孝庄纪》称："荣以兵权在己，遂有异志，乃害灵太后及幼主，次害无上王劭、始平王子正，又害丞相高阳王雍、司空公元钦、仪同三司元恒芝、仪同三司东平王略、广平王悌、常山王邵、北平王超、任城王彝、赵郡王毓、中山王叔仁、齐郡王温，公卿已下二千余人。"而《资治通鉴》却说是在杀死诸王之后，又单独杀死无上王元劭和始平王元子正。至于河阴之变的具体地点，据《元和郡县图志》记载："（河阳）关县西南十三里古遮马堤，即后魏尔朱荣杀朝士千三百余人于此。"关于遇难的具体人数，《魏书·尔朱荣传》称为一千三百人，据学者考证，史料上有明确记载有名字的王公大臣有八十三人，《资治通鉴》称两千余人，《洛阳伽蓝记》有版本称两千余人，有版本称三千余人。可能这里并不矛盾，因为被杀的人中可能也包括大臣的侍从。据《通典·职官》记载北魏"内外文武官七千七百六十四人，二千三百七十一人内，五千三百九十三人外"，仅以一千三百人计算，河阴之变所屠杀的人数就达北魏官员总数的七分之一，京官总数的一半，在被杀的人中间，不仅包括诸如丞相高阳王元雍、司空元钦、仪同三司东平王元略等宗室重臣，也包括那些暗中拥戴孝庄帝的有功之臣，如刚刚投降的郑季明等人，还有王慧龙的孙子王遵业，还是孝庄帝的表兄弟，也惨遭杀害。元顺虽然提前被告知留守，但他还是骑马出城前往，途中听说出事了，赶紧掉转马头往回跑，遇到守陵人鲜于康奴抢夺他的衣服马匹，将其杀死。

领军将军元鸷与尔朱荣一起登上一座高高的坟茔，俯视着整个血腥屠杀的场面。如今，胡太后已经死了，北魏的宗室重臣也都命丧黄泉，京师的禁卫军也完全倒入自己的一边，自己刚刚拥立的新皇帝正战战兢兢地躲在一旁。随着事态的发展，尔朱荣的心态又发生了莫名其妙的剧烈变化，那就是：一不做二不休，干脆取了北魏天下！有一百余名朝臣后来，尔朱荣又令骑兵将这些晚到的人包围起来，下令道："会写禅让诏书的人免死。"当时，人群中李神俊、李谐、温子升都善于写作，但耻于从命，都趴在地上，一声不吭，只有侍御史赵元则害怕被杀，出列表示愿意，尔朱荣遂让其写下禅让诏书。其后，尔朱荣又命令士兵们高呼："元氏已灭，尔朱氏兴起！"众人齐声高呼万岁。

尔朱荣临时决定篡位后，对朝臣们的大屠杀就告一段落了，这是因为，在未来的朝廷中，他还要使用这些人，侥幸幸免于难的这一百余人中就有《魏书》的作者魏收等人。这时，天色将晚，尔朱荣又派遣数十人拔刀闯入孝庄帝所在的营帐，将孝庄帝与他的哥哥无上王元劭、弟弟始平王元子正赶出帐外。尔朱荣提前已派郭罗刹、叱列杀鬼侍卫在孝庄帝的身边，这时两人将孝庄帝抱入帐中，帐外的众人遂将元劭和元子正杀死，当晚，尔朱荣又派数十人将孝庄帝迁往河桥。

这一天的傍晚是尔朱荣思想激烈斗争的时刻。高欢劝说尔朱荣称帝，尔朱荣身边的很多人也都表示赞同，但称帝毕竟不是一件小事。虽然在下午的时候，尔朱荣一时冲动产生了称帝的念头，但冷静地想想，杀死了这些朝臣、控制了禁卫军又能怎样呢？称帝之后面对的毕竟不是区区一个洛阳城，而是整个北魏帝国！何况称帝之后，禁卫军是否依然与自己保持同盟关系还在两可之间，仅仅依靠自己的这点力量能否应对各方诸侯？届时，自己是否成为众矢之的、被人群起而攻之？直到目前，即便是诛杀群臣，也都可以被人原谅，也可以说是顺应了一部分人的人心的，但一旦称帝，今天的大屠杀就会被人用作讨伐自己的口实。尔朱荣开始狐疑不定起来。贺拔岳说："将军首先兴起义兵，立志清除奸佞，大功未立，却突然生出这种想法，这只能加速灾祸的到来，我看不到有什么好处。"尔朱荣遂亲自为自己铸造金像，铸了四次都没有成功。功曹参军刘灵助精通占卜，尔朱荣对其深信不疑，刘灵助也说现在天时人事都不合适。尔朱荣还不死心，说道："如果我称帝不吉利，就迎立元天穆为帝。"刘灵助回答："元天穆也不行，只有长乐王元子攸才有天命。"此时的尔朱荣也是神情恍惚，身心俱疲，过了许久，才深感懊悔，说道："我犯下如此大错，唯有以死向朝廷谢罪。"贺拔岳请求诛杀高欢以向天下人谢罪，尔朱荣身边的人都说："高欢虽然愚蠢粗疏，说话不顾后果，但如今四方多事，正是用人之际，请求暂时赦免了他以观后效。"尔朱荣这才没有杀掉高欢。这时，刚刚当了三天皇帝的元子攸更是既忧愁又恼火，还无计可施。这三天来，他几乎经历了好几个人生，先是北魏亲王，继而成为朝廷逃犯，又被拥立皇帝，正当他志得意满之时，又目睹了兄弟和群臣被残杀，而此时自己的性命也旦夕不保。为了活命，他给尔朱荣传去话说：“帝王大业，盛衰无常。如今，天下分崩离析，将军愤然而起，所向无前，这就是天意，不是人力能做到的。我来投奔你，仅仅是想活命，岂敢有当皇帝的想法！在您的逼迫之下，我才走到这一步。如果上天已经注定，将军就该及时登基称帝；如果将军谦让，还想维护国家社稷，也请将军另行挑选贤能之人当皇帝。”此时的孝庄帝是被吓怕了，他一再宣称自己并不想当这个皇帝，这当然不是真话，又一再劝尔朱荣称帝，还表示即使尔朱荣不称帝的话，他元子攸也不想当这个皇帝了！

可是，让他万万没有想到的是，上天又给他开了一个玩笑。到了这天晚上的四更时候，通宵未眠的人们又将他从河桥迎回了河阴的行宫，尔朱荣望见孝庄帝马头，就扑通一声跪倒在地，一个劲地磕头请求孝庄帝把自己处死。

这就是历史上著名的河阴之变，或者叫河阴之难。

三四七　善后事宜（一）

回顾四月十三日发生的一切形同闹剧。

尔朱荣从一开始的意欲称帝，到短短的几个时辰后又一百八十度的大转折叩头请死，让人大跌眼镜。客观地说，此时的尔朱荣并未建立赫赫战功，亦无压倒一切的武力后盾，贸然称帝只能加速自己的灭亡。

但是，称帝与不称帝是两个截然相反的做法，从不称帝的角度回过头来看，意欲称帝时的某些做法显然就是大错特错了。如果说沉胡太后和幼帝于河，甚至诛杀一些高官贵族还都符合孝庄帝和京师武官们的利益的话，那么，杀死孝庄帝的哥哥无上王元劭、弟弟始平王元子正、孝庄帝的亲信郑季明、王遵业等人肯定是冲着削弱孝庄帝势力来的，当然会引起孝庄帝的不满。如今看来，由于自己的一时冲动，原本由费穆设计的诛杀群臣立威、讨好京师武官进而全面掌控朝廷大权的谋划却出现了起码三种意想不到的后果：一是尔朱荣称帝的野心暴露无遗，让他与孝庄帝之间刚刚建立起来的亲密关系毁于一旦；二是京师禁卫军的态度转为暧昧，费穆当初的建议是基于尔朱荣将来回到晋阳之后担心京师有变，丝毫没有为尔朱荣称帝铺平道路的意思，像领军将军元鸷，他与尔朱荣之间的合作是想借尔朱荣之手除掉长期盘踞在高位的宗室大臣，为自己攫取更大的权势，尔朱荣一旦称帝未必符合京师禁卫军高层武官的意思；三是河阴之变让京师洛阳一片恐慌，由于尔朱荣的杀戮目的性不明确，这让洛阳的秩序大乱，当时洛阳城内谣言四起，有说尔朱荣将纵兵大掠，有说尔朱荣将迁都晋阳，于是，富人逃离豪宅，穷人挑担逃窜，留下的人家不到十之一二，下级官吏不去上班，宫禁卫士也不再上岗，洛阳城内风声鹤唳，处于一种无政府的状态之中。《洛阳伽蓝记·城内·永宁寺》形象地描述了洛阳当时的情形："新经大兵，人物歼尽，流迸之徒，惊骇未出。"消息传到地方，北魏郢州（治所义阳，河南省信阳市）刺史元显达、汝南王元悦、东道行台临淮王元彧、北青州（治所东阳，山东省青州市）刺史元世俊、南荆州（治所安昌，湖北省枣阳市东）刺史李志等皆举州投降南梁，北魏南方边境几乎完全崩溃。

假如尔朱荣当时脑袋没有发昏，而是顺应民心，还是按照既定的方案，仅将胡太后及其亲党和长期以来为千夫所指的北魏重臣诛杀的话，将是完全不同的后果，原本能够让万民拍手称快的事现在搞成自己为千夫所指，这当是尔朱荣懊悔不已的原因之一。在这种情况下，虽然离洛阳仅有咫尺之遥，但尔朱荣甚至不敢迈入洛阳城一步了，就在城外，他又产生了挟持孝庄帝、迁都晋阳的念头，但是，迁都同样不是一件小事，尔朱荣为此又伤了一阵脑筋，迟迟下不了决心。武卫将军汎礼反复劝说，尔朱荣这才作罢。汎礼所言的具体内容，史料缺载，但大约是指出尔朱荣一旦迁都，挟天子以令诸侯，不仅与篡逆无二，而且京师禁卫军将领们的既得利益也将化为泡影，他们肯定是不会答应的，另外，汎礼也可能代表禁卫军向尔朱荣作出了一定的承诺。消除疑虑后的尔朱荣这才于四月十四日带着孝庄帝进入了洛阳城。

当天，孝庄帝元子攸登上了太极殿，下诏实施大赦，并改元建义，因此，这一年其实有四个年号：胡太后复辟的标志孝昌四年仅用了七天，预示着暗害孝明帝的武泰年号存在三个月零六天，从此以后该年被称为建义元年，建义年号用了五个月零七天，到本年的九月二十一日，北魏朝廷为了庆祝葛荣被擒，又改元为永安。孝庄帝在诏书中充分肯定了尔朱荣的功勋，称太原王尔朱荣“世抱忠孝，功格古今，赴义晋阳，大会河洛，乃推翼朕躬，应兹大命”。并对所有追随尔朱荣南下的将士全部晋升五阶，在洛阳的文官晋升两阶，武官晋升三级，《资治通鉴》未分阶与级的区别，均称为阶，似误。个人理解，级当指品级，与品是一样的，而阶则是品下的概念，故有“积阶为品”的说法。也就是说，孝庄帝这一诏书对在京的武官给予非常大的照顾，意欲拉拢京师禁卫军的意图非常明显，另外，他在诏书中还下令免除天下百姓三年的税赋。

为了恢复洛阳的统治秩序，尔朱荣上书孝庄帝，称：“臣世代受国厚恩，为一方大员，连年为国东征西杀，尽忠王室，常思以死报国。正值太后淫乱，孝明帝暴崩，遂率领义军，匡扶社稷。陛下登基之初，人心不稳，大军推进，难以完全掌控，诸王大臣，死亡太多，如今臣即使粉身碎骨也不足以塞责，因此请求对死去的人予以追赠，可以稍稍弥补我的罪过。请求给无上王元劭追赠为无上皇帝，其余在河阴遇难的人员，是宗室诸王的，一律追赠为仪同三司；三品官追赠为尚书令、尚书仆射；五品官追赠为刺史；七品以下以及平民百姓一律追赠为太守、镇将。死者如果没有后代，听任继子继承爵位。”尔朱荣又请求孝庄帝下诏命令使者巡视慰问。于是，一些躲藏起来的官员们才逐渐回来，人心也稍稍安定了下来。尔朱荣又请求朝廷建立官员轮流值班制度，并请孝庄帝在每月初一、十五接见三公、尚书令、尚书仆射、六曹尚书、九卿以及司州牧、河南尹等官员，讨论国家大事，把这作为一项日常性工作坚持下来。但是，在尔朱荣进入洛阳之初，仍然觉得迁都晋阳对自己最为有利，因此，依然坚持迁都，孝庄帝虽然满心不愿意，但也不敢正面表示反对。都官（掌司法）尚书元谌提出不同意见，尔朱荣大怒说：“与你有什么相干，你却如此固执！况且，河阴之事，你应该知道是咋回事！”元谌是孝文帝弟弟、高阳王元雍同母弟赵郡王元干的长子，与孝庄帝是堂兄弟关系，他的下面还有元谧（已死）、元谭（就是在军都关被杜洛周击败的那位）、元谳（河阴遇害）、元譓（已死）四个弟弟。元谌为人和顺，没有什么特殊的才能，平时人们也都不怎么看重他，可是，有时候老实人认起死理来，谁能拗不过来。果然，听了尔朱荣充满威胁的语言，元谌回答：“天下大事就当与天下人共同讨论，为何用河阴的屠杀来吓唬我元谌？我元谌是王室贵族，位居公侯高位，我活着时对国家没有什么益处，我就是死了，对国家又有什么损失！就是今天肝脑涂地，我也毫不害怕！”尔朱荣听了更是暴跳如雷，一定要治元谌的罪，尔朱世隆百般劝谏，尔朱荣这才作罢。见此情形的人无不吓得面如土色，为元谌捏了一把汗，但元谌却神色自若。《魏书·元谌传》记载的官职是都官尚书，但《魏书·孝庄纪》中却称其为殿中尚书，真实的情况可能是在孝庄帝进入洛阳后即任命他这个堂兄为殿中尚书，负责宫廷的警卫，抓到了一部分禁卫军权，这恐怕也是元谌敢于当面与尔朱荣理论的资本吧。

四月十六日，北魏朝廷以前太尉、江阳王元继为太师、司州牧；骠骑大将军、开府仪同三司、相州刺史、北海王元颢为太傅，开府仪同三司、刺史如故；平东将军、光禄大夫、清渊县侯李延寔为太保，晋封阳平王，因保字与其祖父李宝的宝字同音，坚决推辞，不久又转为太傅；安南将军、并州刺史元天穆为太尉，封上党王；侍中、车骑大将军、仪同三司杨椿为司徒；车骑大将军、仪同三司、顿丘郡公穆绍为司空，领尚书令，晋爵为王；使持节、车骑大将军、雍州刺史、上党公长孙稚为骠骑大将军、开府仪同三司，晋爵为王，不久又改封为冯翊王；中军将军、殿中尚书元谌为仪同三司、尚书左仆射，封魏郡王；中军将军、给事黄门侍郎元项为侍中、车骑将军，封东海王，食邑一千户；金紫光禄大夫、广陵王元恭为仪同三司。在这些人当中，元继年事已高，其被尔朱荣尊为太师，完全是出于报恩；元颢在年初之时被任命为骠骑大将军、开府仪同三司，并取代刚刚担任相州刺史数月的李神，其目的是应对越来越严重的葛荣叛军；李延寔是李冲的长子，是孝庄帝的大舅；元天穆自然是尔朱荣的亲信。

三四八　善后事宜（二）

说到杨椿，稍微多说两句。

杨椿在此前已多次提及，他出身于弘农杨氏，为北方望族，杨椿兄弟六人：哥哥杨播（已死）、次杨椿、杨颖、杨顺、杨津（坚守定州三年的那位，如今在葛荣军中）、杨時（在河阴遇害）。杨氏家族因杨播之母王氏是冯太后的外姑，加之杨氏兄弟非常谨慎而在孝文帝时期开始发迹，杨播、杨椿、杨津的名字都是孝文帝所赐，三人也都非常显贵，杨氏家风也很好，杨椿和杨津都是朝廷重臣，但兄弟之间非常友爱，如同父子。一家人闲暇时候经常聚在一起谈笑，尽享天伦之乐，杨椿年老从外面喝醉回来，杨津总是亲自搀扶回屋，虽然二人都已年过六十，但杨津每天早晚都要向哥哥问安，全家的子侄辈全部列在堂下，杨椿不让坐下，杨津不敢坐。如果杨椿外出，到吃饭的时候还未回家，杨津就一直等着哥哥回来，再一起进餐。史称："一家之内，男女百口，缌服同爨，庭无间言；魏世以来，唯有卢渊兄弟及播昆季，当世莫逮焉。"尔朱荣将借口生病在家的杨椿晋升为司徒，杨氏家族是道德楷模应当是其中的一个原因，但这还不是主要的，更重要的大致有以下几点：一是杨氏家族影响力很大。正如《魏书·杨播传》史臣说的那样："杨播兄弟，俱以忠毅谦谨，荷内外之任，公卿牧守，荣赫累朝，所谓门生故吏遍于天下。"对于这样一个大家族，不论是尔朱荣还是孝庄帝都是要进行拉拢的。二是杨氏家族势力很大。杨氏家族很多成员都是长期在中央或者地方任职，杨播的儿子杨侃因随长孙稚平定萧宝寅叛乱而被任命为东雍州刺史，镇守潼关；杨椿之子杨昱为中书舍人，后为武卫将军、北中郎将、度支尚书；杨椿的弟弟杨顺为直阁将军、太仆卿；杨顺的两个儿子都做过通直散骑常侍，一个儿子为朱衣直阁等，杨氏家族成员不少都是皇帝身边的近臣，在宫中以及禁卫军中有一定的实力。三是杨氏家族在胡太后后期与胡太后离心离德。萧宝寅大败后，杨椿与萧宝寅之间在关中地区是否曾发生过激烈的冲突，史书语焉不详，但从萧宝寅叛乱后给胡太后的上书中依然指责自己受到杨椿的陷害以及一山不容二虎这一情理上推断，二人之间的矛盾应该是存在的，显然，胡太后在平衡二者之后选择了萧宝寅继续留任雍州刺史，这引起了杨椿的强烈不满，以致在萧宝寅叛乱后，胡太后征召其为都督雍岐南豳三州诸军事、本将军、开府仪同三司、雍州刺史、讨蜀大都督，杨椿竟然以年老多病为由拒绝上任。四是杨氏家族与尔朱荣有一定的渊源。杨津曾经担任过肆州刺史、并州刺史，秀容是肆州的下辖郡，期间杨氏家族当与尔朱氏家族建立了良好的关系，在杨津被困中山之时，杨津的儿子杨逸曾请求朝廷允许自己去尔朱荣那里借兵救父，也隐约说明了这一点。五是杨氏家族与孝庄帝也关系良好。还是这个杨逸，孝庄帝尚在黄河以北的河阳之时，杨逸就独身前去拜谒，孝庄帝特意任命他为给事黄门侍郎，领中书舍人，等到河阴之变时，孝庄帝非常害怕，专门下令让杨逸日夜待在自己身边，几天之内，杨逸就住在孝庄帝的床榻下面，一次，孝庄帝曾在半夜里对杨逸说："昨天抬头看见的都是些不认识的人，幸赖有你在，我的心里才稍微轻松一点。"有了上述几个原因，任命杨椿也在情理之中了，而杨椿也愉快地回到洛阳上任了。

穆绍似乎是个特例，但其实不然，重用穆绍其实是与重用杨椿同理，如前所述，穆氏家族其实比杨氏家族还显赫，与北魏皇室有着千丝万缕的关系。穆绍在胡太后后期与元顺发生矛盾，一直耿耿于怀，被任命为侍中，也借口生病不拜，所以在河阴之难中侥幸捡得了一条性命。河阴之变后，尔朱荣专门派人让其到行宫见驾，穆绍以为此去必死无疑，遂在家庙哭拜后前去邙山见尔朱荣，见到尔朱荣后，穆绍只是握握手，并没有拜尔朱荣。此时的尔朱荣已经打消了称帝的念头，遂顺水推舟，假模假样地显示自己的大度，对穆绍很尊敬，还对身边的人说："穆绍不愧是出身高贵人家的子弟。"显然，任用穆绍也是尔朱荣稳定政局的需要。

长孙稚手握兵权，正在关中与叛军作战，新君即位后拉拢他也是意料中的事。至于殿中尚书元谌，无疑是孝庄帝的亲信，也代表了近支宗室的势力。孝庄帝的亲兄弟元劭、元子正已在河阴之难中被杀，与其最亲近的当属他的侄儿和堂兄弟们了。如前所述，孝庄帝的父亲彭城王元勰兄弟七个：孝文帝元宏、咸阳王元禧、赵郡王元干、高阳王元雍、广陵王元羽、北海王元详。这老兄弟七个，孝文帝元宏这一支已经绝后；咸阳王元禧因谋反被杀后，他的八个儿子中除了长子元通与他一起被杀外，下余七个有元翼、元昌、元晔、元显和元树五个逃到了南梁，剩下两个幼弟元坦、元昶留在北魏，一直还戴着罪臣家属的帽子，正光中才恢复了爵位，改封元坦为敷城王；元谌就是元干的儿子；高阳王元雍与他的三个儿子元泰、元端、元睿都死于河阴之难，下余的儿子元诞侥幸躲过一死，元诞下面还有元勒叉、元亘、元伏陀、元弥陀、元僧育、元居罗六个弟弟，但他们的年龄估计都不大；元羽有三个儿子元欣、元永业、元恭（后来的前废帝），元欣性格粗率，元恭自从元叉专权之后已称病，十余年闭口不言，对孝庄帝而言这一门的堂兄弟也无大用；元详两个儿子一个元颢、一个元顼，也是孝庄帝能够用上的堂兄弟。因此，在孝庄帝能够依靠的堂兄弟中间也只有元颢、元谌、元顼区区三人。

第二天，北魏朝廷又下诏恢复死去的广阳王元渊、安乐王元鉴的爵位。又晋封通直散骑常侍、敷城王元坦为咸阳王，谏议大夫元贵平为东莱王，直阁将军元肃为鲁郡王，秘书郎中元晔为长广王，冯翊郡公源绍景恢复原来的爵位陇西王，扶风郡公冯冏、东郡公陆子彰、北平公长孙悦都恢复原先的王爵，北平王元超恢复为安定王。元贵平是文成帝最小的弟弟安定王拓跋休最小的儿子，从辈分上说是孝庄帝的堂祖父辈，虽然关系疏远，但元贵平此前担任羽林监、射声校尉，在禁卫军中有一定的影响；元肃是拓跋休的哥哥南安王拓跋桢的孙子，拓跋桢长子是大名鼎鼎的元英，次子元怡，而元肃就是元怡的长子，元晔是其次子。由于尔朱荣的妻子是元肃的姑姑，因此，元肃又是尔朱荣的妻侄，以元肃为直阁将军并被封王，又封元晔都是体现了尔朱荣的意思。在北魏后期诸多重大事件中都能看到拓跋桢家族的影子：元英为北魏后期一代名将，他有五个儿子，除去早死的长子之外，下余四子：元熙、元诱、元略、元篡。元叉废黜胡太后后，元熙叛乱，后元诱、元篡与元熙一起被杀，只有元略南逃。胡太后复辟后，念及元熙的忠心而将元略召回，并给予非常尊崇的地位，但是，因元略素来轻视自己的姑父尔朱荣，在河阴之难中元略也未能幸免。尔朱荣倒是对次门元怡一家青眼有加，重用元肃兄弟就说明了这一点。源绍景，当为《魏书·源贺传》中源贺重孙、源怀孙子源绍；冯冏，是冯太后哥哥冯熙的重孙，冯太后当权时，将自己的小姑子博陵长公主嫁给了自己的哥哥冯熙，生下两个儿子冯诞和冯修，冯诞又娶了孝文帝的妹妹乐安长公主，生下两个儿子，长子冯穆又娶了孝文帝的女儿顺阳长公主，冯冏就是冯穆的儿子；长孙悦是魏初名将长孙嵩的曾孙；陆子彰是曾权倾一时的权臣陆丽的重孙，《魏书·陆俟传》称："子彰妻即咸阳王禧女。禧诛，养于彭城王第，庄帝亲之，略同诸姊。建义初，尔朱荣欲修旧事，庶姓封王，由是封子彰濮阳王，食邑七百户。"元超是元贵平的哥哥元燮的儿子，在胡太后当权时，由于胡氏祖籍是安定，因此，她将自己的父亲胡国珍封为安定王，而将原来的安定王元超改封为北平王，如今，尔朱荣又恢复了元超安定王的爵位。由此起码可以透露出几点信息：一是在帝国岌岌可危之时，北魏朝廷意欲让统治集团重新团结起来。恢复曾经投敌的元渊和元鉴、将罪臣之子元坦封王就是明证。二是尔朱荣在京师培植自己的势力。元肃、元晔封王大体说明了这一点。三是最大限度地减小河阴之变的影响。给异姓封王就是尔朱荣讨好异姓大臣的一个手段。四是恢复元超安定王的举措，则显示了对胡姓的打击。

四月二十日，孝庄帝下诏解除了戒严。四月二十三日，孝庄帝封尔朱荣的儿子尔朱叉罗为梁郡王。

三四九　善后事宜（三）

河阴之变造成北魏朝廷缺额甚多，随之被破格提拔的人比比皆是，不少人是一步登天，而对于死者的破格追赠，也让人们对此逐渐看轻。史称：“自兹已后，赠终叨滥，庸人贱品，动至大官，为识者所不贵。武定中，齐文襄王始革其失，追褒有典焉。”

河阴之变以异常惨烈的方式实现了北魏最高统治阶层的权力更迭，结束了北魏统治者内部无休无止的内斗，让北魏统治者们能够在尔朱荣的旗下全力对付各地的叛军，河阴之变后，北魏元氏皇权几乎已经名存实亡，权力掌握在了以尔朱荣为首的武士集团手中，也为北魏的最终灭亡创造了条件。

五月一日，北魏孝庄帝又任命尔朱荣为北道大行台，并以尚书右仆射元罗为东道大使，光禄勋元欣为副使，前去东部地区巡视。尔朱荣入宫在明光殿拜见孝庄帝，对河阴之事再度表示忏悔，并向孝庄帝发誓自己绝无二心。孝庄帝亲自离席劝阻，也向尔朱荣发誓自己绝不怀疑尔朱荣的忠心。尔朱荣听后非常高兴，遂请求与孝庄帝一起喝酒，尔朱荣喝得烂醉如泥。孝庄帝想借此机会杀了尔朱荣，他身边的人苦苦劝谏，才没有动手，就派人把尔朱荣连同座榻一起抬到中常侍办公室，让其在那里歇息。夜半时分，尔朱荣才从睡梦中惊醒，遂通宵不敢合眼，从此以后，他再也不敢住在宫中了。

尔朱荣的长女尔朱英娥是孝明帝的嫔，尔朱荣想让孝庄帝立该女为皇后，但从辈分上说，该女是孝庄帝的堂侄媳，孝庄帝一直犹豫不决。给事黄门侍郎祖莹说：“春秋时，晋文公流落在秦国，秦穆公的女儿怀嬴先已嫁给了晋怀公，是晋文公的侄媳，但又嫁给了晋文公。事情虽然违背经典，但合乎大义，陛下为何要心存疑虑呢！”孝庄帝遂答应了，尔朱荣更是喜上眉梢。

尔朱荣举止轻率，喜欢骑马射箭，每次入宫见驾，什么事也不干，只是展示自己的娴熟骑术。每次在西林园喝酒校射，总是请尔朱皇后也出来观赏，并召集王公大臣、公主嫔妃欢聚一堂。看到孝庄帝射中一箭，尔朱荣总亲自起身，大呼小叫，盘旋起舞，将相大臣们也不由自主地起身舞蹈，甚至于公主嫔妃们也翩翩起舞。等到酒酣耳热之际，尔朱荣必定正襟危坐在那里，唱起胡人的歌曲，夜幕降临，宴席结束后，尔朱荣与身边的亲信们手拉手、踩着鼓点，高歌《回波乐》而去。尔朱荣有可爱的一面，也有可恶的一面。他性格严厉暴躁，喜怒无常，刀枪剑戟不离手边，每逢突然大怒，即抓起刀剑或者弓箭，要么拿刀砍杀，要么弯弓射杀，身边的侍从都担心随时有性命之忧。他曾经看见两个小和尚骑着一匹马，尔朱荣遂令二人相互搏击，二人打到精疲力竭，躺在地上再也动弹不得，尔朱荣又命人抓起他们的脑袋，相互撞击，直到撞死才罢。

五月五日，尔朱荣回到了晋阳。尔朱荣回到晋阳，大概是在为下一步讨伐葛荣做准备。孝庄帝在邙山北麓设宴与他饯别，尔朱荣在离开前，安排元天穆进入洛阳，孝庄帝加元天穆为侍中、录尚书事、京畿大都督兼领军将军，以行台郎中朱瑞为黄门侍郎兼中书舍人，朝廷之上的重臣全部是尔朱荣的心腹。五月十日，孝庄帝下诏称："从孝昌年间以来，所有含冤投诉无门之人都可以到华林园东门投诉，朕将亲自审理。"又下诏："凡是上缴八千石粮食的，可以晋封为散侯；平民上缴五百石的，赏赐做官的资格；和尚上缴五百石的，任命为本州的佛教协会会长或者郡县的会长。"又下诏寻找德行、文艺、政事、正直的人才，县令、太守、刺史都要填写好这些人的事迹，上报朝廷，推荐三个人才的，县令、太守、刺史赏赐一阶；推荐不当的，贬一阶。他还规定："又以旧叙军勋不过征虏，自今以后宜依前式以上，余阶积而为品。其从舆驾北来之徒，不在此例。悉不听破品受阶，破阶请帛。"孝庄帝明确了军功的奖励不超过征虏将军（从三品），阶累积到一定程度可以转化为品，但不得突破本品，打通了军阶与官品之间的界限，保证了武官可以通过军功进入清流。

在尔朱荣发动河阴之变后，北魏郢州（治所义阳，河南省信阳市）刺史元显达、汝南王元悦、东道行台临淮王元彧、北青州（治所东阳，山东省青州市）刺史元世俊、南荆州（治所安昌，湖北省枣阳市东）刺史李志等都举州投降了南梁。南梁武帝萧衍命令郢州（治所武昌，湖北省武汉市）刺史元树前去迎接元显达，夏侯夔也率军从楚城（河南省汝南县南）接应，并镇守在那里。南梁终于收复了义阳，改北魏郢州为北司州，以夏侯夔为北司州刺史兼管司州。夏侯夔又发兵进攻毛城（今地不详），威胁新蔡（河南省新蔡县）；豫州刺史夏侯亶也包围了南顿（河南省商水县），进攻陈（陈留郡，河南省商城县东）项（河南省项城市），北魏行台源子恭率军抵御。过去，投降南梁的北魏官吏上书时均自称在北魏的官职为伪，唯独北魏临淮王元彧投降后自称北魏临淮王，梁武帝素来听说元彧为人文雅，也没有责怪。等到元彧听说孝庄帝即位、国家逐渐安定下来以后，他上书称母亲年老，请求梁武帝将其放还，态度非常诚恳。梁武帝虽然爱惜他是一个人才，内心不愿，但看了他的奏表后又难以拒绝，六月遂将其送归北魏。北魏孝庄帝任命其为侍中、骠骑大将军、加仪同三司。新任相州刺史元颢（为胡太后情夫李神轨妻兄）行至汲郡（河南省卫辉市），得知葛荣将率军南下以及尔朱荣发动了河阴之变的消息，他逗留在原地，暗中盘算着如何才能自保，遂以他的舅舅殷州刺史范遵代行相州州事，代替李神驻守邺城。行台甄密感觉有异，遂与众人罢免了范遵，重新让李神暂时管理州务，并发兵南下迎接元颢，同时观察他的动向。元颢听说后，即率领亲信南投南梁。

孝庄帝即位后，南梁雍州刺史曹义宗的部队还在包围着北魏荆州（河南省邓州市东），梁军引水灌城，水位距离城墙的最高处仅剩几块木板那么高。当时，北魏政府无力援救，城中粮食已经吃尽，北魏荆州刺史王罴亲自熬粥，与将士们平均分配。每次出战，王罴既不戴头盔，也不穿铠甲，他总是仰天大呼："荆州城，是孝文皇帝设置，上天啊，你如果不保佑我国，就让箭射中我王罴的额头；如果保佑的话，就令我王罴能击破敌人！"王罴固守荆州前后三年，双方打了无数次战斗，却毫发无损。五月二十七日，孝庄帝任命中军将军费穆为都督南征诸军事，发兵南下救援荆州。费穆突然到来，让梁军大吃一惊，十月，久已疲惫的梁军很快被击溃，主将曹义宗也被生擒，送回了洛阳。

三五〇 擒杀葛荣

孝庄帝即位后，北魏国内的乱局并没有改观。

葛荣纵横于河北腹地，河北大族纷纷率领宗族南下，来到了山东地区。渤海高翼是高祐的弟弟，高允的堂弟，他也带来宗族来到黄河、济水之间居住，北魏朝廷遂专门设置了东冀州，就地任命他为东冀州刺史。尔朱荣兵向洛阳时，高翼的长子、时任北魏员外散骑常侍高乾及其弟弟高昂、高季式逃奔山东。高乾共有三个弟弟：次弟高慎、三弟高昂、小弟高季式，高乾、高昂、高季式三兄弟都喜欢行侠仗义，尤其是高昂，从小就有胆气，史称他“龙眉豹颈，姿体雄异”。其父高翼专门给他找了个非常严厉的师父，但他不听老师的话，总是说男儿当横行于天下，自己去取得富贵，岂能终日正襟危坐读书，当老博士？经常与哥哥高乾出去当强盗，倾尽家产招募剑客，乡里都对他们兄弟敬畏三分，高翼说：“我这个孩子如果不让我家灭门的话，就会光耀我家门楣，不只是在家乡里当个土豪而已啊！”《太平广记》中载有其诗三首，其中《征行诗》称：“龙种千口羊，泉连百壶酒。朝朝围山猎，夜夜迎新妇。”可见当时的他是多么放荡不羁。高昂字敖曹，人们都直接称他为高敖曹。三兄弟逃回齐州以后，听到尔朱荣大杀北魏宗室重臣，以为天下已不可收拾，遂在黄河、济水之间聚众起兵，接受了葛荣的官爵，屡屡击破北魏地方部队。高乾过去就与孝庄帝私交甚好，孝庄帝即位后，遥封其为龙骧将军、通直散骑常侍，并派元罗、元欣等人东巡，安抚齐地。接到孝庄帝诏书后，高乾兄弟遂相继投降。北魏朝廷任命高乾为给事黄门侍郎兼武卫将军，高敖曹为通直散骑侍郎。尔朱荣认为高氏兄弟不久前发动叛乱，不应担任皇帝身边的近臣，孝庄帝不得不又解除了二人的官职，高乾兄弟又回到了家乡。回家后，高乾兄弟暗中招募军队，尔朱荣听说后，非常担心，密令刺史元仲宗用计将高敖曹诱捕，与河东的薛修义一并关押在晋阳。

高氏兄弟刚刚归顺，前幽州平北府主簿邢杲又率领河北十余万户流民（《北史·李浑传》称有众二十万）在青州的北海（山东省潍坊市）发动叛乱。原来邢杲率众屯聚在河北鄚城（河北省任丘市境），与葛荣相持将近三年，广阳王元渊战败后，邢杲这才率众南渡黄河，来到青州境内。流民所到之处与当地土著自然会发生各种各样的矛盾和冲突，经常受到当地人的欺凌，双方矛盾非常尖锐。《北齐书·阳休之传》称："是时葛荣寇乱，河北流民多凑青部。休之知将有变，乃请其族叔伯彦等曰：'客主势异，竞相凌侮，祸难将作。如鄙情所见，宜潜归京师避之。'诸人多不能从。"也说明了这一点。为了解决这一矛盾，当时，胡太后曾下诏在流民来到的地方设置郡县，选拔流民中的豪强担任太守。时任青州刺史的元世儁上书请求设置新安郡，以邢杲为太守，但北魏朝廷没有答复。孝庄帝即位后，北魏朝廷沙汰、选拔地方官员，以邢杲的侄儿邢子瑶为河间太守，而未予邢杲一官半职，这让邢杲十分恼火，遂聚众谋反，他自称汉王，改元天统。当时河南人经常嘲讽河北人喜欢吃榆叶，故此称邢杲的叛军为"沓榆贼"。

北魏朝廷没有任命邢杲官职，其实也就意味着他所率领的这十余万户河北流民处于没有庇护地的境地，这些流民将随时受到青州齐州当地豪强的欺凌，因此，在邢杲造反以后，不到十几天，就有十余万人投靠到他的麾下。六月二十二日，北魏朝廷任命征东将军李叔仁为车骑大将军、仪同三司，率领军队前去讨伐，但是，摆在尔朱荣面前需要优先解决的是在河北纵横驰骋的葛荣，因此，北魏朝廷根本没有足够的兵力用于两线作战，所以，对于邢杲先采取了军事威慑、以安抚为主的策略。魏兰根是邢杲的舅舅，孝庄帝命令他前去招抚邢杲，但邢杲不从。

与此同时，河北葛荣军粮食缺乏，葛荣派遣他的仆射任褒率军南下抢粮，前锋一直进抵沁水（省济源市东北），北魏朝廷任命太尉元天穆为大都督东北道诸军事，率领宗正珍孙等将前去讨伐。六月二十五日，孝庄帝下诏称："朕当亲自率领军队，要扫清燕代。"并任命大将军尔朱荣为左军统帅，上党王元天穆为前军统帅，司徒杨椿为右军统帅，司空穆绍为后军统帅。葛荣闻讯，率部北撤到相州以北地区。七月十日，北魏朝廷加授尔朱荣为柱国大将军、录尚书事。

七月二十七日，北魏光州百姓刘举聚众在濮阳（河南省濮阳市）造反，自称皇武大将军。同月，关陇地区的万俟丑奴也自称天子，设置百官，当时，波斯国向北魏进贡一头狮子，被万俟丑奴截留，他遂改元为神兽。北魏泰山太守羊侃因为他的祖父羊规生前曾任刘宋武帝刘裕的祭酒从事，常有南归之心，徐纥依附于羊侃以后，也劝说他起兵，羊侃遂起兵造反。羊侃的堂兄羊敦是北魏兖州刺史，暗中得到消息后，遂固守州城（山东省兖州市东北）抵御羊侃。八月，羊侃率军偷袭羊敦，却没有攻下城池，遂在州城之外修筑了十几座小城封锁住州城，并向南梁派去使者投降。梁武帝萧衍下诏命令羊鸦仁（亦为泰山羊氏，前由北魏投降南梁）等人率领梁军北上接应，北魏朝廷晋封羊侃为骠骑大将军、泰山公、兖州刺史，羊侃却斩杀了北魏使者，拒绝接受。同月，南梁将军王弁入侵北魏徐州，北魏蕃郡（山东省滕州市）百姓续灵珍率领一万多人进攻州城，响应梁军。北魏徐州刺史杨昱发兵进攻续灵珍的变民，杀死了续灵珍，王弁遂不战而退。八月十九日，北魏大都督宗正珍孙率南广州刺史、都督郑先护转兵讨伐濮阳的刘举，将其消灭。

此时，葛荣已率领军队南下，包围了邺城，号称百万之众，相州刺史李神闭城固守。葛荣的游骑兵已越过汲郡（河南省卫辉市），所过之处，烧杀抢掠，尔朱荣上书请求前去讨伐。

九月，尔朱荣命令侄儿肆州刺史尔朱天光镇守晋阳，他对尔朱天光说：“凡是我不在的地方，除你之外其他人不能让我放心。”尔朱天光是尔朱荣的堂侄儿，勇敢果决，善骑马射箭，尔朱荣对他非常喜爱，经常与其讨论军国大事。将后方安排妥当之后，尔朱荣亲自率领七千精锐骑兵，每位骑兵还配备了一匹副马，倍道兼行，从滏口东下，以侯景为先锋。侯景，字万景，朔方人，骁勇善射，被选为北镇戍兵，六镇之乱后投靠了尔朱荣。侯景性格残忍，军纪很严，但所部抢来的财物全部平均分配，因此，部下也都乐意为其效命，尔朱荣对他很是看重。关于魏军与葛荣军的人数一直是有争论的，葛荣号称有百万之众，自然是个虚数，但自从他吞并杜洛周之后，人数已达十余万，至今人数当有三四十万。尔朱荣所领军队人数史料却记载得互相矛盾，《魏书·尔朱荣传》称是七千，而同书的《孝庄纪》则称：“柱国大将军尔朱荣率骑七万讨葛荣于滏口，破擒之，余众悉降。”据学者考证，尔朱荣率领的七万之众才是比较合理的。当初，尔朱荣的部队行至襄垣（山西省长治市），命令将士们进行围猎，只见一双兔子从尔朱荣马前突出，尔朱荣跃马弯弓，对将士们说道：“如能射中，就能生擒葛荣，射不中，就不行。”尔朱荣两箭射去，两只兔子均应弦而倒，将士们顿时士气大振。尔朱荣战胜后，遂在此地树立了一座纪念碑，号称双兔碑。

此时，元天穆的讨伐大军则驻扎在朝歌（河南省淇县东北）以南地区，大约是因为宗正珍孙率部前去讨伐刘举，元天穆迟迟没有主动向葛荣发起攻击。葛荣在兼并杜洛周之后，就一直在河北横行，尔朱荣所部与葛荣众寡悬殊，人们都认为尔朱荣难以取胜。葛荣听说后，喜形于色，对属下说："尔朱荣容易对付，你们只用多准备长绳子，等他们来了，就把他们一一绑住。"从邺城以北，葛荣将部队摆出长数十里的一字长蛇阵，像簸箕一样两翼张开齐头并进。

战前，尔朱荣做了充分的准备：一是布置疑兵。尔朱荣所部在接近葛荣军之后，埋伏在山谷之中，他命令三名督将各率数百骑兵，分作三处，扬尘呐喊，迷惑葛荣军。二是以棒代刀。尔朱荣认为在短兵相接之际，刀砍不如棒击利落，他下令每位将士都携带一根短棒，放于马鞍一侧；他又考虑到临战过程中，将士们也许会耽误时间下马砍掉敌人人头，耽误了追杀，他还下令此战不准争砍人头，只以木棒棒击敌人即可。三是以精兵寻找敌人薄弱部位进行突击。葛荣人数虽多，但一字长蛇齐头并进，一旦一处被突破，将立即首尾无法兼顾，陷于大乱，对此，尔朱荣心知肚明，他也明白精兵的重要性，于是，他挑选了数支敢死队，朝葛荣之军发起了猛攻。四是突出葛荣背后，前后夹击敌人。五是瓦解敌人。由于尔朱荣的手下很多都是六镇的人，因此，在战前尔朱荣就派这些人偷偷去说服葛荣军中的将领归降。《北齐书·神武纪》就称，高欢就在战前说降了葛荣七位将领。在决战之前，尔朱荣梦见一个人向葛荣索要千牛刀，葛荣开始的时候不想给，那人说道："我是道武皇帝，你岂敢违抗！"葛荣遂将刀奉还给了那人，那人将刀交给了尔朱荣。尔朱荣醒来后，不禁大喜，心知此战肯定能胜。

当尔朱荣以三处疑兵让葛荣之军人心惶惶之后，他即命令数支敢死队从不同方向杀入葛荣大军之中，一时间杀声四起，葛荣大阵立即陷于混乱，就在这数支敢死队打乱了葛荣阵脚之后，尔朱荣亲自率领大军呐喊着又杀向葛荣军，尔朱荣大军随着尔朱荣战旗所指，一路纵贯葛荣一字长蛇阵，一直杀到葛荣所部背后，而后，又折返身来，从葛荣大阵的背后再度杀回，葛荣大军腹背受敌，顿时大败，尔朱荣军临阵活捉了葛荣。葛荣被擒后，叛军群龙无首，遂全部投降。

霎时间数十万军队全部投降，如何妥善安置这些降众，是尔朱荣面临的一个大问题。在处理这一问题上，又显示了他的过人之处，由于降众的人数太多，如果现在就将他们编组，分配到各部队，尔朱荣担心会引起他们的猜疑，甚至会再度激起变乱，于是，他下令解散，全部降众想去哪里都行，亲戚朋友们可以相互照顾，随意到哪里居住都可以，听了这话，降众们顿时大喜，立即三五成群各奔东西，数十万人一天之内全部散尽。但是，尔朱荣已经提前在各个方向一百里以外设置了收容站，在那里根据各人的意愿进行安置，对于其中的将帅，根据各人的才能委任官职，新归附的人都安定了下来，当时的人们都对尔朱荣机敏的处置十分佩服。但是，根据《北齐书·神武纪》称："葛荣众流入并、肆者二十余万，为契胡陵暴，皆不聊生，大小二十六反，诛夷者半，犹草窃不止。"也就是说，葛荣的降众大部分被尔朱荣裹胁到了自己的根据地并州和肆州，根据各人意愿安置其实不过是尔朱荣耍的手腕而已。

尔朱荣一战全歼葛荣，冀州、定州、沧州、瀛洲、殷州五州全部安定。当时，元天穆尚在朝歌之南，穆绍和杨椿之军还未从洛阳出发，而葛荣已被尔朱荣消灭。但是，据《周书·贺拔胜传》记载：（贺拔胜）"从太宰元穆北征葛荣，为前锋大都督。战于滏口，大破之，虏获数千人"。也就是说，贺拔胜作为元天穆的先锋，在尔朱荣与葛荣决战之前已率部来到了前线，因此，参与滏口大战的部队不仅仅是尔朱荣从晋阳带来的这七万人。

九月二十一日，北魏朝廷宣布大赦，并改元为永安。二十七日，孝庄帝晋升尔朱荣为大丞相、都督河北畿外诸军事，增加食邑一万户，与前合计为三万户，又加尔朱荣为太师；任命尔朱荣世子、抚军将军、太常卿尔朱菩提为使持节、骠骑大将军、开府仪同三司；晋封尔朱荣的儿子平昌公尔朱文殊为平昌王、昌乐公尔朱文畅为昌乐王，以杨椿为太保，以城阳王元徽为司徒。十月三日，葛荣被押送到了洛阳，孝庄帝驾临阊阖门，葛荣伏地叩头谢罪，孝庄帝下令将其拉至洛阳街市斩首。

当初，宇文泰的父亲宇文肱追随叛军鲜于修礼部进攻定州，在唐河（河北省唐县）战死，宇文泰留在了鲜于修礼军中，其后，又追随葛荣，葛荣战败后，尔朱荣喜爱宇文泰之才，遂将他留在自己军中担任一名统军。

三五一　东平邢杲

尔朱荣闪电般地消灭了葛荣，让孝庄帝长长地舒了一口气。

永安元年的十月份前后，对于刚刚即位半年的孝庄帝而言，整个北魏帝国的形势似乎在逐渐恢复好转：先是宗正珍孙消灭了濮阳刘举，继而，尔朱荣就灭了葛荣，不久，北魏朝廷又挟战胜之威派征虏将军韩子熙招降了邢杲。在荆州地区，费穆生擒了南梁曹义宗，顺利地解除了南方的威胁；在徐州地区，南梁王弁也知难而退；在兖州地区，北魏朝廷以侍中、镇南将军、太原郡公于晖（宣武帝于皇后的兄弟、于劲之子，于晖与尔朱荣关系亲密，尔朱荣将女儿嫁给了于晖的儿子于长孺）兼尚书左仆射，为行台，与高欢一起讨伐羊侃。于晖率领数十万魏军进击羊侃驻守的瑕丘。徐纥唯恐仅凭羊侃的部队难以抵挡，劝说羊侃向南梁求救，羊侃信以为真，同意徐纥离开瑕丘南下，徐纥遂脱身来到了梁国。魏军将瑕丘城包围得水泄不通，羊侃营中箭已射完，却看不到梁军的踪影。十一月十日夜晚，羊侃率众突围，他们边打边撤，一直打了一天一夜才逃出魏国国境。等到行至渣口（江苏省沭阳县西）时，羊侃的残部尚有一万多人，战马两千多匹。远离故土的将士们彻夜悲歌，羊侃听了，向大家道歉说："你们怀念故土，自然不会追随我南下，是去是留，全由你们自己决定，我们就此告别。"将士们遂各自拜别而去，魏军又重新收复了泰山。

不过，此时北魏国内尚有数股敌对势力：一是关中与长孙稚相持的万俟丑奴；二是青州的邢杲投降后，很快就又反叛，邢杲叛乱后，为了解决生存问题，他率领叛军一路向东杀来，一直杀到海边，由于北魏末年青州齐州地区连年发生叛乱，当地地方军队力量十分薄弱，青州刺史元世俊在当地豪强武装的配合下仅仅能够勉强守住州城，根本无力讨伐叛军；三是葛荣被杀后，他的余党韩楼又占据了幽州叛乱。更重要的是：就在葛荣被杀的十月份，南梁武帝萧衍任命归顺的元颢为魏王，并派遣东宫直阁将军陈庆之率军护送他北上。如前所述，北海王元颢与孝庄帝是堂兄弟关系，二人均是孝明帝的堂叔，显然，在魏军尚有较强的战斗力的情况下，梁军在与魏军的交战中虽然取得了一系列的胜利，但进展并不理想，而且，连年的战争给梁国国内造成了巨大的负担，加之梁国还需要时间对新占领区进行消化，在这种情况下，梁武帝的如意算盘是，趁着北魏大乱，想以有限的梁军扶植一个亲梁国的北魏傀儡政权，即便是元颢北上以后无法建立一个稳固的政权，起码也可以搅乱北魏人心，让北魏国内陷入更大的混乱之中，起到四两拨千斤的效果。也就在魏军全力进攻羊侃之时，元颢已率军袭占了北魏的铚城（安徽省宿州市西南），为下一步进攻做着准备。

针对这一情况，北魏政府分别作出以下部署：一、对于关中的万俟丑奴，北魏朝廷目前尚无力讨伐，好在是万俟丑奴也没有继续发起猛烈的攻势，关中地区在长孙稚的经营下尚能自保。二、诈降后又叛乱的邢杲，与准备北上的元颢相互呼应，北魏朝廷命令李叔仁对叛军发起进攻，但由于魏军正全力对付羊侃，李叔仁所部人数较少，在潍水（流经山东省潍坊市的潍河）被邢杲击败，击败李叔仁后，邢杲乘胜包围了齐州的州城历下（山东省济南市）。邢杲的叛军势力很大，如果其与元颢会师，势必对尔朱荣扶植起来的孝庄帝现政权带来巨大的威胁，因此，北魏朝廷决定采取各个击破的办法，利用刚刚平定羊侃的有利战机，迅速将邢杲消灭。十二月十七日，孝庄帝置即将北上的元颢、陈庆之的梁军于不顾，下诏命令于晖回师北上前去讨伐邢杲。三、对于元颢，北魏朝廷于永安二年（公元529年）二月二十日以济阴王元晖业（拓跋小新成曾孙）为行台尚书，与都督丘大千等人镇守梁国（河南省商丘市），防御元颢，但是，显然北魏朝廷认为元颢的力量不足，并没有组织有效的兵力进行阻截，而丘大千等人的部队也不是魏军的主力，极有可能是临时招募的军队，或者是一些地方武装、葛荣的部分降众。《魏书·尔朱荣传》亦称：“朝廷以颢孤弱，不以为虑。”四、对于幽州的韩楼，尔朱荣任命抚军将军贺拔胜为大都督，镇守中山（河北省定州市），韩楼畏惧贺拔胜的威名，一直不敢南下。从北魏朝廷的上述部署上看，在消灭了葛荣之后，尔朱荣深感对自己威胁最大的不是幽州的韩楼和关中的万俟丑奴，而是在青州的邢杲和即将北上的元颢，因此，他采取了北守南攻的策略，以贺拔胜驻守中山，令韩楼暂时不敢南下，给讨伐邢杲的魏军赢得了宝贵的时间。

然而，到永安二年一月二日，于晖所部都督彭乐率领两千多名骑兵叛逃，投弃了幽州的韩楼，这令于晖不敢继续进攻邢杲，率军退回。彭乐原随杜洛周，后改投尔朱荣，如今又叛逃到了韩楼那里，彭乐所领之兵当属精兵，临战叛逃对于晖的军心士气打击很大，致使于晖不敢再战。

在消灭了葛荣后的数月之内，尔朱荣并没有出现在讨伐各地叛军的前线上，此时，他应当是回到了晋阳，集中精力消化刚刚吞并的二十余万葛荣的降众，紧锣密鼓地整顿军队，在于晖撤离之后，讨伐邢杲的任务就落到了上党王元天穆和不久前刚刚擒获曹义宗的费穆身上了。虽然如此，但尔朱荣对这次行动却非常重视，据学者统计，参与这次行动的北魏主要将领就有二十四人，其中有十七人都是尔朱荣的亲信，主要有：尔朱兆、尔朱天光、费穆、贾显度、慕容绍宗、贾显智、高欢、刘灵助、孙腾、王则、侯莫陈崇、宇文贵、高琳、薛琡、金祚、贺若敦、窦泰。另外，尔朱荣也给这支讨伐军配备了当时北魏帝国几乎全部的主力，人数为二十余万人。

永安二年三月十一日，孝庄帝任命大将军、上党王元天穆出征讨伐邢杲，以卫将军费穆为使持节、车骑将军、假仪同三司、前锋大都督，率军先期出发。我们对邢杲在这两个多月里迟迟没有行动深感疑虑，究其原因应当是：时值隆冬季节，不便出兵作战，不仅邢杲如此，魏军、元颢等人也都没有行动，这应当是一个主要原因。到了这一年的四月，元天穆已经率领主力魏军进至青州，即将发起对邢杲的总攻，而就在这时，也传来了元颢、陈庆之率领的梁军开始北上的消息。当时魏军进抵东郡（治所滑台，河南省滑县，范围在河南省东北部和山东省西部一带），而元颢、陈庆之的梁军已从铚城北上，进抵酂城（河南省永城市西），邢杲则率部包围了历下，在这种情况下，元天穆面临着是继续向东北进攻邢杲、先击败邢杲、再回师进攻元颢，还是先南下打击元颢、协防洛阳、再转攻邢杲的抉择，他召集军中文武商议，众将均认为："邢杲部众强盛，应当先打击他。"只有薛虎子之子、行台尚书薛琡认为："邢杲部众虽然比较多，但都是些鼠窃狗盗之辈，虽然强盛，但仍然是一群强盗，并无大志。而元颢却是宗室近亲，他打着正义之师的旗号，自从河阴之事以来，人心惊恐，内心怨怒，一旦有个机会，容易发生骚动。应当先将元颢击败，而后回师再去解决邢杲。"

但是，由于众人的意见都倾向于先打击邢杲，元天穆难以违众，另外，北魏朝廷也认为元颢弱小，不足为虑，命令元天穆先行打击邢杲，再回师消灭元颢不迟，于是，元天穆遂率领魏军向东北方向杀来。

邢杲之众虽有二十余万，但真正的作战部队要低于这个数字，而元天穆率领的魏军即便在人数上有所夸大，也要高于邢杲之军，且都是擅长野战的骑兵，因此，元天穆仅用一个月的时间，即到了四月二十日，就在济南城下一战轻易地击破邢杲的叛军，邢杲投降后，被送往洛阳斩首。据《元天穆墓志》称：“有征无战，伏尸同于长平，积器高于熊耳。”魏军继滏口大捷后又取得了一场至关重要的大胜。

三五二 庆之北伐（一）

然而，正是由于魏军主力用于东线邢杲，而造就了一代名将陈庆之白袍军的奇迹，但是，机会总是留给有准备的人的，白袍军以区区七千人马千里北上，一路所向无敌，这与陈庆之本身治军严整、与将士同甘共苦也是密不可分的。

在颍河、涡河以及淮河上游地区，当时的梁军其他各部也已推进至今河南省新蔡县、项城市一线，这为元颢和陈庆之北上提供了有力的支援，使得北魏东南道行台无法抽出充足的兵力进行阻截，另外，在元天穆的主力魏军东进之后，也给元颢、陈庆之带来了可乘之机。就在元天穆东进的同时，元颢和陈庆之抓住这一宝贵战机，从铚城出发一举攻克了荥城（河南省宁陵县北），并推进到了梁国（河南省商丘市）城下。

在梁国附近，北魏都督丘大千拥有七万之众，而陈庆之所部仅有七千人马，但是，丘大千的七万人马分散于九座城堡之内，这让陈庆之能够各个击破敌人。陈庆之率先对敌人的一座营垒发起了猛攻，经过激战，魏军营垒被梁军攻克，梁军从早上一直战斗到傍晚，接连攻克了魏军三座营垒，丘大千最终投降。

丘大千坐拥七万之众却固守不战，其间的原因不详，但正如薛琡说的那样，由于尔朱荣制造了河阴之难，诛杀大量北魏宗室贵族，元颢以宗室贵族的身份与梁军一起北上，他们打着报仇雪耻的旗号，对魏国军民的民心士气是有相当的影响的，即便是丘大千真有七万之众，这些部队大约也并非战斗力很强的魏军主力，甚至有可能是临时招募的壮丁，另外，陈庆之素来重视军队建设，深知选练精兵的重要性，他所率领的军队大多是江淮子弟，骁勇善战，经常担任梁军的军锋，是梁军中的王牌，在各种因素的作用下，陈庆之以区区七千之众就战胜了七万魏军，并非没有可能。

虽然史书没有明言，但依情理推断，丘大千投降后，他的七万之众当归于元颢的直接指挥，加入梁军北进的部队之中了。于是，元颢在睢阳（河南省商丘市）城南的涣水岸边登基即皇帝位，改元孝基，任命陈庆之为使持节、镇北将军、护军、前军大都督。

北魏征东将军济阴王元晖业率领羽林庶子两万人来解救，进屯考城（河南省兰考县）。元颢命令陈庆之率领一部分部队先北上解决考城之敌，打通前进的道路。考城四面环水，守备严密。陈庆之率部进至考城后，命令部队泅渡护城河，在城下构筑堡垒，又很快攻克了考城，缴获魏军七千八百辆满载军粮的大车，之后，陈庆之又乘胜向大梁（河南省开封市）进发，大梁城守军也是望风归顺，元颢晋封陈庆之为卫将军、徐州刺史、武都公。

陈庆之率部继续朝西杀来。

五月一日（此据《魏书》，《资治通鉴》称为五月六日），依然停留在梁国城下的元颢也攻克了梁国（河南省商丘市），并紧随陈庆之之后西进。

与此同时，北魏朝廷已经发现事态的严重性，孝庄帝任命东南道大行台杨昱镇守要隘荥阳（河南省荥阳市），尚书仆射尔朱世隆、西荆州刺史王罴率领一万骑兵镇守虎牢关（河南省巩义市东），侍中尔朱世承镇守崿岅（河南省偃师市西）。

五月十日，孝庄帝下诏百姓自己携带武器马匹应征入伍的，按照优厚的待遇授予官阶；十一日，他下诏对于应征的将士完全按照征讨葛荣时的标准进行赏赐，十三日，孝庄帝又下诏在职人员以及平民百姓献马的，分别赏赐不同的官阶，五月十四日，孝庄帝再度下诏宣布内外戒严。

从孝庄帝接连发布的四道诏书中，我们起码可以看出以下几点：一是当时的北魏京师洛阳十分空虚，不仅兵力不足，而且武器装备均非常匮乏，这大约是在尔朱荣的军队进入洛阳之后，将北魏武库悉数装备到自己的嫡系军队中的缘故；二是杨昱所率领的军队大多是临时征召来的，并且，由于元颢的号召力，京师百姓也并非都乐意从军；三是京师洛阳已经出现了非常危急的情况，不得不让孝庄帝发布了戒严的命令。《魏书》明确记载，杨昱率领的部队与此前在考城战败的元晖业所部均为羽林庶子，即禁卫军将士的庶子们，这些人大多属于临时拼凑成的，与战斗经验丰富的陈庆之的梁军不可同日而语，不过，以这些人依托险要抵挡一阵子大约也是可以的。

驻守荥阳的魏军将领除了杨昱之外，还有西阿王元庆、抚军将军元显恭，率领七万禁卫军子弟抵御元颢和陈庆之。陈庆之先期进抵荥阳城下后，引兵对荥阳发起了强攻，但终因荥阳城池险固，魏军强大而未能攻克。不久，元颢率领一路招降的军队也来到荥阳城下，他给杨昱写信，派遣左卫刘业、王道安等人前去劝降，但杨昱不从。

此时，已经平定了邢杲的元天穆得知元颢和陈庆之所部已经朝洛阳扑来，遂先派遣骠骑将军尔朱吐没儿率领五千匈奴骑兵火速增援荥阳，另派骑兵将领鲁安率领夏州九千步骑混合军团随后进发，元天穆也率领大军迤逦而来。

但是，截至陈庆之和元颢对荥阳城发起总攻之前，元天穆究竟是否抵达荥阳？抵达荥阳近郊的北魏援军人数究竟多少？对此，尚有进一步研究一下的必要。

元天穆大军在四月二十日刚刚击破邢杲二十余万叛军，仅仅过去十余天，元颢、陈庆之的军队就进抵荥阳城下，甚至陈庆之的先头部队在五月一日元颢攻陷梁国之前就已经兵临荥阳，显然，元颢和陈庆之选择火速西进，正是趁元天穆东进之机而精心准备的一场千里突袭行动，就是要与元天穆的魏军打一个时间差。元天穆同样在与元颢和陈庆之抢时间，想趁元颢和陈庆之发起进攻之前先解决邢杲，但是出乎元天穆预料的是，陈庆之竟然胆敢以最初的区区数千梁军深入魏军千里之遥，并且进展如此神速！

四月二十日元天穆刚刚击破邢杲，在短短的十余天内，他无论如何是无法将全部大军转移到荥阳城下的，这是因为，在平定叛军之后，最大的问题还是如何处置这二十余万降众：遣返、安置、押送、补给等，这都需要牵扯大量的时间、精力和兵力。回顾数月之前尔朱荣以诈计安抚葛荣数十万降众的事情，当时虽被人们都称赞处置妥当，但仍有幽州韩楼发动反叛，如今的元天穆同样遇到数量相差无几的大量降众，问题甚至比数月前的尔朱荣面对的更加棘手。

是将他们就地安置？还是遣返原籍河北？抑或像对待葛荣的大部分降众那样押送至并州肆州？对此，史书没有明文，但我们可以通过其他途径大致能够寻找到一些蛛丝马迹。大约成文于同时代的《齐民要术·种桑柘》对河北地区是这样描述的：“杜、葛乱后，饥馑荐臻，唯仰以全躯命，数州之内，民死而生者，乾椹之力也。”可见，将邢杲降众全部遣返回原籍河北在客观上是不可能的，那么，将他们就地安置又该如何呢？如前所述，邢杲叛乱很大的因素就是河北流民与青齐土著抢夺资源，流民受到当地豪强欺凌所致，如果不在当地划出地域设立单独的侨置郡县，就地安置降众依然是行不通的，但遍查《魏书·地形志》未见在当地另设新郡县的记载，因此，元天穆处置邢杲降众最大的可能就是像对待葛荣降众那样把他们押送至并州肆州，即尔朱荣的根据地，这一推断也是符合情理的。

但是，将如此庞大的降众（史料并未记载邢杲降众的准确人数，除去大肆诛杀之外，肯定尚余数量可观的俘虏的）从山东安全地押送至山西，确保一路不至于再发生变故并非一件易事，因此，即便是元天穆在安抚了青齐地区之后能够回师洛阳，也不会如此迅速，同样也不会全师而来，其中的一部分甚至于将近一半的兵力是押送着邢杲降众取道河北，回山西了。我猜想回山西的部队就是尔朱荣在战前交付给元天穆的嫡系部队如尔朱天光、尔朱兆等部，而回师洛阳的元天穆则仅率领洛阳原来的禁卫军，这也说明了在随后的战斗中仅显示费穆等人的名字而不显尔朱兆等人名字的原因。

另外，从元天穆出征的时间上分析，孝庄帝是三月十一日下诏命令元天穆和费穆出征，元天穆四月二十日平定邢杲，从洛阳到东郡，元天穆大军至少要走一个月的时间，如今，从历下到荥阳路途更为遥远，且是逆流而上，元天穆大军在短时间内回到荥阳也是不现实的。

假如上述分析正确的话，我们起码可以得出两个结论：

一是在元颢和陈庆之对荥阳发起总攻前夕，进抵荥阳近郊的北魏援军可能只有经过长途跋涉而来的尔朱没吐儿所部五千匈奴骑兵和随后赶来的鲁安率领的夏州九千步骑混合军团，共计一万四千人，元天穆的主力并没有时间回救。

二是根据史料记载，元天穆大军在随后的确也回师了，但是，回师荥阳的元天穆所部已不是出征时的原班人马，其中的大部分并州肆州军队，即尔朱荣的精锐已脱离了元天穆大军，先期押送降众回山西了，因此，才有了后来所谓的元天穆率领四万、费穆率领两万部队如何如何之语。

三五三　庆之北伐（二）

兵法曰："兵贵先声而后实。"

最先抵达荥阳近郊的尔朱没吐儿所部五千匈奴骑兵和随后赶来的鲁安夏州九千步骑混合军团，肯定向进攻方元颢和陈庆之的梁军以及城内的守军散布元天穆三十万大军行将到来的假消息，其目的就是要稳定荥阳守军的军心，打击进攻一方梁军的士气。

果然，在听到了这一消息之后，梁军上下一片震恐。按常理推断，此时的梁军顿兵于坚城之下，而敌人的援军又将赶到，形势十分危急，时刻有全军覆没的危险，但是，兵法又云："置之死地而后生。"而梁军统帅陈庆之确实有异于常人之处，他总能反其道而行之，大敌当前，反而激发了他必胜的信心。他卸下马鞍，喂马吃草，对全军将士们说道："我来到此地，夺取魏国土地，屠杀城中百姓，确实不少；你们杀死人家的父亲兄弟，抢掠人家的子女，也数不胜数啊，元天穆之众，都是我们的仇敌。我们才仅有七千人马，可是敌人有三十万之众，今日的事情，只能以必死的决心与敌人搏杀，才能死中求生。敌人的骑兵多，我们不可与之在野外作战，应当趁敌人尚未全部到来之际，立即对荥阳城发起猛烈的进攻，占领荥阳，依托荥阳城，再与敌人决战。大家不要疑虑，你们各自去寻找屠杀的鱼肉去吧！"说完，陈庆之即下达了总攻的命令，他下令擂起了战鼓，一通鼓声后，全军全部出动开始向荥阳城墙扑来。

梁军将士视死如归，像蚂蚁一样前赴后继，呐喊着从各个方向向城墙上攀爬。杨昱临时征调的这些贵族兵哪见过这样的阵势，一时间慌乱异常，四月二十二日，梁军壮士东阳（浙江省金华市）人宋景休、义兴（江苏省宜兴市）人鱼天愍率先越过女儿墙，登上了荥阳城墙，梁军将士紧随其后，鱼贯而上，攻克天险荥阳，活捉了杨昱父子五人。元颢在城楼上斥责杨昱道："你今天死而无憾吧？是你对不起我，不是我对不起你。”杨昱回答：“本来就没有打算活着，之所以没有下楼是担心乱兵而已。只是想到家中尚有八十岁的老父无人供养，请求免除弟弟一命。”

第二天，梁军众将陈庆之、胡光等三百多人跪在元颢的帐前请求道：“陛下渡江北上，挺进三千里路，没有浪费一箭，昨日，在荥阳城下一天竟然杀伤我梁军壮士五百余人，我等请求杀死杨昱，以雪大家心头之恨。”元颢回答：“我在江东之时，经常听梁主说，他刚刚起兵之时，袁昂固守吴郡拒不投降，梁主后来总是称赞他的忠诚和气节。杨昱也是一位忠臣，为何要杀掉！杨昱之外，其他俘虏，大家随便处置。”于是，梁军遂斩杀了魏军三十七名统帅，全部开肠破肚，挖出心脏吃掉。

荥阳城内物资堆积如山，牛马、粮食、布帛数不胜数，打下荥阳后，梁军及元颢之军得到了极大的补充。不久，尔朱吐没儿等人围住了荥阳，陈庆之率领休整后的三千梁军精锐骑兵背靠城墙列阵，梁军将士迎头痛击长途而来的魏军，再次大破魏军，鲁安临阵投降，尔朱吐没儿单骑而逃。《梁书》称此战中元天穆也单骑而逃，据以上分析，元天穆似未参加此战。

击退魏军援军之后，陈庆之乘胜进攻虎牢关，驻守虎牢关的尔朱世隆弃城逃回洛阳，梁军生擒北魏东中郎将辛纂。

此时，北魏京师洛阳已处于无防状态，东部屏障虎牢关陷落，梁军一天之内即可进抵洛阳。孝庄帝吓得魂不附体，打算弃城躲避元颢，却不知逃往何方，有人劝说他西逃到长安。中书舍人高道穆说道：“关中荒凉残破，岂可再去！元颢部队人数不多，之所以能够乘虚而入，完全是我们的将帅无能。陛下如果亲自率领宿卫将士，重赏之下必有勇夫，背城一战，臣等竭尽全力，肯定能够击破元颢之军。假如担心胜负难料，倒不如北渡黄河，征召大将军元天穆、大丞相尔朱荣，令其各自率军护驾，互为掎角，前去讨伐，不出十天半月，定能成功。这才是万全之策啊！”孝庄帝听从了。

五月二十三日，即荥阳、虎牢陷落的第二天，孝庄帝即狼狈逃出洛阳，深夜，抵达河内郡（河南省沁阳市）以北，命高道穆在油灯下写了数十道诏书，派人送到四处张贴，这下，人们才知道了皇帝的下落。

二十四日，孝庄帝进入河内郡，当时，孝庄帝打算入城，追随前来的元鸷说：“河内郡白天紧闭城门，却让车驾夜晚入城，其心难测。我们本来就不是到这里的，请求继续前进。”孝庄帝遂离开河内北上，进入长子（山西省长子县）。

孝庄帝偷偷逃出洛阳自有他的道理。尔朱荣河阴之难诛杀了大量北魏宗室贵族，虽然孝庄帝的兄弟也死于该难，但他本人毕竟是尔朱荣一手扶植起来的皇帝，人们对尔朱荣的仇恨自然会转嫁到他的身上，在前方魏军连连败退的情况下，对于孝庄帝而言，洛阳城已不再是一个安全之地，如果久留势必身遭不测。

孝庄帝离开洛阳后，临海王元彧、安丰王元延明即率领洛阳百官，查封了国库，准备皇帝仪仗，前去迎接元颢。二十五日，元颢进入洛阳，改元建武，并宣布大赦，以陈庆之为侍中、车骑大将军、左光禄大夫，增邑一万户。杨椿的儿子杨昱在荥阳被擒，太保杨椿还在洛阳，杨椿的弟弟杨顺为冀州刺史，杨顺的儿子杨仲宣为正平太守；杨椿的哥哥杨播的儿子杨侃为北中郎将、弟弟杨津的儿子杨遁为尚书郎，均追随孝庄帝北逃。元颢对杨椿十分猜忌，但因为杨氏宗族势力很大，担心失去人心，没有诛杀杨椿。有人劝说杨椿出逃，但杨椿说："我家上下一百多人，想逃又能逃到何处？只有坐在这里，听天由命了。"

元颢一路北上，沿途占领的城池也都留下了部分部队戍守。但元颢进入洛阳之后，这些城池就遭到了临近魏军的进攻。元颢后军都督侯暄驻守在睢阳，作为北伐军的后援。北魏行台崔晓芬、大都督刁宣率部包围了睢阳，昼夜发起进攻，五月二十七日，侯暄突围南逃，被魏军追上斩杀，魏军俘获梁军三千人。与此同时，元天穆、王老生、李叔仁等人也率领四万大军攻克了大梁，攻克大梁之后，元天穆分出两万军队交给费穆，由其继续西进，向虎牢关扑来，又以刁宣、刁双驻守大梁。元颢命令陈庆之率军迎战。

元天穆畏惧元颢，打算北渡黄河，他召集诸将商议对策。都督杨宽（前怀朔镇将杨钧之子）说："江南人轻率，非大王的对手，况且，梁军悬军深入，师老兵疲，乃强弩之末，能有什么作为？请直接向虎牢关发起进攻，决战于洛阳，此事如同摧枯拉朽一般容易，大王不用怀疑。"元天穆表示同意，遂率军朝虎牢关杀来，令杨宽与尔朱能作为后军，但途中又有人表示异议。元天穆再次产生了动摇，他对行台郎中温子升说："你是打算回到洛阳还是愿意随我北上？"温子升回答："皇上因为虎牢关失守，才如此狼狈。元颢刚刚进入洛阳，人心不稳，现在趁机进击，定能成功。大王平定京师，迎回皇上，这是齐桓公、晋文公曾立下的功业啊，放弃此举、北渡黄河，实在替大王惋惜啊。"元天穆虽然认为他说得对，但没有采纳，遂率军从毕公垒（今地不详，《周书·杨宽传》称在石济，河南省延津县北）渡过了黄河，前往河内迎接孝庄帝。

费穆与陈庆之在虎牢关苦战，眼看就要攻克虎牢，听说元天穆已率军北渡黄河，自认为失去了援军，遂投降了陈庆之。陈庆之乘胜东进，再度收复了大梁和梁国。陈庆之所部数千之众，自从从铚城出发杀到洛阳，在一百四十天内一共攻克北魏三十二座城池，历经四十七场战斗，所向无敌，威震华夏。陈庆之麾下全部身穿白色战袍，被人称为白袍军，洛阳童谣也唱道："名师大将莫自牢，千兵万马避白袍。"神奇的白袍军骄人的战绩令后人羡慕不已，但是，拨开历史的层层迷雾，可以认定，《梁书》的记载是有所夸张的，不过，即便如此，白袍军的战斗力和赫赫战绩也是不容小觑的。

元颢进入洛阳以后，北魏黄河以南的州郡大多归顺了他。齐州刺史沛郡王元欣（广陵王元羽长子，与元颢、元子攸均为堂兄弟关系）召集文武商议何去何从，说："北海王元颢、长乐王元子攸都是皇室近亲，如今，天下虽乱，但社稷并没有改变，我想接受元颢的大赦令，你们看怎么样？"座中众人无不变色。军司崔光韶反对说："元颢受制于南梁，引导敌人的军队倾覆故国，这是魏国的乱臣贼子，不仅作为大王的家事应该切齿痛恨，即便是在下做臣子的，受到国家的厚恩，也不敢顺从！"长史崔景茂等人也都说道："军司说的对！"元欣见状，这才斩杀了元颢的使者。除了齐州之外，襄州（治所赭阳，河南省叶县）刺史贾思同、广州（治所鲁阳，河南省鲁山县）刺史郑先护、南兖州（治所谯郡，安徽省亳州市）刺史元暹（文成帝弟弟拓跋子推之孙）也不接受元颢的命令。元颢晋封冀州刺史元孚（元彧叔父）为东道行台、彭城郡王，元孚却将委任状交给了孝庄帝元子攸；平阳王元敬先（拓跋珪之子拓跋熙玄孙）与叔父元均在河桥起兵讨伐元颢，但兵败被杀。河东薛修义及降蜀陈双炽等人接受元颢的官职，率众进攻州城。晋州（治所山西省临汾市）刺史樊子鹄率众出战，大破叛军，又在土门（疑在陕西省富平县境）击破了薛修义。

元颢让黄门郎祖莹给孝庄帝写了一封公开信，他在信中说道："朕向梁国哭泣请求，发誓要报仇雪恨，只是为了向尔朱荣问罪，救你于枷锁之中。你将自己的性命交给豺狼，即使得到一点土地，也是尔朱荣的东西，与你无干。如今，我国兴衰在于你我二人。如果上天帮助正义，则大魏就能复兴；如若不然，对尔朱荣是福，对你则将大祸临头，请你三思，选择正确的出路，则富贵可保。"（《洛阳伽蓝记・永宁寺》有该信的全文）元颢的这封书信无疑击中了孝庄帝的软肋，即孝庄帝是依靠屠杀北魏宗室的尔朱荣才上台的，皇位不具备正当性，同时，元颢的这封信也在挑拨孝庄帝与尔朱荣之间的关系，为以后二人之间的冲突埋下了伏笔。

三五四 正朔之争

魏梁之间相争已久，南人、北人隔阂甚深，南方人一直认为自己才是正朔所在，代表着正统的中华文明，北朝则是胡人的天下，而北朝自从孝武帝改革以后，文风大盛，随着民族融合，北方人也逐渐产生了自己才是中华正统文化的代表者的自信。

洛阳城东的孝义里以东是洛阳小市，在小市的北面有北魏车骑将军张景仁的家。张景仁原本是南方人，随着萧宝寅归顺北魏，被拜为羽林监，开始住在洛阳城南的归正里，北魏政府将南方归顺之人大多安置在这里居住。这里接近伊水和洛水，这里的人们自发形成了一个市场，多贩卖水产品，被洛阳人称为鱼鳖市，因当时的洛阳城南设置了四夷馆，洛阳人以居住在这里为耻，张景仁遂迁到了城东。张景仁在南方时就与陈庆之相识，陈庆之进入洛阳后，张景仁特意请他到家中饮宴，由于孝庄帝是偷偷逃离洛阳的，身边仅有为数不多的亲信跟随，大多数北魏朝臣还留在洛阳，因此，张景仁还请来了不少北魏臣子前来作陪，司农卿萧彪、尚书右丞张嵩、中大夫杨元慎、给事中大夫王眴也都在座。酒酣耳热之际，陈庆之对萧彪等人说：“魏朝虽说强盛，但仍然属于五胡，正朔延续，应当在江南，秦始皇的玉玺，现在就在梁朝。”萧彪也是南方人，听了自然没有话说，而杨元慎和王眴则是中原士族，听后就不以为然。

杨元慎严肃地回答道：“江南政权占据一隅之地苟延残喘，其地潮湿，虫蚁无数，瘴气重重，蛤蟆与乌龟同穴，人们与飞鸟同群。断发的君主没有人君的威仪，纹身的百姓与生俱来丑陋的资质，他们在三江五湖中漂浮，从未听说过礼乐，法律也无法让他们的秉性有所改变。虽说在秦汉时代都曾将罪犯流放到那里，那里的居民因而会说汉语，但依然有浓重的方言，永远也无法改变。虽然他们立有君臣，但是君主傲慢，臣下暴虐，所以，前头有刘劭杀死了父亲宋文帝刘义隆，后又有刘宋孝武帝刘骏私通生母，犯下败坏纲常的大罪，与禽兽没有什么不同，再加上山阴公主公然向皇帝索要面首，在家中聚众淫乱，毫不顾忌世人的耻笑。你是沾染了这些陋习，从未受到过正统的教化，真是所谓的‘阳翟之民（其地多大脖子病），不知瘿之为丑’啊。我大魏受命于天，定鼎于洛，以五山为镇，以四海为家，能够移风易俗的典籍可与上古的五帝媲美，礼乐典章之盛，可超过过去历代的帝王。你们这些鱼鳖之人，羡慕我朝，才来到这里，喝我们的水，吃我们的粮食，为何如此无礼，竟到这种程度？”陈庆之等人见杨元慎谈吐清雅，都是张口结舌，面红耳赤，闭口不言。

又过了几天，陈庆之生病了，心口非常疼痛，求人治疗。杨元慎自称能医治，陈庆之遂让其医治，只见他喝了一口水，噗的一声喷了陈庆之一脸，然后口中念念有词，说道：“吴人鬼魂，住在建康，戴着小帽，穿着短衣。自称阿侬，呼人阿傍。菰白为饭，喝茶当汤，吃莼菜羹，吸着蟹黄，手拿豆蔻，口含槟榔。来到中原，思念故乡。赶紧离开，回你丹阳。如是寒门鬼，回去打鱼，吃着莲藕，捡拾芡实，河蚌鱼虾，当成美味。布衣草鞋，倒骑水牛，沅、湘、江、汉，鼓棹遨游。随波逐浪，上下沉浮，跳着白苎舞，唱着难听的歌。你赶紧去吧，回到你们的扬州。”

陈庆之趴在枕头上，说道：“杨大人，你对我侮辱得太厉害了啊！”从此以后，陈庆之等南方人再也不敢与北方人斗嘴了。后来，陈庆之败还回到南方，一改过去对北方的看法，对北方士大夫非常敬重。朱异对此很奇怪询问原因，陈庆之回答道：“自晋宋以来，南方人都说洛阳是一片荒凉之地，长江以北都是夷狄。去了洛阳以后，我才发现真正的衣冠望族还是在中原。那里礼仪兴盛，人才济济，我从未见过，言语无法形容。正所谓的是‘帝京翼翼，四方之则’。就好像是登上过泰山的人会轻视一座小土山，渡过长江大海的人会小看湘江沅水一样，岂能不看重北方人呢？”从此以后，陈庆之的仪仗服饰全部模仿北魏的样式，江南人士也都纷纷效仿，宽衣长带，连建康人也都受到他的影响。

杨元慎出身于弘农杨氏，善言玄理，喜读老庄，经常叹息自己不能与阮籍生活在一个时代。他还善于解梦，广阳王元渊出征葛荣前，曾梦见自己身穿三公朝服靠着槐树站着，自认为是个好兆头，求杨元慎解梦。杨元慎回答：“这是当三公的预兆。”元渊听了非常高兴。可是，杨元慎退下后却对其他人说：“这次广阳王要死了！槐是木字旁一个鬼字，死后要被追赠为三公。”果然元渊为葛荣所杀，死后被北魏朝廷追赠为司徒。去年，阳城太守薛令伯听说河阴之变后，弃城东逃。突然梦见射中一个大雁，让杨元慎解梦，杨元慎说："《周礼·大宗伯》：'卿执羔，大夫执雁，士执雉，庶人执鹅，工商执鸡。'你将要担任大夫一职。"不久，薛令伯真的被晋升为谏议大夫。

陈庆之为一代名将，但并非出身高门，文化素养有限，而杨元慎却是出身弘农杨氏的玄学家，在二人的辩论中，陈庆之自然不占上风。从二人的这场辩论中，我们看出南北双方之间深深的隔阂，虽然江南文化起步较晚，但自从五胡乱华之后，中原不少大族都渡江南下，文化中心也转移至建康，而北方则饱经战乱，一直遭受异族的蹂躏，但是，随着北魏统一了北中国尤其是北魏孝文帝改革以后，北方民族实现了大融合，到北魏末年，汉族文化已经成为北魏京师洛阳的主流文化，而洛阳也成为北方中华文化的核心，身为汉族士大夫的杨元慎不遗余力地推崇北魏政权的正统性，也从一个侧面反映了他们对北魏政权的认同感，也证明了北魏孝文帝改革为北魏政权赢得了北方汉族士族的真心支持，将这一异族政权真正纳入了中华王朝之内。

从陈庆之与朱异的对话中，我们还可以看出，他从内心认同北方人，还在于他亲眼看到了洛阳人才济济，文明程度很高，文化底蕴很深，也看到了作为文化载体的洛阳宫室、佛寺等建筑巍峨壮观，城市布局宏大科学，让他无法用语言来形容。这一点，我们可以从《洛阳伽蓝记》中得到相同的答案。

三五五　元颢败亡

元颢出发之时仅有陈庆之的数千之众，一路之上，连战皆捷，所向无敌，仅用了一百四十天就占领了洛阳。孝庄帝逃离洛阳时是单人匹马而去，宫廷禁卫军、后宫嫔妃、洛阳各级官吏均一切如常，洛阳不战而降，元颢轻松就得到了这里的一切，这完全出乎他的预料。

元颢一旦得到了这一切，生杀由己，四方人心也都盼望着能够出现一个崭新的局面。然而，不幸的是，前面太顺利了，也让元颢自信轻松得到这一切完全是上天的安排，遂渐渐骄傲自大起来，对政事也产生了懈怠之心。元颢昔日的近臣宾客都受到重用，干扰政务，元颢的弟弟元顼没有什么才能，只是因为与孝庄帝是堂兄弟关系，就被拜为车骑大将军，加侍中。元颢进入洛阳后，胜负还在未定之天，元顼就是一副得意扬扬的样子，为世人所笑。而元颢也是终日沉溺于酒色之中，日夜纵酒饮宴，不问军国大事。当时，陈庆之带来的梁军以胜利者的姿态进入洛阳，在城内为非作歹，令朝野上下都非常失望。元颢为了抵御孝庄帝的反扑，又下令大肆向民间征收赋税，更是弄得人心惶惶。高道穆的哥哥高子儒从洛阳逃离，来见孝庄帝，孝庄帝询问洛阳城内的情况，高子儒回答："元颢旦夕就会失败，不足为虑。"尔朱荣听说孝庄帝逃离洛阳，当即前往长子觐见。一路上，他边赶路，边部署，见到尔朱荣后，孝庄帝当天即从长子南下，尔朱荣担任先导。大约十天之内，各路勤王军就从四面八方赶来，军粮、辎重也都相继运到，六月二日，孝庄帝宣布大赦天下。

尔朱荣南下后，并州肆州地区就发生了骚乱，尔朱荣任命尔朱天光为并州、肆州、恒州、云州、朔州、蔚州、显州、晋州、汾州九州行台，并充任并州刺史。尔朱天光回到晋阳后，整顿军纪，部署军队，尔朱荣的后方这才安定了下来。

六月九日，费穆来到洛阳，元颢将其召入宫中，责备他首倡河阴之事，将其拖出斩首。元颢又命令都督宗正珍孙与河内太守元袭渡河占领了河内郡。尔朱荣率军进攻，元天穆也引兵与尔朱荣会师，当时天气炎热，尔朱荣看久攻不下，遂产生撤军的念头，元天穆苦苦劝谏，尔朱荣这才作罢。六月二十二日，魏军攻克河内，将宗正珍孙和元袭斩杀。

不管怎么说，如今的尔朱荣对于孝庄帝还是表现得忠心耿耿，与之相反，登上皇帝宝座的元颢却对一手扶植他的梁将陈庆之及其率领的梁军心存猜忌。在梁武帝派军护送元颢北还之初，元颢答应自己登基以后，将向梁朝称臣纳贡，等到他进入洛阳以后，就与安丰王元延明和临淮王元彧商议，想要反悔。只是因为外部的威胁尚未消除，还需要借助梁军的武力，表面上虽然亲密无间，内心却另有盘算，言语之间不免流露出猜忌之意。陈庆之也觉察出异样，暗中留下后路，他对元颢建议说："如今我们长途跋涉来到此地，尚有很多地方没有归顺，如果敌人知道了我们的虚实，联合起来对我发起进攻，我们将用什么来抵御！安不忘危，必须早作打算，应当向天子汇报，请求再调派精锐部队前来；另外，请求陛下命令各州将流落在当地的南方人全部押送到洛阳。"显然，陈庆之是要增加自己部队的人数。元颢本欲听从，元延明却说："陈庆之所部不过数千人马，已经难以驾驭，如今再增添他的兵力，他岂能再为我所用？一旦大权离手，一举一动都受人控制，我朝的宗庙社稷，就此将要丧失了啊！"元颢遂拒绝了陈庆之的请求。不仅如此，他还担心陈庆之会向梁武帝密报，于是专门给梁武帝写了一封奏表，称："如今黄河南北都已经平定，只有一个尔朱荣还胆敢抗命，臣与陈庆之自能将其擒获。所属州郡都是刚刚归附的，正需要安抚，不宜再向这里增兵，恐怕会引起百姓们的不安。"接到元颢诏书后，梁武帝遂下令各路增援部队都暂时停留在边境之上。

陈庆之进入洛阳以后，应当也扩充了军队，但毕竟洛阳城内来自南方的人数较少，经过扩充以后的部队尚不足一万，而元颢进入洛阳后，他能指挥的军队已达十万之众，是梁军的十倍。副将马佛念劝说陈庆之道："功高不赏，震主身危，这两种情况都出现在将军身上，将军岂能不有所考虑？自古以来，废昏立明，扶危定难，立下大功的很少能够善终。今将军威震黄河、洛水地区，功劳太大，权势太重，被魏人猜忌，可能会出现意外，对此您难道不担心吗？不如趁着他没有防备，杀死元颢，占领洛阳，这是千载难逢的时机！"马佛念的计划是劝陈庆之杀元颢自立为王。陈庆之出身寒门，一直在皇帝身边工作，处事非常小心谨慎，对于马佛念的这一雄心勃勃的计划，陈庆之哪敢接受？但是，陈庆之也对自己在洛阳的危险处境深感忧虑，元颢过去曾任命陈庆之为徐州刺史，陈庆之遂坚决要求离开洛阳，前往彭城上任，元颢当然明白陈庆之一旦到了徐州，等于将徐州拱手让给了南梁，因此，就是不让陈庆之前去。他对陈庆之说："主上将洛阳的安危全部托付给你，突然听说你要离开这里，想去彭城，会说你急急忙忙地贪图富贵，不为国家着想，不仅有损你的名声，恐怕我也会受到连累。"陈庆之遂不敢再坚持。

尔朱荣的军队与元颢的军队隔着黄河对峙。元颢命令安丰王元延明率军沿着黄河南岸防守，以陈庆之率军驻守北中城，元颢自己则驻守在黄河南岸。陈庆之在北中城三天之内与尔朱荣的军队交手了十一次，杀伤很多敌人。有一批来自夏州的人替元颢防守黄河河中的小岛，他们暗中与尔朱荣联络，计划突破元颢河桥上的防线，让尔朱荣大军顺利渡过黄河河桥。然而，等到这批人突破元颢驻守在河桥上面的军队之后，尔朱荣的接应部队未能及时赶到，元颢率领南岸军队将其全部斩杀，尔朱荣眼看机会丧失，禁不住非常失望。由于尔朱荣军中没有船只，又无法突破黄河河桥，尔朱荣再次产生了撤军的打算。黄门郎杨侃说："大王从并州出发之日难道已经知道了夏州义士们的这个计划、特意来接应他们吗？还是为了完成匡复帝业的历史使命才来的呢？胜败乃兵家常事，何尝不是经常被打散以后再集合起来、伤口痊愈后再来战斗呢？何况现在我们并没有什么损失，岂能仅仅因为受到一点点挫折就要放弃一切？如今，天下危机四伏，都在注视着大人您的一举一动，如果没有一点成果，就匆忙退去，将会导致人心失望，各自心生观望，届时双方将胜负难料。不如征调民间的木材，主要用于建造木筏，也可以建造一些船只，沿着黄河北岸一字排开，数百里之内任何一处都能成为我们的渡河点，首尾相距远了，元颢就防不胜防，一旦我们渡过黄河，必定能立下大功。"高道穆也说："如今皇帝颠沛流离，主上忧愁，是臣下的耻辱。大王拥有百万之众，辅佐天子而号令诸侯，如果分散出一部分兵力建造木筏，全线出击，元颢很快就会失败，为何要丢掉这么好的时机，给元颢喘息的机会、征调全国的军队！这就是所谓的把小蛇养成大蛇，到时候后悔都来不及了！"尔朱荣回答："杨侃已说了这层意思，再与大家商量商量。"刘灵助对尔朱荣说："不出十天，黄河以南必能平定。"

伏波将军杨标家族就居住在马渚，自称有数艘小船，请求担任向导。闰六月十九日，尔朱荣命令车骑将军尔朱兆与大都督贺拔胜用木材捆绑成木筏，率领数千精锐骑兵趁着夜色从马渚西面的硖石（河南省孟津县西二十里处渡口）渡过了黄河，袭击驻扎此地的元颢之子、领军将军元冠受，元冠受率领五千步骑迎战，尔朱荣大破元冠受，临阵将其生擒。安丰王元延明的部队风闻尔朱荣的部队渡过黄河后，也不知渡过来了多少部队，吓得是四散奔逃，一时间，引发了连锁反应，元颢的各路人马都是魂飞魄散，各自逃命。元颢无计可施，与手下数百骑兵仓皇南逃。陈庆之集合数千步骑结成军阵，也向东撤离。听说元颢失败后，黄河以南的各个城池又都向北魏投降了。

尔朱荣亲自率军追击陈庆之，在陈庆之撤军途中，正巧遇到嵩山河水暴涨，梁军死亡逃散，几乎全军覆没。陈庆之剃去头发，假扮成和尚，从小路穿过汝阴（安徽省合肥市），回到了建康，仍以功勋被任命为右卫将军，封永兴县侯。据《洛阳伽蓝记·平等寺》称：（永安二年）“七月，北海（指北海王元颢）大败，所将江淮子弟五千，尽被俘虏，无一得还”。据此，《梁书》所称“河水暴涨”一说，也许是掩饰梁军全军覆没的托词，因为，战败的话，主将有可能受将士保护脱逃，而如果是河水暴涨，河水岂能认人，仅仅让陈庆之一人活着回去？

元颢从轘辕（河南省偃师市东南）南逃到临颍（河南省临颍县），身边的随从全部逃散，他被临颍县的士卒江丰斩杀，闰六月二十三日，他的人头被送到了洛阳。临淮王元彧又投靠了孝庄帝，安丰王元延明则带着妻子儿女南逃到了梁国。

陈庆之率领数千之众数月之间径取洛阳，所向无敌，威震中原，可是，就当时的情形来看，陈庆之孤军深入，已陷于十分危险的境地，即便是元颢击败了尔朱荣，陈庆之的梁军也是凶多吉少，难保不被元颢反噬。然而，刚愎自用且已届垂暮之年的梁武帝对此毫无察觉，耳中听到都是群臣一片称颂之声，王俭之孙、中书黄门侍郎王规回到家中说：“道家说过：‘不是做功难，而是成就功业难。’羯胡盘踞中原，为时已久，桓温得而复失，刘裕也没成功。我孤军无援，深入敌境，前后不解，粮运难继，这场战役将成为灾祸的导火索啊！”对于陈庆之军的险境，稍微动动脑子都会一清二楚，可是，整个梁朝朝廷上竟无人敢言，是自高自大的梁武帝的悲哀？还是梁朝群臣的悲哀呢？

三五六　大乱粗定

北魏中军大都督兼领军大将军杨津入住禁宫，命人打扫宫中，封闭国库，然后，出城前往邙山迎接孝庄帝，向孝庄帝流泪谢罪，孝庄帝对其安抚慰劳。闰六月二十日，孝庄帝入住华林园，大赦。任命尔朱兆为车骑大将军、仪同三司，从北方而来的将士、从驾的文武百官以及起义人员均晋升五级，黄河以北报告敌情的、黄河以南起义立功人员晋升两级。二十二日，加封尔朱荣为天柱大将军，增封十万户，加上以前的食邑共计二十万户。所谓的天柱大将军，是从古至今从未有过的官名，特意设置该名是为了表彰尔朱荣立下的大功。

二十四日，孝庄帝晋封上党王元天穆为太宰，城阳王元徽为大司马兼太尉。城阳王元徽可谓是北魏末期政坛上的不老翁，他在胡太后时期就深为胡太后所信任，由于元徽的后妻是孝庄帝舅舅的女儿，因此，他不仅没有在河阴之变中被杀，相反，在孝庄帝即位后仍然官运亨通，这次孝庄帝北逃，北魏群臣中只有元徽一人得到消息，追随孝庄帝北去，故此，又以护驾之功受到晋升。二十五日，孝庄帝设宴款待尔朱荣等人，拿出三百名宫女、数万匹丝绸赏赐给大家，凡是接受元颢官爵以及免除劳役的，一律作废。不久，尔朱荣就又回到了晋阳。

七月二日，孝庄帝才又重新住进了皇宫。在随后的半年里，北魏朝堂上又发生了些许的变化，截至该年年底，北魏朝廷重臣分别是：太师、天柱大将军尔朱荣；太宰元天穆；太傅李延寔（转为司徒，很快又转为太傅兼青州刺史，显然孝庄帝是想让自己的大舅掌握地方大权）；太保杨椿退休，由城阳王元徽继任，并兼任大司马，录尚书事；司徒萧赞（在陈庆之入洛时，萧赞曾给萧衍写信，请求回到江南，当时，其母吴淑媛尚活着，萧衍命其将萧赞幼时的衣服寄给他，但书信尚未送达洛阳，陈庆之就失败了，故此，萧赞仍然滞留在洛阳），萧赞被任命为司徒一个月后，又被晋升为太尉；雍州刺史长孙稚被任命为司徒；司空杨津，加侍中；骠骑大将军尔朱天光兼雍州刺史〔万俟丑奴已称帝一年有余，尔朱荣去年平定葛荣，今年又平定了邢杲、消灭了元颢，但万俟丑奴趁着魏军收拾关东之际东下，于本年九月进攻北魏东秦州（治所杏城，今陕西省黄陵县），杀死了刺史高子朗，占领了东秦州。万俟丑奴已经威胁到了关中的安全，尔朱荣遂决心发兵将其平定，北魏朝廷将雍州刺史长孙稚召回京师，以尔朱天光为雍州刺史，其目的就是为平定万俟丑奴做准备，〕尚书左仆射元谌，尚书右仆射尔朱世隆，中书监兼吏部尚书李神俊，中书令魏兰根。

孝庄帝又任命高道穆为御史中尉。高道穆在胡太后后期任侍御史，曾前去相州严惩了不法的刺史李世哲，让李氏家族对其切齿痛恨。李世哲的弟弟就是胡太后的情夫之一李神轨，后来，高道穆的哥哥高谦之家的奴仆上诉称自己是良家子弟，李神轨即将高谦之投入大牢，并抢在大赦之前将高谦之赐死。显然，在胡太后的统治下，高氏家族将永无翻身之日，高道穆遂托身于时任侍中的孝庄帝元子攸，元子攸对其百般照顾，高道穆也对元子攸是感激涕零，忠心耿耿。孝庄帝复辟后，在宴会上曾当着尔朱荣的面夸奖高道穆说："前不久如果不用高黄门的计，社稷不安，你替朕劝他喝酒，务必让他喝醉。"高道穆担任御史中尉后，在朝廷上担任法官，在内廷里又参与军国大事的讨论，他所选用的御史李希宗、李绘、阳休之、阳斐、封君义、邢子明、苏淑、宋世良等三十人都是当世的知名人士。当时，北魏国内流行轻于五铢的小钱，一斗米竟高达一千钱，高道穆上书称："百姓们的生计，钱财是基础，改革时弊，第一位的是要整顿钱币。现在，国内盗铸私钱的很多，市面上的铜价八十一文钱可买到一斤铜，盗铸者一斤铜可以铸二百文钱，这里的利润很大，虽然刑罚很重，但盗铸的人越来越多。现在流通在市面上的钱虽然名义上是五铢钱，却连二铢重都不到，能漂浮在水面上，不会下沉。这都是长期以来管理不严所致，应当改铸大钱，钱币上注明年号，一斤铜只能铸造七十文钱，这样，盗铸钱币就没有了利润，再加上有严刑处罚，盗铸现象自然消失。"杨侃也上奏允许民间与官府一起铸造五铢钱，于是，孝庄帝采纳了他们的意见，开始下令铸造永安五铢钱。尚书仆射尔朱世隆一次入内朝拜孝庄帝，穿的衣服不符合礼仪，高道穆当即进行弹劾。孝庄帝的姐姐寿阳公主元莒犁冒犯戒严净街禁令，巡逻士兵手持木棒喝令停下，但寿阳公主不听，高道穆即下令士兵们将寿阳公主的马车打碎。寿阳公主恨得咬牙切齿，到孝庄帝那里哭诉，孝庄帝说："高中尉是个清正之人，他是在执行公务，岂能以私怨去责备人家呢？”后来，高道穆入宫拜见孝庄帝，孝庄帝向其道歉道：“那天我姐姐路上冒犯了你，我也非常惭愧。”高道穆脱下帽子谢罪，孝庄帝说：“是朕对不住爱卿，不是爱卿对不住朕啊！”

如今，除了秦陇的万俟丑奴之外，尚有幽州的韩楼和平州营州的就德兴叛乱。尔朱荣命令大都督侯渊前去讨伐。侯渊原系杜洛周部将，后投靠尔朱荣，屡立战功，被尔朱荣任命为骠骑将军、燕州刺史。在本年上半年时，尔朱荣就曾命令贺拔胜与侯渊一起率军讨伐幽州韩楼，但由于元颢入洛这一突发事件，尔朱荣不得不命令贺拔胜率部南下，只留下侯渊镇守中山。等到孝庄帝回到宫中之后，尔朱荣又命令侯渊独自北上讨伐韩楼，还只配给侯渊很少步兵，骑兵也仅有七百人。有人提出不同意见，尔朱荣却说：“侯渊善于随机应变，这是他的长处，如果让其统率大部队，他未必有这个能力。如今就给他这么点兵力，他肯定能够击破敌人。”果然不出尔朱荣的所料，侯渊在中山遂大肆夸大自己的实力，设置了大量炉灶及其他供应物品，亲自率领数百骑兵深入幽州，打探韩楼的虚实。这支数百人的小部队在距离蓟城一百里的地方，与韩楼的部将陈周率领的一万余人遭遇，侯渊遂命令部队埋伏下来，突然从侧背对敌人发起了猛烈的进攻，陈周这支部队在毫无准备之下遭到攻击，顿时大乱，被活捉了五千余人。但不久，侯渊又下令将俘虏们的马匹武器还给他们，释放他们回城。部下劝说侯渊：“既然已经俘虏了他们，为何又要释放了呢？”侯渊回答：“我们的兵力很少，难以强攻，只能以计离间敌人。”侯渊估计降众已经回到了蓟城，遂率领骑兵趁夜进抵蓟城城下，黎明时分，开始在城外大喊开门。听到侯渊在城外呼喊，韩楼果然怀疑回来的降卒将在城内接应，遂大惊失色，弃城而逃。侯渊遂将其追上活捉，幽州就此平定。侯渊仅以数百骑兵就轻松平定了幽州，这实在是个奇迹。幽州平定后，北魏朝廷任命侯渊为平州刺史、大都督，镇守范阳（河北省涿州市）。

当初，北魏朝廷以征东将军刘灵助兼尚书左仆射，前去濮阳（河南省濮阳市）、顿丘（河南省清丰县）等地安抚幽州的流民，遂率领流民北上，协助侯渊一起平定韩楼，北魏朝廷遂以刘灵助代行幽州州务，加车骑将军，又晋升其为幽州、平州、营州、安州行台。到十一月一日，就德兴向北魏朝廷投降，持续五年之久的营州叛乱就此被平定。

环顾整个北魏帝国，到永安二年年底，关东地区的叛乱已全部被平定，但关西地区的形势依然不容乐观。除了万俟丑奴之外，梁益地区又出现了危机。当初，北魏朝廷因为梁州益州境内荒凉偏远，又设立了巴州（治所四川省巴中市）专门统辖当地的獠人，共有二十余万户，任命当地的獠人头领严始欣为刺史，又设立了隆城镇（四川省阆中市），以严始欣的同族侄儿严恺为镇将。严始欣贪婪残暴，孝明帝后期，当地獠人发动骚乱，包围了州城，行台魏子建派人前去安抚，獠人才各自散去。严始欣担心受到追究，遂暗中派人前去南梁请降，梁武帝赏赐给严始欣诏书、铁券、衣物，但这些物品被严恺截获，送给了魏子建。魏子建上书北魏朝廷请求以隆城镇为中心另外设置南梁州，以严恺为刺史，并将严始欣扣押在南郑。后来，北魏朝廷以唐永接替魏子建为东益州刺史，以梁州刺史傅竖眼为行台。魏子建离开后，东益州的氐族和蜀人就发动了叛乱，唐永弃城而逃，东益州（治所陕西省勉县）遂沦陷。

傅竖眼刚到梁州时，当地百姓都非常高兴。后来，傅竖眼得了重病，长期不能处理政务，他的儿子傅敬绍荒淫残暴，梁州百姓对其非常厌恶。严始欣送给傅敬绍大量财物，得以回到了巴州，遂率军消灭了严恺，以巴州之地投降南梁。梁武帝派遣梁将萧玩、张鸿、江茂达等人率领梁军北上接应。傅敬绍看到北魏大乱，暗中有割据南郑的计划，令其妻兄唐昆仑去煽动城外的山蛮来包围州城，然后，自己再在城内响应。山蛮们包围了南郑以后，城内军民发现了傅敬绍的阴谋，遂逮捕了他，并向傅竖眼报告了实情，而后将其诛杀。傅竖眼既羞愧又愤怒，不久就气死了。

不过，到了第二年年初，北魏益州刺史长孙寿、梁州刺史元欣等派遣部将讨伐严始欣，即将其斩杀，梁将萧玩等人也被击败，梁军损失了一万多人。

三五七　宽弛梁政（一）

梁武帝萧衍建立梁朝时已三十九岁，到如今他已在位二十七年，也已六十六岁了。

梁朝建立以后，北魏朝廷发生了诸多事件，而相比之下，南梁政权毕竟始终有一个梁武帝，显得似乎十分稳定，但是，在这种看似稳定的背后，隐藏着很多不为人知的危机。

梁武帝虽然勤政，但矫枉过正，对宗室大臣过于宽容，致使梁朝上下弊政甚多。南梁散骑常侍贺琛就曾上书梁武帝指出当时梁国国内的几大弊政，他在奏疏中称："第一，天下户口减少，是当今的第一要务。郡受不了州的盘剥，县受不了郡的控制，全都不懂得治民之术，就知道搜刮百姓，应付上级的任务。百姓们受不了压迫，只能流离失所，或者依附大姓，或者屯聚起来，并非百姓们喜欢如此，而是不得已而为之啊。现在，从朝廷下派到地方负责征收各种赋税的官吏比比皆是，即便是极其偏远的郡县也都有他们的身影。一个钦差大臣就会骚扰得地方百姓十分不安，何况是一个接着一个，已经成为地方一害了。资质平庸的地方官就听任这些人盘剥百姓，而那些狡猾的奸吏又助纣为虐，变本加厉地残害百姓，所以，朝廷多次下诏要求百姓们回到家乡安心生产，但实际效果甚微。第二，如今天下地方官大多贪婪残暴，廉洁的人少之又少，这都是因为风俗奢侈所致。举两个例子，一是现在的人们举办宴会，相互夸耀，山珍海味堆积如山，浪费极大；二是蓄养歌姬舞女本来是有品级要求的，可是现在即便是低贱之人也能蓄养歌姬舞女，大家都一心贪污。那些担任地方官的，虽然在任上靠盘剥搜刮了上亿的钱财，可是，卸任以后不出数年就又囊中羞涩了，原因就在于这两项的开支巨大。等到他们再度被派到地方任职，就会变本加厉搜刮百姓。至于其他奢侈浪费的方面能举出上百条，这种社会风气下，独独要让官吏们廉洁，能做得到吗？如今应当立下严格的规矩，提倡节俭，要想移风易俗，治理好国家，俭朴首当其冲。第三，陛下勤勤恳恳，治理国家，但是，一些官员不知为官大体在于清明、宽恕，刻意深文周纳，表面上看似在奉公，其实是在提高本部门的威权。第四，北伐之后，国库空虚，如今就要裁撤一些冗官，减少开支，只有减少开支，才能积聚财富，实现国富兵强。”贺琛的这篇奏表虽然写于十年之后，但此时的梁国国内情况其实也与表内所云相差无几，梁武帝看了贺琛的奏表不仅没有虚心听从，反而勃然大怒，一一批驳。而《南史·郭祖深传》也称“帝溺情内教，朝政纵弛”，郭祖深曾抬着棺材，来到宫门外上书劝谏，他指出：“大家比着奢侈浪费，贪污腐化也随之出现，这都是陛下要求臣下不严所致，廉洁之人无法得到晋升，贪污之徒提拔的路径很多。治国之本在于治理好百姓，而粮食则是百姓们的命根子。如今地方官从不鼓励农桑，竞相盘剥，即使遇到丰年，百姓仍然面露饥色。过去陛下崇尚儒学，设立了五馆，后来推崇佛法，造成家家诵经，无人种田。如果陛下能鼓励农桑，不出数年，就会家给人足。现在的朝廷重臣，外廷则有徐勉、周舍，内廷则有云、旻（不详二人是何人），徐勉、周舍只愿苟安于江东。哪个朝代都有谋臣良将，贵在皇上能够知人善用。陛下登基二十余年，能够尽节劝谏的臣子又有哪个？朝廷重臣见到陛下都是唯唯诺诺，出来就说不敢在陛下面前提出异议。朝廷群臣很少有奉公守法、廉洁为官的，家中都是盆满钵满，他们既不种田又不经商，哪来那么多财产？请求陛下能够罢免贪污之人，晋升廉洁之人，严明法纪，禁止奢侈。”郭祖深还就此提出了二十九条，其中，他说到一是建康有五百多所寺庙，僧尼十余万，这些僧尼又养有“白徒”“养女”，不受国家户籍管理，致使天下户口少了一半，请求勒令四十岁以下没有道行的僧尼全部还俗务农；二是朝廷提拔功臣，任命他们担任边境首长，这些人到任以后，不懂治理之术，只是以贪污残暴为务，有些南投我国的降将来的时候只是一人，到后来招募了大量部属。另外，一些部将对下属残暴，很多士兵因之死去，这些将领们上报说死去的士兵是逃亡了，也有战死沙场的，将领们却把他们纳入叛逃的名单里，士兵家属依法被征召入伍，一家逃亡，同姓都要受到牵连，同姓逃亡，全村都受牵连，造成一人逃亡，全村都随之而逃，空无一人。虽然梁武帝没有全部采纳，但还是赞赏他的正直，提拔其为员外散骑常侍、钟陵县令。

正如沈约所说的那样，梁武帝是个自视甚高的人，自视甚高带来的后果就是容不得别人超过自己，拒谏饰非，事事处处都认为自己做得最正确，而最终让国事走向末路。

梁武帝对于宗室诸王特别宽纵，梁武帝兄弟十个，其中同母同父兄弟四个，即长兄萧懿、次兄萧敷、弟弟萧畅，同父异母弟弟尚有萧融、萧宏、萧秀、萧伟、萧憺、萧恢。萧懿、萧敷、萧畅、萧融均在萧衍即位前就已死去；萧宏于普通七年（公元526年）去世；萧秀在天监十三年（公元514年）病死；萧伟于中大通四年（公元532年）去世；萧憺于普通七年（公元526年）病死；萧恢于天监十八年（公元519年）去世。

综上，萧秀、萧恢在天监年间就已去世，萧宏、萧憺死于同一年，截至当时，萧伟尚未去世。

在梁武帝的这几个兄弟及其子弟们中间，梁武帝最看重的是六弟萧宏，而也正是这个萧宏一门给南梁朝廷带来了很多麻烦，让梁武帝头疼不已。洛口惨败后，萧宏深以为耻，竟然密谋发动政变，自己想当皇帝。萧宏此人才能不高，欲望却不少，他沉湎酒色，大肆聚敛，侍女上千，这还不满足，他竟然又盯上了自己的亲侄女、梁武帝的女儿永兴公主。《资治通鉴》称，梁武帝共有四个女儿：永兴公主、临安公主、安吉公主、长城公主，这三个公主都有文采，其中梁武帝最喜爱的是安吉公主，而《梁书·皇后传》则称，仅梁武帝的原配夫人郗徽就生下了三个女儿：永兴公主萧玉姚、永世公主萧玉婉、永康公主萧玉嬛。由此可知，永兴公主萧玉姚是梁武帝的长女，由于梁武帝与殷叡早就是文友，因此，在梁武帝即位前就已经将长女萧玉姚嫁给了殷叡之子殷钧为妻了。殷钧性格恬静，喜爱书法，但个头短小，每次等到法定的父亲见面日，殷钧前往公主府想与永兴公主相见，永兴公主萧玉姚就提前让人在墙壁上写满殷钧之父殷叡的名字，殷钧见后总是痛哭而去，可是，萧玉姚派婢女们拿着绢带将其强行拉回。事后，殷钧哭着告诉了梁武帝，梁武帝大怒，用犀牛做的如意猛击萧玉姚的脊背，直到把如意都打碎了，但此后，萧玉姚对丈夫殷钧更加恼怒。

萧宏一直想当皇帝，他与永兴公主勾搭成奸，并给永兴公主承诺："只要能杀了我哥，等我当上了皇帝，就立你为皇后。"这个萧玉姚竟然鬼迷心窍，满口答应。梁武帝曾举办三日斋会，几个女儿也都参加了，永兴公主让自己的两个贴身男僮穿上婢女的衣服，混入宫中，伺机刺杀父亲。其中一个男僮在抬脚迈上门槛时，鞋子掉了下来，把守殿门的将帅看到不像女人的脚，顿时心中生疑，就秘密告诉了太子萧统的生母丁贵嫔。丁贵嫔想立即向梁武帝报告，却又担心梁武帝不信，遂让禁宫将领暗中布置人手加以戒备。将领偷偷让八个人藏身于轿子之内，缠上纯棉，谎称抬入的是布帛，放置于梁武帝身后的帷幕之下。果然，等到吃斋后，永兴公主请求屏去众人，想单独与梁武帝说话，梁武帝毫无察觉，就同意了。永兴公主缓步登上台阶，两名“婢女”紧随其后，等永兴公主来到梁武帝身边后，两位“婢女”已站到梁武帝的身后。就在他们要动手的一瞬间，帷幕之后八人突然从幕后冲了出来，把二人牢牢抱住，梁武帝吓得从座位上跌倒在地。众人从二人身上搜出了短刀，并招供是萧宏指使。家丑不可外扬，梁武帝命人在内廷将二人杀死，并用漆成黑色的车子将永兴公主送出皇宫。不久，永兴公主就死掉了，而萧宏也很快死去了。

二人极有可能是为梁武帝所杀。

三五八　宽弛梁政（二）

临川王萧宏可谓是五毒缠身，他的三子、临贺郡王萧正德与其父相比更是有过之而无不及。

萧宏有十多个儿子，史书留下姓名的有七人，长子萧正仁早死，次子萧正义嗣爵。萧正义倒没有什么，他的弟弟萧正德就不同了。

萧正德过去曾北投北魏，因不被魏人礼遇又逃了回来，梁武帝不仅没有追究他的叛国罪，反而还恢复了他原来的爵位。回来以后，萧正德丝毫没有弃恶从善的意思，经常与弟弟萧正则一起公然抢劫，聚集了很多亡命之徒，每到黄昏时分总是在街上公然杀人，称为“打稽”，当时他们兄弟二人与潮沟的董当门的儿子董暹、南岸夏侯夔的儿子夏侯洪，并称为四凶。史称：“勋豪子弟多纵恣，以淫盗屠杀为业，父祖不能制，尉逻莫能御。”后来，萧正则因杀害和尚，被流放到岭南而死；夏侯洪也被其父夏侯夔举报，罚到东冶干苦力，也死掉了；董暹与已死的永阳王萧敷的妻子王氏通奸被杀。

萧正德的妹妹长乐公主嫁给了陈郡的谢禧，萧正德将妹妹奸污，并烧毁了长乐公主的府邸，将一个被烧死的婢女假扮成公主的模样，对外宣称公主被烧死了。将自己的妹妹纳入府中，对外称为柳夫人，并生下两个儿子，后来，黄门郎张准有一个雉媒（为引诱野雉而养的雉），被萧正德夺去，张准在大庭广众之下破口大骂道：“我张准的雉又不是长乐公主，为何要夺去！”皇太子萧统担心梁武帝听到了，让弟弟武陵王萧纪前去劝解才罢。当时梁国童谣称：“宁逢五虎入市，不欲见临贺父子。”萧宏父子的罪恶可以说是骇人听闻。

当然，萧宏、萧正德父子在南梁宗室中也是个特例，大多数的梁室宗室还是好的，而且，越是与梁武帝的关系疏远，越是小心谨慎，不过，在当时奢侈之风的影响下，他们虽然没有像萧宏、萧正德父子那样为非作歹，但也都生活非常腐化。如前所述，萧衍之父萧顺之排行老二，萧衍的大伯是萧尚之，三叔是萧崇之。萧尚之有子萧灵均，早死；萧崇之有子萧景、萧昌、萧昂、萧昱，萧景的儿子萧劢，为政清廉；萧劢有弟弟萧劝、萧勔、萧勃；萧昌担任衡州刺史，嗜酒如命，酒醉之后总是冲入别人家中，刑罚无度；萧昂监南兖州，留下美好的名声；萧昱曾在家中盗铸钱币，被流放，后改过自新。

萧衍大哥萧懿的儿子萧业，为政清明；有子萧孝俨；萧业的弟弟萧藻，曾任益州刺史，也留下了美好的名声，梁武帝曾赞叹道："宗室子弟都像迦叶（萧藻的小名）那样，我还有什么可忧虑的呢？"萧藻的弟弟萧猷也差强人意。萧猷有子萧韶（与庾信有断袖之欢）、萧骏；萧猷的弟弟萧朗性格傲慢；萧朗的弟弟萧明。

萧衍的次兄萧敷，有子萧伯游，早死。

萧衍四弟萧畅，有子萧献。

萧衍五弟萧融，其第九子萧象继承爵位，为湘州刺史，为政清明。

萧衍六弟萧宏父子已经说过不提。

萧衍七弟萧秀名声很好，有子萧机，虽然非常聪慧，但喜欢武力，讨厌士大夫，喜欢与武将们混在一起，担任湘州刺史期间，大肆敛财，喜欢声色犬马。萧机弟弟萧推。

萧衍八弟萧伟儒雅好施，但很奢侈，史称："齐世青溪宫改为芳林苑，天监初，赐伟为第。又加穿筑，果木珍奇，穷极雕靡，有侔造化。立游客省，寒暑得宜，冬有笼炉，夏设饮扇，每与宾客游其中，命从事中郎萧子范为之记。梁蕃邸之盛无过焉。"萧伟有子萧恪、萧恭、萧祇。萧恪担任雍州刺史期间，由于年少，重用江仲举、蔡薳、王台卿、庾仲容四位门客，百姓想向刺史进一言，要四处送钱。民间歌曰："江千万，蔡五百，王新车，庾大宅。"梁武帝听后，将其召回。萧恭善于为政，但十分奢侈，史称其"性尚华侈，广营第宅，重斋步阁，模写宫殿。尤好宾友，酣宴终辰，坐客满筵，言谈不倦"。

萧衍九弟萧恢性格轻财好施，有子女百余人，其中儿子封侯的有三十九人，女儿封为公主的有三十八人，有名的儿子有萧范、萧咨、萧修、萧泰。

萧衍十弟萧憺也有好名声，有子萧亮、萧暎、萧晔。

萧衍自己有八个儿子：昭明太子萧统、简文帝萧纲、庐陵王萧续（三人为丁贵嫔所生），梁元帝萧绎（阮修容所生），豫章王萧综（萧衍次子，吴淑媛所生），南康王萧绩（董昭仪所生），邵陵王萧纶（丁充华所生），武陵王萧纪（葛修容所生）。

萧统，性格仁孝，聪明好学，梁军北伐时，京师物价飞涨，萧统减少自己的膳食，每到雨雪霏霏之时，总命心腹偷偷到街巷中赈济灾民，生母丁贵嫔去世后，萧统派人寻觅到一处好墓地。尚未下葬，有一个卖地的人找到一个叫俞三副的宦官，许诺如果能让萧统买自己的这块地，得到三百万，就送给俞三副一百万。俞三副听了就对梁武帝说太子现在买的地不如这块地对梁武帝吉祥，梁武帝晚年很多禁忌，就让萧统买了这一块地。安葬丁贵嫔后，一名会看地的道士对萧统说："这块地对长子不利，不过埋下一些镇物或许能够避灾。"于是，萧统按照道士的说法在长子之位埋下了蜡鹅等物。太子宫中有叫鲍邈之和魏雅的，二人原为萧统所爱，后来，萧统逐渐疏远了鲍邈之，鲍邈之就向梁武帝告密，称："魏雅替太子做妖术。"梁武帝暗中派人挖掘，果然发现了这些东西。梁武帝大惊，将要查个水落石出，经徐勉劝阻后才作罢，梁武帝只杀了那名道士，但对萧统开始疑忌。萧统有子萧栋、萧誉。

梁武帝次子萧综（现改名萧赞），前已说过，此时逃到北魏担任太尉。

三子萧纲，后为简文帝，为萧统同母弟。

四子南康王萧绩，性格简朴，大通三年（公元529年）去世，有子萧会理、萧乂理。

五子庐陵王萧续，非常果敢，臂力过人。萧绎的母亲之所以能够得到萧衍的宠幸，是丁贵嫔的推荐，因此，萧绎与三兄萧纲关系亲密，而与萧续小时候相互戏耍，长大以后，二人却互相看不起。萧续后为雍州刺史、江州刺史，他贪财好色，聚敛了很多财物。

六子邵陵王萧纶，曾任监南徐州州事，他喜怒无常，车马、衣服都超出规定，经常在街市上出没，曾问一位卖鳝鱼的小贩："你说刺史咋样？"小贩回答："狂躁暴虐。"萧纶听了大怒，令小贩生吞鳝鱼而死，百姓震恐。曾经遇到一家出殡，他抢去孝子的孝服，自己穿上，匍匐在地，号啕痛哭。签帅暗中将萧纶的种种不法行为密报给了梁武帝，梁武帝严厉斥责，但萧纶始终不改。他找到一位个头短小、与梁武帝相似的消瘦老汉，给老汉披上皇帝的朝服，放到高座之上，萧纶则在下面陈述自己无罪，陈述完毕，突然将老汉拉下高座，剥去衣服，就是一顿痛打。又造了一口崭新的棺材，将司马崔会意放入棺材之内，用送葬车将其送到墓地，令老妇们在车上哭号。崔会意不堪忍受，骑马逃回建康，向梁武帝汇报。梁武帝担心萧纶会逃跑，遂派出禁卫军前去捉拿，将其投入大牢，打算在狱中将其赐死。太子萧统流泪苦苦劝谏，梁武帝这才将其免去官爵，遣回府邸。

七子萧绎，即后来的梁元帝，一只眼睛生来就瞎了，但他工书善画，曾亲自画孔子像，并在上面题写赞，并亲自书写，被世人称为三绝。此人虽然才高八斗，自比为诸葛亮、桓温，但他与其父萧衍一个德行，那就是嫉贤妒能，在名望上从不让别人超过自己，妒忌刘之遴好学，他竟派人将人家暗害了。

八子武陵王萧纪，最为梁武帝宠爱，也很有文采，性格宽和。

在梁武帝的儿子中，萧统、萧纲、萧绎、萧纪都非常有文采，萧绩性格简朴，萧综、萧续、萧纶三人则缺点甚多，尤其是萧综叛逃北魏，萧纶喜怒无常。他们兄弟之间也存在着明争暗斗，诸如萧统葬母事件，就非常蹊跷：那个卖地之人未必不是萧统的某一个弟弟为了达到嫁祸于哥哥萧统而为之，萧统的这几个弟弟大多酷爱读书，深通相术，也许，他先看出这块地对哥哥萧统不利，才让人找到了宦官俞三副，促使梁武帝下令萧统改葬其母吧？

在不久的将来，萧统的这些个兄弟们还将上演出一出出人间悲喜剧，就让我们拭目以待吧。

三五九　讨平丑奴

现在，回过头来说北魏。

转眼就到了南梁中大通二年，即北魏孝庄帝的永安三年，即公元530年。

在这一年的年初，尔朱荣派遣武卫将军贺拔岳率军前去讨伐万俟丑奴。贺拔岳私下对哥哥贺拔胜说："万俟丑奴拥有秦陇之兵，是股强敌。如果我前去讨伐没有功劳，将立即受到责难；假如取得胜利，恐怕嫉妒谗言也随之而生。"贺拔胜问："你将如何自保呢？"贺拔岳回答："请一个尔朱家族的人担任主帅，我担任他的助手，这样就行了。"贺拔胜觉得有理，遂向尔朱荣转达了弟弟的意思。尔朱荣听了非常高兴，就以堂侄尔朱天光为使持节、都督雍岐二州诸军事、骠骑大将军、雍州刺史，率左大都督、武卫将军贺拔岳，右大都督、征西将军侯莫陈悦等人西去讨伐万俟丑奴。侯莫陈悦是代郡人，其父侯莫婆罗门为北魏驼牛都尉，负责河西的国营牧场，因此，侯莫陈悦生长在河西。等到河西牧子叛乱后，侯莫陈悦就东投了尔朱荣，被尔朱荣任命为都督府长流参军，后升为大都督。

尔朱天光从洛阳出发伊始，北魏朝廷仅仅给他配备了一千名士兵，只是下诏命令洛阳以西沿途百姓的马匹供其征调。当时，赤水（陕西省华县北）蜀人的叛军切断了从洛阳到长安的道路，孝庄帝之前命令侍中杨侃前去说服他们，并命他们捐献马匹，赤水蜀人狐疑不定，拒绝接受。尔朱天光的部队进抵潼关后，不敢继续前进，贺拔岳说："蜀人不过是些鼠辈，大人遇到他们尚且犹疑，如果遇到大敌，又该如何呢？"尔朱天光说："今日之事，全都托付给你全权处理。"贺拔岳遂率领魏军在渭河以北击破了赤水蜀，缴获两千多匹战马，又挑选其中强壮的人充当士兵。然后，他们继续向前进发，来到长安，征发当地百姓的马匹，一共得到了一万匹战马。但是，还是因为人数寡少，他们一直停留在那里，不敢继续西进。

尔朱荣因其一直滞留不进，勃然大怒，派遣骑兵参军刘贵乘坐驿车来到军中，斥责尔朱天光，即在军中打了尔朱天光一百军棍，与此同时，尔朱荣又给他们增派了两千人。

永安三年三月，万俟丑奴亲自率众包围了尔朱天光驻扎的岐州（陕西省凤翔县南），他另外派遣大行台尉迟菩萨、仆射万俟仵绕到岐州后方，从武功（陕西省武功县）南渡渭河，进攻魏军的营栅。尔朱天光命令贺拔岳率领一千骑兵前去救援。

等到贺拔岳率部来到以后，尉迟菩萨等人已经攻陷了魏军营栅，率部撤离了。贺拔岳率领八百骑兵，主动渡过渭河，生擒叛军任命的两名县令，缴获四百甲士，杀掠当地百姓，以激怒对手。尉迟菩萨遂率领两万步骑又杀回渭河北岸，贺拔岳率领数十名轻装骑兵在渭河以南隔着渭河与尉迟菩萨说话，宣扬国威军威。尉迟菩萨派手下前来传话，贺拔岳发怒道："我与菩萨说话，你是何人！胆敢与我说话？"那名手下自恃隔着河水，出言不逊，贺拔岳大怒，当即弯弓搭箭，一箭将其射杀，时已日暮，双方遂各自散去。第二天，贺拔岳提前在渭河南岸分出数十骑为一股，随地势令他们埋伏在那里，他又率领一百多名骑兵隔着渭河与尉迟菩萨交谈，两人边说边顺着渭河向东走，预先埋伏的骑兵也慢慢加入贺拔岳的队伍中，敌人也看不出贺拔岳带的骑兵究竟有多少。就这样走了二十多里，等到来到水浅之处，贺拔岳突然率部飞马东去。对岸的尉迟菩萨判断贺拔岳将要东逃，遂丢下步兵，率领轻装骑兵渡过渭河，猛追贺拔岳。贺拔岳东行了十几里，在横岗一带设下伏兵，由于山冈道路狭窄，敌人不能同时通过，遂依次前进，等到敌人一半骑兵越过山冈后，贺拔岳即掉转马头，返身杀来，霎时间伏兵尽起，叛军大败。贺拔岳高呼："下马者不杀！"叛军听了纷纷下马投降，魏军很快就俘虏了三千名骑士，又缴获了数量相同的战马，尉迟菩萨也被生擒。然后，贺拔岳又率领部队渡过渭河，叛军见主将被俘，也全部投降，贺拔岳又俘虏了一万多叛军步兵，缴获了叛军全部辎重。

万俟丑奴听说尉迟菩萨战败的消息，遂从岐州撤围，逃回了安定（甘肃省泾川县），在平亭（甘肃省泾川县北）设置大营，以抵挡魏军。尔朱天光从长安进抵岐州，与贺拔岳所部会师。

四月，尔朱天光率部来到汧水、渭河之间，逗留休息，停止前进，对外宣称说："现在天气转热，不是进军的良机，要等到秋凉以后，再商议进军事宜。"万俟丑奴派来的侦察兵，凡是被魏军捉住的，尔朱天光均温和地对待他们，然后予以放还。这些人回到安定以后，给万俟丑奴带去的话也是魏军要等到秋后才发起进攻，万俟丑奴遂信以为真，分散部队到细川（今甘肃省灵台县）进行农业生产，另外，他还命令太尉侯伏侯元进率领五千兵马在岐州以北一百里的泾川，依托险隘，修筑营栅，边耕作边防守。另外，在他的周围又有几处一千人的营栅。

尔朱天光侦察到万俟丑奴的兵力已十分分散，在一天傍晚，遂秘密下令整顿军队，暗中派遣轻装骑兵先行切断各个交通要道，以防走漏了风声，而后，各路魏军一齐出发。经过一夜的急行军，黎明时分，魏军突然包围了侯伏侯元进的大营，并一举将其攻克，攻克侯伏侯元进的大营以后，魏军将俘虏全部释放，附近各个营栅闻讯遂全部投降。

此地距离安定一百八十里，解决了侯伏侯元进之后，尔朱天光又率部昼夜急行军，乘胜北进，很快就进抵安定城下，叛军泾州刺史侯几长贵举城投降。万俟丑奴抛弃平亭大营逃跑，将要逃往高平（宁夏回族自治区固原市），尔朱天光派遣贺拔岳率领轻装骑兵追赶，四月二十二日，贺拔岳在平凉（甘肃省平凉市）长平坑追上了万俟丑奴。

叛军尚未列好阵势，直阁将军侯莫陈崇单骑冲入敌阵，于马上生擒叛军主将万俟丑奴，遂大声呼喊，叛军无人敢挡。很快，魏军骑兵相继杀入，敌众各自逃散，遂大败。侯莫陈崇十分骁勇，擅长骑射，谨慎寡言，贺拔岳将万俟丑奴所乘的宝马、宝剑、金带赏赐给了他，因生擒万俟丑奴之功，侯莫陈崇被加封为安北将军、太中大夫、都督，封临泾县侯，食邑八百户。

第二天，尔朱天光即率领大军包围了高平，城内百姓逮捕了萧宝寅投降。

四月二十九日，北魏朝廷因关中平定，宣布大赦。万俟丑奴和萧宝寅被送到洛阳，捆绑在宫城正南门阊阖门外大街上，供百姓围观了三天。丹阳王萧赞上表请求饶恕萧宝寅一命，吏部尚书李神俊、黄门侍郎高道穆过去就与萧宝寅有私交，也想替他求情，对孝庄帝说："萧宝寅叛乱发生在前朝。"正巧应诏王道习从外面回来，孝庄帝问王道习在外面听到了什么消息，王道习回答："只听人们说李尚书、高黄门在替萧宝寅周旋，二人都处于非常重要的位置，肯定能够保全他。况且，二人说萧宝寅是在前朝发动的叛乱，可是他担任万俟丑奴的太傅，难道不是发生在陛下登基以后吗？叛贼如果受不到惩处，国家的法律又将如何去实施！"于是，孝庄帝遂下令在驼牛署将萧宝寅赐死，在洛阳街市中将万俟丑奴处斩。萧宝寅死前，李神俊携带酒肉前去，二人诉说旧情，李神俊黯然落泪，而萧宝寅却毫无惧色，显得非常平静，只是说："推天委命，恨不能最终尽到臣节。"萧宝寅之妻宣武帝的姐姐、南阳公主非常贤惠，夫妻二人一直相敬如宾，她带着孩子面对将死的丈夫恸哭流涕，伤心欲绝。南阳公主共给萧宝寅生下三子：萧烈、萧权、萧凯。萧烈娶了孝明帝的妹妹建德公主，萧宝寅谋反后即被北魏朝廷处死；萧权与萧凯比赛射箭，萧权被弟弟射死；萧凯娶了长孙稚的女儿，轻薄无礼，南阳公主多次训斥她，萧凯竟然对母亲怀恨在心，在萧宝寅被杀数年后，萧凯在其妻的挑拨下，派奴仆将南阳公主害死，萧凯也被绞死，其妻被斩首。萧宝寅一家就这样灭绝了。萧宝寅及其一家的命运就是一出惊心动魄的人间悲剧。

万俟丑奴被擒后，从泾州、豳州以西一直到灵州（治所宁夏回族自治区灵武县）的叛军大都归顺了北魏朝廷，只有万俟丑奴的行台万俟道洛、费连少浑尚盘踞在原州（宁夏回族自治区固原市），不知道万俟丑奴已经战败，尔朱天光派人联络城内的李贤，令其里应外合图谋万俟道洛。正巧万俟丑奴的部下万俟阿宝从前线逃回，他对李贤说："万俟丑奴已经战败，官军行将到此，阿宝我把性命托付给你了，望你能保护我。"李贤遂令万俟阿宝假扮万俟丑奴的使者，欺骗万俟道洛说："如今大王已经击败官军，需要与大人商议军务，命令阿宝暂时主持原州事务，大人可迅速前去。"万俟道洛信以为真，当天就率部离开原州东去。万俟道洛离开城池后不久，尔朱天光就率领大军到了，遂不战而进入了原州。万俟道洛只好率领六千人马逃入山中，拒不投降。当时高平境内大旱，尔朱天光因当地没有牧草，遂率军撤退至城东五十多里的地带，息兵放牧，并派遣都督长孙邪利率领二百人进入高平州城，代行原州（高平镇改为原州）州务，以李贤为主簿。万俟道洛见魏军远在五十里外，遂偷偷派人入城联络城内居民，偷袭长孙邪利，当时，城内尚有一千多万俟道洛的同党做内应，万俟道洛又将城内的二百魏军全部杀死。尔朱天光得知高平有变，遂率领魏军反扑，万俟道洛出战而败，率部西逃到牵屯山（宁夏回族自治区固原市西）中，扼守险要。尔朱荣因尔朱天光没有活捉万俟道洛，又丧失了长孙邪利，又派人打了尔朱天光一百军棍，并以孝庄帝的名义贬尔朱天光为抚军将军、雍州刺史，将其爵位降为侯。

尔朱天光率军进入牵屯山追剿万俟道洛，万俟道洛战败，率领数千骑兵南下进入陇山，投靠略阳（甘肃省清水县）叛党王庆云。万俟道洛素来骁勇绝伦，王庆云得到他以后，非常高兴，自以为大事可成，遂自立为皇帝，任命万俟道洛为大将军。

三六〇 诛杀尔朱荣（一）

尔朱天光打算趁势讨伐王庆云，但是，孝庄帝连连下诏称陇山险要，并且天气炎热，需要等待秋冬季节再行出战，尔朱荣也写信阻止，但尔朱天光心知能够获胜，遂不顾孝庄帝和尔朱荣的命令，断然率军进入了陇山。

七月，魏军进抵王庆云驻守的水洛城（甘肃省庄浪县东南）。王庆云与万俟道洛率军出城迎战，尔朱天光一箭射中了万俟道洛的手臂，万俟道洛扔下弓箭，慌忙退去。魏军遂攻克东城，叛军全力固守西城。城中没有水源，敌人是又热又渴，有投降的人称王庆云和万俟道洛打算突围而去。

尔朱天光担心王庆云漏网，遂派人对他说："你已走投无路，可以趁早投降，如果现在还决定不了，我给你时间让你今晚与众人商议，明早再给我回复。"而王庆云等人也希望魏军暂缓攻势，等到夜晚再突出重围，就回复尔朱天光说："请等到明天。"尔朱天光趁机对他们说："我知道你们需要用水，现在我命令部队稍稍后退，任你们到河里取水。"叛军个个十分高兴，安下心来，不再考虑马上突围。

尔朱天光暗中下令士兵们制造了很多七尺长的木枪，到黄昏时，将水洛城外用木枪密匝匝地围个水泄不通，在各个要道上，又层层加厚。又在这些拒马枪中埋伏士兵，防止敌人冲突，另外，还在城北命人偷偷绑上云梯。当晚，王庆云、万俟道洛等人果然率众从城内突围，不觉闯入拒马枪阵，马匹摔倒，将二人摔下马来，士兵们一拥而上，将二人生擒。其余叛军从城南突出城外，也遇到拒马枪的阻挡，停了下来。城北魏军爬上云梯，登上了城墙，走投无路的叛党只得投降，到七月三日天明，魏军缴获了叛军全部武器。尔朱天光、贺拔岳、侯莫陈悦等人商议将降众全部活埋，于是，魏军将一万七千名降众全部活埋，将这些人的妻女分给将士们为奴婢。

至此，北魏秦州（治所上邽，甘肃省天水市）、东秦州（治所杏城，陕西省黄陵县）、南秦州（治所骆谷城，今甘肃省成县西）、河州（治所枹罕，甘肃省临夏市）、渭州（治所甘肃省陇西县）、瓜州（治所甘肃省敦煌市）、凉州（治所姑臧，甘肃省武威市）、鄯善（治所青海省海东市乐都区）都表示归顺。尔朱天光驻军略阳，孝庄帝下诏恢复了他的爵位，不久又加侍中、仪同三司，增加食邑至三千户，任命贺拔岳为泾州刺史，侯莫陈悦为渭州刺史。秦州百姓密谋诛杀刺史骆超，南秦州百姓密谋杀死刺史辛显，骆超和辛显都提前发觉，二人逃到尔朱天光军中，尔朱天光与贺拔岳和侯莫陈悦等人将其讨平。步兵校尉宇文泰追随贺拔岳入关，以军功被升为征西将军、暂管原州州务。宇文泰对当地百姓有恩有义，大家都非常感动，纷纷说道："早遇到宇文大人的话，我们怎么会参加乱党呢！"

尔朱天光得胜后，万俟丑奴的部将宿勤明达投降，不久，他又率部叛逃，逃到北方，招诱过去的同党，密谋进攻归顺朝廷的叱干麒麟，想吞并他的部众。叱干麒麟向尔朱天光求救，尔朱天光即命令贺拔岳率部前去，贺拔岳部尚未到达，宿勤明达闻讯后，即逃到东夏州（治所广武，陕西省延安市东北）。而就在此时，一个令尔朱集团十分震惊的消息同时传到了尔朱天光和贺拔岳的军中——尔朱荣被杀了！

说到尔朱荣被杀，还得从孝庄帝与尔朱荣之间的矛盾说起。

简单地说，二人之间的矛盾还是君权与相权之间天然的矛盾，具体到北魏末年这一特定时期，二人之间发生冲突也许只是一个时间问题，原因就在于那场惨烈的河阴之难。河阴之难对于北魏后期的政治走向所产生的巨大影响是无法估量的，一方面，它以残酷的方式沉重地打击了盘踞在洛阳的北魏宗室贵族势力，让代北武士集团爬上了北魏的政治舞台；另一方面，也使得北魏宗室残余势力永远也不可能与尔朱荣家族实现和解，那么，作为由尔朱荣一手扶植起来的孝庄帝，是甘心一直做尔朱荣阴影下的傀儡，还是当北魏宗室利益的代表呢？显然，果决的孝庄帝肯定会选择后者。尤其是在元颢以为北魏宗室报仇雪耻为号召就轻松打入洛阳之后，孝庄帝更是深刻地意识到自己在北魏宗室贵族眼里，是他们的仇敌尔朱荣扶植起来的，名不正言不顺，要想笼络住洛阳的宗室贵族，就必须对尔朱荣下手。

从平定北魏帝国各地的叛乱而言，尔朱荣对北魏帝国是有功的，但是，从正统的北魏宗室看来，尔朱荣讨平叛乱未必不是为他自己篡位铺平道路，过去，人们总想赶紧平定国内的叛乱，但如今人们会想尔朱荣打下的地盘，究竟是尔朱荣的？还是北魏帝国的呢？人们甚至希望叛军能与尔朱氏一直打下去，最大程度地消耗尔朱荣的实力，即便是做不到这一点，起码有叛军在，就会牵扯住尔朱荣的大部分精力，延缓他篡位的步伐。当时的孝庄帝就是这种想法：等到关陇平定的消息传来，孝庄帝显得并不是多么高兴，他只是淡淡地对尚书令临淮王元彧说道："从今以后，天下就没了贼人。"元彧见皇上的脸色不高兴，回答道："臣恐怕贼平之后，还要让陛下操心啊。"孝庄帝担心尔朱荣安插在自己身边的眼线感到奇怪，急忙用其他话来掩饰："是啊，安抚劫后余生，的确不容易。"

河阴之难后，尔朱荣家族及其亲信们就已经控制了北魏朝廷大权。截至目前，尔朱荣为柱国大将军，他的五个年幼的儿子均被封王：太原王世子尔朱菩提（时年十四岁）被封为骠骑大将军、开府仪同三司，加侍中、特进；散骑常侍、武卫将军尔朱叉罗为梁郡王（已病死）；尔朱文殊为平昌王（年仅五岁）；尔朱文畅为昌乐王（年仅两岁）；尔朱文略（袭其兄尔朱叉罗爵）。尔朱荣的侄儿尔朱兆、尔朱智虎，尔朱兆善骑射，能徒手与猛兽格斗，为尔朱荣所赏爱，一次，尔朱荣曾送别朝廷使臣，途中遇到两头鹿，尔朱荣给尔朱兆两支箭，让其射杀吃鹿肉。不一会儿，尔朱兆背着一头鹿回来，尔朱荣想在外人面前夸耀，斥责尔朱兆没能把两头鹿都射杀，当即打了尔朱兆五十大棒。虽然尔朱兆作战非常勇敢，但没有将帅之能，尔朱荣经常对人说："尔朱兆不过能统率三千骑兵罢了，多了他就不行了。"此时，尔朱兆因功被封为车骑大将军、仪同三司、汾州刺史。尔朱智虎此时职务不详，后被封为安定王。尔朱荣共有五个血缘关系较近的堂弟：尔朱彦伯、尔朱仲远、尔朱世隆、尔朱世承、尔朱弼，其中老大尔朱彦伯性格和蔼宽厚，为尔朱荣府中长史；尔朱彦伯的弟弟尔朱仲远，与哥哥大不相同，他是个无业游民，孝明帝末年，尔朱荣兵威稍盛，有所请求，朝廷大多听从。尔朱仲远就偷刻尔朱荣印章，又仿照尔朱荣的笔迹，伪造尔朱荣的奏表，替人向朝廷要官，从中渔利，然后喝酒玩女人。孝庄帝即位后，封其为清河公、徐州刺史，兼尚书左仆射、三徐大行台，不久，又进督三徐诸军事。尔朱仲远上书请求朝廷权且允许自己随意安排官吏，朝廷同意了，于是，他开始卖官鬻爵，大肆聚敛财货。尔朱世隆是尔朱仲远的三弟，在孝明帝时期就已是直阁将军、加前将军了，现为尚书左仆射，尔朱荣为了牢牢地控制北魏帝国的人事权，又请求孝庄帝让尔朱世隆主管吏部。尔朱世隆弟弟尔朱世承，侍中、御史中尉，才能低劣，元颢入洛时，将其抓获，并将其千刀万剐。尔朱世承的弟弟尔朱弼此时职务不详。尔朱荣关系稍远点的堂弟有尔朱度律，此时被封为乐乡县伯，此人粗鄙寡言，没有什么才能，只知道聚敛财物，被封为朔州刺史。尔朱天光是尔朱荣的从祖兄子，也就是关系更远一点的侄儿，从小就勇敢果决，尔朱荣特别喜爱。此时为使持节、都督、雍州刺史。显然，尔朱荣的如意算盘是：尔朱荣自己盘踞晋阳老巢，遥控中央，将尔朱世隆安插在中央，充当自己的眼线，并由其控制整个北魏帝国的人事权，架空孝庄帝，便于安排自己的人，扩充自己的势力范围；以尔朱仲远和尔朱天光分别占据东面的徐州和西面的雍州，对京师洛阳中的孝庄帝从三面加以钳制。

三六一 诛杀尔朱荣（二）

这还仅仅是尔朱氏家族本身的力量，除此之外，尚有为数众多的来自尔朱荣集团的部将们也都鸡犬升天。据吴廷燮的《元魏方镇年表》截至目前，北魏各方镇大员分别是：司州牧城阳王元徽、豫州刺史郑先护、兖州刺史元凝（元融弟、元英侄儿）、徐州刺史尔朱仲远、青州刺史李延寔、齐州刺史萧赞、荆州刺史李琰之、洛州刺史元季海（魏初常山王拓跋遵之后）、东荆州刺史张熠、雍州刺史尔朱天光、泾州刺史贺拔岳、秦州刺史元暹、岐州刺史杨侃、华州刺史杨机、夏州刺史斛拔弥突、凉州刺史刘贵、梁州刺史寇俊、益州刺史长孙寿、恒州刺史叱列延庆、朔州刺史尔朱度律、并州刺史元天穆、冀州刺史元嶷、定州刺史薛昙尚（薛虎子第四子）、瀛洲刺史不详、相州刺史李神（殿中尚书，仍行相州事）、幽州刺史刘灵助、营州刺史不详、平州刺史侯渊。该《元魏方镇年表》其实并不全面，比如东徐州刺史斛斯椿以及广州刺史李彧、东夏州刺史等都没有列入，同时，此时，北魏扬州、郢州地区（河南省东南部一带）已经被南梁占领，也没有相应的官员。

司州作为京畿之地，由北魏宗室元徽担任州牧，是应有之义；豫州刺史郑先护是孝庄帝的亲信，据本传记载，元颢败亡后，孝庄帝本来先任命郑先护为使持节、散骑常侍、都督襄广二州诸军事、镇南将军，广州刺史如故，不久又任命其为征西将军、东雍州刺史、假车骑将军、当州都督，常侍如故。显然，孝庄帝是想把关西地区抓到自己的手上，然而，可能是来自尔朱荣的反对，孝庄帝只好退而求其次，改任其为都督二豫东雍三州诸军事、征东将军、豫州刺史，又兼尚书右仆射、二豫郢颍四州行台，暂时把洛阳东南地区控制住。兖州刺史元凝之父元彬原是元英之弟，后过继给他们的叔父章武王拓跋太洛为子，但是从血缘关系上来说，元凝之父元彬仍然与元英和尔朱荣之妻元氏是亲兄妹，尔朱荣也仍然是元凝的姑父，将元凝任命为兖州刺史是尔朱荣控制东方的举措之一，以其来协助徐州刺史尔朱仲远；东徐州刺史斛斯椿也是尔朱荣的心腹，很早斛斯椿就担任尔朱荣的铠曹参军，他为人善于巴结，深得尔朱荣的欢心，据本传记载，此时他为东徐州刺史；在尔朱荣夺取东方徐兖二州的同时，孝庄帝也不甘示弱，他让自己的大舅李延寔以太傅之尊出外担任青州刺史，目的就是要与尔朱荣抢夺东方地盘；前任齐州刺史元子华是太宰元天穆的堂侄，元子华在任期间，在齐地百姓中很有威望，但元子华毕竟是元天穆和尔朱荣的人，孝庄帝为了抢夺地盘，不惜让萧赞接替元子华。《魏书·孝庄纪》称：（永安三年）“夏四月丁巳，以侍中、太尉公、丹阳王萧赞为使持节、都督齐济兖三州诸军事、骠骑大将军、开府仪同三司、齐州刺史”。据《洛阳伽蓝记·龙华寺》记载，萧赞在孝庄帝即位后，娶了孝庄帝的姐姐寿阳公主元莒犂，寿阳公主容貌美丽，萧赞对公主非常尊敬，与公主交谈总自称下官，也就是说，孝庄帝让姐夫萧赞出外担任齐州刺史，就是为了让其做李延寔的一个帮手，以期与徐兖的尔朱仲远和元凝抗衡；荆州刺史李琰之，是孝庄帝母亲李氏的同族，都是陇西李氏，李琰之虽然过去一直从事文字研究工作，但孝庄帝即位后还任命其为荆州刺史，这也体现了他重用和依靠外戚的特点；另据《魏书·李延寔传》记载，李延寔的长子李彧也被孝庄帝任命为广州刺史，显然，孝庄帝是尽可能多地把黄河以南的州郡抓到自己的手里；洛州刺史元季海，是宗室疏属，他是北魏道武帝拓跋珪堂弟常山王拓跋遵的重孙，拓跋遵之子拓跋素，拓跋素的第六子元淑就是元季海之父。元季海的妻子是李冲的女儿，是孝庄帝的姨母，元季海也就是孝庄帝的姨夫。元季海之妻李氏看到尔朱氏势力强大，而孝庄帝也不甘示弱，一山不容二虎，为了避祸全身，遂劝说丈夫出外任职，洛州位于边地，对朝局无足轻重，因此，元季海上任后，双方对其都没在意，他也因此躲过了一难；东荆州刺史张熠，出身较低，是位在北魏朝廷上服务多年的老臣，孝庄帝初年曾任岐州刺史，深得民心，后依例回京，但正巧元颢进入了洛阳，命其仍然坚守岗位，但张熠不从，还是坚持回到了洛阳，孝庄帝返回洛阳后，感觉张熠对自己还是比较忠心的，遂任命其为镇南将军、荆州刺史；雍州刺史尔朱天光、泾州刺史贺拔岳自不待言，是尔朱荣争夺关西的产物；秦州刺史元暹为文成帝弟弟拓跋子推之孙，鉴于秦州百姓屡屡叛乱，他上任以后即大开杀戒，史称当地百姓“存者十一二”。此人在孝庄帝初年曾任南兖州刺史，“在州猛暴，多所杀害”，孝庄帝对此人的作风不会不知道，而在尔朱天光、贺拔岳等人刚刚平定关陇之时，孝庄帝却将此人派往秦州担任刺史，是否有再度激起变民叛乱、搅乱已成为尔朱荣势力范围的关中地区的意图呢？岐州刺史杨侃并没有去上任；华州刺史杨机并非弘农杨氏，杨机与张熠一样出身不高，但与张熠一样是奉公守法的大臣，孝庄帝以其担任洛阳西边门户华州的刺史，看住尔朱天光和贺拔岳，他才放心；夏州刺史斛拔弥突，史书无传，当为部落大人；凉州刺史刘贵是尔朱荣的死党，与尔朱荣是同乡，任尔朱荣的骑兵参军，尔朱荣性格急躁暴虐，刘贵尤为苛刻，因此，每次尔朱荣给刘贵派差，总能让尔朱荣满意，尔朱荣以刘贵为凉州刺史是他夺取关西大战略的一步；梁州刺史寇俊、益州刺史长孙寿，地理位置偏远不提；再看山西境内，恒州刺史叱列延庆、朔州刺史尔朱度律、并州刺史元天穆，均为尔朱荣的心腹，叱列延庆就是尔朱荣堂弟尔朱世隆的姐夫，尔朱荣对其非常信任；冀州刺史元嶷，史书无传不详；幽州刺史刘灵助、平州刺史侯渊自然也是尔朱荣的人。

由此看来，在地方上，尔朱荣已经全取山西、东北，夺取西北、东南大部；在中央则又把持了人事权，开始打算染指孝庄帝的势力范围。虽然尔朱荣身在晋阳，但控制着北魏朝廷，洛阳城内任何风吹草动都有人迅速向其汇报，至于选任官吏，更是必须经过尔朱荣的同意后才能施行。不过，孝庄帝也不甘示弱，他即位后，还是重用了自己大量亲信、外戚，陇西李氏子弟很多都是在孝庄帝一朝中被委以内廷要职，而且，孝庄帝还勤于政事，孜孜不倦，数次亲自处理冤狱，他还与吏部尚书李神俊一起商议要严格选官用人程序，对于不符合规定的要进行整顿。河阴之变后，武士阶层得到了破格选用，打破了北魏长期以来的用人制度，孝庄帝意欲整顿吏治，显然会触及尔朱荣集团的既得利益，尔朱荣对此十分不满。一次，尔朱荣曾想让一个人担任定州曲阳县的县令，但吏部尚书李神俊认为此人的资格不够，而任用了另外一个人，尔朱荣闻讯大怒，当即派遣自己选任的那人前去把朝廷任命的那位赶跑了，李神俊吓得赶紧上书请求辞职。李神俊的父亲李佐是孝庄帝大舅李延寔的四伯父，李神俊也是孝庄帝的堂舅，李神俊其实就是孝庄帝在用人权上的代表，李神俊在，孝庄帝就不用与尔朱荣集团在用人权上直接发生冲突，李神俊一旦辞职，孝庄帝就不得不走出前台，因此，李神俊的辞职让孝庄帝与尔朱荣之间的关系陡然紧张了起来。尔朱荣派来的使者即便是地位非常低微，洛阳朝臣们也都是倾巢出动，嘘寒问暖，使者来到宫门外，如果守门人没有及时通报，就仗恃着尔朱荣的威势大发雷霆。李神俊辞职后，尔朱荣又让尔朱世隆以尚书左仆射的身份兼任吏部尚书，将人事权抓到自己的手上，然而，当尔朱世隆提出人选的时候，孝庄帝不同意，尔朱荣自己不得不亲自请求孝庄帝同意让自己人担任黄河以南州郡的官职，打算与自己成犄角之势，但孝庄帝还是没有同意，太宰元天穆入宫亲自与孝庄帝理论，孝庄帝依然不同意。元天穆急了，说道："天柱大将军立下大功，又是国家的宰相，即使请求将全天下的官员全部更换一遍，恐怕陛下也难以违背，为何让几个人去担任黄河以南几个州的刺史，就不同意呢？"孝庄帝严肃地说道："天柱大将军如果不愿继续当臣子，那么，即使朕这个皇帝他也可以来取代；如果他还保留一点臣节，就没有将全天下的官员都更换一遍的道理！"孝庄帝的话传到尔朱荣的耳朵里，尔朱荣不禁勃然大怒，说道："你的天子之位是因谁才被立？现在你当上了天子，就不听我的话了！"

尔朱英娥虽然貌美，还有武艺，但非常妒忌，她自己已经怀有身孕，却不让孝庄帝临幸其他嫔妃，并对孝庄帝口吐怨言，这让孝庄帝也非常苦恼。孝庄帝让尔朱世隆入宫劝说，尔朱皇后却说："他那天子还是我家立的，现在就这样。我父亲那天本来要自己当，现在还能再重新做决定。"尔朱世隆不仅没有劝说，反而火上浇油："哥哥只是自己没当，要是那天自己当了天子，我现在也能封王了。"孝庄帝抬眼外廷，全是尔朱荣的党羽，回到宫中，又要受尔朱皇后的气，因此，终日怏怏不乐，丝毫感受不到当皇帝有什么快乐。

而尔朱荣却想享受当皇帝的乐趣，他看到四方叛党接连被平定，就上奏说："我的参军许周劝臣接受九锡之礼，臣厌恶他这话，已经将其斥退。"尔朱荣当时就想得到九锡之礼，所以才故意说给孝庄帝。九锡之礼已经成为禅让的前奏，尔朱荣在河阴之难中就有了篡位的打算，只是在他头脑冷静下来后，认为当时时机不成熟，才没有实施，如今，他尔朱荣已经平定了葛荣、邢杲、韩楼、萧宝寅、万俟丑奴、元颢等，立下了不世之功，显然，在他看来，自己取代魏朝的时机已经慢慢成熟了。

孝庄帝当然并不傻，对尔朱荣的想法自然心知肚明，当然也不愿给他九锡，但现在他又必须装傻。他故意对尔朱荣大加赞赏，称赞他对国家忠心耿耿。

三六二　诛杀尔朱荣（三）

尔朱荣喜欢打猎，这我们以前说过。

他经常不分寒暑，率众进山打猎，实际上，他是把打猎当作军事演习来搞。凡是进行围猎，士兵们必须做到整齐划一，即使遇到险阻，也不得躲避，只要有一头鹿从包围圈中逃出，定有数人因此被杀。曾经有一个士兵看到老虎扑来，吓得掉头就跑，尔朱荣抓住那人说道："你是害怕死吗？"当即挥刀将其斩首。从此以后，每次出猎，士兵们都如同上了战场一般。尔朱荣曾见一只老虎躲在深谷之中，他下令十余人徒手上前与老虎搏斗，并要求不得杀伤老虎，最后，有数人死于虎口，但最终生擒了那只老虎，尔朱荣以此为乐，下属却非常辛苦。太宰元天穆曾平静地规劝尔朱荣说："大王功业已成，四方无事，只需整顿国家，与民休息，何必要在盛夏在山中奔跑、追逐，伤了天地之间的和气？"尔朱荣袖子一甩，说道："胡太后身为女主，立身不正，我等推奉天子，这是臣子应该做的。葛荣之徒，不过是个奴才，趁着风云际会，犯上作乱，如同叛逃的奴才，我们去擒获罢了。近来，我深受朝廷厚恩，却未能统一天下，怎能谈得上已建立了功业！我听说洛阳的朝臣们还像过去那样奢侈放纵，今年秋天，我将与哥哥一起调动军队，在嵩山围猎，让那些个贪官污吏们都到围猎场中与老虎搏斗。然后，我们从鲁阳关南下，踏遍三荆［荆州（治所河南省邓州市东南）、东荆州（治所河南省泌阳县）、南荆州（治所湖北省枣阳市）］，制服所有的山蛮，把他们充实到北方六镇，回师之际，再扫平汾州叛乱的稽胡刘蠡升。到明年，我将选拔精锐骑兵，分道南下长江、淮河，萧衍如果投降的话，可以给他一个万户侯当当，如果他胆敢不降，我将命数千骑兵直捣建康将其捉拿。然后，我与哥哥一起奉令代天子，去巡游四方，届时才算是立下了功业。如今不经常狩猎，士卒们就会懈怠，到时候怎么能让他们作战！"

原来，尔朱荣还胸有大志，意欲荡平江南啊！元天穆这才恍然大悟。不过，对此，《南史》称，尔朱荣最小的儿子尔朱文略在北齐时期曾送给《魏书》作者魏收大量财物，请求魏收替自己的老父作佳传，《魏书·尔朱荣传》在尔朱荣即将被杀时，让尔朱荣说出这一番气壮山河的话语，显然不是无意为之，且从字里行间我们似乎也看不出是没有文化的羯胡尔朱荣的口吻，倒像是出自一位文武双全的英雄之口。

不过，尔朱荣咄咄逼人的架势和频频围猎的举动，却让洛阳城内的孝庄帝及其心腹惶恐不安。城阳王元徽的王妃于氏因与堂叔元渊私通后，他又娶了李延寔的女儿，而李延寔的儿子李彧又娶孝庄帝的姐姐丰亭公主为妻，被征召为侍中，李彧"任侠交游，轻薄无行"，结交了大量武士、侠客，二人担心尔朱荣迫害自己，每天总在孝庄帝面前说尔朱荣的坏话，劝孝庄帝将其除掉。孝庄帝也担心河阴之变再次上演，尔朱荣总有一天会翻脸不认人，于是，也决定对尔朱荣下手。侍中杨侃、尚书右仆射元罗（元叉的弟弟）都参与了这一阴谋。只有胶东侯李侃晞、济阴王元晖业称，尔朱荣前来，肯定会有所防备，恐怕难以成功。

其实，尔朱荣这次将要南下洛阳，并非是如《魏书》所云，是要南下三荆，这是因为，尔朱荣带的部队人数并不太多，岂能将三荆的山蛮悉数抓获？尔朱荣这次入京，其目的大约有二：一是要震慑一下孝庄帝，这是因为，孝庄帝近期好像不太安分；二是打算将孝庄帝带回晋阳。史书明确说，尔朱荣看到孝庄帝年龄越来越大，而且非常聪明，为众望所归，曾考虑将其弄到自己的老巢晋阳，这样一来，朝政自己一个人就说了算。每次酒醉之后，尔朱荣就会说自己将入见天子，带着天子拜谒金陵后，就把孝庄帝带回晋阳。而侍中朱元龙也擅自从尚书那里索要太和年间孝文帝迁都的记载，于是，洛阳城内就流传出尔朱荣将要迁都的消息了。从当时的情况来看，尔朱荣横扫三荆之说显然是魏收瞎编的，而尔朱荣此行意欲迁都晋阳倒是符合实情。

尔朱荣给孝庄帝上书要求入京的理由是：要探视将要分娩的尔朱皇后。得到尔朱荣即将南下的消息，北魏君臣一片恐慌，元徽等人劝孝庄帝就此将其诛杀，又有人建议索性杀掉尔朱荣在洛阳的党羽，然后，发兵抵御。孝庄帝犹豫不定，可是，风声已经走漏，洛阳城内的不少居民纷纷外逃，中书舍人邢子才（邢峦的族弟）等人也都逃往东方避难。孝庄帝一直盼望着尔朱荣不会来洛阳，等到中书舍人温子升将尔朱荣的书信呈上后，孝庄帝脸色大变。

洛阳人士纷纷外逃的消息也传到了尔朱荣的耳中，不过，他想的是洛阳人士是害怕他入洛之后会再来一次河阴之变，并没有想到孝庄帝竟敢对自己下手，因此，他逐一给洛阳朝廷中的重臣们写信，表明自己的真心，极力予以挽留。武卫将军奚毅原本是尔朱荣的亲信，孝庄帝即位后，尔朱荣派其住在洛阳，负责给自己通风报信。在洛阳期间，孝庄帝对奚毅非常器重，但是因为奚毅毕竟是尔朱荣的亲信，一直不敢对其吐露实情。奚毅向孝庄帝保证说："如果尔朱荣这次前来真会发生什么变故的话，我奚毅宁愿为陛下而死，也绝不会为那个契胡效命！"孝庄帝还是有所保留，只是说道："朕担保天柱大将军不会有异心，但是，我也不会忘记你的忠心。"

在洛阳的尔朱世隆隐隐约约觉察出一些异样来，他写下匿名信贴在自己的家门口，内容是："天子与杨侃、高道穆等人设下计谋，将要杀害天柱。"然后，他自己又揭下来派人送给尔朱荣。尔朱荣自恃强大，毫不在意，亲手把那封信撕掉，并朝地上吐唾沫，说道："世隆没有胆子！谁敢生出这心！"尔朱荣的妻子北乡长公主元氏也劝尔朱荣不要去了，但尔朱荣拒不听从。

永安三年（公元530年）八月，尔朱荣率领四五千骑兵从晋阳出发开始南下，当时，民间谣言四起，有说："尔朱荣要造反了！"也有说："天子必将杀死尔朱荣。"闹得人心惶惶。九月初，尔朱荣来到了洛阳。孝庄帝当时就想行动，但又担心太宰元天穆还在并州，恐怕会后患无穷，因此，一直隐忍不发，并派人征召元天穆入京。有人向尔朱荣报告说："皇帝将要害死你！"尔朱荣即如实向孝庄帝汇报，孝庄帝听了，说："外人也说大王想加害于我，这话岂能相信！"于是，尔朱荣信以为真，不再怀疑，每次入宫见驾，身边只带数十人，随身也不带任何武器。看到尔朱荣这样，孝庄帝感到自己是不是多心了，打算放弃行动，城阳王元徽却说："尔朱荣即使没有谋反之心，但他的所作所为也无法容忍，何况谁敢保证他不反！"晋州人的方言称尔朱，读作人主，因此，尔朱荣经常说自己是人主，孝庄帝听了，心生厌恶。不久前，彗星穿越中台星域，扫过大角星而去，恒州人高荣祖懂得天文，尔朱荣问他预示着什么，高荣祖回答："这是除旧布新之象，过去彗星扫大角，秦国因之而灭亡了。"尔朱荣听了非常高兴。尔朱荣的行台郎中李显和曾说过："天柱来了，哪能没有九锡之礼？岂能让大王自己索要呢？这都是天子不知趣！"尔朱荣的都督郭罗察说："今年真是可以写禅让文了，何止九锡！"参军褚光说："人们说并州城上有紫气，不愁不会应验到天柱身上！”由于尔朱荣的手下都欺凌孝庄帝的亲信们，毫无顾忌，因此，这些小人物们的闲言碎语全都传到了孝庄帝的耳中，直接左右了孝庄帝的决策。

奚毅又请求与孝庄帝单独密谈，孝庄帝即走下明光殿与他交谈。孝庄帝开始还怀疑奚毅的忠心，没有告诉实情。等到知道奚毅一片赤诚之心后，孝庄帝即将城阳王元徽、杨侃、李彧召入，告诉了奚毅密报尔朱荣计划趁着打猎，将孝庄帝劫持到晋阳的计划。尔朱荣的小女儿嫁给孝庄帝的庶长兄元子直的儿子陈留王元宽，尔朱荣曾指着元宽说："我终究会得到我这个女婿的力。"因此，元徽趁机对孝庄帝说："尔朱荣考虑到陛下终究会与他作对，假如尔朱皇后生下男孩，肯定会册立小孩为帝；一旦皇后生下的不是男孩，尔朱荣肯定会册立陈留王为帝。"并将尔朱荣的原话给孝庄帝复述了一遍。经过这些人的劝说，孝庄帝遂重新定下了诛杀尔朱荣的决心。暗下杀机后，孝庄帝深夜做了一个奇怪的梦，他梦见自己手持一把刀砍自己的手指，看到十个指头被刀砍掉，却并不觉得疼痛。醒来后，他深感不祥，将梦境告诉给了元徽，元徽说："蝮蛇螫手，壮士解腕。割去指节与解腕有何不同？除去大患就是吉祥。"听到的人都点头称善。

三六三　诛杀尔朱荣（四）

九月十五日，元天穆抵达洛阳，孝庄帝亲自出城迎接。

当天，尔朱荣与元天穆一起进入西林园饮宴、骑射，席间，尔朱荣奏道："近来侍卫武官都不练习骑射，陛下应该率领五百骑兵出宫围猎，也借此放松一下，缓解缓解审理案件的辛苦。"奚毅曾报告尔朱荣将借围猎之机劫持孝庄帝迁都，尔朱荣此言正好与之相符，孝庄帝对尔朱荣此行的真实目的更加怀疑了。

九月十八日，孝庄帝召见中书舍人温子升，把诛杀尔朱荣的计划告诉了他，并向其询问王允诛杀董卓的往事。温子升如实向孝庄帝汇报了整个经过，听后，孝庄帝说："王允当时如果赦免了凉州人的话，就不会闹到这步田地。"过了许久，孝庄帝又对温子升说："朕如今面临的情况，你都是清楚的。即使死了，这件事也是一定要去做的，更何况未必会死呢！我宁愿像高贵乡公（曹髦，因欲诛杀司马昭而为贾充所杀）那样去死，也不愿像常道乡公（曹奂，曹魏最后一任皇帝）那样苟活！"于是，孝庄帝开始讨论诛杀尔朱荣后，是否诛杀尔朱家族其他人的问题。孝庄帝认为，如果杀死了尔朱荣和元天穆，尔朱荣集团将群龙无首，再赦免整个尔朱荣集团，这样的话，肯定不会引发大的动乱。但是应诏王道习表示反对，他说："尔朱世隆、司马子如、朱元龙（朱瑞）三人都是尔朱荣最信任的心腹，而且，他们对京师的情况了如指掌，我认为这三人不应留下。"而城阳王元徽和杨侃都说："如果尔朱世隆被杀的话，在徐州的尔朱仲远、在雍州的尔朱天光岂能前来！"孝庄帝听了，也认为如此。于是，就排除了连带将洛阳城内的尔朱荣亲信诛杀的打算。然后，众人开始进入对政变具体细节的讨论，元徽说："尔朱荣腰间经常带着一把刀，危急时刻，他有可能会出手伤人，届时，请陛下起身躲避起来。"当天，尔朱荣和元天穆一起入宫，孝庄帝等人即计划于当日将二人诛杀，因此提前将杨侃等十余人埋伏在明光殿东。可是，尔朱荣与元天穆二人上殿后，还没有吃完，就起身告辞，等到杨侃等人从大殿的东边台阶上殿时，已看到尔朱荣、元天穆二人走到了院子里，政变没有来得及发动。

第二天即九月十九日，是孝庄帝父母去世的日子，二十日，是尔朱荣父母去世的日子，二十一日，尔朱荣进宫稍作停留，就去陈留王元宽家中饮宴，喝得大醉，当晚即身体不适，连续数日尔朱荣都卧病在床，没有入宫。就在这几天内，孝庄帝的计划逐渐泄露，尔朱世隆等人向尔朱荣报告，并劝尔朱荣迅速采取行动。尔朱荣素来轻视孝庄帝，认为他是个无能之辈，说道："着急什么！"也许尔朱荣是在等待尔朱皇后能否生下皇子，真的生下了皇子，即将孝庄帝诛杀，册立一个真正的傀儡皇帝吧？现在，孝庄帝还有一丝利用价值，如今把孝庄帝杀死后，就要册立陈留王为帝，等到尔朱皇后真的生下了皇子，那不是不好办了吗？

参与密谋的人都非常害怕，对此，孝庄帝也十分着急，唯恐哪个人在紧急关头会动摇，向尔朱荣告密。他找到元徽商议，元徽说："就说生下了皇子，以此为借口，尔朱荣必定会入宫，趁机将其诛杀！"孝庄帝说："皇后刚刚怀孕九个月，这个理由能行吗？"元徽回答："女人不足月生产的比比皆是，他肯定不会怀疑。"孝庄帝同意了。

九月二十五日早晨，孝庄帝将武士们埋伏在明光殿的东厢房内，谎称皇子降生，令城阳王元徽飞马前往尔朱荣的府邸报告。城阳王元徽进入尔朱荣府邸时，尔朱荣正与元天穆二人赌博，元徽脱下尔朱荣的帽子，在尔朱荣身边盘旋舞蹈，表示祝贺。城阳王元徽素来显得非常稳重，喜怒不形于色，现在却如此欣喜，不由尔朱荣不信，而恰在这时，从宫中派来的文武官员也来到尔朱荣的府邸，催促尔朱荣赶快入宫，于是，尔朱荣信以为真，与上党王元天穆一起进入皇宫。

孝庄帝听说尔朱荣已经入宫，不禁脸色大变，中书舍人温子升说："陛下脸色变了。"孝庄帝赶忙命人拿来酒喝下。孝庄帝命温子升写好大赦文稿，写好以后，温子升拿着稿子走出大殿，正好与尔朱荣碰个照面，尔朱荣随口问道："是什么文书？"温子升神色不变，回答："圣旨。"尔朱荣也没再索取观看，即步入了大殿。

孝庄帝在明光殿的东边面西而坐，尔朱荣和元天穆进入后，在御榻西北的小床上面南坐下。元徽进入大殿后，刚刚下拜，尔朱荣就看见光禄少卿鲁安、典御李侃晞等人手持大刀从东厢房进入大殿。尔朱荣立刻发觉不妙，遂站起身来，朝孝庄帝扑来。孝庄帝已提前在膝盖下面藏了一把千牛宝刀，看到尔朱荣朝自己扑来，孝庄帝拔出宝刀，迎面朝尔朱荣就是一刀，当即将其斩杀。鲁安等人上前，一阵猛砍，尔朱荣与元天穆同时毙命。尔朱荣的世子尔朱菩提与车骑将军尔朱阳睹等随二人一起入宫的三十人也全部为伏兵所杀。

尔朱荣死后，孝庄帝拿起他随身带着的笏板，上面写了数条请求，都是皇帝身边应留下和斥退的人员名单，凡不是尔朱荣亲信的，全都在斥退之列。孝庄帝看后，说道："如果让这小子活过了今天，就再也拿他没有办法了。"尔朱荣死时三十八岁，其世子尔朱菩提十四岁。听到尔朱荣被杀的消息，洛阳全城一片欢呼，北魏群臣一起入宫祝贺。

孝庄帝随即登上宫城正门阊阖门，下诏实施大赦，并派遣武卫将军奚毅、前燕州刺史崔渊镇守北中城。当晚，尔朱世隆保护着尔朱荣之妻北乡长公主率领尔朱荣带来的四五千骑兵焚烧了西阳门，逃出城外，驻扎在河阴。

孝庄帝没有听从王道习的话，未连带诛杀尔朱世隆、司马子如和朱元龙三人，是一大失误。但是，随着尔朱荣进入洛阳城内的尚有那四五千羯胡骑兵，要布置将三人诛杀的话，势必还要考虑如何处置这五千羯胡骑兵，即便是不杀尔朱世隆等人，也要想方设法将他们控制起来，如果将洛阳城内的尔朱荣心腹控制住，那这些骑兵也将无用武之地了，但可惜的是，孝庄帝对于尔朱荣死后的局势估计得过于乐观了。

不过，从另一角度来说，孝庄帝在诛杀尔朱荣之后没有大搞株连，也起到了一定的效果，在某种程度上瓦解了尔朱荣集团。在惊闻尔朱荣被杀的消息后，武卫将军兼散骑常侍贺拔胜与尔朱荣死党田怡等人蜂拥来到尔朱荣的府邸。当时，皇宫门禁尚不太严，田怡等商议趁机率兵进攻宫门，贺拔胜制止道："天子行大事，肯定会有所戒备，我等兵少，岂可如此轻率！只用赶紧出城，再作商议。"田怡这才作罢。等到尔朱世隆逃出城后，贺拔胜也率部随他来到河桥，但很快又偷偷率众回到了洛阳城内，孝庄帝见状大喜。侍中、车骑将军朱瑞虽然也是尔朱荣安插在洛阳的耳目，但善于在孝庄帝和尔朱荣之间的夹缝中生存，孝庄帝曾对侍从们说："为人臣的应当忠实，至于像朱元龙，朕对待他也像对待其他人一样。"朱瑞听说尔朱荣死后，也随尔朱世隆逃出城外，但不久，他又念及孝庄帝素来对自己很好，又见到尔朱世隆等人并无雄才大略，最终难免覆灭，遂于半道中又折返洛阳。孝庄帝见到朱瑞后，大喜，握着他的双手说道："社稷之臣，就该如此！"

虽然朱瑞和贺拔胜都改换了门庭，但仍然有忠于尔朱荣家族的人。

司马子如，自称西晋末年南阳王司马模的八世孙，为司马模之子“睡王”司马保之后。晋末丧乱，逃奔姑臧，北魏攻克姑臧后，举家被迁到云中。司马子如脑子灵活，口才很好，喜欢结交豪杰之士，与高欢关系甚深。六镇之乱时，司马子如携家带口投奔尔朱荣，后为尔朱荣的大行台郎中。由于司马子如口才好，尔朱荣经常让他担任使者入京，孝庄帝对他也很礼遇。尔朱荣在进攻葛荣之前，因邺城危急，曾命他率军从小路进入邺城协防；元颢入洛后，又以他曾经驻守过邺城，仍令其暂管相州。元颢被平定后，孝庄帝将其征召为金紫光禄大夫。司马子如听说尔朱荣被杀后，从宫中逃了出来，来到尔朱荣的府邸，与尔朱荣的妻子以及尔朱世隆一起逃出了洛阳。尔朱世隆打算就此回到晋阳，司马子如却说：“办事重在随机应变，兵不厌诈。现在，人心惶惶，谁强大，人们就会听命于谁，在这种情况下，不可以示弱于人。如果现在就逃回北方，恐怕会立即发生不测的变故，不如分兵守住河桥，再杀回洛阳，出其不意，说不定他们还会溃败。即便不成功，也可以向对手展示我们的武力，让天下之人畏惧我们的强盛，不敢背叛。”尔朱世隆深以为然，遂率军南下，九月二十六日，尔朱世隆的部队进攻河桥，生擒奚毅等人，夺占了北中城。北魏朝廷上下大惊失色，孝庄帝派遣华阳太守段育前去安抚，尔朱世隆将其斩杀，传首三军。

三六四　孝庄被杀（一）

虽然孝庄帝自信通过大赦就可以瓦解尔朱荣集团，但是，他对此并不迷信，而是采取了积极的应对措施。

首先是安抚。在诛杀尔朱荣不久，北魏朝廷就加封雍州刺史尔朱天光为侍中、仪同三司，这当然是为了拉拢尔朱荣家族。

其次，又以司空杨津为都督并肆等九州诸军事、骠骑大将军、并州刺史，兼尚书令、北道大行台，负责经略汾河、黄河一带，为抵御可能来自并州尔朱荣集团的打击做预防准备，并任命源子恭为都督，领兵驻扎在大夏门外抵御。

再次，密敕河西贼帅纥豆陵步蕃率众偷袭秀容。在以杨津正面抵御尔朱荣势力的同时，孝庄帝还密令河西的纥豆陵步蕃去抄尔朱荣家族的老巢。

最后，重用高乾兄弟，以之扰动河北。尔朱荣南下时，将扣押在晋阳的高敖曹也带到了洛阳，关押在驼牛署里。尔朱荣死后，高敖曹的哥哥高乾从家乡火速来到洛阳，孝庄帝也将高敖曹释放。尔朱世隆发兵进攻洛阳，高氏兄弟与侄儿高从命等人一起竭力抵抗，所向披靡。孝庄帝任命高乾为河北大使，高敖曹为直阁将军，令二人回到家乡，招募壮士作为京师的外援。孝庄帝亲自把兄弟二人送到河桥，举酒指着滔滔的黄河，对二人说："你们兄弟都是冀州的豪杰，能令士卒为你们效命，京城一旦有变，你们可以为朕在黄河之上扬起尘土。"高乾流着眼泪接受诏书，高敖曹拔剑起舞，发誓以死报效孝庄帝。

尔朱世隆一直滞留在洛阳近郊。到了十月一日，尔朱世隆与北乡长公主在邙山马王寺为尔朱荣设斋祈福，而后派遣尔朱侯讨伐、尔朱拂律归等将率领一千匈奴骑兵，全部身穿白色孝服，来到洛阳城外，索要太原王尔朱荣的尸体。孝庄帝登上洛阳北门大夏门，派遣主书牛法尚对他们说："太原王对国家不能有始有终，密谋发起叛乱，国法无情，已经被明正典刑。犯罪的人只有尔朱荣一人，其余绝不株连。你们如果投降，官爵如故。”尔朱拂律归说道：“我等追随太原王一起入朝，突然遭此大祸，今日不忍心空手而归。希望能得到太原王的尸体，虽死无憾！”说到伤心处，恸哭流涕，悲不自胜，城下的一千匈奴骑兵也都呜咽流泪，哭声在洛阳城上萦绕不绝。孝庄帝念及尔朱荣的功劳，也为之感到悲凉，于是，他派遣侍中朱瑞手持铁券赏赐给尔朱世隆。尔朱世隆对朱瑞说：“太原王的功劳像天地那般大，忠心为国，可是，长乐王背信弃义，制造冤案，将其杀害。今日送上两行铁字，谁能相信！我一定要为太原王报仇，绝不投降！”

朱瑞听说尔朱世隆称孝庄帝为长乐王，已知其已绝不回头了，他回来后，将尔朱世隆的话传达给了孝庄帝，孝庄帝即命令将国库中的财物放置于宫城西门之外，招募敢死勇士去讨伐尔朱世隆，一天之内就招募了一万余人。然后，孝庄帝命人率领这一万多名临时拼凑的军队出城与尔朱世隆作战，尔朱拂律归等人都是经验丰富的战士，而这些临时招募的洛阳市民从来没有上过战场，结果可想而知，连战三日，洛阳军队是屡战屡败。

十月二日，孝庄帝不得不任命前车骑大将军李叔仁为大都督，统率洛阳军队讨伐尔朱世隆。

就在双方你来我往，在洛阳城下你争我斗之时，十月六日，尔朱皇后为孝庄帝生下了一个皇子，孝庄帝欣喜之余，再次宣布大赦。孝庄帝密谋清除尔朱荣之前，中书令魏兰根得到消息后，曾给尔朱世隆通风报信，尔朱荣死后，魏兰根一直忐忑不安，唯恐终究有一天自己的事情会败露。当时，应招王道习深得孝庄帝的宠信，魏兰根开始依附王道习，请求他能在孝庄帝面前替自己在外面谋个差事。在王道习的斡旋下，孝庄帝任命魏兰根为兼尚书左仆射，为河北行台，定州、相州、殷州均受其指挥。魏兰根来到定州后，招募军队，将兵力集结在井陉，以防尔朱荣集团东出。

尔朱世隆的军队依然在洛阳城下。

孝庄帝召集群臣商议对策，众人都是愁眉苦脸，无计可施。通直散骑常侍李苗挺身而出说道：“如今朝廷有不测之危，正是忠臣烈士效命之时，臣请求率领一支部队前去替陛下切断河桥。”孝庄帝十分赞赏，表示同意。

李苗招募人马从马渚上游趁夜顺流而下，距离黄河大桥数里之时，开始放火烧船，不一会儿，黄河大桥就被烧毁了，叛军在南岸发现有人烧桥，争先恐后地逃向北岸，大桥被烧毁后，很多人都落水淹死。叛军遂派人冲入水中与李苗所部苦斗，终因寡不敌众，李苗落水而死。李苗死后，孝庄帝非常忧伤，叹息道：“假如李苗不死，一定还能立下奇功。”尔朱世隆也因此退去。尔朱世隆路过建州（治所高都，山西省晋城市），建州太守陆希质闭城拒守。尔朱世隆大怒，领兵攻城，不久，就攻陷了城池，然后，实施屠城，杀得城内鸡犬不留，唯有陆希质趁乱逃走。孝庄帝下诏任命前东荆州刺史元显恭为晋州刺史，兼尚书左仆射、西北道行台，此时的晋州刺史是尔朱荣的亲信高欢，孝庄帝此举显然是想以元显恭从西南方向威胁山西。

十月十四日，孝庄帝以源子恭为兼尚书仆射、大行台、大都督，又晋升其为卫将军、假车骑将军，率领诸将领军一万为西路，北上讨伐尔朱兆（《洛阳伽蓝记》称，源子恭与杨宽率领步骑三万）；另以杨昱为东道行台，招募八千士兵率众抵御尔朱仲远。源子恭率部北上，镇守太行丹谷（山西省晋城市东南），修筑堡垒抵御。

一石激起千层浪。尔朱荣被杀的消息传来，北魏各地立刻发生了一系列的骚动：

山西尔朱荣老巢：汾州刺史尔朱兆听说叔父尔朱荣死后，当即从汾州率领骑兵占据了晋阳。此时的太原太守、行并州事的人是长广王元晔，元晔是尔朱荣妻子元氏的次兄元怡之子，尔朱荣也是他的姑父，同时，元晔还娶了尔朱兆的女儿为妻，此人并无多少能耐，性格急躁，有臂力。尔朱世隆北撤到长子以后，尔朱兆率众前来与他会合，十月三十日，二人公推元晔即皇帝位，大赦，改元建明。元晔以尔朱兆为大将军，进爵为王；以尔朱世隆为尚书令，赐爵乐平王，加太傅、司州牧；又以尔朱荣的堂弟尔朱度律为太尉，赐爵常山王；尔朱世隆的大哥尔朱彦伯为侍中；二哥徐州刺史尔朱仲远为车骑大将军、兼尚书左仆射、三徐州大行台；以司马子如兼尚书右仆射。

东北及河北地区：范阳太守卢文伟得知消息后，引诱尔朱荣的心腹、平州刺史侯渊出外打猎，然后关闭城门，不让侯渊入城。侯渊率部驻扎在城南，为尔朱荣举行哀悼仪式，然后，率部南下，推进到中山。驻守中山的行台仆射魏兰根率部截击，反而被侯渊击败。此时，高乾兄弟已经在渤海举义，招募了不少部众，魏兰根遂前去投奔。北魏朝廷又以定州刺史薛昙尚为持节、兼尚书北道行台，代替魏兰根。

青齐徐兖地区：尔朱仲远起兵开始向洛阳进发。在尔朱荣入京之前，逃到南梁的汝南王元悦就请求梁武帝像去年陈庆之护送元颢一样，再把自己送回北魏。此时，宣武帝的兄弟们只剩下元悦一人了，从血缘关系上与大宗最近的当然非他莫属，梁武帝就答应了。八月七日，梁武帝在建康德阳殿设宴款待元悦之后，即派遣将军王辩率部护送元悦北上。元悦一行人进抵国境线上后，一直在密切关注着北魏朝廷上的动向，不久就传来了尔朱荣被杀的消息。北魏东徐州刺史斛斯椿一直是尔朱荣的亲信，听到尔朱荣被杀后，斛斯椿非常害怕，又听说元悦就在国境线上逗留，遂率领部众弃城归附元悦。元悦授予其为侍中、大将军、司空，封灵丘郡公，又任命其为大行台前驱都督。

关中地区：泾州刺史贺拔岳听说尔朱荣的死讯，即不再继续追击宿勤明达，率部回到了泾州，等待尔朱天光。尔朱天光和侯莫陈悦也率部从陇西东下，与贺拔岳商议东进洛阳。但毕竟尔朱天光与尔朱兆和尔朱仲远等人不同，与尔朱荣血缘关系较远，在孝庄帝看来，可以予以分化瓦解。他派遣朱瑞前去安抚尔朱天光，而尔朱天光与贺拔岳商量后打算逼迫孝庄帝外逃到南梁，他们二人再从宗室中挑选一人称帝，连连上书说："臣等的确没有异心，只愿见到陛下一面，当面陈诉尔朱家蒙受的不白之冤。"同时，又指使自己的下属向孝庄帝密报说："尔朱天光心存不轨，请陛下想一个两全其美之策以安抚住他。"尔朱天光并不知道尔朱兆已经举兵，并册立了长广王元晔，他是想借此捞取更大的政治资本。果然，不久，即十一月四日，孝庄帝就晋升尔朱天光为广宗王，又晋升已经登基的元晔为陇西王。

三六五　孝庄被杀（二）

尔朱荣死后，孝庄帝即任命城阳王元徽为兼大司马、录尚书事，全权负责朝廷内外事务。

原本元徽认为尔朱荣一死，尔朱氏集团自当四分五裂，很快瓦解，然而，出乎预料的是，尔朱世隆、尔朱兆、尔朱仲远等人纷纷起兵，发誓要为尔朱荣报仇雪恨，这让元徽是既忧愁又害怕，惶惶不可终日。他自己想不出好办法，妒忌心却又很强，不愿别人的能力超过自己，群臣献计的，元徽习惯性地总会找出种种理由，劝说孝庄帝不予采纳，总说："这帮小贼不用担心不被消灭。"他又非常爱惜财物，每次赏赐给立功人员的财物都很少，偶尔赏多一点，总是后悔不已，有时甚至已经到了人家之手又命人取回，因此，虽然浪费了不少财物，但并没有起到丝毫效果。

兵来将挡。

十一月一日，孝庄帝下诏任命车骑将军郑先护为大都督，与行台杨昱一起东进讨伐尔朱仲远。三日，又任命司徒长孙稚为太尉，临淮王元彧为司徒。

尔朱仲远起兵后，先进攻西兖州（治所滑台，河南省滑县），十一月五日，叛军攻克了滑台，生擒刺史王衎（王肃侄儿）。

东线情况危急。十一日，孝庄帝又任命右卫将军贺拔胜为东征都督，配给一千骑兵，加入东征；二十日，又以郑先护为兼尚书左仆射为行台，与贺拔胜一起讨伐尔朱仲远。郑先护对贺拔胜心存疑忌，不让贺拔胜之军进入军营，二十八日，贺拔胜与尔朱仲远所部在滑台以东交战，贺拔胜战败投降。

东线尔朱仲远进展迅速，北线的尔朱兆也不甘示弱。只不过，由于他风闻河西贼帅纥豆陵步蕃即将越过黄河进攻自己的腹地，因此，一直犹疑不定。他派人请求晋州刺史高欢也加入南下的队伍，高欢却只愿坐山观虎斗，不愿蹚这潭浑水，于是，他派遣长史孙腾对尔朱兆说："现在叛乱的蜀人尚未平定，我正在加紧征讨，不可半途而废，留下后患。等我把山蜀平定以后，必定会隔着黄河为你声援。"尔朱兆见高欢推辞，十分不高兴，他让孙腾给高欢传话说："你回去告诉高晋州，我做了一个好梦，梦见与我的亡父登上高丘，土堆旁边的田地都已收割完毕，唯有马蔺草还在。亡父问为何不拔掉。身旁的人说土地坚硬拔不掉。亡父让我去拔，我手到之处，毫不费力，全都拔掉了。以此判断，此行我必定成功。"孙腾回去给高欢说后，高欢说："尔朱兆等人太猖狂了，举兵犯上，可是今天我又没有参与，双方之间已经出现裂痕，我已无法再侍奉他们尔朱家了。如今尔朱兆将要率军南下，天子将部队排列在黄河南岸，尔朱兆进不能渡过黄河，退又难以回还，此时，我趁机东下，出其不意，一战即可将这家伙擒获。"此时的高欢是觊觎尔朱荣身后留下山西这片巨大的家产，同时，他判断，孝庄帝不至于会在短时期被才能平平的尔朱兆击败，届时，自己如果能将尔朱兆生擒，将立下不世之功，山西之地肯定会落入自己之手。

也许是那个梦让尔朱兆下定了决心，他不顾身后的纥豆陵步蕃和侧翼的高欢，毅然决然地率部南下。十二月一日，尔朱兆率军进攻丹谷，政府军都督崔伯凤战死，都督史仵龙、杨文义打开堡垒投降，源子恭狼狈而逃。《洛阳伽蓝记·平等寺》称，以史仵龙、杨文义各率三千人马镇守太行岭，而源子恭则驻守河内郡，史仵龙、杨文义先降，源子恭也是望风而逃。由于一直担心自己的后方，尔朱兆心急火燎，在打通南下通道之后，他亲自率领轻装骑兵倍道兼行，很快就来到了黄河北岸。

孝庄帝听说尔朱兆率军南下的消息后，打算亲自率军抵御。车骑将军、华山王元鸷内心倾向于尔朱家族，已暗中与尔朱兆联络好了，劝说孝庄帝道："黄河那么深，他怎么能渡过！"元鸷长期担任领军将军，在京师禁卫军中势力很大，此人与尔朱荣关系颇深，河阴之变中曾与尔朱荣一起站在高台上观看那场惨烈的大屠杀。元颢入洛时，他也与城阳王元徽一起追随孝庄帝北逃，这让孝庄帝感到他是个忠臣，殊不知，当时元鸷追随孝庄帝是因为孝庄帝是尔朱荣一手扶植起来的，在元颢和孝庄帝之间，元鸷当然倾向于后者，况且，元颢是打着为河阴之乱中的死难者报仇的旗号而来，他元鸷如果继续留在洛阳，岂无性命之忧？

听了元鸷的话，孝庄帝这才安下心了，因为，他本来也认为黄河天险，尔朱兆一时之间肯定是无法飞渡的。

然而，让所有人都瞠目结舌的情况是：就在尔朱兆的轻装骑兵抵达黄河北岸的这一天，黄河几乎断流了，河水连马肚子都淹不到！《洛阳伽蓝记》称黄河这一现象是历史上从未有过的事，但是，另据《北史》记载，当时，驻守河桥的卫将军元世俊（任城王拓跋云之孙、元澄侄儿）根本无心抵抗，见到尔朱兆，他隔着黄河就遥遥参拜，并送给尔朱兆五艘小船，尔朱兆遂渡过了黄河。《魏书·尔朱世隆传》称："初，世隆曾与吏部尚书元世俊握槊（古代一种下棋赌博的游戏）"云云，虽然两人游戏的具体时间不详，但也可说明二人私交甚好，元世俊引导尔朱兆部队过河不是没有可能。

尔朱兆的骑兵轻松地从河梁西（富平津，即孟津）渡过了黄河，十二月三日，洛阳刮起了多年罕见的暴风，霎时间黄尘冲天而起，四处飞沙走石，就在这种异常恶劣的天气里，尔朱兆的大军来到了洛阳城下！

显然，洛阳城内军民丝毫没有想到尔朱兆能够这么快地现身于洛阳，在黄尘滚滚之中，洛阳外城守军也没有察觉尔朱兆的到来，甚至外城城门根本就没有关闭！

等到尔朱兆的部队在宫城门外高叫开门时，宫城内的禁卫军将士这才发现尔朱兆已经入城了，惊慌之余，将士们将要迎战，但因狂风大作，弯弓搭箭，战袍拨动弓弦，无法发射，遂一哄而散。

尔朱兆之兵闯入宫中，元鸷又下令禁卫军将士们不得抵抗，尔朱兆的军队就这样迅速占领了皇宫。尔朱兆起兵之后，先是史仵龙、杨文义投降，继而源子恭溃逃，接着是元世俊帮忙，最后是元鸷将其引入，回顾这一切显得是非常奇怪，虽然京师新招募的军队战斗力不强，但也不至于如此不战而降，究其原因，幕后黑手似乎还是以元鸷为首的京师禁卫军集团。姑且不说尔朱荣与京师禁卫军之间渊源深厚，但就孝庄帝即位后曾下诏整顿过去任官封爵过多过滥的现象，这直接触动了刚刚有所抬头的武官集团的利益，从这一角度来说，京师武官集团并不支持孝庄帝。其实，孝庄帝也为自己留足了后路，他担心京师守不住，已提前任命高道穆为南道大行台，对外假托讨伐山蛮，其实是想在失利时为南逃之计，但是，他没有想到自己的失败竟然来得这么快，来得这么干脆！

此时的孝庄帝真的成孤家寡人了，他徒步从云龙门逃出宫外。途中，遇到城阳王元徽骑着马从自己身边擦身而过，孝庄帝连喊数声，元徽却只顾自己逃命，头也不回，径自而去。很快，尔朱兆的骑兵就追上了孝庄帝，将他锁在了永宁寺的钟楼之上。当时是隆冬季节，天气非常严寒，孝庄帝向尔朱兆索要头巾，但尔朱兆不给。

尔朱兆在洛阳城内仅仅待了七天左右，但在这七天里，洛阳城遭到了空前的浩劫。尔朱兆在尚书省安下大营，使用天子专用的金鼓，在院子中间设立报时的刻漏，他派兵闯入皇宫，将尔朱皇后刚刚生下不足两个月的皇子摔死，奸污宫中嫔妃宫女公主，放纵士兵们在洛阳城内大肆抢劫、杀戮、强奸，司空临海王元彧、尚书左仆射元诲（广平王元怀长子）、青州刺史李延寔等人均在这几天内被杀。《洛阳伽蓝记·瑶光寺》就曾记载："永安三年中，尔朱兆入洛阳，纵兵大掠，时有秀容胡骑数十人入寺淫秽"，从此以后，瑶光寺里的尼姑也蒙受了恶名，洛阳城内传出歌谣说："洛阳女儿急作髻，瑶光寺尼夺作婿。"

城阳王元徽逃到洛阳城南龙门山南麓，投奔前洛阳县令寇祖仁家。寇祖仁家一门出了三位刺史，都曾是元徽的部下，也都是元徽一手提拔起来的，因此，元徽才来相投。谁知这个寇祖仁却是个见利忘义之徒，他私下对子弟们说："听说尔朱兆悬赏捉拿元徽，能擒获的赏赐千户侯，今日富贵来了！"遂谎称官军来了，吓唬元徽，让元徽前往别处躲避，途中将其杀害。元徽来的时候带了一百斤黄金，五十匹马，寇祖仁见财起意，才杀害了元徽，他把元徽的首级送给尔朱兆，尔朱兆也没有给他封赏。尔朱兆却突然做了一个梦，梦中元徽告诉他说："我有二百斤黄金，一百匹马在寇祖仁家，你可去取。"醒来后，尔朱兆即命人前去寇祖仁家索要，寇祖仁以为有人告发，当即承认，只是说家里只有元徽带来的一百斤黄金和五十匹马。尔朱兆怀疑他说的是假话，根本不信，寇祖仁家原有三十斤黄金，三十匹马，也都全部拿出送给尔朱兆，但仍然不够。尔朱兆见其又拿出了这些黄金马匹，更不相信，不禁大怒，将寇祖仁抓住，把脑袋挂在大树上，脚上又挂上大石头，一直将其拷打至死。寇祖仁名字叫寇弥，是寇赞的孙子，《魏书》称其人后来死于关西，与《洛阳伽蓝记》《资治通鉴》记载的稍有不同。

尔朱世隆来到洛阳后，尔朱兆自以为立下了大功，他手握宝剑，怒目而视，对尔朱世隆厉声责备道："叔父你在朝廷很久了，应该有不少耳目，为何竟然让天柱被杀！"尔朱世隆只有连连谢罪，尔朱兆才将他放过。尔朱兆不仅是个晚辈，而且原来的地位也比自己低，如今竟然想杀了自己，尔朱世隆是又羞又气，把尔朱兆是恨之入骨。不过，如今的他也只能按捺住一腔怒火，委曲求全一下了——尔朱兆的这一席话也为尔朱氏家族内部种下了不和的种子。

尔朱兆进入洛阳以后，纥豆陵步蕃就率部南下了，兵威甚盛，尔朱兆不敢在洛阳久留，只好先将孝庄帝押回晋阳，他亲自在河梁监督押运抢劫来的财物，匆匆返回了晋阳，而由尔朱世隆、尔朱度律、尔朱彦伯等人留守洛阳。十二月十三日，孝庄帝被押送到了晋阳。虽然高欢并没有发兵与尔朱兆一起南下，但他在尔朱兆的军中安插了自己的眼线——姐夫尉景。尉景向高欢报告了尔朱兆神速占领洛阳、活捉孝庄帝的经过，高欢得报后不禁大惊失色，他赶忙把孙腾召来说："你火速去见尔朱兆，一方面表示祝贺，另一方面暗中打听天子的下落：是滞留在尔朱兆的军中？还是另外护送到晋阳？如果还没送到晋阳，你要火速向我汇报，我将在半道中截取皇上，兴起义兵。"孙腾昼夜飞奔，在半路上遇到了押运孝庄帝的尔朱兆部队。当时，高欢已经率领骑兵东下了，听说孝庄帝已经过去，只得折返。回去后，高欢还给尔朱兆写信告诫他不要杀害天子，落下恶名，但尔朱兆不听。高欢的目的是扩大自己的地盘，他原来打算趁虚夹击尔朱兆是这个目的，后来听说尔朱兆竟然神速进入洛阳，又想劫去孝庄帝，不过是想挟天子以令诸侯，至于史书说给尔朱兆写信云云，大约是史家给其脸上贴金罢了，因为，尔朱兆在两个月前就已经拥立了长广王元晔为帝，元晔也一定给高欢加官晋爵了，他岂能不知？

十二月二十三日，尔朱兆在晋阳三级佛寺内将孝庄帝元子攸绞死，元子攸死时二十四岁，在位两年零八个月，同时被杀的还有他的侄儿、尔朱荣的小女婿陈留王元宽。元子攸被杀前向佛祖祈祷，只愿生生世世不再生于帝王之家，并写下五言诗："权去生道促，忧来死路长。怀恨出国门，含悲入鬼乡。隧门一时闭，幽庭岂复光？思鸟吟青松，哀风吹白杨。昔来闻死苦，何言身自当！"两年后，才将孝庄帝的灵柩送回洛阳，安葬在靖陵，孝庄帝临死前所作的诗即当作挽歌，一路上路人无不流下眼泪。